中小学教师课例库

初中语文课例

基于『语文学理』的解读

主　编◎汪　潮

副主编◎郑　萍

编　委◎胡光辉　冯丽萍　傅霞洁

郑　萍　汪　潮

华东师范大学出版社

编写说明

受华东师范大学出版社的青睐和邀请,我们组织编写了这套关于语文课例研究的丛书,共分三册,具体是:《小学语文课例:基于"语文学理"的解读》、《初中语文课例:基于"语文学理"的解读》和《高中语文课例:基于"语文学理"的解读》。

本书是该系列的第二本。该书从"学理"的视野对初中语文课例进行认识、思考和解读。本书主要供初中语文教师和初中语文研究人员阅读。关于本书的编写和使用,我们在此做三个说明。

一、编写意图

我们把此书命名为《初中语文课例:基于"语文学理"的解读》,是出于以下两方面的考虑。

1. 源于初中语文实践

从前或当前的中国大陆对初中语文教学课例的建构及其实施相当活跃,而且类型各异,成果丰富。这是一批宝贵的语文教学财富,理应把它记录下来,保持下去。同时,2016 年全国初中语文教材改版,部编版初中语文教材采用的双线组织单元结构,"人文主题"随文渗透,"语文要素"序列化、具体化设计的编写方式,为语文教学注入了新的理念。基于以上两点,本书精心挑选了20 多个自新中国成立以来初中语文教学的经典性课例,尤其加入了部编版教材选入的课文内容的课例研究。其中有课堂实录、教学片段、教学设计,有对比性设计、专题性研讨,还有学校或个人典型的教学经验总结等。这些来自第一线的鲜活案例,值得我们去感受、去品读、去评点。

2. 基于"语文学理"解读

理者,纹路,内在规律也。初中语文教学的"理"涉及字理、语理、文理和学理、教理、管理等。语文教学的"学问"在某种意义上要能够说明或证明其中的"理"。然而,当下的语文教学往往是多经验、少学理,常常出现"混沌"的状态。我们设想:如果把语文案例和语文学理结合起来思考,寻找两者之间的平衡点,那么初中语文教学的实践和研究就会朝着更融合、更强大的方向发展。这样初中语文教学就会有理可依,"理所当然",我们的语文教学也许会更加有序。

二、结构框架

1. 总体结构

全书分四大部分,以此构建本书二十章的总体结构:

第一部分"阅读课例":第一章,散文阅读课;第二章,小说阅读课;第三章,诗歌阅读课;第四章,戏剧阅读课;第五章,文言阅读课。

第二部分"作文课例":第六章,写人作文课;第七章,叙事作文课;第八章,描景作文课;第九章,想象作文课;第十章,读写结合课。

第三部分"活动课例":第十一章,课文创编课;第十二章,经典吟诵课;第十三章,口语交际课;第十四章,影视赏析课;第十五章,乡土文化课。

第四部分:"创意课例":第十六章,群文阅读课;第十七章,中小学语文衔接课;第十八章,整本书阅读课;第十九章,非连续性文本阅读课;第二十章,微课。

2. 章的栏目框架

全书共分二十章,每一章的栏目框架设计如下:

一、背景描述

对本章课型的意义进行阐述,或现象描述,或问题的提出等。

二、课堂例析

课堂例析更多的是一篇完整课文的详实设计或课堂的详细实录;也有同课异构的两个课例的对比,或是一个课例的专题研讨。课例后有点评和总评,或者是施教者的设计意图和教学反思。评析主要是对课堂的学理分析和专题性讨论。

三、资源链接

每章都安排了1—3个与本课例密切相关的专题性短文或相关拓展性材料,便于大家对照阅读,寻求语文教学的"理据"。

四、推荐阅读资料

提供进一步研究这种课型的参考文献的目录,一般在9个左右。

五、后续练习

每章后留下1—2个后续练习题。请读者根据"语文学理"和自己的经验,与大家一起思考、一起点评、一起设计。

三、使用提示

为了更好地阅读和使用本书,我们有三个温馨提示:

提示一:全程阅读。阅读本书请你一定按照章的栏目全程依次阅读:背景描述→课堂例析→资源链接→推荐阅读资料→后续练习,并尽可能在"推荐阅读资料"栏目的参考资料目录中有选择性地查阅有关文章。这样才能对某一种课型有一个全面而系统的认识和把握。不建议孤立地阅读某一个栏目,或随意地阅读只语片言。

提示二:参与练习。我们设想构建作者、编者和读者之间的"学习共同体",大家一起学习,共同发展。为此,本书专设"后续练习"栏目,为读者提供参与教学点评和教学设计的平台。希望你能积极参与练习活动。当你完成"后续练习"的时候,也一定是你最有收获的时候。

提示三:理据思考。"学理"是本书编写指导思想中的关键词。据理而思,依理而为,是阅读本书的重要思想方法,应该贯穿于阅读此书的整个过程。

主编 汪 潮

2017 年 8 月 9 日

目录

第一部分　阅读课例

第一章　散文阅读课　3

一、背景描述　3　　　　　　二、课堂例析　4

三、资源链接　14　　　　　　四、推荐阅读资料　18

五、后续练习　18

第二章　小说阅读课　19

一、背景描述　19　　　　　　二、课堂例析　19

三、资源链接　32　　　　　　四、推荐阅读资料　36

五、后续练习　36

第三章　诗歌阅读课　37

一、背景描述　37　　　　　　二、课堂例析　38

三、资源链接　48　　　　　　四、推荐阅读资料　51

五、后续练习　52

第四章　戏剧阅读课　53

一、背景描述　53　　　　　　二、课堂例析　54

三、资源链接　63　　　　　　四、推荐阅读资料　67

五、后续练习　68

第五章　文言阅读课 69

一、背景描述 69　　　　　　二、课堂例析 69

三、资源链接 77　　　　　　四、推荐阅读资料 82

五、后续练习 82

第二部分　作文课例

第六章　写人作文课 85

一、背景描述 85　　　　　　二、课堂例析 86

三、资源链接 93　　　　　　四、推荐阅读资料 98

五、后续练习 98

第七章　叙事作文课 100

一、背景描述 100　　　　　　二、课堂例析 101

三、资源链接 111　　　　　　四、推荐阅读资料 115

五、后续练习 115

第八章　描景作文课 117

一、背景描述 117　　　　　　二、课堂例析 118

三、资源链接 125　　　　　　四、推荐阅读资料 131

五、后续练习 131

第九章　想象作文课 135

一、背景描述 135　　　　　　二、课堂例析 136

三、资源链接 142　　　　　　四、推荐阅读资料 145

五、后续练习 145

第十章　读写结合课 148

一、背景描述 148　　　　　　二、课堂例析 149

三、资源链接 160   四、推荐阅读资料 163

五、后续练习 163

第三部分　活动课例

第十一章　课文创编课 167

一、背景描述 167   二、课堂例析 168

三、资源链接 174   四、推荐阅读资料 177

五、后续练习 178

第十二章　经典吟诵课 181

一、背景描述 181   二、课堂例析 182

三、资源链接 191   四、推荐阅读资料 194

五、后续练习 194

第十三章　口语交际课 198

一、背景描述 198   二、课堂例析 199

三、资源链接 210   四、推荐阅读资料 212

五、后续练习 212

第十四章　影视赏析课 215

一、背景描述 215   二、课堂例析 216

三、资源链接 223   四、推荐阅读资料 227

五、后续练习 227

第十五章　乡土文化课 229

一、背景描述 229   二、课堂例析 230

三、资源链接 238   四、推荐阅读资料 241

五、后续练习 241

第四部分　创意课例

第十六章　群文阅读课 **245**

一、背景描述 245　　　　　　　二、课堂例析 245

三、资源链接 254　　　　　　　四、推荐阅读资料 257

五、后续练习 257

第十七章　中小学语文衔接课 **259**

一、背景描述 259　　　　　　　二、课堂例析 259

三、资源链接 274　　　　　　　四、推荐阅读资料 276

五、后续练习 277

第十八章　整本书阅读课 **278**

一、背景描述 278　　　　　　　二、课堂例析 278

三、资源链接 286　　　　　　　四、推荐阅读资料 288

五、后续练习 289

第十九章　非连续性文本阅读课 **291**

一、背景描述 291　　　　　　　二、课堂例析 292

三、资源链接 304　　　　　　　四、推荐阅读资料 306

五、后续练习 307

第二十章　微课 **308**

一、背景描述 308　　　　　　　二、课堂例析 309

三、资源链接 318　　　　　　　四、推荐阅读资料 323

五、后续练习 323

后　记 **324**

第一部分　阅读课例

第一章　散文阅读课

一、背景描述

散文篇幅短小、取材广泛、结构灵活、表达自由,是个人感受的独特表达。散文从内容到形式都非常自由灵活,深受人们的喜爱,在语文教材中也占有较大的比重。散文有两个最显著的特点:其一是"形散而神不散";其二是"以小见大"。散文取材广泛,内涵极广,可谓包罗万象,往往通过记述一件事来折射出作者所要反映的大世界、大社会和人生观,而入选中学语文教材的现当代散文,篇篇都是文质兼美的美文。

散文教学是语文教学中一个不可或缺的重要组成部分,指导学生学好现当代散文,对提高他们的文学素养和审美情趣以及陶冶道德情操均具有非常重要的作用,任何语文教师都不能忽视现当代散文的有效教学。《义务教育语文课程标准(2011 年版)》中有关七到九年级的阅读要求:"欣赏文学作品,能有自己的情感体验,初步领悟作品的内涵,从中获得对自然、社会、人生的有益启示。对作品的思想感情倾向,能联系文化背景作出自己的评价;对作品中感人的情境和形象,能说出自己的体验;品味作品中富于表现力的语言。"是我们教学文学作品的总纲。散文是文学作品的一种,课标的要求也适用于散文,同时更强调注重情感的理解和培养。

在时下研究散文教学"怎么教"胜于"教什么"的背景下,由于教学内容的随意性和教学目标的模糊性,散文教学存在着些许问题:

(1)课堂教学过于注重形式。新课程改革本是为了改变学生的学习方式,提高课堂教学效率,但由于部分老师盲目跟风,仅是改变课堂教学的形式,而没有根据学生的实际情况和文本内容有针对性地进行教学设计,课堂活动频繁,热闹纷呈,却早已远离语文。

(2)忽视散文的文本解读。以生为本,小组合作学习,在很大程度上改变了传统散文教学"一言堂"的现象,切实提高了学生学习的积极性和主动性,体现了语文学习的主体性。但在尊重学生独特体验的大潮下,老师往往在没有引领学生走进文本,走进作者内心世界的情况下,任由学生畅谈文章读后的感受,在这对话、讨论不断的情境下,殊不知学生早已游离了文本。

(3)轻视散文的语言表达。中学语文教材选编的散文都是文质兼美的文章,对于提高学生的文学修养和道德情操颇有裨益。如果散文教学一味地追求人文性,那么语文课就变成了政治课、历史课甚至地理课,彻底地违背了语文教学培养言语实践能力的目标。

二、课堂例析
《秋天的怀念》课堂实录及评析

(一)材料背景

《秋天的怀念》是部编版七年级(上册)的一篇阅读课文。这篇散文描述了史铁生对已故母亲的回忆,表现了史铁生对母亲深切的怀念,对母亲无尽的爱和赞美,以及史铁生对"子欲养而亲不待"的悔恨之情,对自己先年对母亲不解的懊悔。令人十分感动。

(二)教学过程

板块一 介绍作者和背景

(多媒体:题目——《秋天的怀念》)

师:同学们,今天我们来学习史铁生的《秋天的怀念》。下面我们来看有关史铁生的简介。

(多媒体展示)

> 史铁生,1951年1月4日生于北京。18岁下乡插队。21岁生了一场大病,从此失去了走路的权利,奔跑的权利,跳跃的权利。他瘫痪了,躺在床上,从此再也没有站起来。

师:同学们,你认为接下来的日子,他会怎样度过呢?猜想一下。

生:我认为史铁生会在轮椅上十分痛苦地度过,因为他不能走路也不能跑步。

师:你能否想象一个日常的细节,行走、吃饭、睡觉……

生:他睡觉可能需要家人帮助他从轮椅上下来,并且把他抱到床上。可能吃饭的时候也需要别人帮助,因为吃饭的桌子会比较高,他是吃不到饭的,要家人去喂他。

生:他上厕所时肯定需要家人帮助,而且他不能使用蹲着的厕所,因为他非常不方便。

师:同学们设身处地想象了他在日常生活中可能遇到的种种困难和不便,非常好。由于长期瘫痪坐在轮椅上,史铁生大腿长满蠕虫,而且还得了另一种病。史铁生一直在轮椅上坐着,身体也缺乏足够的锻炼,他的生活异常艰难。

【点评1】通过常理想象唤起学生的情感体验。让学生发挥想象,感受一位残疾人日常生活的细节。这能真切地唤起学生的生活经验,更能激活学生潜在的思维,唤醒学生所积累的相关生活元素,在作者创造的基础上,进行再创造,不但拓展阅读的思考宽度,而且更有助于学生创造思维能力的培养。

师:同学们想不想知道他接下来的生活是怎样的呢?我们来看一下史铁生自己的描述。

(多媒体展示)

> 回到北京治疗一年半,前半年还想站起来跑,后一年却想不如干脆躺下去死……

29岁开始发表作品,幼稚浅陋不足为憾,所憾者母亲目前先此2年去世,未能博她一笑或给她一点点安慰。……写作10年仅发表小说及电影剧本30余篇(部),约70万字。(《史铁生自传》)

　　师:再来看看外界对他的评论。请一位同学朗读。
　　(多媒体展示)

　　史铁生任北京作家协会副主席,作品多次获得国内外重要文学奖项,多部作品被译为日、英、法、德等文字在海外出版。《我与地坛》被公认为"中国当代最杰出的散文"之一,鼓舞了无数的人。

　　【点评2】众家之言突破学生思维的禁锢。文本阅读主题的线性解读一直是学生不敢逾越的坎。教师呈现作者本人的主观评价和别人的客观评价,让学生自己去解读,去自主选择并理解,很好地打开了学生思维的闸门,留给学生更多的思考空间。

板块二　感　受　母　爱

　　师:史铁生最终能取得如此巨大的成绩,究竟是谁让他鼓起了如此大的勇气呢?下面请同学们用心感受,自由朗读,用一两句话告诉我你最初的阅读感受。
　　生:史铁生能恢复正常生活,全因他母亲的去世以及母亲生前教给他的人生道理。
　　师:母亲去世促成了他人生的转折点。
　　生:我认为这是一位非常伟大的母亲,因为他的儿子虽然双腿瘫痪,暴怒无常,但是她还是忍着自己的病痛每天都非常认真、仔细地照顾儿子。所以我认为母亲非常伟大。
　　师:正如这位同学所说,这是一位伟大的母亲。在母亲去世后,每到秋天,史铁生总会去北海,去看望母亲。同学们请看文章的最后一段,哪个同学用你的理解把最后一段读一下。
　　(学生争相举手)
　　生:"又是秋天,妹妹推我去北海看了菊花……我俩在一块儿,要好好儿活……"
　　师:找出描写菊花的形容词。他是怎样描写菊花的?
　　生:淡雅、高洁、热烈、深沉。
　　师:他写的是什么颜色的花,第一种是——?
　　生:黄色。
　　师:黄色,圈出来。

　　【点评3】批注阅读能加深学生对散文词句的理解。教师注重阅读方法的训练,适时地引导学生进行批注式阅读。在阅读教学中要让学生对重要字词和语句的理解做好批注。批注式阅读是一种加深理解的研究性阅读,是一种以学生自我主动探究为核心的阅读实践活动,是一个动态的思维过程。课堂执行是一种训练,可以为平时阅读提供方法,也有助于让学生加深对文本的理解,从而进行深层次阅读。

师:第2种是——?

生:白色。

师:第3种是——?

生:紫红色。

师:是从什么角度写的?

生:从颜色角度写。

师:好,从颜色角度,在书上写好。那么淡雅、高洁、热烈而深沉又是从什么角度来写? 黄色的花,我看了以后……

生:给人的感受,淡雅、高洁。

师:从人的感受去写,对吧? 在书上记好。黄色的花淡雅,白色的花高洁,紫红色的花热烈而深沉。

师:一般情况下,我们看到花的感受是很美的。好! 你能不能把美好的花的感受读出来? 你读的时候声调是升上去的还是降下来的?

生:我认为是升上去的。

生:黄色的花淡雅,白色的花高洁,紫红色的花热烈而深沉。

师:大家有没有感受到美好?

生:有。

生:黄色的花淡雅,白色的花高洁,紫红色的花热烈而深沉。

【点评4】师生的对话流畅自然。老师慢慢把学生对颜色的浅层理解引向深层次阅读,让学生理解"花对于人的美好感受",并在老师的引导和分析下,学生带着自己的理解自然而然会读得很有情感。

师:请你把这三个形容词写到黑板上面。其他同学把这种美好的感受轻轻地品读一下。

(板书:淡雅、高洁、热烈而深沉)

(生自由练习朗读)

师:大家想想,这里仅仅是描写菊花吗?

生:也在描写母亲对他的爱,正像文中所说的形容词,"淡雅、高洁、热烈而深沉"。

师:母爱淡雅是怎样的?

生:默默。

师:你用"默默"来替换,请写上。

生：高尚、伟大。

生：无私,体贴入微那叫深沉。时时刻刻照顾自己的孩子,都是爱在心里。

师：爱在心里。体贴入微那叫深沉……

师：还有热烈呢? 热烈的爱是怎样的爱?

生：比较注重表面,在日常生活中、行为中。

师：你还是没有回答。你能否换一个词语替换?

生：十分热情,十分深入。

师："深入"是代表前面的"热情"。不过能说出一个"热情"已经很好了。

生：能不能说是热爱?

师：热爱好像表达不出来。还有吗? 你来说。

生：应该是轰轰烈烈。

师：轰轰烈烈的爱,还有其他词语吗?

生：我觉得应该是雄伟的爱。

师：这些词都空了点,王老师有一词非常恰当,我觉得是"炽热",炽烈的爱。她的爱非常炽烈,充满热情,充满温暖。这种温暖,这种热情,这种炽烈,全部表现在母亲的一言一行上,这就是母亲所谓的"放"。她的情感是有"放"的一面的,但更多的是深沉,这是一种"收"。

【点评5】换词品读,领会语言深层的意蕴。用词语替换的方法去理解高难度语句,替换的词语既是一种解释,也是一种比较阅读,引导学生更深层次地思考这到底是一种怎样的爱。词语替换法是在散文中咬文嚼字地去理解文章的好办法,"热烈而深沉"可理解为母亲对儿子的理解和支持,是一种既有"放"又有"收"的爱。

师：请同学们从全文中找出热烈而深沉的所有语言和行动描写。

(四人小组讨论)

师：下面我们来进行一下交流。哪个小组先来?

生：第7页有一个"她也笑了"。

师：非常好,找得非常好。因为她从来没有笑过,只有唯一的一次笑。还有吗? 就需要补充这些细节的东西。

生：还有"她憔悴的脸上现出央求般的神色"的"央求"、"憔悴"。

师："憔悴",很好,还有吗? 同学们,我们来看典型的三句。第1句是第6页"我狠命捶打这两条可恨的腿……好好儿活"这一句。第2句是第7页的"她也笑了……她又悄悄地出去了"。第3句是"邻居的小伙子……还未成年的女儿"。

师："母亲扑过来抓住我的手,忍住哭声说:'咱娘儿俩在一块儿,好好儿活,好好儿活……'"哪里体现深沉? 哪里体现热烈?

生：从母亲"扑过来"和"抓住我的手"的"扑"和"抓"。

师："扑过来"、"抓住我"，把"深沉"淋漓尽致地表达了出来。还有哪体现她的深沉，又收回去了的？

生："忍住哭声"是收回去了。

师：后面说的话？

生：我觉得后面说的话"好好儿活，好好儿活"是很深沉的。

师：哪位同学能把这种热烈而深沉的感受读出来？

生读。

师：还有吗？

生读。

师：大家一起读。

生齐读。

师：哪位同学来读"她也笑了……"

生："她也笑了，坐在我身边，絮絮叨叨地说着……"

师：哪位同学评价一下这一段的朗读处理得怎么样？有没有体现热烈而深沉？

生：朗读的整体基调是浮起来的，没有停顿转折上下起伏。"她忽然不说了"这个地方应该直接沉下去。

师：沉下去就能体现深沉，非常好！"她忽然不说了"这里应该有个起伏，她处理得太平淡了，就是一条线。这里"她"忽然意识到自己不能说，为什么？

【点评6】朗读是涵泳语言的不二选择。王老师散文阅读教学中非常注重朗读指导，朗读指导中该放则放，该收则收。"扑"和"抓"非常形象，放手让学生大胆尝试。"咱娘儿俩在一块儿，好好儿活，好好儿活"看似简单，却是母亲的遗言，是人生的哲理，此处老师从声调、语音、情感方面精心指导，实践层面放手让学生练起来、读出来。教学散文，要让学生诵读体会，潜心涵泳。诵读是提高解读散文能力、积累语言、培养语感的有效途径。

生：因为这样会触动，揭起孩子的伤疤，想起痛苦的命运。

师：大家看看这幅照片，他小时候是多么可爱啊。但是现在再也不能跑了，所以母亲一不小心突然揭起了他的伤疤，他突然停住，他突然不说了。再想表现这个感觉，哪位同学没有读过？

生：她也笑了，坐在我身边，絮絮叨叨地说着："看完菊花，咱们就去'仿膳'，你小时候最爱吃那儿的豌豆黄儿。还记得那回我带你去北海吗？你偏说那杨树花是毛毛虫，跑着，一脚踩扁一个……她忽然不说了。对于'跑'和'踩'一类的字眼儿，她比我还敏感。她又悄悄地出去了。"

师：非常好，大家看第5段，把那种热烈和深沉读出来。

生读。

生：我觉得她前面都读得蛮好的，但是后面那句话，要读得稍微平缓一点，不要这么高昂，因为这是遗言，母亲当时肯定处在极度的痛苦中，不可能说得那么响亮。

师：在自己很痛苦的时候，她得的是什么病？是从哪个自然段看出来的？

生：是肝癌，在第1自然段"后来妹妹告诉我，她常常肝疼得整宿整宿翻来覆去地睡不了觉。"

师：她大口大口吐着鲜血的时候，没有想到自己的痛，只想到儿子、女儿。那她临终的时候应该读成什么样？

生读。

师：声音应该微弱，再来一遍。

生读。

板块三 领会儿子的表现

师：她有点感觉了。母亲知道自己将不久于人世，但是她有没有让自己儿子看出来？一点也没有看出来，把这种爱、这种痛都藏在自己心里，他的儿子一点都不知道。这就是作者写这篇文章的基调，他当时不知道，等他母亲去世了，才幡然醒悟，但是一切都来不及了。请大家带着这种感觉去读第5段。

生齐读。

师：与母亲热烈的爱相比，我的表现又是怎样？在第1段到第6段里面找。

生：第6页的这两句——"不，我不去！"我狠命地捶打这两条可恨的腿，喊着："我可活什么劲！"

师：说得很好，请你来。（指一生）

生：第7页第2行——"哎呀，烦不烦？几步路，有什么好准备的！"

师：很好，两句，还有？

生：第5页第1段第1行。

师：第5页第1段第1行这里是最经典的。请坐，还有吗？

基本上同学都找到了——这就是"我"的表现。请同学们一起读。

（多媒体展示）

双腿瘫痪后，我的脾气变得暴怒无常。望着望着天上北归的雁阵，我会突然把面前的玻璃砸碎；听着听着李谷一甜美的歌声，我会猛地把手边的东西摔向四周的墙壁。

> "不，我不去!"我狠命地捶打这两条可恨的腿,喊着:"我可活什么劲!"母亲扑过来抓住我的手,忍住哭声说:"咱娘儿俩在一块儿,好好儿活,好好儿活……"
>
> 她憔悴的脸上现出央求般的神色。"什么时候?""你要是愿意,就明天?"她说。我的回答已经让她喜出望外了。"好吧,就明天。"

生齐读。

师:我们来看第2、第3句,母亲是热烈地渴望着他去看菊花,唤起他对生命的美好的向往,但是换来的却是一句什么样的话? 一起读。

生:"不,我不去!"

师:这是一种什么?

生:我觉得这是一种自暴自弃。

师:还有呢? 这是一种——

生:无情。

师:无情。还有呢? 这是一种——

生:愤怒。

师:愤怒。还有呢? 这是一种——

生:对自己生命的没有希望。

师:这是一种任性,一种冷漠。不愿多说一句话。"不,我不去!"后面喊着——一起——

生齐:"我可活什么劲!"

师:母亲这么希望他去,他却,再来一遍——

生齐:"不,我不去!"

师:喊着——

生:"我可活什么劲!"

师:母亲已经病入膏肓了,她有没有说"我可活什么劲"?

生齐:没有。

【点评7】对比阅读突显人物形象。通过把母亲病入膏肓时对我的表现和我的自暴自弃作对比,更突出母爱的纯粹和伟大,也昭示"我"后来愧疚痛恨之深。

师:母亲是深沉的爱,而"我"是无比的任性。"我"觉得世界上"我"是最不幸的,因为"我"不能走路。母亲说你什么时候去啊? 央求"我"去。"我"说——

生:"好吧,就明天。"

师:再看开头,"双腿瘫痪后,我的脾气变得暴怒无常。望着望着天上北归的雁阵,我会突然把面前的玻璃砸碎(学生和音:砸碎);听着听着李谷一甜美的歌声,我会猛地把手边的东西摔向四周的墙壁(学生和音:四周的墙壁)。"

师：为什么望着望着天上北归的雁阵，我会突然把面前的玻璃砸碎？为什么听着听着李谷一甜美的歌声，我会猛地把手边的东西摔向四周的墙壁？

生：因为对美好的事物十分向往，但是他却做不到。

师：前一年他还想着活着，后一年他就想着死。面对妈妈炽热的爱，作者多年以后又是怎样的呢？我们来看。

（多媒体展示）

> 有一回我坐在矮树丛中，树丛很密，我看见她没有找到我，她一个人在园子里走，走过我的身旁，走过我经常待的一些地方，步履茫然又急迫，我不知道她已经找了多久，还要找多久，我不知道为什么我决意不喊她。……这留给我痛悔……我真想告诫所有长大了的男孩子，千万不要跟母亲来这套，我已经懂了可我已经来不及了。……多年来我头一次意识到，这园中不单是处处有过我的车辙，有过我的车辙的地方也都有我母亲的脚印。（学生和音：也都有我母亲的脚印）

【点评8】课外助读材料增强对文本的理解。适时适量地引用助读材料既能拓宽学生的阅读视野，又能加深学生的阅读思考。王老师引用史铁生名篇《我与地坛》中学生熟悉的片段，选取了对学生理解文本帮助最大的文字，省略了一些文字，真可谓"取之精华，去之繁琐"。经典的散文课堂就好似一场盛宴，餐桌中的食材选料考究，高级厨师王老师富有感染力的朗读和享受美味的学生情不自禁的"和音"组成了完美。

板块四　感悟好好活

师：在这痛悔中，"我"最终明白了怎样才能不辜负母亲。课文最后一段是怎么说的？

生齐：我俩在一块儿，要好好儿活……

师：有没有懂？

生齐：懂了。

师：这个代价大不大？

生齐：大。

师：前面母亲扑过来时"我"有没有懂？

生齐：没有。

师："我"为"我"的任性付出了很大的代价，"我"懂了母亲的爱，更是懂了母亲临终的那句遗言。母亲在最后的日子里是为谁而活着的？是她自己吗？

生：儿子。

师：为儿子活着，她为她最心爱的儿子活着，她宁愿为他去死，她的儿子也明白了要好好活的含义。他明白了"我"活着是为"我"自己活的吗？是为谁而活着？

生齐：母亲。

师：母亲是为谁而活？

生齐：儿子。

师：母亲是为儿子活着，为女儿活着，为她亲爱的人活着，为别人而活着。这就是好好活的真正内涵，这就是人活着的真正的价值和意义，我们要好好地活着。史铁生就像我们开头介绍的那样，并未辜负母亲对他的希望，他写了一系列的文章，他好好地活着。正如莫言对他的评价——

（多媒体展示）

> 在他面前，绝望者会重新燃起"希望之火"，这就是史铁生的力量。
> ——诺贝尔文学奖获得者　莫言

师：看到花，是对母亲的痛悔，看到花，更是明白了人生的真正含义。这就是好好活的人生。

【点评9】披文入情把握主题。"好好活"，一句最平常不过的大白话，但是对稚嫩的十几岁的初中生来说，要真正理解实属不易。要真正感受散文的语言魅力，体会作家遣词造句之妙，就必须引导学生透过语言的外衣，挖掘语言的内涵，咀嚼出味道，从而获得美的享受。王老师整个课堂就是透过外衣来挖掘内涵，像层层剥笋一样慢慢让学生找到真谛——母亲是为儿子活着，为女儿活着，为她亲爱的人活着，为别人而活着。这就是好好活的真正内涵，这就是人活着的真正的价值和意义，我们要好好地活着。

板块五　拓展延伸

师：那么我们来看。

（多媒体展示）

> 母亲去世十年后的那个清明节，我和父亲和妹妹去寻找她的坟……
> 只是在她去世之后，她艰难的命运，坚忍的意志和毫不张扬的爱，随光阴流转，在我的印象中愈加鲜明深刻。
> 在母亲坟前，"我"深情地对母亲诉说……

（凄凉的背景音乐，老师深情朗诵）

师：请你们打开笔记本，写下对母亲深沉的诉说吧。

师：请大家倾情诉说，带着你的情感，并把这份情感融入进去。想说什么就说什么，不一定要完全写的，可以是你突然之间想说出来的，而不是写出来的，写出来的可能不那么真实。好，哪位同学先来？好，你先来。

生：史铁生对母亲深情地诉说，妈，对不起，我以前太任性，太不懂得珍惜了。我总埋怨上天对我不公，而老天是眷顾我的，他给了我一位最好的母亲，妈妈，你就是我的腿，你赐予了我在世界上活的机会,也赐予了我活下去的信心和信念。我为了您最后一句话,也要和妹妹在一块儿好好活。为了长眠于地下的您,我一定会好好珍惜生命,活下去。

师:上天赐予了这么伟大的母亲。

生:我在母亲的坟前,妈,(停住了)不知为什么泪从我眼中流了下来。十年了,整整十年了,我依然没有忘记母亲的最后一眼,原谅我,妈,我伤您伤得太多。如果还有机会,我多么想您推着我去看北海的菊花。我会好好活。

师:我伤害了您,哭喊。

生:母亲啊母亲,您怎么可以这么快就离我们远去,您这个有病的儿子还是需要您照顾。请原谅儿子以前所有的任性,我还没有好好安慰您,甚至没有握过您的手,现在我能握一下吗?母亲,妈妈,为什么我握不住您的手了?为什么握不到您的手了?伸出手好好摸摸您,可我摸到的却是冰冷的石块,无情的石块……

师:他抓住了"抚摸"这一词,非常好。

生:在母亲坟前我深情地对母亲说:妈妈,是我的任性让您远去,是我的自暴自弃让您远去,我明白您的爱,可是一切都太晚太晚了,时间一去不能复返,生命一走不能回转,我是一个不孝子,在你的坟前忏悔。我错了。我没有在您有生之年好好照顾您,却给您添了这么多麻烦,不过在我明白之后,我好好按照您所说的做了。您走了,但相信您一定能看见,我和妹妹正好好地活着。母亲,您一路走好——

师:有生之年我们都会好好地活着,去爱我们的母亲。

生:母亲,我没有辜负您的期望,我和妹妹还有父亲都生活得很好,我现在十分后悔,当初没有听从您的话。您放心吧,我现在明白了,我一定好好地生活下去。您永远是我最好的母亲,您为了我付出了生命,我一定不辜负您的期望。您在天堂一定要幸福,不要再为我操心。您的儿子在人间会生活得很好。

(多媒体展示)

> 在我的头一篇小说发表的时候,在我的小说第一次获奖的那些日子里,我真是多么希望我的母亲还活着。我便又不能在家里呆了,又整天整天独自跑到地坛去,心里是没头没尾的沉郁和哀怨,走遍整个园子却怎么也想不通:母亲为什么就不能再多活两年?为什么她的儿子就快要碰撞开一条路的时候,她却忽然熬不住了?莫非她来此世上只是为了儿子担忧,却不该分享我的一点点快乐?她匆匆离去时才只有四十九岁呀!

师:同学们,今天的课我们就上到这里,请让我们从心底永远记住这么一句话:要好好活!

【总评】

1. 用作者的视角还原作者

散文不同于小说,它是作者真性情的流露,是作者用自己的真心体验去观照生活,去思考生活。让学生去触摸这份真,去感受这份真,从而提升自己的阅读体验与生活思考,应是我们散文教学的一大特点。王老师一开始就设计了这样一个问题——"你认为接下来的日子,他会怎样度过呢?"让学生真切地去设想一个瘫痪在床上的人是如何生活的。这就是以作者的视角还原作者,通过还原,学生就能走进作者当时的内心世界,就能明白他的胡乱生气,他的敏感,他的无厘头暴躁。有了这份初体验,学生对母亲深层的爱和十多年后作者的愧疚就能有更好的理解。

王老师以此为出发点,层层深入,步步推进,每一步都在潜移默化中渲染丰富的情感,学生们在课堂尾声时水到渠成地将情感化成一篇篇感人肺腑的文字。一堂 50 分钟的课堂,在这样极短的时间里激发了学生内心所有的感动和真情,这实在是高超的课堂艺术。在执教散文的过程中,真正将作品情、作者情和读者情三情结合,则将获得美的感受。

2. 反复朗读领会言语智慧

文质兼美的散文,不仅是文章写得美,更在于写得好。美,就在于流露真切的内心情愫;好,就在于能够精准地表达这个言语意图。散文阅读教学就是要寻找文本中那些最能实现作者言语意图的表达智慧来反复朗读,细细品味,感受作者的真性情,领会文章表达的言语智慧。

王老师在《秋天的怀念》中选择了两句重要语句作为突破口来和学生共同探讨。一句"黄色的花淡雅,白色的花高洁,紫红色的花热烈而深沉"表现母亲爱的炽烈和深沉,展现一位甘愿为儿子付出的伟大母亲形象。一句"我俩在一块儿,要好好儿活……",反复品味咀嚼,让学生找到真谛——母亲是为儿子活着,为女儿活着,为她亲爱的人活着,为别人而活着。这就是好好活的真正内涵,这就是人活着的真正的价值和意义,我们要好好地活着。

3. 对话走向深入

阅读是个性化的体验,是读者主动建构的过程。散文教学更要注重学生的自我阅读感受。与文本对话,让学生能够走进作者的内心世界;与老师对话,让学生的阅读感受能力得到提升;与同学对话,让学生的感受走向深刻。王老师的散文教学非常注重体验式的对话教学,在对话中激发学生的思维火花,在对话中体验作者的真情。最后,让学生写下对母亲深沉的诉说,这是学生与自己内心的一次对话,是学生与同学、作者的一次对话,更是自我阅读体验的一种升华。

(本课例由杭州建兰中学王旭东执教,由杭州高新实验学校林微点评和总评)

三、资源链接

(一)散文教学内容的确定

1. 基于言语教学

人在语言活动中预先存在的、以言语为信息载体的心理结构,称作"语感图式"。教学内容应与学生现有的语感图式存在某种关联,为学生语感发展提供生长点,同时又必须存在超出学生现有语感图式框架的内容,这样学生才有可能打破并重组现有的语感图式结构,从而实现教学价值。因此,散文教学内容的确定要关注三点:(1)准确把握言语意图。有些文本的言语意图直接表现为文章的中心,十分明确。但有的文本的言语意图却隐藏较深,教师对文本意图的把握直接影响了教学内容的确定。(2)发现言语智慧所在。作为选入初中语文课本的散文文本,必然是言语范本,语言精练,围绕着作者的言语意图来表达,但言语智慧指的不仅仅是文本中表现言语意图的语言,而是实现言语意图不可或缺的语言。(3)发现张力结构。语文教学是为了培养学生的言语实践能力,提升其言语智慧,因而不可能脱离学生这一学习主体来实现。了解学情特点,发现文本与学生之间的张力结构来确定教学内容才能有效地实现教学目标。

2. 基于个性因素

散文有其文体个性。从散文的"外壳"即外部形态对散文审美特征进行考察与辨析,散文主要具有以下特征:题材交叉的边缘性、文本显在的"自我"性、题材的非虚构性、"最不讲技巧"的艺术性。从散文的"内核"即内在的审美特质上看,"关于中国现代散文审美的特质,如果用一个字来概括,就是'真';如果用一个关键词组来概括,就是作者的'本真';如果用一句话加以概括,这就是作者绝对真实地抒写自己的思想和感情,并且绝对真实地抒写自己的内心体验和对客观事物的感悟与思考"。具体到文本,由于作家个人的生活经历、学识积累、精神气度、人格修养、审美兴趣等诸多方面的差异,每一篇作品在题材、情思、言语等方面又都有文本个性,在文本教学过程中,我们发现,对于同一个文本,学生与学生之间、学生与老师之间的领悟常常会存在差异,而这些阅读上的差异或个性,就是读者个性。上海师范大学的王荣生教授认为,从文本体式与学情出发固然是确定教学内容的两个基本依据,而它们之间的交集则往往是确定教学内容的核心所在。根据文本体式分析,有些最核心的内容要素必须作为教学内容;但是如果根据学情分析,发现学生理解这一内容可能存在严重困难,这时教师必须根据实际情况相机调整,不妨牺牲一点文本体式而迁就一点学生实际。

3. 基于文体体式

散文的体式是什么呢?这个问题目前仍是众说纷纭,似乎还没有一个很权威的说法,但有两点是明确的:一是在散文里,"我"是真实而独特的写作主体,即作者;二是散文写的是"实生活",即散文中的人、事、物、景是真实的客观外物,不是虚构编织的,具有纪实性的特点。根据散文体式已能明确的两点特质,我们便可循着这两点来确定散文教学的基本内容:① 写了什么样的人、事、物、景,这些人、事、物、景有什么样的特点;② 文章里的人、事、物、景,表现了作者什么样的个性与体悟。我们围绕散文的这种体式还可以使散文的欣赏进入到形式和内容探讨的纵深处。例如,文章是如何来表现这些人、事、物、景的,而要研究"如何来表现的"就必然涉及作品独特的艺术手法与作品特别的构思技巧及语言的运用。这虽是由散文体式衍生出来的,但在散文教学内容确定时却是最核心的内容,也是借助散文来培养学生语文素养的重要抓手。文章我们可以怎样来理解?散文虽然有"纪实性"的特点,但其情感与精神都是超越真实生活的,读者可以有个性化解读,可以从文本的人、事、物、景中读出自己的思考来,这样便可使阅读进入有读者生活经历与情感渗入的理性思维层面。

(二)散文教学模式的选择

1. "目标—问题—探究"模式

这是指教师根据教学目标,着眼于整篇文章,首先提出一个"牵一发而动全身"的问题,以问题的探究和解决来激发学生的求知欲、创造欲和主体意识,掌握阅读策略,培养学生创新能力的一种教学模式。

(1)确定目标,注重三维融合。现代散文阅读教学目标包括三个维度:知识与技能、过程与方法、情感态度与价值观。需要指出的是,过程与方法是指散文教学中有关散文的结构、语言、作者情感以及写作特色的分析,即如何让学生品味现代散文的情境美、语言美、结构美等方面。

(2)巧妙提问,牵一发而动全身。教师要引导学生分析一篇课文的入手处,或称突破口,也是散文阅读教学思路的出发点,从这一点出发,能向课文各个部分发散、辐射,课文各个部分也可以向这一点聚拢、集中,它有着"牵一发而动全身"的显著特征。例如,依据文章的特点,可以从标题、线索、文眼、重点语段等切入。

（3）探究解疑，发展思维。在阅读探究过程中，教师要组织合理的探究方式，面向全体适时地点拨评价，使学生不断丰富自己的知识、发展个性、提高思维品质，从而提升自身的人格品质。

（4）总结提高，给予钥匙。教师要交给学生一把钥匙，让他们能够开启现代散文之门，把握现代散文的特点，掌握阅读和鉴赏的方法，提高阅读能力，实现由课内到课外的迁移，这应是语文教师孜孜以求的目标。

2. 个性化散文阅读教学模式

阅读是个性化的体验，读者是带着自己的追问，踏着自己的生命足迹而来，借着文字与时空遥远的灵魂展开隐秘的对话。根据一般的阅读规律，我们可以把阅读教学分解为四个阶段，在每一阶段都充分尊重学生在散文阅读中的主体地位。

（1）静读体悟，要保证学生能直接面对原始文本，做到静读体悟。"静读"就是要求学生绝对独立阅读，排除外界任何指导性的干扰。"体悟"则是要求学生以自己的生活经验与人生体验为基础去理解、领悟散文。

（2）评述表达，保证学生有对文本进行评价的权利，做到立足自我的"评述表达"。"评述"是基于自己的理解对文本或作者进行鉴赏性的评价。"表达"是把自己的理解与阐释述诸文字。

（3）讨论交流，要组织好学生交流阅读成果，在思想的碰撞中提升领悟层次。思想需要碰撞才能产生火花，阅读不能仅停留在个体狭隘的空间，在学生完成个性化阅读之后，教师应该适时为学生创设一个交流的平台，让学生互相展示自己的阅读成果，互通有无，互补长短，互相交换自己的阅读体验，共同提升自己的理解层次。

（4）方法点拨，学生自主阅读领悟散文后，教师要在知识和鉴赏技巧上予以指导，帮助学生梳理整合。以学生为出发点的阅读不可避免地会有零散、片面的缺陷，因此，教师恰当地梳理点拨很有必要。

3. 板块式教学模式

板块教学就是将一节课或者某一知识模块的教学划分成几个有着明显关联的教学板块，从不同的角度有序地安排教学内容的教学。在初中散文教学中运用板块教学时，教师一般可以将教学分为阅读、赏析、评价这三个基本板块。

（1）阅读板块，引导学生感受散文的语言美。在阅读板块，教师应有意识地引导学生在课前阅读课文文本，感受散文的语言美，让学生带着情感朗读课文，仔细揣摩语言的情感色彩以及思想内涵。

（2）赏析板块，引导学生体会散文诗意。赏析环节是散文教学中的核心环节，因此教师必须结合教学重点对赏析板块进行精心设计。散文这种文学形式有着明显的特征，其构思非常灵活自由，因此在教学赏析阶段，教师应着重引导学生感受文章构思上的匠心独运。

（3）评价板块，提高学生对散文的理解能力。评价板块是重要的教学板块，实际上几个教学板块之间是有着密切联系的，而评价板块的设计就是为了考察和分析本次散文教学的过程是否完成了教学目标，即是否通过阅读板块和赏析板块提高了学生对于散文的理解能力。一般来说，教学评价有三个方面的内容，一是看学生是否在散文学习中掌握了基本的语言表达技巧；二是看是否提高了学生对于散文的解读能力，是否理解了散文的意境美、语言美等；三是看学生是否掌握了独立运用新知识的能力，也就是考查学生能否运用知识点解决问题。

（三）散文教学方法的选择

1. 审美教学法

散文是美文，形神兼备，且字字珠玑，意蕴深厚，教师要让散文教学带领学生融进这道美丽的风景中。让导入牵引学生心灵，教学时，必须以情感为纽带，引起学生的共鸣，把学生带进作品描绘、蕴藏的情感世界中去体验、去领悟，这样才能以情动情，引导学生走进作品中的情感世界，来正确理解课文，学好课文。让关键词句凸显文本内涵，散文"形散神不散"的文体特点，更需要教师在课堂教学中通过把握关键词句来把握文本，统摄文本的灵魂内涵，因此关键词教学，在散文的审美教学中尤为重要。让生活与语文共融，学习散文要鼓励学生融入到丰富多彩的社会生活中去，用心感受生活，接受多元的刺激。让意境尽显文本魅力，从艺术审美的角度来看，现代散文的魅力在于醇厚的意境。散文的意境，具有难以言传的美感。这种美感，需要细致地感受一番。那种条分缕析的做法往往会割裂整体意境，削弱作品的美感，不宜用来学习散文。在品味意境时，首先要注意意境的整体性，其中既有对物象外观的艺术描绘，又有物象内蕴的传神写照；既有作者真情实感的倾注，又隐含着对事物本质特征的理性评价。因此，教师要善于引导学生全面感受，切忌把意和境割裂开来，对立起来。

2. 还原教学法

还原教学法是指我们在分析散文时，把作者在构成形象时刻意排除掉的部分现实还原出来，并比较差异的方法。这里介绍两种常见还原法：感知还原和逻辑还原。

在阅读散文的过程中，我们容易满足于赞叹文章表层的美。例如，朱自清的《背影》一文，我们往往只停留在对父亲去买桔子爬月台时那几个动词的品读。在品读中学生能感受到的只是表象，如果我们告诉学生当时的月台有 1.8 米，而父亲只有 1.63 米，让学生还原当时年迈的父亲爬月台的情景，这种感知还原会让学生真切地感受到父亲的艰难与爱。

散文中所描述的形象是融入作家个人主观情感的艺术形象，它是个性的、"变异"的，而科学家对客观事物的描述则冷静客观，讲究逻辑真实。我们要用正常的思维逻辑去还原散文形象的科学面目，从事物的艺术形象与科学面目的差异中抓住文章的"神"。

3. 情境教学法

散文是一种自由随意的短小的文学样式，它通过作者的所见所闻，包括接触到的人，碰到的事展开联想，表达作者的情感和认识。运用情境教学进行散文阅读教学，会产生独特的效果。

（1）美文美读法。教师的范读，对于营造情感氛围，引导学生进入课文意境，帮助学生理解课文来说至关重要，所以，教师在范读时，不能仅是简单地把文字流畅地读出来，还要激情充沛，注意抑扬顿挫，并且善于传达作者细微的感情变化。

（2）音乐渲染情境法。音乐有很强、很直接的感染作用，在散文教学中，如果能够配上情调和谐的音乐作背景，就更能给学生一种直观的感受，从而营造出更多强烈的情感氛围。背景音乐的选择同范读语调的选择一样，也应同文章的基本情调一致才行。

（3）语言渲染情境法。这个方法是在教学过程中，教师运用语言去描绘情境，再现情境，启发学生进行积极思维，联系生活经验去激发学生的灵感，引导学生通过联想、想象进入情境，去感受至美至善的感情。要从听觉和视觉上吸引学生的注意力，唤起学生的求知欲望和学习热情，把抽象变得具体形象，调动学生的想象和联想，激发内心的情感体验，去探索、理解、感知教材的情境。

（4）画面展现情境法。教师在教学过程中借助画面再现课文的情境，使文中内容具体化、形象化、直观化，使学生通过画面的形状、色彩、明暗去感知课文的内涵，从而进入文中情境。教师可通过挂图、多媒体、简笔画等形式展现文中内容。因为画面具有直观性、可感性，直接通过视觉刺激学生大脑，激活学生的情感和知识储备，使学生产生情感体验，进入情境，把握课文。美的画面可以将学生带入课文描写的意境中去，也正符合散文的意境美这一特点。

四、推荐阅读资料

1. 孙绍振.名作细读[M].上海：上海教育出版社，2009.
2. 孙吉军.散文教学中运用情境教学的策略与方法[J].科学大众，2011(10).
3. 范志福.散文教学内容确定的逻辑思考[J].当代教育论坛，2011(12).
4. 张林.中学散文文体的教学内容确定[D].天津：天津师范大学，2014.
5. 熊昌培.初中散文审美教学方法探究[J].语文教学通讯，2015(1).
6. 吴远瑜.用还原法抓住散文的"神"——散文教学方法探索[J].读与写(教学教学刊)，2015(5).
7. 肖元凯.论散文教学内容的"个性"[J].语文学刊，2015(9).
8. 梁柳芳.谈板块教学在现代散文教学中的运用[J].广西教育，2015(11).
9. 林碧莲.从言语教学角度看散文教学内容的确定[J].文学教育，2015(12).

五、后续练习

莫怀戚的《散步》是一篇580字左右的散文，它之所以脍炙人口，原因在于作者的构思巧妙。作者从"两对母子"来看一家三代，这样的构思很有趣。如果按照成年人的伦理习惯思维，一般会说"祖孙三代"。只有未被成人话语"规范"过的孩子，才会分开来看，才会看到"前面也是妈妈和儿子，后面也是妈妈和儿子"。莫怀戚在谈《散步》的写作契机时说到：

"当时我儿子正上幼儿园，他叫'前面也是妈妈和儿子，后面也是妈妈和儿子'也是真的。但是当时我们的笑，是为小家伙的机灵而兴奋，像所有年轻的父母一样，以为自己的孩子是天才，或者至少也有过人之处——你看他小小年纪便懂得归纳，将来岂不是个哲学家？"

引爆这篇散文的不是家庭人伦、父母的爱、中年人的责任这些普遍意义的道德说教。对一个精彩的作品来说，教师的讲解不能停留在抽象出来的具有普遍意义的道理上，而应该寻找到"这一篇"的意义点。

请你设计教学问题，引导学生寻找到"这一篇"的意义点。

第二章 小说阅读课

一、背景描述

小说在叙写技法上,虽不像戏剧那样要求各种文学艺术高度融合,但较之诗歌、散文要求却更多、更高,非一时所能形成,更非一书所能标志。因此,小说虽然源远流长,但较之于诗歌、散文"晚熟"得多。"小说亦如诗,至唐而一变",小说直到唐代才有了一次质的飞跃,从"古小说"强调事物的"真实"发展到"唐小说"强调艺术的"真实"。小说的本质特征"叙述"与"虚构"也渐渐显现出来了。

小说是现实生活的艺术反映。小说通过塑造典型的人物形象来表达思想心理、爱憎感情、道德观念,来引导读者认识生活,为读者提供观察、体验和思考的空间。小说教学不仅培养学生的语言理解能力、语言运用能力和文学审美情趣,而且承载着关于社会价值观、道德观的教育和发展的责任。小说教学就是学生人文意识觉醒的一种途径。

然而,小说教学就其有效性而言,仍然存在着不少问题,教学内容的偏失是其中最为突出的问题。同时,道德泛化和主题化教学现象存在普遍。面对一篇小说,我们往往首先关注作家或小说中人物生活的特定社会背景,继而把小说阅读的重心放在从人物形象身上去挖掘作品在揭露什么或批判什么的主题上,进而进行道德教育。这样的小说教学从本源上忽视了小说的文体特质、作者意图和小说的"言说智慧"。小说教学的方式也趋于僵化,被定格为"概括情节、分析情节,在此基础上进行人物分析,最后在人物分析的基础上把握主题"。这样的教学似乎抓住了小说的几个基本要素,面面俱到,实则都是浅尝辄止。为了提炼一个主题,对人物形象的分析往往也是单一化,甚至是一种图解式的,更少有细节的品味。忙忙碌碌的一堂小说课,却始终在小说的艺术殿堂外徘徊。

二、课堂例析

《孔乙己》课堂实录及评析

(一) 材料背景

《孔乙己》是部编版九年级语文(下册)小说单元的一篇讲读课文,是鲁迅先生的一篇经典小说。小说通过对比、侧面、白描等手法,成功地塑造了孔乙己这个封建社会最下层知识分子的典型形象,通过对孔乙己悲惨命运的刻画,深刻地揭露了封建科举制度毒害读书人的本质。

(二) 教学过程

板块一 一"记"——你们最"记得"孔乙己的什么?

> 生:肖老师生日快乐!
>
> 师:谢谢你们记得我的生日。我想问问同学们,你们记得孔乙己的生日吗?
>
> 生:不记得。文章中没有提到。
>
> 师:那你们记得孔乙己的名字吗?
>
> 生:也不记得。
>
> 师:为什么?
>
> 生:因为全文只提到了他的绰号。
>
> 师:孔乙己,"乙己"两个字是他的绰号。好,打开课本,看看这句话是怎么说的,我们一起来读一读。

【点评1】应景导入,激趣入题。肖老师借课前师生交流话题"生日"巧妙地切入文本,让学生回忆阅读体验——为什么大家都不记得孔乙己。一段看似师生之间的闲聊,实则激起了学生心中的种种疑惑,为学生打开了阅读文本的大门。

> 生:因为他姓孔,别人便从描红纸上的"上大人孔乙己"这半懂不懂的话里,替他取下一个绰号,叫作孔乙己。
>
> 师:对,这"乙己"还不是他的本名。再问,你记不记得孔乙己家里的人?
>
> 生:不记得。
>
> 师:为什么?
>
> 生:因为他是孤儿。
>
> 师:孤儿,从哪里看出来的?
>
> 生:小说里没有提到他家里的人。
>
> 师:没有提,你也不能随便就说孔乙己是个孤儿,但他一定是孤独的人。课文根本没有写到孔乙己家里的人,也没有人去关注孔乙己家里的人。
>
> 师:同学们,这篇小说你们已经读了几遍了,听说你们还有很多《孔乙己》的赏析资料。读了这篇小说,孔乙己这个人物一定会在你心中留下深刻的印记。那么,请你告诉我,这个连名字都不被人记住的孔乙己,你在阅读小说后,最能记得的是他的什么?请用一个字或一个词来阐述。可以是名词,也可以是动词,可以是表示心理状态的形容词,也可以是表示境况的形容词。当然,还可以是表示性格的词。
>
> (学生思考)

【点评2】阅读初体验是阅读小说时读者与人物的第一次对话。阅读小说后记住人物的特点,是阅读后的感性留存,是学生基于自身已有的阅读经验所建构起来的人物形象,是学生在与小说人物第一次对话后所获得的最初信息与体验。

生:我觉得他很可怜。

师:你最能记得孔乙己的"可怜",为什么?

生:因为他本来就很不幸,科举没有考上,而且之后在店里还经常遭到顾客的冷眼。

师:你记得孔乙己的什么?

生:我记得孔乙己的"守信"。

师:守信,怎么说?

生:他经常不带现钱到咸亨酒店去吃饭,就欠钱,后来他还是及时把钱还上了。

师:这也是他的一个好品德。还有谁记得孔乙己什么,用一个字来表达试试?

生:迂。

师:"迂"怎么说?

生:因为他对人说话,总是满口"之乎者也",让人半懂不懂的。

师:满口"之乎者也",能不能把"满口"这个词去掉?

生:不能,因为"满口"体现出他的书呆子气太浓了。

【点评3】玩味词语,体会小说的"言语智慧"。中学生对小说的阅读体验往往只停留在最初的"精彩"上,但对为何精彩却又说不上来,尤其对小说中那些简洁却极有张力的语言描述极少会有体会。肖老师抓住"满口"一词的品读,让学生更深刻地领会用词的微妙。

师:更迂了。

师:你记得孔乙己什么?

生:我记得孔乙己的"骄傲"。

师:骄傲?为什么?

生:因为他到咸亨酒店吃饭的时候,他不同于短衣帮,他穿的是长衫。

师:哦,长衫。穿长衫为什么骄傲?

生:因为这是读书人的象征。

师:也就是说,那是一种自认的身份的象征。

师:同学们,他刚才说的那句话里有个小问题,他说孔乙己吃饭的时候,孔乙己到咸亨酒店是吃饭吗?

生(齐):不是,是喝酒。

师:吃饭和喝酒有什么区别?

生:吃饭更阔气。

师:他有没有能力到那个地方去吃饭?

生:没有,他很穷的。

师:最多是一碟茴香豆,两碗酒,是吧。

师：你记得孔乙己的什么？

生：我记得孔乙己生活很悲观。

师：读书要学会概括，用一个字或两个字？

生：悲。

师：孔乙己"悲"在什么地方？

生：他每次到酒店，都受到别人的嘲笑。

师：精神上受欺凌折磨。你记得孔乙己的什么？

生：迂腐。

师：刚才已经有同学说过了，看来，孔乙己的迂腐给人印象特别深刻。

生：我记得孔乙己的落魄。

师："落魄"，哪些句子可以说明？

生：当别人问他"你识字吗"，他就显得特别神气，但是当别人问他"你怎的连半个秀才也捞不到呢"，他就立刻表现出颓唐不安的样子。

师："落魄"这个词，用来形容人的境况，更多的是指物质经济状况，你为什么从他的表情上来说明？

生：应该是"落寞"。

师：不，我觉得你的"落魄"说得很好，在孔乙己眼里，什么落魄比没钱、生活过得差更糟糕？

生：他自己在仕途上的不顺利。

师：这就是孔乙己一生中最大的落魄，最承受不住打击的伤痕。非常好。

【点评4】追问可以引入思维的深处。学生的每一个感受或灵动闪烁的思维点往往是瞬间偶得的，教师的及时追问，往往能把这瞬间的思维闪光点引向深处，更让学生体会到语言表达的那种张力。一个"落魄"或许只是学生刹那间的感受，但通过教师不断地追问，可以读出文本中更多的内容。

生：我记得孔乙己的"长衫"。

师：又到了那件长衫，具体说说。

生：因为长衫代表孔乙己身为读书人，但又必须与短衫帮混在一起的境况。

师：你知道这件长衫是什么样的？

生：让人看起来很没面子的。

师：这长衫就是为他挣面子的，你再看看课文中写他的长衫的语句。

（生读文中语句）

师：又脏又破的长衫，看似儒雅，但却如此破旧。真是欲上不能、欲下不甘，落魄、懒惰、迂腐与清高尽在其中。

生:我记得孔乙己的"贫穷"。

师:贫穷,为什么?

生:因为他写得一笔好字,便替人家钞钞书,换一碗饭吃。可惜他又有一样坏脾气,便是好喝懒做。所以说……

师:那你知道孔乙己一生中最大的贫穷是什么?

生:科举考试没有获得功名。

师:科举考试没有功名,自尊心上的贫穷,是他最大的贫穷。最后再请一位同学来说说。

生:我记得孔乙己的"痛苦"。

师:痛苦,怎么说?

生:他每次在酒店里喝酒的时候,总会受到别人的嘲笑,并且他偷书是为了看书,但几乎每一次都会被别人对他进行身体上的残害。

师:每一次?小说当中哪个句子能说明?来,同学们,我们一起读读。

(师生共读:孔乙己一到店,所有喝酒的人便都看着他笑)

师:哪个词说明每一次?

生:一,都。

师:读书,要学会从隐性的不明显表意的词上来把握。大家把"一"和"都"圈出来。你看,这样一说,我们就知道了,连同你们资料里的孔乙己的"手",孔乙己的"脸",甚至某些动作,等等,都是我们对这个文学形象最深刻的记忆。迂腐的孔乙己,善良的孔乙己,贫穷的孔乙己,落魄的孔乙己,痛苦的孔乙己,诚信的孔乙己……这个在封建科举制度下挣扎的小人物的形象越来越清晰了。

板块二　二"记"——小说中的其他人最能"记住"孔乙己的又是什么?

师:同学们从多个角度阐述了对孔乙己这一文学形象的"记住"。再看看,文章中孔乙己以外的人对孔乙己最能记住的又是什么呢?

(学生阅读,思考)

生:孔乙己的伤疤,孔乙己考不中秀才的耻辱。

生:他们记得孔乙己欠钱,他们会让孔乙己尽快去还钱。如果孔乙己偷书,他们也会非常记得。

师:表达有点急急忙忙,我们还是先一起来读一读孔乙己第一次出场的文字。"孔乙己一到店"预备读——

(生齐声朗读)

师:好,就到这里,接下来我们再仔细读读酒店里的对话。孔乙己一到店,大家说的那句话怎么读?

生："孔乙己,你脸上又添上新伤疤了!"(声音有点低)

师:是这样说的吗? 同学们,这句话怎么说,你说说看。

生："孔乙己,你脸上又添上新伤疤了!"(声情并茂)

师:你读的声音为什么比他响?

生:就是要表现出一种外人对孔乙己的嘲笑,高声嘲笑。

师:哪个字可以看出这样子的嘲笑?

生:叫道。

师:对,是有人"叫道",声音要拉高拉长的。来,你再来叫叫看。

生："孔乙己,你脸上又添上新伤疤了!"

师:同学们,这些人记得孔乙己的什么?

生:伤疤。

师:从哪个字可以判断出大家对孔乙己的伤疤记得特深? 你说。

生:"新"字,说明老伤疤大家都没忘记。

生:"又"字,说明这样的嘲笑不止一次。

师:"新"字有味,"又"字更有味。来,我们将"又"字去掉,读读看。"孔乙己,你脸上添新伤疤了!""孔乙己,你脸上又添上新伤疤了!"这个"又"字说明什么?

生:说明孔乙己不是第一次因为偷书被打而落下伤疤,那些人也不是第一次嘲笑他。

师:如果你能把语句顺序反一反,我觉得更棒。表达的时候要从"那些人"出发。

生:因为那些人不是第一次这样嘲笑孔乙己了,也说明孔乙己也不是第一次因为偷书被打而落下伤疤。

师:说明他们惦记孔乙己的伤疤已经不是一次两次了。同学们,一起来读读这句"叫道"。

(生齐读)

师:后面说话还有"又"字吗?

生:"你一定又偷了人家的东西了!"(读得很响,嘲讽的语气)

师:你为什么读得那么响呢?

生:这个时候整个店里的人都在嘲笑孔乙己。

师:个体嘲笑转成群体嘲笑,哪几个词加重了这样的嘲讽语气?

生:"又"字。

师:还有呢?

生:"偷"字。

师:这个"偷"字当然得说很响。最能表达他们对这个事情的认定的是哪个词?

生:"一定"。

师:再看看,哪里可以看出这种冷嘲热讽?

生:感叹号。

师:来,你再把这句话读读看。

生："你一定又偷人家东西了。"(略平淡)

师：同学们说这样读行不行？

生：我觉得读得还可以，但还没有刚刚的响亮。

师：你知道要读得够响亮的原因。那我们一起看看这句话，"他们又故意地高声嚷道"，哎，这里又有一个"又"字，而且说话人已经不是他，注意啊，是"他们"，因此这句话是众多酒客一起"嚷"出来的。我们一起来嚷，好不好，预备起——

(生齐读高声,嘲讽)

师：故意的味道没有出来，你还要给我摆出点故意的味道来。"故意的"预备起——

(生齐读此句,师再读此句故意嘲讽味足)

【点评5】 小说的情感是从字缝里渗出来的。"咬文嚼字"般细读，才能引领学生钻进字缝间，去涵咏文字背后的情愫，真可谓"见微方可知著"。

师：好，从这几句嘲讽中可以看出他们最惦记的是孔乙己的伤疤。再看看，还有没有？

生：他们还惦记着……(语塞一时说不出)

师：这些人记得伤疤，还记得他的什么？看一看后面的故事，他们最记得孔乙己的是什么？你来说。

生：他们还记得孔乙己被吊着打。

师：被吊着打，打得最悲惨的叙述在哪一段？

生(齐)：第10段。

师：一起来读一读，"一个喝酒的人说道"预备起——

(生齐读)

师：我请一位男同学跟我一起读这段对话。这里有两个角色，你想读谁，喝酒的人还是掌柜？

生：随便。

师：行。那我读喝酒的人，你读掌柜可以吗？

(师生分角色朗读)

师：请坐。我们再换一下。接下来一个同学读喝酒的人，另一个同学读掌柜。来，你来读掌柜。

(两学生分角色朗读)

师：同学们，鲁迅写的这段对话有什么特点？你来说。

生：这里是一连串的问答。

师：一连串的问答！我们平时会怎么写？

生：平时会写谁谁谁说。

师：谁说，谁说，是这样写的吧。考虑一下，同学们，鲁迅这里为什么不把这些"谁说，谁说，谁说"加进去？

（学生思考）

生：不加进去，表示了掌柜等人对孔乙己的毫不关心和喝酒的人看热闹的心态。

师：你觉得这段话是对孔乙己的毫不关心吗？

生：关心了，但关心的是被打的故事，很好奇，很想问个究竟。

师：所以说话就会快一些，是不是？

生：是的。如果加上"谁说，谁说，谁说"，可能就破坏了这种急切的感觉。

师：那现在再找个同学来读读这个掌柜，我来读喝酒的人，我们一起来读读看。

师："他怎么会来？……他打折了腿了。"

生："哦。"（很平淡）

师：哦，他是这么说的吗？这个"哦"字应该怎么读？你来。

生："哦？"（询问语气）

（师模仿读，再邀两生读）

师：刚才前两位同学读"哦"，大家能听出是什么标点符号吗？

生：第一个同学平平淡淡，应该是句号。第二个同学，感觉是问号。

师：句号，问号。同学们考虑一下：句号，问号，那小说里为什么用感叹号呢？来，再读，"他打折了腿了"——

生（齐）："哦！"（感叹语气，惊讶）

师：哦！为什么发出这声感叹？读书时有想过这问题吗？

生：没有。

师：读书就要潜入文字当中，甚至不放过一个标点。来，同学们，我们一起来试试看，句号时怎么说，"他打折了腿了"你们说——

生（齐）："哦。"（句号语气，平淡）

师：问号时怎么说，"他打折了腿了"？

生（齐）："哦？"（问号语气，疑问）

师：感叹号时又怎么说，"他打折了腿了"？

生（齐）："哦！"（感叹语气，吃惊）

师：哦！（声音延长）这个感叹号里包含着怎样的感情？

生：对孔乙己打折腿的惋惜。

师：对孔乙己打折腿的惋惜？平时你表达惋惜会用感叹号吗？

生：我觉得是对他打折腿的惊讶。

生：不关心腿，更想知道是怎么打折的，很好奇。

生：急于听到这里面的故事，很好奇。

师：对，惊讶、好奇，想知道这个过程有着怎么样的新奇，它将成为这个酒店里的一个谈资、一个笑点。所以，他不是关心孔乙己的生死，而是猎奇这段所谓的痛快淋漓的被打。来，同学们，感叹号读读试试看，"他打折了腿了"——

生（齐）："哦！"（感叹，吃惊）

【点评6】 角色体验,于人所不察处察疑。角色朗读不只是为了丰富课堂的朗读形式,而是让学生以不同的角色去体验人物的内心情感,以引领学生从浅阅读走向深阅读。从作者叙写对话方式的不同和标点符号这些在平常阅读时没有人在意的地方进行深入剖析,读出疑问,读出深刻。

师:接下来,我们继续读下去。

(师生分角色读)

师:你发现吗? 掌柜这时候说话还有什么特点?

生:句子很短的,特别急切。

师:说话过程中有没有把"孔乙己"给加进去?

生:没有。

师:我们把主语"孔乙己"加进去试试。

(师生共读:"孔乙己后来怎么样?""孔乙己后来呢?""孔乙己打折了怎样呢?")

师:考虑一下,掌柜说话为什么不把"孔乙己"这一事件的当事者放进去?

生:掌柜急于想知道个中情况,至于孔乙己这个人,是不在心的。

师:说得好! 他对孔乙己的生死根本就不关心,就想知道这个事情是怎么发生的,好在以后可以对更多的人说一说这个故事。同学们,这些个"后来呢,后来呢,后来呢"读慢一点还是快一点?

生:快一点,急促,太想知道了。

师:好,我们再来读一遍,把这段话读出味道来。女同学,喝酒的人;男同学,掌柜和酒客。女同学开始读,预备起——

(男女生分角色朗读)

师:很好,我们再来看最后一句话。喝酒的人在说他的最后一句话的时候,用了一个什么标点符号?

生:句号。

师:"许是死了"后面是句号。掌柜的第一声是感叹号,让他也感叹号结束可以吗?读读看,你来。

生:许是死了!(感叹号语气,强烈)

师:你再来读读句号结束。

生:许是死了。(句号语气,平淡)

师:为什么用句号?

生:用句号表示一种不太肯定的语气。

师:比之感叹号,这里句号确实有不太肯定的语气,还有其他意味吗?

生:用句号表示对孔乙己漠不关心。

生:不轻不重的,随意说说。

生:故事讲完了,就没有什么可说的了,很冷冷的。

师:生死无所谓了,没有人会去在意他的生死。这里的句号更能显示冷漠与生命的无足轻重。我们再一起来读读喝酒人的最后一句话。

生（齐）："怎样？……谁晓得？许是死了。"

师：不轻不重，这个故事到这里就没了下文。于是掌柜的就慢慢地算他的账，孔乙己是一个可有可无的人，没人去关心他的生死，没人去关心他的生命存在与生命状态。这些酒客惦记的是他伤疤里的笑料、被打折的腿里的故事。那个掌柜呢？他最惦记什么呀？

生：掌柜的记住的是孔乙己欠他的钱。

师：欠他的钱，第几段？

生：12段。

师：你读一读。

生："孔乙己还欠十九个钱呢！"

师：到了第二年的端午，又说——

生："孔乙己还欠十九个钱呢！"

师：这个"又"字在文中又出现了。掌柜的说欠钱的时候用的是什么标点啊？感叹号，为啥这里用感叹号呀？

生：这里说明掌柜的对孔乙己欠钱的事非常关心。

生：孔乙己还不如这十九个钱。

师：对欠的钱非常关心，但对这个人的生与死根本不在乎，所以，掌柜记得的永远是孔乙己的钱。一起来读读这两句话。"到了年关，掌柜取下粉板说"预备起——

（生齐读，师接读到这段结束）

【点评7】反复朗读中感受语言的表现力。细微的情绪变化在于语言的精微表达。只有朗读才能触摸语言的温度。一个词语、一个标点都是情感的符号，在细细地读中才能真切地感受到。

师：你看掌柜的终于把粉板给取下了，取下粉板其实也就代表着什么？你来说说看。

生：说明孔乙己现在已经无法偿还这个债务了。

师：哦，还有吗？

生：没有太大希望了。

师：没太大希望了，钱来不了了。

生：他也许觉得孔乙己已经死了。

师：孔乙己可能死了。孔乙己对掌柜的来讲，他只是粉板上的一个名字，一个符号，绝对不是一个活生生的人。所以，课文中写这个"记"字写了三次，我们一起来读读，第一次的"记"，在第3段的结束。"只有孔乙己到店，才可以笑几声，所以至今还记得。"

（生齐读）

师：把"记"字圈点下来，老师也写在黑板上了。

（教师板书：记）

师：还有一个"记"在哪里？哦，这个同学眼尖，你来说。

生：第 5 段中"但他在我们店里，品行却比别人好……暂时记在粉板上"。

师："暂时记在粉板上"，又一个"记"。看，孔乙己被大家记住，只是一个符号，不是一个生命，是他的离奇曲折的某些故事，是他伤疤残腿里的伤痕累累的谈笑，不关乎生死。再看一下，课文还写了一个人对孔乙己的记忆，这个人是谁？

（学生思考）

生：店小二。

师：店小二，也就是文章中的"我"，所以第一次去记住孔乙己的就有"我"。"只有孔乙己到店，才可以笑几声，所以至今还记得。"读读。

（生齐读）

师：你怎么理解"我"这个十二岁的小伙计的记得？"我"记得的是孔乙己的什么？你来说说看。

生：小伙计记得的也是孔乙己引起的一些笑声。

师：孔乙己引发的一些笑话、笑料、笑的场景。"掌柜是一副凶脸孔，主顾也没有好声气，教人活泼不得"，所以，对一个孩子来讲，他记得孔乙己，因为是孔乙己让他活泼的，也让所有人活泼的。这就更说明了？

生：没有人真正去关心孔乙己的命运，没有，他只是人们的笑柄。

师：他只一个笑料，只是那个社会的笑料，供大家取乐，供大家开心的一个笑料。所以，孔乙己就这样被所有的人记住了。文章中也写到了孔乙己对别人说了个"记"字，他是对谁说的？

生：记住茴香豆的茴字。

师：这句话是怎么说的？

生："不能写吧？我教给你，记着！这些字应该记着。将来做掌柜的时候，写账要用。"

师：对，你从这里孔乙己的两个"记着"中能读出点什么呢？我们一起把这话读一读。

（生齐读）

师：你从两个"记着"中读出了孔乙己的什么来？

（生沉默不语）

师：想不出来，建议你把这句话再读一读，来——

生（读后答）：从这看出孔乙己十分想帮助小伙计，很善良。

师：想帮助谁？

生：帮助鲁迅。

师：是鲁迅吗？

生：不是，是"我"。

师：这关系到小说中的一个概念了。小说中的"我"，不是作者本人。所以这儿，孔乙己关注"我"，关注这个小伙计，从中可以看出孔乙己的善良。但是这个小伙计却一样反讽孔乙己，看他那句话是怎么说的？他说"谁要你教""讨饭一样的人，也配考我吗？"一起来读读，预备起——

（生齐读）

【点评8】 在人物关系中把握人物形象是小说阅读的另一个密码。小说中的人物形象是通过故事情节、描写和环境来突现，更是在各种人物关系中不断丰满。肖老师带领学生从酒客、掌柜和叙述者的眼光中去看孔乙己，把孔乙己放在这样一个多维的视野里观照，就更能建构一个立体的孔乙己形象。

板块三　三"记"——这些人真的"记住"孔乙己了吗？

师：由此看到，大人们嘲笑他，小孩子也在嘲笑他。因此，孔乙己的故事就成为一个彻彻底底的悲剧。老师想问一个问题，你觉得这些人真的记住孔乙己了吗？

（生沉默）

师：记住他的伤疤，记住他的故事，你觉得这些人真的记住孔乙己了吗？

生：这些人没有记住孔乙己。

师：理由是——

生：在第9自然段"孔乙己是这样的使人快活，可是没有他，别人也便这么过"，说明孔乙己对别人的生活并没有影响。

师："可是没有他，别人也便这么过。"同学们，一起把这段话读一读。

（生齐读）

师：你来说说看，从这句话里还能读出什么来？

生：孔乙己被大家抛弃，就像不存在一样。

生：他们觉得孔乙己有没有都无所谓。

师：孔乙己的有无都是无所谓的，他根本就不是一个被人深深记住并关怀的人。他的存在，最多是给这单调无聊的世界一点笑料。他被所有的人包括和他一样的底层的人所践踏、嘲笑，他不是一个被记住的人，相反，是一个……

生：被忘掉的人。

（板书："忘"）

师：是的，这是一个被忘记的人。他们记得的只是孔乙己伤疤中的片段，是打折了腿的那种情状和被打折了的腿的讥讽，那是他们的笑料与谈资。但他们忘记的是孔乙己的灵魂、他的内心世界、他痛苦的表情、他悲惨的命运。被人屈辱地记着，被人残酷地忘记，这就是孔乙己！在这"忘"与"记"之间游移的都是嘲笑、奚落、打击，都是冷冷的讥讽的目光。这些人，我们称之为？

生：看客。

师：写出这个字，"看"字。

（板书：忘——看——记）

师：所以，同学们，这部小说不仅揭示了孔乙己的悲惨命运，表现出了封建科举制度的罪恶，同时，它有一种最深的寓意。通过"记住"，通过"忘记"，通过这些"看"，你觉得鲁迅先生写这篇文章还想要告诉我们什么？

（学生思考）

生：我觉得要告诉我们当时社会的黑暗与腐败。

师：对当时社会的抨击。

生：科举教育对人毒害之深，等级观念深刻。

师：这些在小说中都有表现，让我们看到了那个社会的罪恶。围绕老师的板书来看，还可看出什么？

生：我觉得写出了当时人们的冷漠、社会的悲凉。

生：我看出这些人没有同情心。

师：这些人，主要是什么人？

生：老百姓，酒客。

生：社会上这些和孔乙己一样的人都只好奇某些人的悲惨，而不在意某些人的生命感觉。

生：他们就是冷冷的看客。

生：没有丝毫同情，他们冷漠麻木的心灵令人悲哀。

师：好奇某些人的悲惨，而根本不在意这些人的存在本身。我们一起来读读文章的最后一段。"自此以后，又长久没有看见孔乙己。"预备起——

（生齐读12,13段）

师：同学们，我们越来越能感觉到，这些看客只想咀嚼他人的悲哀，只想品味他人的痛苦，他们只想成为某些痛苦故事的传播者，做幸灾乐祸者，做冷眼旁观者，甚至做恶语相向的人。也正是这些人，慢慢地把孔乙己带进了死亡的边缘。因此，鲁迅曾经说过一句话："国民，尤其是中国的国民，永远是戏剧的看客。"鲁迅还说过一句话："无数个远方，无数的人们，都跟我们每一个人有关。"同学们，《孔乙己》这个故事永远咀嚼不完，这个故事永远思考不尽。今天，是我的生日，我应该笑，但走进孔乙己的世界，我们真的很想哭。让我们一起怀念这个不幸的苦人，一起来读读他最后的背影。"他从破衣袋里摸出四文大钱"，让我们怀着很沉痛的心情，预备起——

（生齐读）（缓慢、悲凉）

师："坐着用这手慢慢走去了"，记住这个背影，也让它留给当代社会去思考——我们应该怎么做人。

【点评9】小说教学不忘现实意义。小说是现实生活的艺术反映，是对一个时代的反思或批判。小说既是对一个时代的反思，更是对新时代的一种启示。因此，小说教学不能只归结于此，与孔乙己一样的那些酒客、百姓也是麻木地笑着孔乙己走去，这很有现实的思考意义，真的要"留给当代社会去思考——我们应该怎么做人"。

【总评】

1. 依文定教有文味

小说离不开"情节、人物、环境"三要素的叙写与虚构，但具体到每一篇小说，在叙写的表现手法上却有明显的差别。《孔乙己》在塑造孔乙己这一人物形象时直接描写的内容并不多，更多的是把孔乙己放在与众多人物的关系中突现。肖老师显然抓住了这一点，在教学时把更多的时间和活动放在"众人眼中的孔乙己"这样一个多维视角上,让学生在人物里找到孔乙己生活中的影子,走进人物的心灵,唤醒自己的生活体验,去分析人物形象。从文体出发的小说教学,不仅让学生把握人物形象,理解了小说的主题,更是让学生真切地领略了小说的叙述艺术,使得课堂充满文学味。

2. 一线串珠有趣味

小说教学抓住一个切入口,把握一条线索,把与该线索有关的人和事贯穿起来,就能达到"牵一线而动全身"的效果,避免支离破碎的、面面俱到的繁琐分析,提高课堂教学效率。肖老师用一个"记"字串起全文,串起课堂活动,并不断激起学生的阅读趣味。从"你记得孔乙己的什么"激起了学生的阅读情绪,使学生获得阅读的初体验;到后来"小说中的其他人记得孔乙己的什么"把学生最初的阅读情绪引向了亢奋,真正地走进了小说人物的内心世界;到最后"真的记得吗",断然的转锋,更能激起学生思维的碰撞。一节课的阅读情绪就在这个"记"字的带领下不断升华。

3. 精读细品有真味

言语活动仍然是小说教学的主要抓手。精读细品,于小说叙述的细微处细嚼,于文本的精妙处潜心品悟,读出文字背后潜藏的幽邃情意,品出作者精微表达的艺术技巧。整节课肖老师带领学生徜徉于字里行间,字斟句酌,处处充满语文味。

(本课例由全国著名特级教师肖培东执教,杭州江南实验学校胡光辉点评和总评)

三、资源链接

(一)小说教学内容的确定

1. 基于现代小说观和语文核心素养选择教学内容

小说语言是一种文学语言,在小说阅读教学中提高学生解读文学语言的素养,是读解小说语言的重要内容。

小说阅读教学要在"语意"的纵深解读和多元解读中走进小说深处,触摸人物灵魂。可选择在情节上具有拉动作用、在情感上具有概括功能、在内容上具有统整价值的语句作为教学内容。

小说阅读教学还要在人物语言的读解中把握小说的情感逻辑和人物的生活方式。小说中的人物语言暗含了人物的诸多信息和作者的创作意图,要实现人物读解的教学价值,需要把人物语言的品读作为教学内容。

读解小说的过程,就是在头脑中形成小说形象的过程,小说形象主要包括人物形象和场景形象。小说教学就是要引导学生调动相关性或对应性思维,以此物对应彼物,从表层形象走向深层意蕴。

小说教学要引导学生在人物与人物、人物与环境、人物的外在行为与内部动机等关系分析中领悟小说传递的社会图景。

小说教学要引导学生在处理小说审美中的虚与实、形与神、有与无这三对关系中领略小说表达的技巧和效果。小说中的"虚"是指艺术虚构,"实"是指生活真实。小说中的"形"主要指人物的外貌、衣着、行为和小说的具体场景,"神"是指人物的情感、心理、性格和小说表达的意旨。小说中的"有",是指对人物或场景的直接描写;"无"是对人物或场景的间接描写,需要通过想象来展现。

小说教学要引导学生探求人物生活的文化因素,破解人物情感、心理、性格的文化密码,是小说阅读的应有内容。

2. 基于人物形象为核心的小说教学内容的确定

进行小说教学，应该以一个或一类人物为落脚点，对人物的特质进行聚焦，在品味语言的过程中，去深入探寻人物的内心世界，揣摩环境对人物性格形成及命运的影响，从而感知人物的性格特征，鉴赏作者的艺术手法，领悟作品蕴含的主题思想。

基于人物形象为核心的小说教学内容的选择。故事情节，是人物形象展开与丰满的过程。外部环境，既是形成人物性格的重要因素，又是激发人物性格显现的重要因素。抓住了人物形象，就抓住了小说教学内容的根本。

基于人物特质为核心的小说教学内容的聚焦。人物形象并不以抽象名词去显现，而是把它的特性深深地寄寓在人物的肖像及言行举止中，寄寓在人物的生活细节中。聚焦人物特质的方式多种多样，人物的外貌、语言、动作、心理及与人物相关的道具，都是极为重要的聚焦元素。

基于人物探究为核心的小说教学内容的展开。小说教学内容要不断向纵深处开掘，从而把握小说深层的思想和情韵。在这一过程中，设置教学内容要考虑两个因素：小说的内在"脉络纹理"和学生的认知过程规律。小说教学内容的展开通常有以下几种形式：① 以故事情节的发展过程展开；② 以人物心理的变化过程展开；③ 以人物情感的发展过程展开；④ 以人物性格的成长过程展开；⑤ 以学生感受人物的认知过程展开。

基于人物鉴赏为核心的小说教学内容的透视。如果说人物探究是理解人物形象的学习过程，那么人物鉴赏就是品味人物形象塑造艺术的学习过程。人物形象的探究是对文本进行一层一层的深入思考，其形式往往是个单一直线型结构；人物鉴赏往往以某一艺术手法为视点，以此向不同方向去透视文本，其形式往往是一个扇形结构。

3. 基于学生小说阅读障碍的小说教学内容的确定

小说阅读的现状是学生很难进入小说世界，尤其是优秀的小说作品或有难度的小说作品。小说教学的关键，是让学生"进入"作者所描绘的小说世界。学生不能很好地"进入"小说世界，很大程度上是"解读方式"有问题，正确适当的解读方式是解决学生小说阅读障碍和提升学生小说欣赏能力的关键。因此，教给学生解读方式应该成为小说教学的主要内容。

学生在学习时，比较容易看到的是故事情节、人物、环境等显性的内容，比较不容易看到的是作者意图、作品主题，以及作者的表达方式在小说叙述过程中的作用。小说教学一方面要教给学生没有看到的东西，另一方面要教给学生是怎么知道的，这就是解读方式。解读方式，可分为三个层面：一是与表达方式直接相关的解读方式。比如，品味语词、解析句式、体会语气、分析结构、赏析修辞、掌握视角、赏析细节、把握手法等。二是作品的表达方式之外但却与作品本身相关的解读方式。比如，通过写作背景、时代背景来进入文本，通过把握文体特征来进入文本等。三是完全外部于作品的解读方式。比如，整体感知、自我体悟、反复阅读、概括提炼、剧情表演、借助工具等，也是进入文本的方式。

（二）小说教学的模式

1. 片段赏析教学模式

片段赏析教学就是让学生通过对精彩片段的赏析，理解作者的写作意图。首先，初品小说。初品小说就是要让学生懂得文本的主线，例如文本的人物形象、主要的思想情感、性格特征等。其次，探究发现。教师着力引导学生多思考、多探索，让学生学会发现问题、提出问题、分析问题、解决问题。尊重学生的个性体验，在他们自我发现、探究的过程中，教师在旁边指导，交流反馈，只要不偏离文本主题，就给予肯定。第三，精品赏析。这个环节要求学生通过对小说语言的细腻品读，不断内化。① 挑选最精彩的文章片段进行深入赏析。考虑到所选作品均为名家名篇，在教学中不妨以落实"欣赏"为重点，即对文章的艺术特色进行赏析。可以设置"你可以从本片段中学习到什么"这样的问题，该问题可以从修辞手法、表现手法、抒情方式等多个方面进行讨论。② 小组进行合作探究学习。教师相机点拨，一百个读者就有一百个哈姆雷特，对于同一篇作品，学生学到的东西是不同的，可以互相借鉴。

2. 引导式小说教学模式

笔者基于初中生生理及心理特点、教师引导、学生自主学习、小说文体特点等因素，提出了五种相互联系的教学模式。

（1）读说式。读说式教学模式就是以基本的阅读方法和思维方式为基础，对小说建立自身的逻辑体系和知识体系。例如，《孤独之旅》是一篇优美的小说，这篇课文的教学安排可以设置为：速读以整体感知、品读以互动鉴赏、问读以答疑解难、说读以启发感悟。在这四个步骤中要对学生进行分组，给每个小组分配任务，比如指出小说的心理活动描写、情节发展等。

（2）写说式。写说式教学模式要求教师在分析小说主题的基础上，引导学生利用想象来假想与原文内容不同的故事情节，培养他们的创新思维能力。同时，教师要引导学生对两者进行优劣和异同的比较，深入分析小说的情节，在小说的结构和过程中理解作者所刻画的人物形象。

（3）演说式。演说式教学模式的"演"指的是让学生根据小说中的人物情节进行扮演，"说"是指学生对同学饰演的内容进行讨论和评价。学生在饰演的过程中可以整体把握人物，同时深刻解读小说表达的主旨。

（4）述说式。述说式教学模式是让学生复述小说的大概内容。复述小说有纵向、横向两种表达方式，纵向以情节走向为准，横向以人物线索为准，不同的复述方式能体现学生思维的多样性。

（5）看说式。例如，教学《智取生辰纲》时，教师可以利用现有的影像资料，让学生在观看影片的过程中，设身处地地体会小说中的场景和情节变化，加深对小说的印象。在观看的过程中，学生可以得到情感的熏陶，发现小说中的矛盾来源和解决方式。

3. 三重式小说教学模式

基于小说教学要开展探究性阅读和创造性阅读这两个出发点，提出小说教学的三部曲：个性化阅读——立体式评价人物——多角度延伸情节。

个性化阅读要求在进行小说课堂教学之前，教师根据教学目标设计几个探究主题，仅供学生阅读研究参考。学生在无任何资料的干扰下，自主阅读小说文本，经过对信息的筛选、提炼、融合、探究，形成富有发现性的认识。教师组织课堂讨论，让学生的认识和观点迸发出充满个性的火花。

对小说人物形象的剖析、理解、再现、评价是读透小说的关键所在。大多数小说中反映人物性格特点的语言信息相对分散（尤其篇幅较长的小说），教师应引导学生加以筛选、提炼、融合、推测，并力求根据情节用自己的语言进行评价，形成简短的人物传记。教师可引导学生从人物的年龄、身份、爱好、性格、职业、阅历、成就等方面有侧重点地评价，必要时也可适当引用他人的观点。

经典的小说总会留下无限的想象空间，让读者去思考、去填补。教师应不失时机地引导学生从各个角度进行小说情节的延伸。采用阅读与写作相结合的教学形式，以便激发学生的兴趣，激活学生的思维，实现"以读带写，以写促读"的良性循环。

（三）小说教学的方法

1. "三点"、"四法"

小说教学中应巧妙把握好的"三点"：一是情节线索。要准确地理解作品的主题，就必须理清作品的情节线索，把握故事的开端、发展、高潮、结局这四个环节，在事件发展的过程中，深入分析人物的性格。二是人物语言。小说最大的特点是人物语言的运用。正确地解读人物语言，不单可以轻而易举地了解人物所处的社会阶层和思想倾向，还可以轻松地体察人物的性格特点，走进人物的内心世界。三是细节描写。小说细节描写着墨不多，但往往一两句话，就传神地写出了人物性格。小说教学行之有效的四种方法：一是点拨教学法。点拨，"点"者，使之"明"也，即通过教师的"点"，使学生明白思维流程的起点；"拨"者，使之"正"也，即通过教师的"拨"，使学生端正思维流程的方向。二是改变情节法。情节是小说的基础，有些小说就以情节取胜，有时让学生去改变小说情节，重新安排人物的命运，对更好地理解人物的性格、把握小说的主旨有出乎意料的效果。三是比较阅读法。比较阅读，就是把内容或形式上有一定联系的读物加以比较，是一个同中求异、异中求同的思维过程，是加强读者思维深度和广度的过程。四是影视欣赏法。语文教材中的小说，有很多都改编成了电影或电视剧，合理地利用这些影像资料，使小说阅读教学与电影电视欣赏结合起来，充分展示语言艺术与视觉艺术的魅力，这对小说教学有很大的帮助。

2. 牵一点而洞全文教学法

在小说教学中，当学生初读小说后，不妨从学生最感兴趣的一点（或最受触动的一点，或最出乎意料的一点，或印象最深的一点，或最不可思议的一点，或最欣赏的一点，或最难理解的一点……）入手，逐步向全文的细枝末节发散，引导学生自主讨论探究，层层剥笋，这样既可以解决自己最关心的问题，又可以让他们深入理解小说的内涵，同归而殊途，牵一"点"而洞悉全文。首先，教师在研读教材，搜集资料中要弄清小说的"底细"，对教材宏观深入地把握后，才能有意识地找到理解小说的突破口，也才能在课堂教学时的师生互动中把握时机，牵出能洞悉全文的"点"。其次，要对学生的阅读能力、阅读习惯、阅读心理了然于胸。要做到这一点可以模仿写"下水文"的做法，教师要注意自己初读小说的感受，并设想如果是学生读将会出现怎样的状况。第三，要注意课堂机智的运用。教师在牵出这一"点"时要明白：牵出这一"点"的目的是为了能顺延学生的阅读兴趣，积极主动地投入到探讨小说内容的阅读实践中去，切不可为了牵出而牵出，又回到完成任务的套路上。

3. 话题教学法

小说的话题教学，就是从小说作品中整合或生成出一个或多个话题，然后以此为中心而展开的教学。例如，教学《杨修之死》这篇小说，话题可以是：杨修因何而死？答案可以是杨修恃才放旷，不加收敛，"数犯曹操之忌"，他的被杀是性格悲剧，咎由自取；也可以是杨修太聪明，时时能够摸透曹操的心思，曹操既嫉妒他的才能，又考虑到留他在身边终不免对自己造成祸患，最终以"造言乱军"的罪名杀掉了杨修……小说"话题教学"法非常重视学生在阅读过程中的主体地位和独特感受、体验，极大地提高了学生阅读小说的积极性和思辨性。通过话题的设置无形中优化了小说课堂教学的结构，由"三要素"的"板块式"集中于统摄全局并又能包容"三要素"的话题，因此它能使教学更加集中，使学生认识更加深刻，从而得到最大的收益。

四、推荐阅读资料

1. 杨天和.叙事学与中学小说教学内容的构建初探[D].北京：首都师范大学,2007.

2. 张玲玲.用探究式学习优化小说阅读教学[D].长春：东北师范大学,2007.

3. 王泽森.从品读情节结构入手深化小说教学方法[J].新课程学习,2011(8).

4. 许天佳.小说片段赏析教学模式初探[J].语文学刊,2012(8).

5. 夏玉桥.基于人物形象为核心的小说教学内容的确定——以《多收了三五斗》为例[J].语文知识,2015(1).

6. 吴丽伟.关注文体特点,揭开小说教学隐含冰山[J].职业,2015(27).

7. 付九洲.初中语文小说教学存在的问题分析[J].课程教育研究(新教师教学),2015(31).

8. 张伟.小说教学的核心价值与内容选择——从现代小说观和语文核心素养看小说教什么[J].语文建设,2016(1).

9. 贾龙弟.小说教学要抓好对话细读[J].语文教学通讯,2016(2).

五、后续练习

在中国现代小说发展史上,流贯着一脉散文化小说的创作传统。自鲁迅《故乡》、《社戏》始,经废名、沈从文、汪曾祺一脉相承。散文化小说淡化情节,虚化人物,散文化结构,呈现出与传统小说完全不同的美学特征。它很大程度上使小说摆脱了对情节与叙事的依赖,拓宽了小说创作的美学空间。例如,《台阶》、《孤独之旅》等都有此特征。请认真阅读本文,并分析散文化小说在教学中该如何确定教学内容。

第三章 诗歌阅读课

一、背景描述

中国是一个诗的国度。从《诗经》《楚辞》到唐诗宋词，再到今天的新诗，诗的数量浩如烟海，整个中国的文学史几乎就是一部诗史。孔子说："不学诗，无以言。"诗歌作为最古老的语言艺术，一直和人类生活中最美的追求联系在一起，展现着我们这个古老民族悠久的历史和璀璨的民族文化。

诗歌是中学语文教学中的一个重要组成部分，它在使学生了解我国源远流长的历史、陶冶学生的情操、提高学生的语言表达能力等方面，均有着不可忽视的作用。诗歌教学最大的意义在于使学生兴发感动，移情冶性，提升学生的心灵和品质，使学生的情感世界更为丰富。人们读诗，正是通过对瞬间的把握，以补充自己情感经验的不足，或引起心灵的共鸣，从而体验到某种人生情绪的极致，并且在体验的过程中被无声地感化。诗歌教学不是为了培养诗人，而是为了提高学生的审美素养，培育学生的诗性智慧，涵养学生的人文精神，使他们将来更有诗意地生活。

在诗的国度里，曾经的辉煌也掩饰不了物质时代快速发展大潮冲击下的淡漠现状，即便是中学的诗歌阅读教学，也迫于应试教育的压力，渐渐地淡出师生的视线。诗歌教学就其本源上也存在些许问题：

诗歌教学流程模式化、传统化。在长期的诗歌教学过程中，形成了"作者——背景——翻译——主旨——背默"的固定教学模式，此种教学模式往往面面俱到，对作者、诗歌创作的背景、作者所要表达的中心思想，教师都要做到——讲解。相对于固定的诗歌教学模式，学生也有相应的学习模式：读诗歌——记笔记——背诵默写，课堂上他们注重笔记的记录，并尽可能多地记一些相关知识，而对诗歌的内在美，学生却无从感受到，也无法去体味语言美，无法去想象作者所要营造的意境美。

就诗论诗，忽略了诗的意境。由于教师的文学素养和诗歌理论修养不足，造成其对诗歌教学的掌控驾驭能力的缺乏，部分教师在进行诗歌教学的过程中，就诗论诗，把所有的注意力集中在诗的本身、诗的表象，仅仅解决诗中所出现的生字、词以及意思，以及在疏通文义的基础上概括诗歌主旨，却忽略了诗歌所创造的意境。

教学目标模糊。诗歌教学中出现了几种浮华的现象。一是朗读课，整堂课都在读，教师读、学生读、录音读、分组读、集体读、单独读……看上去整堂课读得沸沸扬扬，但由于没有在朗读的方法上给学生以相应的指导和点拨，因而这种读实际上是失去方向的瞎读，其结果只能是偏离教学目标,曲解诗歌的真意。二是拓展课,教师对诗歌内容进行一番很是粗糙的讲解后,学生尚未真正地走进诗歌,尚未领会诗歌的意境、感受诗人的情感脉络,就开始对文本进行拓展。

二、课堂例析

《约客》课堂实录及评析

(一)材料背景

《约客》是部编版七年级语文(下册)课外古诗词选入的南宋诗人赵师秀创作的一首七言绝句。这首诗写的是诗人在一个夏夜独自约客等待的情景。"黄梅"、"雨"、"池塘"、"处处蛙",写出了江南梅雨季节的夏夜之景。全诗通过这迷蒙而撩人思绪的环境及"闲敲棋子"这一细节动作,既写了诗人雨夜候客来访的情景,又渲染出约客未至的一丝怅惘。这一丝怅惘在寂静的雨夜渐渐地化为了淡然。整首诗语近情遥,清新隽永,耐人寻味。

(二)教学过程

板块一　导　　入

> 师:在座的都是初中生了,大家都有自己的好朋友、好同学。我想问问同学们,你有和同学相约的时候吗?可能是相约在某个午后,男生约着去打球,女生相约黄昏去看一场电影……今天有这样一位诗人,在雨夜静候友人的到来,让我们跟随这位诗人,一起走进千年之前的约会。

【点评1】创设情境导读。创设教学情境,联系学生的实际生活。郑老师用一句"你有和同学相约的时候吗",拉近学生与《约客》的距离,然后用一句"跟随这位诗人,一起走进千年之前的约会",带领学生穿越时空,走进诗歌。

板块二　诵　读　诗

> 师:同学们自由朗读这首诗,要求读准字音,读出诗歌的节奏感。
> (诗歌节奏的停顿,请学生个读)
> 师:我请同学读读看,你来。
> (生读"黄梅时节家家雨,青草池塘处处蛙。有约不来过夜半,闲敲棋子落灯花。")
> 师:读得非常好,你能告诉大家,你刚才读这首诗的时候有哪些地方要注意诗歌的停顿吗?
> 生:黄梅时节　家家雨,青草池塘　处处蛙。中间有停顿。
> 师:再请同学读读。
> (生读"黄梅时节家家雨,青草池塘处处蛙。有约不来过夜半,闲敲棋子落灯花。")
> 师:你刚才读的时候对哪些字进行了重音的处理?
> 生:闲。

师:我们朗读诗歌要注意重音,还有哪些地方需要进行重音处理?

生:"有约不来过夜半,闲敲棋子落灯花"的"过"和"落"。

师:动词要用重音,再请同学读这两句诗。

(请同学再读"有约不来过夜半,闲敲棋子落灯花。")

师:诗歌的朗读要注意节奏的停顿和重音的处理。我们还发现了头两句诗歌中的叠词,叠词朗读要注意怎样的语调?

生:平缓。(师补充:悠长绵远之感。)

(生再读"黄梅时节家家雨,青草池塘处处蛙。有约不来过夜半,闲敲棋子落灯花。")

师:非常好,老师也读一下这首诗,大家一起分享。

(老师自读诗歌。)(配乐)

师:好,大家一起把这首诗读一读。

(全班齐读"黄梅时节家家雨,青草池塘处处蛙。有约不来过夜半,闲敲棋子落灯花。")

【点评2】初读指导节奏。读不只是一种形式,而是在体会情感的基础上去读。教师指导学生读诗时的节奏、停顿和重音,教师配乐范读,深化美的熏陶和享受,从而达到感知诗意、体会意境的目的,达到意想不到的良好效果。音乐和朗读都是情感的,用音韵之美、节奏之感,引导学生身临其境,心入其境,获得对诗歌的初步理解和审美感受。

板块三　绘 诗 景

师:这首诗写的是什么时候的情景?

生:写的是农历四五月间的情景。

师:农历四五月,这时候天气如何?

生:经常下雨。

师:经常会下雨,这时候江南的梅子熟了,所以我们把江南雨季又称作黄梅时节。我们能否根据诗歌来想象黄梅时节的情景和画面是怎样的? 你看到了什么或者听到了什么?

生:在黄梅时节的早晨,云会有点薄,带点灰色。林间出芽以后,树叶绿色,有时候下雨,细雨朦胧的雨中景色好像水彩,水滴湿哒哒的,有点清凉的感觉。

师:描绘了黄梅时节细雨迷蒙的情景。那么这时候还能够听到什么? 你在诗句中还有什么发现吗?

生:雨轻轻叩着门窗,时而有淡淡的清脆的蛙声,还有和着雨声的柔软厚重的蛙声。

师:时而清脆,时而厚重,时而悠远,也就是说蛙声的传来是怎么样的?

生:蛙声时远时近,有层次感。

师:看到绵绵细雨笼罩在天地之间,你的感觉如何?

生：觉得时间很快。

师：细雨朦胧，飘洒在天地间，笼罩着一切，雨滴滴答答地下着，你的感觉如何？

生：有点忧愁。

生：感觉天地间都是朦胧一片。

师："家家雨"带给你一种——

生：神奇，有一点点的亲切和温馨。

师：蛙声时远时近地传来，你会感觉如何？

生：清闲，闲适，幽静。

【点评3】 再现诗歌画面，体会浓浓诗意。在理解感知的基础上，让学生透过诗句展开想象，去还原那时那境。一幅幅画面的再现，构起了诗人闲坐时的环境。这个环境越真切，越能唤起学生如坐其间的感受，也就越能感受那时诗人的心情。

师：那一片蛙声更加衬托出夏夜的宁静，这就是诗人笔下的情景：家家雨，处处蛙。我们来读这样的诗句：

（多媒体展示）

> 试问闲愁都几许？一川烟草，满城风絮，梅子黄时雨。　　　　——范铸《青玉案》

师：遍地的青草和满城的飞絮都笼罩在烟雨中，写出了梅雨的多情。

（多媒体展示）

> 稻花香里说丰年，听取蛙声一片。　　　　——辛弃疾《西江月》

师：蛙声就更加熟悉了，同样写出了夏夜的宁静清新和美好。

师：诗人就这样刻画了江南宁静美好的景物，为我们营造了江南的美好意境，永恒的江南的诗意。那么诗人笔下的哪些景物为我们营造了江南的美好意境？

生：黄梅 雨 青草 池塘 蛙声（师板书）

师：诗人为我们描绘了那多情的梅雨，那时断时续的清远的蛙声，在青草间远远近近地传来，来唤起人们心里的诗意的想象，唤起人们内心的宁静。

师：谁能够读出这种诗意呢？

（生读"黄梅时节家家雨，青草池塘处处蛙。有约不来过夜半，闲敲棋子落灯花。"）

师：能否读出烟雨迷蒙的江南诗意的感觉？

（生再读"黄梅时节家家雨，青草池塘处处蛙。有约不来过夜半，闲敲棋子落灯花。"）

师：告诉大家你的声音要怎么样？

生：要读出一种悠远宁静的感觉。

师：蛙声从某个角落远远近近地传来，让我们有悠远宁静的感觉。我们把叠字和一和，一位同学读，其他同学和读。

生："黄梅时节家家雨"（生齐和："家家雨"），"青草池塘处处蛙"（生齐和："处处蛙"）。

生再读："黄梅时节家家雨"（生齐和："家家雨"），"青草池塘处处蛙"（生齐和："处处蛙"）。

师：这就是作者笔下诗意的江南。

【点评4】用声音表现雨夜静美、诗人意闲。在如临其境的画面感知中，郑老师又带领学生进行演读，并用复沓、延伸的方法，"家家雨"、"处处蛙"采用反复、"一字一顿"的方式，用声音表现出江南细雨绵绵、蛙声阵阵的雨夜静美，以"字字轻盈"的方式，读出诗人的愉悦之情。

板块四　品　诗　韵

师：在这样的美景之下，诗人在干什么？

生：等待友人的到来。

师：就是我们的题目《约客》。

师：朋友来了吗？

生：没有，"有约不来过夜半"。

师："有约不来"，作为常人，心境会如何？请同学说说。

生：着急，但是会有点担心。

师：其他同学，用一个词说。

生：十分失落。

师：你觉得呢？

生：平常人还会有点无奈。

【点评5】唤醒体验是走进诗歌内部的一条暗道。没有感同身受就没有走进诗人内心世界的可能。面对朋友、客人的失约，常人的感受是怎样的？诗人的感受又是怎样的？两种情怀的交接与错位，就是走进诗人内心世界的通道，也为下面体会诗人"闲敲"棋子的心情作好了铺垫。

师：等了半天还没有来。（黄昏时候约友人，应该是性情相投的。）等到了夜半，也没有来啊。"有约不来过夜半，闲敲棋子落灯花。"我们说，文章有文眼，诗有诗眼，你觉得后两句哪个字最有深意？

生：闲。

师：你觉得"闲敲棋子落灯花"中的"闲"意味着什么，能否用一个词来解释？

生：孤独。

生：失落。

师：如果将"闲"组词，还能够是？

生：悠闲。

生：闲适。

【点评6】组词唤醒学生的体验。对于中学生而言，"闲"字是很难体会的，那是一种生活阅历的洗练。用组词的方法，打开思维的闸门，去唤醒学生的体验，这时，我们发现学生的理解就没有那种失落、孤独、焦虑了。

师：那么到底"闲"是什么？同学们不同的理解在这里。不要说我们同学了，这个词在专家学者中也是争论不休的。我们来看一组材料。

（多媒体展示）

在部编版七年级下册语文"课外古诗词阅读"中，《约客》一诗的前面有这样一段导读：黄梅时节的夜晚……他只好一个人伴着油灯，无聊地敲着棋子。语近情遥，含而不露地表现了作者的寂寞心情。

《名作欣赏》分别发表了北京大学李瑞卿博士、复旦大学张桂丽博士关于《约客》的赏析文章，他们均认为"闲"意味着闲静、安然，诗人在"闲"中体悟到自由与美好。

【点评7】助读材料适时打开多元解读之门。当学生的发现是分散、错乱的时候，恰恰是学生最为无助的时候。当习惯于对与错两极思维的学生面对众说纷纭时，学生最需要借助老师的肯定或否定来进行抉择。此时，用名家的不同解读来印证，学生顿时就能意会到诗歌的理解是可以不同的。

师：在这两种意见中，你更赞同哪一种？根据诗歌意境思考。或者你还有自己的想法？四人小组讨论。

（抓诗眼）

师：你如何理解"闲"的意味？

生：有点烦躁，半夜客人未到。满心欢喜地约了友人，等到夜半也还没有来，很失落。

生：我认为诗人还有一种希望，有期待之情在里面。

生：是"安然"，久等友人，友人却不来，却为雨夜的景色所感染，心就变得舒缓了。

师：之前是焦急的，着急之后有点平静，开始欣赏夜色了。还有没有补充意见？

生：我们组认为，"闲"有等待好友时的怅然的感觉。从"闲敲"可以看出诗人在等客人，百般无聊，手上就有动作。

师：你认为是因为百般无聊了，所以就闲敲棋子了。

生：我认为，黄梅时节，春忙之后，就觉得无聊，过了夜半未睡，无聊透顶。宁愿抱着千分之一的几率，认为朋友还会过来。

师：一般情况下朋友还会来吗？

生：不会，估计子时已经过了。

生：体现诗人的不耐烦，已经等了很久了，然后敲棋子很重，所以灯花会落下来，落在诗人面前。

师：他们认为敲得很重，那我们一起来看这两句诗。

师："有约不来过夜半"，朋友还会来吗？

生：不会。

师：不会来，可能着急失落，应该是可以去休息了。为什么还要独坐灯下，"闲敲棋子落灯花"？请想想敲的动作和声音，刚才有同学认为敲棋子是重重的，你觉得呢？

生：应该不会很重。前面已经等了半夜，友人肯定不来了，自己本来应该回去休息了。友人未来还等，沉浸在雨夜幽静之中，应该轻轻地有节奏地敲，符合意境。敲得重就不符合意境了。

师：符合雨夜的优美的意境，轻轻地，有节奏地敲。这时候灯花落下来，灯花是什么？

生：旧时以油灯照明，灯心烧残，落下来时好像一朵闪亮的小花。

师：灯花怎么会落下来？灯芯结了疙瘩。

生：油心烧久了，结了小疙瘩，就掉了，可能是自己掉下来的，也有可能是被震下来的，就如香一样。

师：随着棋子轻轻敲打，一朵一朵灯花悄然飘落，在这样一个静静的雨夜，诗人听着雨声，听着蛙声，轻轻地敲打棋子，看着灯花倏忽闪烁，他此刻似乎已经从焦急无奈中走出，已经陶醉于这样的一个美好的夜晚，显得闲意，陶然万物了。

一个棋子的敲打，一个灯花的随意飘落，不由让我们想到了这样一首诗：

（多媒体展示）

棋局可观浮世理，灯花应为好诗开。 ——陈与义《夜雨》

师：一个棋子的轻轻敲打，一个灯花的倏忽闪烁，就可以悄然间让内心感受到生命，这很容易让我们想起一个故事。

（多媒体展示）

王子猷雪夜访戴的故事

师：这位男生的声音特别好听，请读一读。

生：王子猷家居山阴，一天晚上天下大雪，他醒来看看四周一片皎洁，忽然想起朋友戴安道，就连夜乘着小船去访他。小船在大雪纷飞之中行了一夜，凌晨才到达。但到了门前，王子猷却门也不敲就回去了。有人问他为何，他说："吾本乘兴而行，兴尽而返，何必见戴！"

师：非常好，低沉的男中音。我们一起来看最后一句是什么意思。"吾本乘兴而行，兴尽而返，何必见戴"，这个"兴"是指什么？

生：兴致。

师：什么兴致？

生：跟友人相约，一种……

师：是约好了去的吗？

生：可能是一时兴起，所以有这样的兴致。

师：一时兴起想起朋友戴安道，所以有这样的兴致。

生：晚上下大雪，外面一片皎洁，看着就有兴致。

师：看到大雪皎洁的夜晚，想到志同道合的朋友，所以有了这一次乘兴而行。见到朋友了吗？

生：没有。

师：为什么回来了？

生：因为路途中见到了美景，不虚此行。

师：无论是王子猷的雪夜访戴还是约客中的等待。对象重要吗？

生：不重要。

师：那么重要的是什么？

生：我觉得重要的是等待朋友时的那种心情，还有欣赏美景时的兴致。

师：那种心情和心境。访客途中约客的真切别致心境和过程才是重要的。我们说诗人赵师秀就这样在等待的时间里，将时间变成了一种艺术，享受生命的从容淡定带来的生命的乐趣。

师：此时此刻，在灯下陪伴诗人的是什么？

生：棋子。

师：还有什么？

生：蛙声、雨声。

师：此时此刻，窗外是渐渐沥沥的雨声和时远时近的蛙声，屋内是轻轻敲打的棋子和倏忽闪烁的灯花。棋子轻轻敲打着，就这样让他放下等待，享受夜半时分独处的清幽，倏忽闪烁的灯花就这样悄然间感动了内心，成为雨夜最温暖的陪伴。

【点评8】以诗解诗，诗文比较悟性情。这里对于"等待"的艺术解读充满着江南水气。你来或不来，我都在这里，忘情于自身，内心安然无恙。等待，不是为了等到某个人，因为已经等到了这一番烟雨迷蒙的美景，美景相伴，夫复何求。诗文助读更好地点通了学生理解诗人雨夜独处时内心的闲雅安然，领悟了闲情雅致的生活情趣之美和时间艺术之美。

师：我们仿佛一起走进了诗人带给我们的闲雅从容的诗意中，让我们一起诵读体悟诗人营造的美好的意境。

（生读诗歌"黄梅时节家家雨，青草池塘处处蛙。有约不来过夜半，闲敲棋子落灯花。"）

师："有约不来"读得特别好，似乎有那么一丝的遗憾和怅惘。但是诗人慢慢从惆怅中走出，享受生命的从容淡定，恬淡而明朗的心境，感悟生命的从容……请男生再读。

（生读诗歌"黄梅时节家家雨，青草池塘处处蛙。有约不来过夜半，闲敲棋子落灯花。"）

师：黄梅时节家家雨，青草池塘处处蛙。这两句中有叠词，读这一处时候，除了要加重音还要……

生：悠长。

（生再读"黄梅时节家家雨，青草池塘处处蛙。有约不来过夜半，闲敲棋子落灯花。"）

师：最后的"花"和哪个词押韵？

生："蛙"。

师：所以整首诗很有音乐感，非常清扬，让我们一起来读一读，读出诗人恬淡而迷惘的心情。

（生再读"黄梅时节家家雨，青草池塘处处蛙。有约不来过夜半，闲敲棋子落灯花。"）

师：我们仿佛一起走进了诗人所写的诗的意境当中，仿佛引发了我们无限的诗意的遐想。同学们能否拿起笔，运用联想及想象，加入心理描写，把这首诗改写成一段优美的散文。写在下面的空白处。

板块五　抒诗情

师：运用联想及想象，加入心理描写，把这首诗改写成一段优美的散文。可以对声音和色彩进行想象，对梅雨时节的味道进行想象，加入诗人的动作和心情，用第一人称写。

（学生改写，教师巡视）

师：谁来读一读？

生：此时又是黄梅成熟的时候，江南的烟雨季节，我独自一人坐在空荡的房间。正值夏夜，却感到一丝冷意，我不禁打了一个寒颤。雨已经下了数日，听着它打在地上淅淅沥沥的声音，以及青蛙那不起眼的鸣叫，我从心底涌出了一股烦躁。空气也似乎变得稀薄起来，使人烦闷不已，友人啊，你为什么还不来，我已经等了很长时间。我从心底呐喊，却只能听到自己扑扑的心跳声，我不禁忐忑不安起来，奇怪了，平时都挺守约的人，为什么迟迟未到，是他病了？我默默地沉思着，但是听着夏夜宁静又安逸的种种声音，窗外朦胧的雨声，又有了一丝舒适和闲散。一只手不由自主地夹起一颗棋子，敲击着棋盘。忽然一个闪烁着的小灯花落在了棋盘上。

师：写得真好，加入了许多诗意的描写。在这样的雨夜，他静静地享受着梅雨之期特有的清新的味道。还有哪位同学愿意和我们分享，后面那位戴眼镜的女生。

生：我坐在屋檐下，抬眼便看到黄黄的梅子挂在树梢，淅淅沥沥的小雨洒落下来，一层又一层的雨荡漾开来，形成一层层波浪，梅子树枝摇晃着，院子中的雨水，地上仿佛能够听见青蛙在歌颂，如这雨帘形成的波浪，荡漾着清脆而幽雅。月亮爬到了头顶，朋友却迟迟不来。夜色中少有，除了星空外，我也不着急找他来，只是和着雨声，敲打手头的几枚棋子。油灯渐渐燃尽，灯芯落下来，一朵一朵小花在心空绽放。

师：最后一位女生，把最后的机会给你。

生：斜风细雨，雨意绵绵，我着一单衣，尤觉微寒，仰头观窗外景。晓寒青石板上，有击叩之声，青蛙阵鸣。起身点灯，雨不止，衣衫略湿，更觉寒凉，秉烛夜游之感遂生。

师：这位同学有很多文言的诗句，让我们感受到了"闲敲棋子落灯花"的守候。老师这里也写了一段话，与同学们共同交流。

（多媒体展示教师的自创诗）

> 梅子熟了，这是个多雨的季节。雨滴沿屋檐而落，更漏声声。青蛙醒了，池塘边蛙鸣阵阵。空气中有种潮润的温暖，又有微酸的清甜。只留我，守在屋舍，夜色与灯影摇曳。
>
> 那人怎么还不来？
>
> 陈年酿的酒，温于炉火之上。好酒需留待好夜，好夜需留待好人，知音相逢，夜清酒醇。
>
> 只是那人怎么还不来？
>
> 有风过，地上一片碎影流动，待静吗，仍是瘦削。已是三更时分，夜凉，加衣，等待在时间的流里，静听那今夜的雨、今夜的蛙鸣，竟是分外清新。剪一朵烛花，悄然落下，化为刹那间的绚丽。捡一颗棋子轻轻敲打、敲打……自己与自己对弈，人生本是一盘未了的棋局。
>
> 起身送走满室清风，留今夜的清幽与我，独享这闲适淡然的诗意。

【点评9】文体互换，抒写情感共鸣。多维度解读诗句，把握诗人内心情感后，让学生运用想象，把这首诗改写成一段优美的散文。这一写作过程，看似引导学生加深对这首诗的理解，殊不知，在酝酿的过程中，学生最难以做到的是如何来表达这样一种情感，如何把内心的情感以一种最合适的方式、最精妙的词语准确地表达出来。

师：我们说《约客》相约友人，友人不来，在悠长的等待中或许有些许的遗憾，但是超越了遗憾，你也就获得了精神的圆满。诗人在江南的雨夜，"闲敲棋子落灯花"的瞬间，就这样开启了灵性禅悟之门：你见或不见，来或不来，我依旧在那里。他将那一丝的惆怅化作了闲适淡然，并由此感悟生命的自由、诗意和智慧。让我们最后再一次吟诵《约客》，品味诗意和诗境，可以尝试背诵。

（生诵读诗歌"黄梅时节家家雨，青草池塘处处蛙。有约不来过夜半，闲敲棋子落灯花。"）

师：让这首诗开启我们的生命自由诗意之门,闲雅从容地对待生活中的一切。下课,同学们再见!

> 板书:
>
> 约客
>
> 梅雨　　蛙声
>
> 青草　　闲　　池塘
>
> 棋子　　灯花

【总评】

1. 自然的情境导入

上课以后,老师开始跟孩子们聊天,有没有朋友,有没有约会过,这其实很自然,在每一节语文课之前,我们都要有一个沟通和交流的时间和缓冲,把孩子们带到这样一个情境里面来,这是一种有益的设计感。郑老师跟孩子们见面以后开始聊,然后去感受约会的环境有家家雨,处处蛙,这就很好地营造了读诗的氛围。

2. 精要的朗读指导

上诗歌阅读课时,诗歌的特点——词牌、韵脚、平仄、对仗等要落实完成。郑老师在反复朗读前两句诗的时候,特别是"家家雨"、"处处蛙"的那种感觉,让我们觉得就身处在这样的一种环境里面,感受当时作者的心情。

3. 信手拈来的旁逸斜出

一节课中最期待的是在这个谈话过程中的一种旁逸斜出,一种发现与质疑。郑老师在讲到环境的时候,引用了辛弃疾的《西江月》,这些引入其实是为了帮助学生去多元理解这样的一种环境。她用的《雨夜访戴》,解决了一个令人非常困惑的问题,也就是到底这个人他来还是不来? 来与不来,我就在那,就是心境在那就可以。每一个材料都有它的作用。

4. 水到渠成的个性解读

这堂课里面最精彩的是孩子们对"闲"字的理解。当谈话发生分歧的时候,有了发现和质疑的时候,孩子们的发现呈现分散的、错杂的状态的时候,这堂课的意义和价值就出现了。这个"闲"字对于14岁的孩子来说,是很难理解的。我是很能理解这个"闲"字的,到我这个年龄了,这个朋友来或者不来,我都觉得可以啊,不来我就自己听雨啊,然后自己喝茶呀,但对14岁的孩子来说,我约了你,你不来,他一定很失落、很寂寞、很焦躁,所以呢,所有的答案都是着急的、失落的、担心的,他还没把愤怒说出来。所以孩子说他棋子敲得很响,他就直接愤怒了,因为他这个年龄无法理解这样的一种等待。到了40岁以后,我觉得这种等待其实是蛮美好的。这里有一个很聪明的地方,就是让孩子们用"闲"来组个词。那孩子们怎么组? 就是闲适、悠闲、闲散,是没有失落和孤单或者焦虑这种情绪的。

5. 借助联想与想象读诗

诗歌就像一个压缩包,把它解压了以后内涵一定非常丰富,而阅读诗歌就需要解压缩的能力。在解压能力中,联想和想象很重要,比如说,这个"闲"字怎么理解?有没有老师在读这首诗的时候想过,他等的到底是谁?有没有问过学生,他在等谁,客人最终有没有来?如果这是个非常要好的老朋友,知根知底的,来也没有多少重要的事情,来了就是闲聊一下,不来也可以,那他就是很悠闲、很淡定的一个状态。而如果等的是一个要谈事情的人,那他的内心要很强大才可以写出这个"闲"字,也就是说他把很重要的事情放下也没有关系。如果他等的是女的呢?男生约会女朋友又是不一样的。可以把这个问题放大想象一下,他等的到底是谁? 等的人不同,他的心情也是不一样的,所以联想和想象有一个支点和展开的问题。在主问题的设计当中,就需要找到这样的支点。这节课给人的整体感觉,就是非常清爽,没有一个环节是多余的或繁琐的。

（本课例由杭州市滨江区教师进修学校郑萍设计并执教,由杭州江南实验学校胡光辉点评,由全国著名特级教师赵群筠总评）

三、资源链接

（一）诗歌教学内容的确定

1. 诗歌是如何由"象"到"意"

学生从小学至初中已背过许多古代和现代诗歌,但多数学生对诗歌意境美的意识仍只处于一个朦胧状态。考虑到诗歌的意境美都是通过"意"、"象"来表现的,所以找出诗歌的典型"意象"是挖掘诗歌意境美的关键。但一般来说,诗歌的"意象"和"意境"的内在关系,不仅是"意"和"境"的内在关系,往往还与民族心理和文化习俗有着密切联系,所以教师要在学生一定阅读量的基础上,尽力开发相关的课程资源。

2. 品味诗歌的语美、形美和情美

立足语言,品味诗歌的语美。要读懂诗句,首先是要将诗人高度凝练的诗句还原成生活场景。用谢朓的话来说就是"要把诗中所提供的东西'泡'出来"。在"泡"开的过程中,要用"以往的经验来印证新经验",将文字画面化,想象自己处在这样的境地之中。

立足形象,品味诗歌的形美。诗歌通过形象来传情达意,作为诗歌创作手段的语言和表达技巧,自然也都离不开形象这一媒介,从这一意义上讲,诗歌就是形象的艺术。

立足情感,品味诗歌的情美。诗词课堂教学很重要的一项任务,就是引导学生体悟诗词中有关人生的感悟。王维喜好山水丹青,修学释道,所以他的田园诗恬淡宁静,有"诗佛"等美誉。读陶渊明的诗,会想到他淡泊名利的精神。诗歌的内容是指诗歌中描写的人、事、物,借助这些内容表情达意才是诗人写诗的目的。把握作者的思想感情无疑要成为诗歌课堂教学的内容。

3. 品读诗歌的言、象、意

言、象、意是诗歌的组成要素。

因言破题,品味言外之意。"言"即诗歌的语言,它是文本的直观外显,也是品味诗歌的直接媒介。诗歌的教学,从语言的品味出发,感受其音韵节奏之美的同时,重点还要理解语言在诗歌语境中的应有之义,并品味语言中所蕴含的思想情感。不但如此,面对具体的诗歌,在教学时,读言中之意的同时,还应该读出言外之意。只有这样,从语言的层面才称得上弄明白了诗歌的意思。

由象及意,体味象中之韵。"书不尽言,言不尽意","圣人立象以尽意"。意象是诗歌抒情言志的基本元素,与直白的语言相比,意象具有包容性、模糊性与多义性。诗歌教学时找准了意象,厘清了意象间的关系后,以意象为抓手,品味象中之韵。"象为情生",从传统审美的角度看,景物的选取是为表达情感服务的。情感不同,选择的媒介不同,构筑的意境就不同,而且景、境和情是相生相映的。欢快喜悦之情,景物多以明丽暖色调为基色;忧郁伤悲之情,景物多以冷峻和灰暗为基调。

以意逆志,玩味意中之情。在读诗、教诗时,应以自己的心意去探究作者和作品所蕴涵的思想情感。诗歌是借助不同意象的移入围筑不同的意境,以表达不同的情感。而诗歌情感的外铄不是通过具体的文字和意象直接触摸和感受,而是借助意象特质的分析和品味,以感悟其中的韵味情思。

(二) 诗歌的教学模式

1. 读品悟诗歌鉴赏立体模式

诵读领会诗歌意蕴,具体而言,"读"的环节包括以下四个步骤:

(1)读前指导。在这个教学环节中,教师让学生听录音后就引导学生整体感知全诗内容,整体把握全诗的感情基调,之后要求学生带着感情基调去朗诵诗歌。

(2)初读感受。在学生自由诵读之后,引导其他学生对其诵读质量作出评价,充分考虑学生的主体性特征。

(3)教师范读。教师范读在诗歌教学中往往具有不可忽视的作用。一般来说,教师对教材有着全面的理解与深刻的把握。在此基础上的范读,对帮助学生更好地理解文本、更好地诵读作品,无疑起着良好的示范作用。

(4)齐读深化。经过前面三个步骤的铺垫,学生对作品有了进一步的理解,这一次齐读不仅让每个学生都得到了朗读机会,调动起全班学生的积极性,还有利于形成良好的课堂气氛,使学生对作品有更深的感受。

多角度品读诗歌意象。诗歌中的形象是诗中的抒情主人公,意象则是融入了作家主观感情的客观物象,是作家思想、情感、创作意图的综合体现。透过意象的分析就能把握诗歌的内容,这正是诗歌的艺术魅力之所在。

多层面悟读诗歌意蕴。诗歌中的意蕴是作家思想、意识、情感的综合体现,很多情况下具有含蓄性与复合性的特征,它不是各部分内容的简单相加,这是诗歌的艺术魅力之所在,也是我们必须从多层面对诗歌进行悟读的原因。

2. 诗歌分层教学模式

诗歌分层教学,是对诗歌教学方法的一种总体设想,它依据加涅的信息加工理论,将诗歌的内容分为言语信息知识、程序性知识和策略性知识三个层级,循序渐进、按部就班、由浅入深地实施教学步骤,让学生在理解言语信息知识点的基础上形成程序性的认知,并最终融会贯通,掌握自行分析鉴赏的技巧,学会诗歌创作方法,达到策略性知识的要求。

诵读解析,理解诗歌语言表层含义。诗歌的"读",不是一般意义上的"读",而是以美读为主要目的的诵读。在吟诵中必须做到以下三点:一是要读准,要求学生不错字、不漏字、不添字,分行、隔断正确,平仄、押韵准确,以诗歌语言的本身再现诗歌内容,这是准确理解诗歌言语信息的基础。二是要读透,"书读百遍,其义自见",要在反复诵读中理解,在吟诵过程中心脑并用,在读的基础上自行领悟诗歌的情致风格。三是要读出风格,将诗作传达的感情与自己的感悟结合起来,力求用语言传达出诗歌打动人心的情感内蕴。

品味意境,感悟诗歌情意境界。感悟诗歌意境,强调的是一个"悟"字,因此,教学过程中要以模糊思维为主导,避免对诗歌进行固定解释,力求最大限度地还原诗人的创作意图,使学生能通过诵读、猜想、体验等方式达到对诗歌的认知。

评价风格,鉴赏诗歌艺术特色。在评价诗歌风格之前,要先帮助学生了解何谓"风格"。评价诗歌风格必须从意象出发,不仅要着眼于诗中所描写的客观物象,还要透过这些客观物象的外在,看出其中注入的意念和感情,注意主客观融合的程度。

3. 自主合作探究模式

首先,自主学习,读诗之韵。第一步,自由读,读准字音。在这个阶段,学生通过资料书和辞书,选取自己喜欢的阅读方式,弄清楚字音、作者生平和写作背景。第二步,指导读,辨明平仄。古诗的朗读需要把握平仄。第三步,示范读,读出节奏。古诗的朗读要求把握节奏,也就是断句和停顿的问题。第四步,师生齐读,读出韵味。

其次,合作学习,解诗之意。在理解诗歌大意这一环节,可以采取小组合作的方式,放手让学生自己去做。首先,鼓励并要求学生相互提问,在提问的过程中,小组成员之间互相支持、释疑和启发,完成学习任务。这样,学生再结合课下注释和手中的资料书以及自己的理解就很容易弄通并能概括这首诗的大意,并通过抢答的形式要求学生展示合作学习的成果。

最后,探究学习,品诗之味。这一环节先是师生共同努力找出诗歌中运用的意象,然后要求学生从生物的特性、以前读过的诗歌中探究诗歌中意象的含义。在弄清了这些意象的含义后,再开始共同探究在合作学习阶段遗留下来的问题。例如,诗歌用了什么样的表现手法,体现了作者什么样的思想感情,等等。

(三) 诗歌的教学方法

1. 比较教学法

比较教学法是指依据一定的标准把彼此间具有某种联系的教学内容放在一起加以对比分析,以确定其异同关系,认识其本质差异。

(1) 大处着眼,选择比较对象。这里讲的"大处着眼"就是选择怎样的作品进行比较,这是比较赏读的第一步。从宏观的方面说,可以从作者、形式、内容三个方面来寻求比较内容。例如,"同朝同人同题"、"同朝同人异题"、"同朝异人同题"、"同朝异人异题"、"异朝同人同题"、"异朝异人同题"。

(2) 小处入手,确定比较点。确定了比较对象后,就要从"小处着手",即作品内部选择什么样的点进行比较。比较可以从不同的角度进行,可以局部比较也可以全方位比较。局部比较就是抓住某一个角度进行对比、比较,如从形式上看可以是结构、构思、语言、表达技巧、风格等等;从内容上看可以是主题、感情、意象、意境等等。全方位比较是指对诗歌的每一个角度,如作者、题材、语言、内容、感情、技巧等多方面的对照。

(3) 探究原因,归纳新见解。通过比较能使学生有新的见解,有系统的归纳,能举一反三,总结出使自己终生受益的好方法来指导自己以后的学习。通过比较教学,可以引导学生进行归纳总结。读诗必须"知人论世",在阅读中有意识地联系人物的经历、思想及所处的社会环境等,就更容易创造性地发现作品的内蕴,这就是"知人论世"。读诗必须"设身处地",把自己幻化成作者,思其所思,想其所想,揣摩作者当时的心态,把握作者创作时的真正意图,从而走进诗人的内心,更为准确地把握抒情主人公的内心世界。

2. 联想式诗歌教学法

在中国古典诗歌教学中,需要借助诗歌所撷取的意象、营构的意境或传递的情感,适时充分地调动学生原有的相关知识储备,唤起学生类似的情感体验或审美想象,以点带面,引导学生在回味和参与之中对此诗产生一种亲切感、认同感,并由此领悟到某种人生或生活哲理,心灵深处受到一定的感动和情感升华。这种同声相应、相互映发的诗歌赏析方法,我们称之为联想式教学法。联想式教学法首先体现在教师在讲授某首诗歌具体的情与景时,适时地引导学生调动原有的相关知识储备或为学生增加一些类似的题材内容,这样既能以点带面地将学生曾学过的零散破碎的材料归纳整理起来,也可通过补充相关知识满足学生强烈的求知欲和好奇心。联想式教学法体现在借助诗歌中所抒发的具体情感唤起学生已有的或熟悉的情感体验,在对这种回忆的玩味中思索蕴含其中的某种人生或生活哲理。联想式教学法还应体现在对相关题材内容的罗列组合之中,归纳或验证某种写作技巧,以使学生从中获得某种触类旁通的"金钥匙"。

3. 诗歌教学情智诱导法

诗歌语言的主要特质是跳跃性。这种跳跃包括语音层面和语法修辞层面。在现代诗歌教学中,应从诗歌跳跃的语言形式入手,了解诗歌的内涵,从而培养学生的言语智慧。

(1) 激情导课,用声情并茂的讲故事法、作者介绍法,简洁明了地引导学生走进诗歌天地。

(2) 深入浅出地提问。准确把握诗歌的难点,紧扣诗眼,深入浅出地提出阅读思考的主问题。

(3) 制造教学中的留白。一是要引导学生对"留白"的理解。诗歌教学的留白艺术来自诗歌的空白艺术。许多诗人也积极使用书画中的留白艺术,达到了一种"无声胜有声"的效果。诗歌语言的跳跃性,即是"实"与"白"相间的,读它时需要我们掌握这种"留白"的艺术特点,然后调动自己的形象思维去补充,最后达到对全诗的理解。另外,语义的多维呈现也是造成诗歌"白"的重要因素。二是尝试让学生补白。"补白"就是补充空白,是指在阅读现代诗歌时,将作者留给读者的"白",通过自己的理解、想象,把诗中未说出的话、未明了的意思填补出来,形成一个完整的画面。它是留白以后的目标追求,既需要教师的先期努力破解,又企望学生的后续追寻,乃至终生解读。教师的一次"补白"示例,可以引发学生的多元求索与补白尝试。除了意象补白外,还可以有情节补白、创作缘由补白等。

(4) 多维激趣。兴趣是最好的老师,设法激趣是引领学生走进诗歌的绝好途径。以画激趣,以诗作画给学生们提供可驰骋想象的机会,所以他们感兴趣,有激情,也很认真投入。这样的活动既增强了教学形式的丰富性,又加强了教学内容的直观性,也强化了诗歌教学的情感因素,还为师生的交流创造了一个新的平台。以疑激趣,用质疑解疑的方法激活诗歌的意趣,引导学生在疑问中经历一次情感体验。学生有了疑问才会去思考问题,才会有所发现和创造。

四、推荐阅读资料

1. 黄静. 网络状态下诗歌六步自读教学模式的实验与研究[D]. 长沙:湖南师范大学,2004.

2. 宁登国. 同声相应 触类旁通——以《诗经》为例谈谈联想式诗歌教学方法[J]. 语文学刊(高教版),2005(1).

3. 王荣生. 语文教学内容重构[M]. 上海:上海教育出版社,2007.

4. 胡蝶. 中学语文现代诗歌教学的文本细读法研究[D]. 苏州:苏州大学,2011.

5. 黄圆平. 浅谈自主合作探究模式在古典诗歌教学中的运用[J]. 语文学刊,2015(20).

6. 王玉洋. 论新课程改革下的诗歌教学——从一个初中语文教师的视角[J]. 语文学刊,2015(21).

7. 夏振红.浅议诗歌教学内容的确定[J].中学课程辅导(教师通讯),2016(1).

8. 姜文凤.浅谈本色诗歌教学的实施策略[J].青年时代,2016(3).

9. 陈士同.言与象齐飞　意和情同现——浅谈诗歌教学内容的确定[J].语文月刊,2016(5).

五、后续练习

请认真阅读《秋天》一课的诗歌教学案例,写下你的评析。

1. 读顺诗歌——读其声

要求:音准、语气、语速、语调及重音的把握。正确划分诗歌的停顿。

(1) 个别读,其他学生点评。

(2) 小组读,开展小组竞赛。

(3) 自由读,读自己喜欢的诗句。

(4) 听录音,注意语感。

2. 读通诗歌——品其味

(1) 小组合作,边读边思考三节诗歌各自通过哪些意象,描绘了怎样的画面,请用简洁的语言概括。(农家丰收图、霜晨归渔图、少女思恋图。)

(2) 评点学习,选择自己喜欢的诗节,用勾画圈点的方式,品味诗歌精美的语言,体会诗歌的意境。(学生通过小组讨论概述了意境这一词。)

(3) 学习反馈,学生大胆发表自己的学习所得,对诗歌进行品析与欣赏。

(4) 语言训练,选择自己喜欢的一幅画面,用散文诗般的语言描述诗歌的意境,体会诗歌情感。(气氛非常活跃,想象异常丰富,大家沉浸在创作的欢乐和对意境的描述所产生的愉悦中。)

(5) 体会感情,感悟作者的思想感情。(抒发了诗人热爱秋天、赞美秋天的感情。)

第四章　戏　剧　阅　读　课

一、背景描述

戏剧是一门融合了文学、舞蹈、音乐、绘画、造型等多种艺术形式的综合艺术，历史悠久，成就显著。梅兰芳的京剧体系梅派、布莱希特的柏林剧团以及斯坦尼斯拉夫斯基的莫斯科大剧院并称世界三大戏剧体系。我国的昆曲又是世界文化遗产之一。有着辉煌历史的中国戏剧文学，自20世纪80年代起，却逐渐遭受冷遇。虽有一年一度的"梅花奖"评选，两年一度的"文华奖"，还有中国戏剧节、国际戏剧展等活动，但观众群体数量的锐减足以说明戏剧在国人心中的地位。

戏剧教学主要指初中戏剧文本教学。通过优秀戏剧作品的教学，培养学生初步阅读、欣赏戏剧文学作品的能力，开阔学生的阅读视野，提高学生的审美情趣。《义务教育语文课程标准（2011年版）》明确要求：能够区分写实作品与虚构作品，了解诗歌、散文、小说、戏剧等文学样式。人教版语文教材九年级下册第四单元是戏剧单元，其"单元说明"中也有明确要求："本单元旨在引导学生学习戏剧剧本和影视剧本，了解戏剧文学和影视文学的一些特点，更好地欣赏戏剧和影视，丰富对生活的艺术感受，进一步培养文学鉴赏能力。"戏剧文学的教学，实际上就是引导学生通过阅读、欣赏戏剧文学作品，感受戏剧文学的语言表现力，关注生活，认识历史，积累情感体验，涵养性情，进而思考人生，净化灵魂，陶冶情操。

然而，在快餐文化流行、经典戏剧不受待见的时代大潮的冲击下，深受应试教育的重压，戏剧教学的随意化、边缘化日趋严重。一是戏剧教学流于重形式轻内容的表演教学。课堂表演，学生并没有立足于文本内容，没有好好地把握人物的内心情感，甚至部分学生临场发挥，以近乎娱乐的方式进行情景表演。老师也只是进行浅层次的点评，对于文本内容不作深入讲解。学生的情景表演与文本内容断层严重，可以说这样的教学是以游戏来打发时间。二是戏剧教学小说化、散文化教学比较普遍。在具体的课堂教学中，老师往往忽略戏剧文学作品的自身特点，淡化文体特性，不从戏剧所具有的"激烈的戏剧冲突，高度集中化的人物、事件和场景，富有个性的人物语言"的文学特点出发组织教学，而是把教学重点落在对人物形象的分析上，学生也只能以小说、散文的人物解读方法去建构戏剧中的角色形象。三是戏剧性格化语言品读的缺失。教学中对人物语言的品读往往只停留在粗线条的人物性格概括，而忽视了对戏剧人物语言动作性和丰富弦外音的品味。

二、课堂例析

《枣儿》课堂实录及评析

(一)教材概述

《枣儿》选自部编版九年级(下册),是一个话剧小品,简单的剧情却隐含着对现代化进程中人们生存状态的思考。文本篇幅短小,但具有鲜明的戏剧特点。本课教学引导学生对戏剧冲突的剖析、人物个性化对白的品析以及舞台说明等潜台词进行挖掘,以海报贯穿整个课堂,分别用"编剧"、"剧情介绍"、"主要人物"、"精彩看点"、"上演年代"、"导演"和"宣传标语"等戏剧特有元素重读文本,从有限的课堂思考无限的生活,尤其是通过对"枣儿"与"巧克力"这两个关键物象的辨析来达到认知与情感相互统一的解读,加深对作品的感受,对学生在未来社会中的生存和发展给予积极的影响,从而整体把握戏剧这一文学样式的文学表达特征。

(二)教学过程

> (教师在课前先介绍自己,说自己五行缺木,于是名字里有个"楠"字,然后问同学谁的名字里也有"木"字旁,之后再玩一个文字游戏)
>
> 师:"木"字加一笔你会想到哪个字?
>
> 生:"本"。
>
> 生:"术"。
>
> 生:"禾"。
>
> 生:"末"。
>
> 师:既然想到了"末"字,还有哪个字跟它很像?
>
> 生:"未"。
>
> 师:可见,"木"字真是一个神奇的字。
>
> (教师在学生回答时板书:禾 未 术 本)
>
> 师:刚才,我们讲这个"木"字是一个非常有意义、很神奇的字。今天,在我们要学的课文中,老人的儿子的名字中也有一个"木"字,叫什么名字呢?
>
> 生:枣儿。
>
> 师:大家对这个题目可以有哪几种了解呢?
>
> 生:一个关于吃的枣儿的故事。
>
> 师:枣儿既可以指吃的枣,也可以指?
>
> 生:也可以指人的名字叫"枣儿"。
>
> 师:好的,所以这个题目是双关。大家已经读了课文,说说课文围绕枣儿写了哪些故事?
>
> (学生在课文中寻找,教师巡回指导)
>
> 生:枣儿吓跑了日本鬼子。
>
> 生:闹灾荒时,枣儿救了老人和他的儿子。
>
> 生:老人的儿子也叫枣儿,是因为他刚生下来时,五行缺土,老人给他取名叫"枣儿"。

> 师:好的,讲了枣儿这个名字的来历。
>
> 生:讲了童年枣儿的一个趣事——老人的儿子在摘枣儿时尿在了老人身上。
>
> 生:枣儿是怎么长出来的?

【点评1】泛读,整体感知,明晰剧情。杨老师让学生梳理枣儿的故事,引导学生粗略地浏览,以明晰剧情,初步了解戏剧的主题内容,为下面引入戏剧的矛盾冲突作好了基础铺垫。这种泛读,学生可以泛泛而看,作适当圈点勾画,以期对剧本的语言风格及作家的构思有一个大体的轮廓印象。

> 师:大家已经找了很多有关枣儿的故事。可见,同学们看课文很仔细。但是,还有很多人没有看过这个剧本,怎么办呢? 今天,我们就为《枣儿》这出话剧拟一张海报,来召唤更多的人来看这个话剧。我们先来看以下几个项目,思考一下,该怎么来填呢?
>
> 编剧:
>
> 剧情内容:　　　　　　　　上演时间:
>
> 主要人物:　　　　　　　　导演:
>
> 精彩看点:

【点评2】创意设计戏剧海报,激发兴趣。在媒体日益发达的今天,影视剧海报为学生们所熟悉。教师将上课内容巧妙地转化为编剧,重新创生自由开放的学习空间,激活原本凝固的文字,使得学生学习的欲望不断被激起,从而为深入文本的解读作了很好的铺垫。

> 师:大家说说,这个编剧是谁?
>
> 生:孙鸿。
>
> (教师在编剧一栏贴上:孙鸿)
>
> 师:那么,谁来简单地介绍一下剧情? 比如:谁在哪里干什么?
>
> 生:老人和男孩在枣树下吃枣儿。
>
> 师:吃枣儿是他们外在的看得见的一个行为。那么,其实他们在枣树下干什么?
>
> 生:思念亲人。
>
> 师:对,他们在等待亲人。
>
> (教师在剧情内容一栏贴上:枣树下老人和男孩等待亲人)
>
> 师:显然,我们从这个剧情中很容易知道剧本中的主要人物。
>
> 生:老人和男孩。
>
> 师:老人和男孩是出场的人物,没有出场的还有谁呢?
>
> 生:枣儿叔叔,男孩父亲。
>
> (教师在主要人物一栏贴上:老人　男孩　枣儿叔叔　男孩父亲)

师：接下来我们就要看一下这出戏剧有哪些精彩的看点？回答这个问题之前，老师可以先给大家补充一些戏剧小知识。

（多媒体展示）

> 戏剧是一种以矛盾冲突来推动情节发展、塑造人物形象的舞台艺术。

【点评3】补充戏剧知识，打开戏剧欣赏大门。这是学生第一次接触戏剧，补充一些必要的戏剧知识，对学生阅读戏剧作品尤为重要。特别是在学生有了对剧本的基本剧情、大致样式特点等的感性认识后，补充戏剧矛盾冲突这一知识点，能够加深先前的认识，让学生再一次明白，同样有剧情故事的戏剧不同于小说，并且能够具体可感地理解戏剧的矛盾冲突。

师：《枣儿》这出戏剧围绕这四个人物展开了哪些矛盾冲突？矛盾的双方、矛盾的焦点分别是什么？请大家带着这个问题四人一小组进行讨论吧。

（学生分组讨论，教师巡回指导）

师：哪组先来说一下你们的发现？

生：老人盼望儿子回来，但儿子没有回来。矛盾的双方是：老人和枣儿叔叔。

师：这两个人的矛盾焦点是什么？

生：老人盼望枣儿叔叔回来，但枣儿叔叔没有回来。

师：还有呢？

生：巧克力和枣儿的冲突。

师：这对矛盾冲突的焦点是什么？

生：男孩的父亲会带来巧克力，而老人认为男孩会因为巧克力不再来枣树下。

师：好的，你不但思考到了人物，还思考到了剧中事物之间的矛盾冲突。

生：男孩和他父亲也是一对矛盾冲突。矛盾冲突的焦点是男孩希望他的父亲能回来，但是不知道他的父亲什么时候才能回来。

师：再找找，这四人之间还有怎样的矛盾？

生：老人先是希望男孩留下来，但男孩想回家等他爸爸。

师：所以在老人和男孩之间存在着更加明显的矛盾。

（教师在"精彩看点"一栏贴上："走"与"留"、"等待"与"不归"）

【点评4】教学始终凸显戏剧特点。杨老师引导学生紧紧抓住"矛盾冲突"，让学生在梳理与分析中领会戏剧的剧情展开不同于小说情节的故事性，它是在矛盾冲突的演化与解决中走向深入。在"走"与"留"、"等待"与"不归"这些矛盾冲突中，两个人不同的内心世界得到了充分的展现。这就是戏剧作品不同于小说的一个主要特点。

师：我们可以把人物之间的三组矛盾简单地概括成"走"与"留"、"等待"与"不归"的矛盾，那么，这个剧目该如何体现人物之间的矛盾冲突呢？下面我们就来细细地品析一下。

老师先给大家找了一个片段"老人的等待与儿子的不归"。请同桌之间分角色自由朗读。

（学生分角色自由朗读）

（老师请一组学生在班级中朗读）

师：大家刚才在两位同学的演绎中，读出了老人的心情是怎样变化的呢？

生：老人一开始是比较欢喜的，向男孩介绍为什么自己要把枣儿放在匾子里晒了又晒，在他给男孩解释完为什么之后，他又想到自己的儿子一直没有回来，所以他是从欢喜又到了无奈。

师：说得非常准确。大家有这样的感受吗？老人总共说了两句话，第一句话非常高兴，我们读时可以欢快一些，兴奋一些，充满期望。可是当男孩问他"枣儿叔叔啥时候回来"时，让我想起了李商隐在《夜雨寄北》中的第一句诗——

生：君问归期未有期。

师：是啊，这个问题一下子触痛了老人内心的伤处。所以他马上变得非常地失落、难过，我们读的时候声音可以低一些，慢一些，轻一些。接下来我们一起来读一下。老师读男孩的话，大家来读老人的话。

（师生分角色朗读）

【点评 5】深度品析语言是戏剧教学的核心。戏剧不同于小说可以借助故事情节、描写、环境和无限的时空等手段来塑造人物，它只能在极其有限的时空内靠极度性格化的对白来表现人物的内心情感。杨老师不断引导学生品析剧本是如何通过人物的语言来表现这些矛盾冲突的，再以师生分角色的朗读，带领学生走进人物的内心世界，去捕捉这种情绪变化内在的情感流露。

师：大家说说，老人这时在沉思什么？

生：一定在想他儿子什么时候回来。

生：老人可能会在想儿子就算不回来，那他过得怎么样？身体好不好？十分担心他。

师：儿行千里父担忧。

生：老人在想儿子现在在干什么，开不开心，有没有在思念他？

师：大家现在想的可能都是老人在内心沉思的内容。所以，我们从这个片段中，分明看出了老人的等待和儿子的不归。其实，我们在分析剧本中的语言时，都注意到了哪些角度呢？首先我们看的是人物最直接的语言，其次我们还可以关注这些（舞台说明）。刚才我们特别注意了"不知道"这个句子的语气、语调，也就是说，从人物的语气或标点符号中也可以看出人物的心情。知道了分析语言的这几个角度，接下来再给大家看一个片段，我们可以从这三个角度中自己选择一个角度分析一下。

（多媒体展示）

男孩的期盼与父亲的冷落

> （学生思考）
>
> 生：通过两个标点可以看出男孩对他父亲是非常思念的，一个是破折号，另一个是省略号。第一个省略号出现时，"我在等我爹"，说明男孩是非常想念自己的父亲的。破折号说明男孩对父亲的归来有着迫切的希望。

【点评6】品读舞台说明，拓宽学生戏剧阅读视野。戏剧语言包括人物语言和舞台说明，通过对剧本中舞台说明的品析，让学生具体深刻地领会舞台说明对表现人物形象具有非常重要的作用。舞台说明是对人物对白的有效补充，对演员在舞台上表演人物内心世界作了必要的提示。这是戏剧独有的表现方式。

> 师：你觉得读时可以怎样处理？
>
> 生：省略号可以缓慢些，破折号可以把"他"延长些。
>
> 师：刚才这位同学分析得比较准确。下面我们就一起来读一下这两个句子，老师读老人，同学们读男孩。
>
> （师生分角色朗读）
>
> 师：好，大家已经读出了这两个标点的意味。请再从其他两个角度来分析。
>
> 生：我从"兴许"读出这个爹做得不是非常好，偶尔回家，偶尔不回家，说明这个父亲对男孩十分冷落。这个词说明男孩十分期盼他的父亲回家。
>
> 师：能不能模仿男孩的口气读出期盼的心情？
>
> （学生朗读）

【点评7】挖掘人物对白潜台词，提升学生戏剧语言鉴赏力。戏剧性格化的语言往往体现在丰富的潜台词上，能读懂人物台词的言外之意、弦外之音，是走进人物内心情感世界的主要通道。学生通过对"兴许"这个潜台词的挖掘，很好地把握了男孩渴望父亲回家与父亲无法经常回家所带给他们的内心感受。教师看似简单的追问与点拨，实则让学生真正地体验戏剧极富张力的语言，让学生领会到戏剧语言大有嚼头，具有丰富的内涵。

> 师：大家注意到没有，这里的舞台说明有几处？谁来分析一下。
>
> 生："拍拍口袋"说明男孩其实很想回家，"低声地"说明他思念很浓，但只能低低地说。
>
> 师：大家分别从三个角度品析了这个片段。接下来我们来看体现"男孩的走和老人的留"这一矛盾的片段。请同学们先自己来找找，有哪些片段是体现这组矛盾的。
>
> 生：在第131页，男孩抓一把枣儿准备回去给他爹留着，这里的舞台说明"转身欲走"可以看出男孩很想回家，而老人说"又是爹呀爹的，快坐下吃。吃枣急不得"可以看出老人对男孩的挽留。
>
> 生：第134页"时间还早呢"到第135页"回去等你爹"。这里的"心事重重"说明老人很想男孩留下来，他怕男孩有了巧克力就不会来了。

师：好的，我们就一起来看看这个片段。

师：男孩为什么几次三番地想回家去？

生：他想回去等他爹，他爹会给他带巧克力。

师：老人为什么那么肯定地说男孩有了巧克力就不会回来？

生：因为老人把自己对枣儿叔叔的思念寄托在了男孩身上，而万一男孩走了，就像那个枣儿叔叔一样，可能不再回来了。

师：你分析得很有道理，老人正是有自己的切身体会才会这样说。那么，大家想想巧克力象征了什么？

生：一些新奇的事物。

生：象征男孩父亲回来的佐证。

师：男孩父亲是从哪里给他带巧克力的？

生：城里。

师：所以正像刚才这位同学所说的巧克力象征了……

生：城市里新奇的事物会让人很想去了解，让他不会再回来。

师：巧克力象征的是外面更加新奇的、精彩的、新的生活。那么枣儿生长在哪儿呢？

生：乡村。

师：所以枣儿象征了怎样的一种生活？

生：象征了淳朴的乡间生活。

师：好，我们对枣儿又增加了一份理解。那么，我们分析了这么多人物之间的矛盾，大家思考过没有，产生这些矛盾的根本原因是什么呢？

生：我认为是时代的变迁，社会在进步，而有些人喜欢城市生活，有些人依然留恋传统生活，所以就造成了戏剧的矛盾冲突。

【点评8】循循善诱，打开戏剧矛盾冲突的社会根源。整节课从了解矛盾冲突，到矛盾冲突的发展、激化、解决，由浅入深，到这里水到渠成地引导学生找到矛盾冲突背后的东西。戏剧的矛盾冲突不是作者随意安排的，它是一种社会现实问题的真实体现，是作者要表达的情感主题，这是戏剧不同于散文、小说、诗歌的表达方式。

师：我们来关注《枣儿》创作的年代是 1999 年，20 世纪 90 年代末期。那是个怎样的时代呢？

（多媒体展示）

90 年代以来，随着我国现代化进程的加快，农村青年大规模离开家园，闯荡世界。据统计，到 90 年代末期，农村外出从业青年达 1.2 亿人，相当于有一半的农村青年外流，这种趋势随着人类历史的发展还在加剧。

（教师在上演时间一栏贴上：90年代末）

（学生朗读）

师：为什么会有这么多人离开家园？

生：想要到外面去闯荡世界。

师：好的，想要到外面去闯荡世界，开拓更加美好的生活。就像作家曹文轩在《前方》中所写到的——

（多媒体展示）

> 外面有一个广大无边的世界。这个世界充满艰辛，充满危险，然而又丰富多彩，富有刺激性。外面的世界能够开阔视野，能够壮大和发达自己。它总在诱惑着人走出家门。人会在闯荡世界之中获得生活的快感或满足按捺不住的虚荣心。因此，人的内心总在呐喊：走啊走！
>
> ——曹文轩《前方》

我们一起来朗读。

（师生共同朗读）

师：他们能走得无牵无挂吗？

生：应该不能，他们内心里还有一份牵挂，牵挂自己的亲人。

师：是啊，作家王鼎钧说……

（多媒体展示）

> "故乡，我要跪下去亲吻的圣地，我用大半生想象和乡愁装饰过雕琢过的艺术品，你是我对大地的初恋，注定了终生要为你魂牵梦绕……"
>
> ——作家　王鼎钧

师：这就是人类在开拓生活的同时，还存在着一份深深的家园之恋。那么，是去开拓生活，还是留恋家园呢？是什么使我们的生活发生变化，面临这样一种生存的矛盾呢？

（多媒体展示）

> 人类的历史进程

师：我想这才是人物矛盾背后真正的矛盾：开拓生活与家园之恋之间的矛盾。如果用剧中的两种事物来象征，那就是，一种是留下来守着"枣儿"，守着自己的亲人，过着虽然传统、清贫但是却很温馨的生活；一种是到外面去追寻"巧克力"，过着与家人分离的生活。这两种生活，你觉得哪一种更值得追求？

生：是"枣儿"——传统的生活。因为跟家人在一起的生活才是最幸福的。

生：我会选择"巧克力"，因为随着时代的变迁，枣儿这些旧事物会被淘汰出去。

师：新事物会代替旧事物。

生：我也会选择"巧克力"，因为随着我国现代化进程的加快，巧克力代替枣儿是不可避免的，"巧克力"能让我们的生活更加美好。

生：我会选择"枣儿"，因为它代表着亲情，家和亲情是人们精神的依靠。家一直都是外出人们的归宿，就算在外面赚了很多钱，如果没有亲情，那我觉得他还是一无所有。

生：其实我觉得他们之所以外出去追求"巧克力"这种新奇的事物，实质是为了改善家乡亲人的生活，等到他们追求到了"巧克力"，改善了生活，从时代中汲取了他们所需要的，就会回来。人总会返璞归真，总会想着远方的亲人，那时恋家的根就会重新把他拽回来。所以我认为"巧克力"是改善他们生活的前提条件，只有如此方能改变"枣儿"那边的生活，等到他们有能力的时候，终究会回来的。

师：非常精彩。（掌声）

师：我们来看，剧中的枣儿叔叔和男孩的爹他们选择的是哪一种生活？

生：巧克力。

师：所以留下他们的亲人在枣树下无尽地等待和呼喊，因为男孩坚信娘的话。（多媒体）我们一起来朗读。

（师生共同朗读）

师：大家说说枣儿叔叔和男孩的爹是迷路了吗？是什么原因不回来呢？

生：是为了亲人在外面打拼，努力改善家里的环境。还有一种可能就是外面灯红酒绿的生活使他们沉沦了，迷恋那种生活，所以没有回来。

生：我认为，在外面打拼的人，无论走多远，他的心里总有一个远方，那就是他们最渴望的家。他们想要回家，而一旦回家就不再想和亲人分开了，所以他们要更加努力地打拼，赚更多的钱。

【点评9】走出文本是阅读的跃升。走进文本，是为了能与作品中的人物对话，走出文本就是对与文本对话后的过滤和升华。没有体验就没有升华，没有反思就没有深刻，从有限的课堂思考无限的生活，从而对学生在未来社会中的生存和发展给予积极的影响。

师：其实他们在外面不是迷路了，而是暂时迷失了自己的方向，所以只留下老人和男孩。剧本的最后，老人和男孩爬上土坡，翘首远方，使劲呼喊，他们在呼唤什么？请你以文中老人或男孩的口吻，用一两句话在旁边的空白处写下内心的呼唤。

（一学生上黑板书写）

（学生在班级中交流）

生：爹，早些回来吧！我和娘在家里等你。

生：枣儿快点回家，和我一起吃枣儿，听我讲故事吧。

生：爹，快回来吧！我不要你的巧克力，只求你早些回来，同我们一起团聚。我也不需要你带什么，请你快些回来。

生：儿子，加油！追寻你的世界，你的梦想。你一定要过上好生活。我会在这儿等你，永远等着，这儿永远都是你的家。

生：枣儿啊,快回来吧!爹想你了,不要把爹忘在这里,好不好!

师：其实最朴实的,代表着最真实的呼唤。我们一起来看刚才上讲台来书写的这位同学的话。请你自己来朗读一下。

生：我最亲爱的家人们啊,赶快归来吧,这里还有最甜的枣儿!

师：我们就让这位同学的呼唤,作为《枣儿》这个戏剧的宣传语,写在这张海报上。刚刚,大家都喊出了内心的呼唤,其实都是在呼唤一份浓浓的亲情。

(板书：亲情)

是啊,出门的人,你的心遥遥在外,竟忘却了人世间最平凡、最珍贵的亲情了吗?那么,面对大家这样真心的呼唤,出门的人该不该回来呢?

生：我觉得即使是出了远门也应该回来,毕竟这里才是他永远的归宿,无论走到哪里,都应该想起自己的家人、自己的故乡。

生：在应该回来的时候回来,在没有达到目标,没有找到自己的方向的时候,应该继续在外面打拼。

师：不是不归,只是未到归来时。

生：无论在外打拼得如何,远方的家总是一个包容所。你打拼得好,就赶紧回来吧,家里的人等你回来一起分享喜悦;你打拼得不好,家也永远敞开等你回来。所以我认为出门的人总该回来。罗大佑在他的两首有关家的曲子里,说的就是人终究在茫茫大路上,踏上自己的路,往家里走去。伏尔泰说,对于亚当而言,天堂是他的家;而对于亚当的后裔而言,家是他们的天堂。所以时代的变迁,无可非议地使他们必须出门,但终究他们会回到属于他们的天堂。

(全体鼓掌)

师：不管是回去,还是继续远行,我想唯一不变的是我们要把亲情随身携带,我们的精神一定要记得回乡!

(多媒体展示)

> 因为家,它是生存的寄居之地,又是生命的最终去所。离开了精神家园,灵魂就无所归依;失去了精神家园,个人便失去了生命凭借,成了漂泊天涯的游子。在人的开拓生活与家园之恋的生存悖论中,"故乡"将是一个永远被追求着的梦。

(板书：精神)

师：同学们,下课铃声已经响了,但是《枣儿》这部戏剧并没有落下帷幕,它至今还在我们的生活中上演。这续集的主角说不定换成了你,说不定换成了我。大家正青春年少,就像一株有待成长的禾苗,不管我们的未来选择怎样的生活方式,我们都不要忘了这个"本",那是家乡枣儿的味道。就让我们在清脆甜美的童谣声中结束今天的课程。(结束语结合了课前互动时学生猜出的几个字：禾、未、术、本)

【总评】

1. 抓住戏剧元素重组文本

托尔斯泰说过："成功的教学所需要的不是强制,而是激发学生的兴趣。"语文课堂应是充满灵性的,快乐的。我们的课堂常常过于模式化,而忽视了学生的情感需要,忽视了学生的主体参与,忽视了学生喜欢新奇多变的心理特点。富有创新意识的教学设计,让语文学习成了富有诱惑力的行为,成为智慧的生命符号。课堂活力来自灵活多样、独具匠心的教学形式,这就要求我们老师要不拘一格,要充分抓住文本自身的特点大胆创新,重组文本。《枣儿》一课,若按照传统的上法,往往是作者介绍、内容概括、人物形象分析、主题挖掘等步骤,课堂就会死板僵化,恐难引起学生兴趣。在影视业日益发达的今天,电影海报为学生们所熟悉,将上课内容巧妙地转化为编剧、剧情介绍、主要人物、精彩看点、上演时间、导演这几个海报要素,对文本进行二度开发,超越文本,重新创生自由开放的学习空间,激活原本凝固的文字,让学生的身心完全解禁,学习的欲望不断被激起。这张海报既可以贯穿整个教学流程,又包含了所有教学要点,还能给学生莫大的新鲜感和完成海报制作的成就感,可谓一举三得。

2. 教学凸显戏剧文学特点

在学生已有的阅读视阈中,无论是小说还是散文,对人物形象的把握往往是从品读人物描写的句子入手的,戏剧中也有具体的剧情、个性化的语言和性格鲜明的人物,学生想当然的也是以这种方法去解决戏剧的阅读问题。但以小说、散文的阅读方法是很难解决戏剧教学的。因此,戏剧教学很有必要以戏剧自身特点来引导学生去阅读戏剧。杨老师就是基于这点认识,整节课紧紧扣住矛盾冲突,在矛盾冲突的梳理中让学生了解戏剧剧情是如何展开的,在人物的矛盾冲突中分析矛盾背后的社会问题,同时通过自读、朗读、分角色朗读,引导学生透过极度性格化的语言品读和丰富的潜台词的挖掘来感受人物的心情变化。借助灵动的舞台说明,引导学生了解戏剧在有限的时间、空间内是如何集中地表现人物的内心世界的。课堂就是以这样一种非常戏剧的方式引导学生阅读戏剧,走进剧中人物的内心世界,把握作品主题的。只有把戏剧当戏剧来教学,才能让学生获得独特的戏剧阅读感受,真正地了解戏剧这一文学样式的个性特点。

3. 尊重学生的个性阅读

学生对于戏剧的陌生一方面来自社会大环境的缺乏,另一方面在于编入教材中的剧本大多与学生的生活相脱离,很难激起学生的兴趣。《枣儿》是一篇难得的与学生生活如此相近的戏剧,杨老师充分利用这一点,在学生读懂戏剧所表达的情感主题时,适时把这份情感引入现实生活中来,让学生设身处地地反思戏剧所反映的社会问题。每个学生都能从自身的生活经历或情感阅历中找到自己的体验与理解。在学生相互交流阅读体验与反思的过程中,开拓了学生的阅读视野,也让学生真正地感受到"一千个读者就有一千个哈姆雷特"的内涵。

(本课例由浙江省优质课一等奖获得者杭州江南实验学校杨烨楠执教,由杭州江南实验学校胡光辉点评和总评)

三、资源链接

(一) 戏剧教学内容的确定

戏剧是语言的艺术。戏剧教学不能把古代戏剧作品当文言文来教,不能把现代戏剧当小说来教。戏剧教学要把握戏剧的三要素——舞台说明、戏剧冲突、人物台词,有效引导学生鉴赏戏剧。

抓住紧张激烈的矛盾冲突。波澜起伏的戏剧情节和戏剧冲突是戏剧文学的重要内容和表现手段,主要指剧中人物的性格冲突与人物之间的矛盾关系,既可以是人物的外部动作,也可以是人物的内心活动。可以借助联想和想象加以改写,感受矛盾冲突所凸显的人物性格。例如,《威尼斯商人》课后"研讨与练习"的设计:仔细阅读课文,把握全篇的剧情展开想象,补充一些细节,把本文改写成一则故事。并说说鲍西娅是在什么情况下出场的,又是怎样解决这场冲突的,归纳一下她的性格特点。

揣摩丰富复杂的戏剧语言,分析个性鲜明的人物形象。戏剧语言包含"人物语言"和"情景说明"两种,且二者是一个有机的整体。其中,"人物语言"俗称台词,包括对白、独白、旁白,是展现矛盾冲突、塑造人物形象的主要手段。台词一般具有内在的动作性倾向,能够推动剧情发展,但台词的动作性区别于形体动作,并不是所有的台词都具有动作性。"情景说明"分为场景说明和舞台提示。戏剧往往依靠语言塑造人物形象,因此要了解剧中人物,只有贴着语言才能走进其内心世界。

剧本依据高度个性化的台词来表现人物性格,塑造人物形象。因此,在戏剧教学中,只能通过品味高度个性化的台词引发学生的想象,读懂潜台词,读出言外之意、弦外之音,凭借再创造去丰富戏剧那意味深长的留白,创设每一个"与众不同"的想象情境,从而使学生获得审美享受,提高审美素养。品味戏剧的个性化语言是戏剧教学的重点。

品味语言,要引导学生关注人物对话中透视的心理活动;品味语言,要引导学生读懂言外之意、弦外之音;品味语言,要引导学生捕捉关键词语。戏剧教学的第一要素是品味个性化语言,捕捉关键词语。不理会语言特点,直接地理性概括、主题抽象,是戏剧教学之大忌,违背了文学教育的规律,削弱了文学作品的教育价值。

戏剧教学要重读、重评、重演。在戏剧教学时要做到有的放矢,突出戏剧自身的特点。与其他文体相比较,戏剧的创作完全要通过台词来展示故事情节,塑造人物,揭示主题,表达剧作者对生活的认识。一般来说,诵读戏剧语言可以分为浅读和深读两种,浅读即粗略地浏览,以明晰剧情、初步了解戏剧主题为目的,读时泛泛而看,并适当圈点勾画,以期对剧本的语言风格及作家的构思有一个大体的轮廓印象;深读是指在浅读的基础上,进一步探讨剧本语言本身的内涵,体会作者是如何通过语言来展示人物性格、揭示剧作主题的。学生自读,无论是浅读,还是深读,达到的只能是自身的某一层次,要想取得质的飞跃,把握戏剧精华乃至精髓,还必须有赖于教师的点拨,有赖于教师指导他们如何去赏析、评论、借鉴。教师的评鉴要向细微处挖掘,挖出那些容易被忽视而又不能忽视的枝节,赏析给学生看,给他们以方法,使他们深入到戏剧语言的内部,去体会剧作家的匠心。在学生读完、评完以后,再让学生自己排演戏剧,这不仅能够活跃课堂气氛,调动学生学习的积极性,而且还能让他们在自身的实践活动中真切体味到戏剧语言的独特魅力,并促进能力的提高,正可谓是一举三得。

(二)戏剧教学的模式

1. 体验式教学模式

所谓体验式教学,就是指在教学过程中,在体验理论的指导下,根据学生的认知特点和规律,创设良好的教学情境,激发学生的参与意识,进而使学生在亲历的学习活动中理解知识,产生情感,发展能力,生成意义,实现精神建构的教学理念和教学形式。戏剧文学是一种情境文学,它展示的是一定情境中人物的系列行为,它为事件发展和人物活动提供了环境和背景,人物的命运是性格与情境的契合,所以狄德罗、黑格尔等都把情境看作是戏剧的本质。戏剧最接近人类生活的本原面貌,戏剧教学最基本的要求就是要还原戏剧情境,将学生置身其中,理解人物的行为和命运。

体验并不是一次性完成的,它必须贯穿于戏剧作品教学的始终,使学生置身其境,"以身体之,以心验之",从整体感知到具体品味再到体悟升华,因体验起,以体验终,可谓一以贯之。整个过程可细分为以下几个阶段:

(1) 整体感知,情绪感染。在戏剧教学中,教师可以借助多媒体来创设情境,激发学生的情绪体验。

(2) 具体品味,情感共鸣。在整体感知文意的过程中,学生受到感染,获得了朦胧的情绪体验,接下来必须引导学生的体验走向深化。品味语言,挖掘潜台词,抓住关键的语词反复咀嚼,深入品味,把台词读活,以探寻人物情感发展的轨迹,窥视人物的精神世界。充分利用分角色朗读和戏剧表演,激发学生的兴趣和角色体验的热情,使学生转化到剧中人物的位置,产生情感换位,在扣人心弦的矛盾冲突和人物的灵魂对白中,亲历内心的汹涌和情感的起伏,以某个角色直接进入情感共鸣的状态,从而获得更加真切深刻的体验。

(3) 体悟升华,情理共融。教学中教师要使学生把体验、感受、理解、评鉴结合起来,对戏中人、剧中事产生肯定或否定的审美态度和道德评判,对剧本的艺术特色和丰富内涵形成清醒的认识,作出冷静客观的审美评价。

2. 戏剧动态教学模式

戏剧动态教学强调戏剧教学中从教到悟都是一个动态转化和动态生成的过程。

戏剧教学可以在表演中感知人物。国学大师胡适先生在《中国国文的教授》一文中深有感触地指出,读戏剧时,可选精彩的部分令学生分任戏里的人物,高声演读,若能在台上演做,那就更好了。这告诫我们,戏剧教学必须在"角色演读"或"台上演做"的基础上下功夫。因为角色扮演可以通过行为模仿或行为替代来影响学生个体的心理,能让学生将自己置于剧中人物的位置之上,艺术地展现人物相应的行为特点、内心感受,以及人物的性格和命运,体验人物的欢愉与悲戚,从而达到与人物的心灵相通,情感相应。

戏剧教学可以在辩论中玩味人物。个性化的语言是戏剧用来表现人物性格的重要手段,但由于剧中人物的角色扮演者不同,对剧中人物的语言的体味也不尽相同,与之相关的神态、动作、表情也会产生不同程度的差别。这就需要教师引导学生玩味人物。每次课本剧表演结束,教师可以适时设置一些话题引导学生辩论。通过争辩、交流,学生就能更加深入、全面地把握剧中人物的性格特征和思想情感。

戏剧教学可以在创新中塑造人物。要想让学生真正学好戏剧,掌握戏剧艺术的特点,最好的方法莫过于让学生自编、自导、自演戏剧。学完这个单元的戏剧后,可以放手让学生把校园的学习生活编写成一个简短的话剧剧本,然后进行自编、自导、自演、自评,在活动中深入了解戏剧的特点。

3. 双演式戏剧教学模式

双演式戏剧教学模式是以建构主义学习理论为依据,以学生的活动为主要教学方式,在"双演"中进行体验的戏剧教学模式。基本程序是:

(1) 预习。教师对预习的内容可作一些提示:如戏剧的一些基本理论知识,作者情况,创作情况,作者对剧本的看法,别人写的剧评等。

(2) 初演。初演时,要分组进行,让每个学生都能参与。表演练习能调动每个学生思维的积极性,并为学生提供真实的情景。在表演的过程中,学生更容易理解作者在剧中流露出来的感情,并对剧中的人物有真切的体验。同时,小组练习又促进学习共同体中成员的互动、交流、沟通,驱动学习者进行自主学习。小组练习之后,可以让几组同学面向全班演出部分场景。

（3）观看。让学生观看所学剧本的录像（如果没有声像资料,这一环节可省略）。在观看之前,教师要提示学生将小组的初演与录像进行比较,找出自己的不足,并分析原因,这就为下一步的讨论打下了良好的基础。

（4）讨论。教师要设计问题,因势利导,把学生对剧本的理解引向深入。通过讨论,学生对课文的认识就会由初演时的具体经验水平上升到抽象概括的水平,并对戏剧语言的特点、戏剧的矛盾冲突以及如何鉴赏戏剧会有更加深入的理解。

（5）复演。讨论后,学生对戏剧中的人物性格、矛盾冲突、台词特色等有了更加深入的认识,这时就可以把这种认识通过复演表现出来,以加深对戏剧的直观体验。复演时,学生的表演肯定比初演时有很大提高,这会让他们产生成就感,从而感受到学习的快乐。

（三）戏剧教学的方法

1. 读说演评教学法

（1）课前准备。教师先向全班学生简要地介绍戏剧的一般常识,待学生了解了戏剧的一般常识后,让学生浏览课文。要求:① 通读课文,自查工具书,扫清字词障碍;② 初步了解剧情;③ 参看预习提示,了解作者、写作背景、戏剧的主题;④ 注意记下剧本中人物和人物的关系;⑤ 进行角色分工,准备进行模拟表演。教师再指导学生推选（或自荐）一名演出协调人（或者称之为"导演"）。要求"导演"必须掌握演出时间不超过十五分钟。要能紧扣主要情节,抓住矛盾冲突,突出关键台词,其余台词在不影响基本剧情的基础上可以改编或自由发挥。其次,指导学生根据剧本人物人数,全班学生自由组合,分小组推选角色"演员",小组全体同学要帮助演员熟悉剧情,背诵关键台词。

（2）教学过程。第一步,读戏。采用两种形式:① 自由朗读课文;② 指名几位学生分角色朗读课文,要求尽量模仿人物的语气。读出人物个性。第二步,说戏。让学生说出故事的时间、地点、人物,并用一段话概括剧情,要求不能说得过多也不能过简,教师针对说得过多或过简的情况进行指正。这一步重在把握剧情。第三步,演戏。这一步通过学生的演,把握戏剧的矛盾冲突,感受人物形象,体会个性化的语言。第四步,评戏。表演结束之后,待同学们的情绪稍稍平静下来,开始评论。评人物、评语言、评主题、评角色表演、评演出效果,可以畅所欲言。

2. 戏剧教学三点三步法

抓住戏剧"个性化的语言和动作"、"丰富的潜台词"和"激烈的矛盾冲突"三个点,进行三步法教学。

（1）学生补写舞台说明。舞台说明是戏剧表现人物性格的一个主要手段,通过补写舞台说明,让学生更加深入地去领会人物的内心情感。例如,在开展《威尼斯商人》的教学时,根据夏洛克心理大起大落所构成的喜剧效果,让学生补写舞台说明,体会人与人、人与社会的矛盾。可以设计这样的训练:根据情节的变化,给下面两组句子加上舞台说明,并结合自己的舞台说明在组内表演、互评,选出较好的在全班展示。

"博学多才的法官！判得好！来,预备！"

"你们拿掉了支撑房子的柱子,就是拆了我的房子;你们夺去了我的养家活命的根本,就是活活要了我的命。"

（2）分析人物的潜台词。此环节意在训练学生了解人物语言与心理的关系。例如,在开展《威尼斯商人》的教学时,可以设计这样的活动:"请根据上下文补出下列各句的潜台词,并对比人物不同时间的心理变化。"

"即使这六千块钱中间的每一块钱都可以分做六份,每一份都可以变成一块钱,我也不要它们;我只要照约处罚。"

"啊,尊严的法官! 好一位优秀的青年!""公平正直的法官!"

"把我的本钱还我,放我回去吧。"

（3）通过动作和语言品析人物性格。教学时要求学生找出人物的动作和语言并分析其心理。例如,在开展《威尼斯商人》的教学时,可以设计如下问题:"分析下列语言所体现的人物心理活动,并据此对人物进行性格分析。"

"请快些回答我,我可不可以拿到这一磅肉?"

"不能,无论你说得多么婉转动听,都没有用。"

"博学多才的法官! 判得好! 来,预备!"

3. 角色化戏剧教学法

戏剧角色既指对戏剧扮演者的行当所进行的分类,又指演员所扮演的剧中的特定人物。角色化以戏剧角色的学习、模仿、认同等作为其唯一内涵。在角色化戏剧教学中,教师针对戏剧教学的目标,对学生将要扮演的角色加以引导,从而使学生接受角色所传达的规范、期待和要求之中的信息。

在教学实践中,较为常见的有以下几种:

（1）分组朗读法。分组朗读法即通过学生分组,让不同类别的学生承担不同的角色,进行声音、形象模仿,从而体会不同角色的语言、性格特征。这种方法的特点是简单、方便,学生参与性大,但缺少动作扮演。

（2）排练表演法。排练表演法即让学生通过分析、体会、交流等方式揣摩作品中人物的性格特征,通过自己的语言、神态、动作、心理活动等表现出来。这种方法比较适合一些以动作表现为主的剧本。

（3）评价欣赏法。评价欣赏法即教师和非角色学生要对角色扮演情况进行评价,并由教师在小组讨论阶段对学生进行考核。这种方法让学生参与到了表演效果的评价之中,并从角色的评价中得以提升。

四、推荐阅读资料

1. 刘秀成.读说演评——戏剧教学创新尝试——《威尼斯商人》（节选）教学设计[J].文教资料,2006(13).

2. 樊霞明.戏剧动态教学模式的探索与实践[J].语文教学与研究,2007(22).

3. 刘娴.论戏剧教学的重读、重评、重演[J].新西部,2008(9).

4. 李利琴.角色化戏剧教学方法论[J].语文学刊,2009(11).

5. 丰艳.中学语文戏剧作品体验式教学研究[D].济南:山东师范大学,2010.

6. 张懿馨.新课程背景下戏剧教学思考与实践[J].语文教学与研究,2011(50).

7. 刘春文.徜徉言语世界　感受戏剧魅力——"语言知识"在戏剧教学中的实践途径探索[J].语文教学通讯,2015(2).

8. 朱华.戏剧教学中的个性化语言品味[J].文学教育,2015(10).

9. 于凤杰.初中语文戏剧教学中存在的问题及解决策略[J].读写算,2015(23).

五、后续练习

下面是刘春文老师教学《变脸》的一个片段设计,请认真阅读后写出你的评析。

(情节叙述)

狗娃上岸撒尿发现有蛇,水上漂打死蛇后,欲用童子尿治伤,发现狗娃是女孩后,气氛陡然紧张起来。水上漂因失望而愤怒、痛苦。狗娃为自己将被抛弃的命运悲痛哀伤,惶恐不安。

(剧本人物对白)

水上漂:(命令)狗娃,撒尿!

狗娃:(一怔)尿?

水上漂:童子尿,拌布灰,祖传单方,消肿去毒! 快撒尿! 解开裤子,尿到碗头!

……

复明,满天阴霾,满江愁浪。水上漂手腕伤口已草草包扎,闷坐岸边,狠抽旱烟。狗娃在一旁愧疚而紧张地等待老头取舍。

第五章 文言阅读课

一、背景描述

文言文作为独立于日常言语系统的书面语，已有三千多年的历史。从先秦散文到汉赋、魏晋骈文、唐宋散文、明清八股文，历史上留下了浩如烟海的名家名篇，记述了几千年间中国大地的文化、艺术、社会、科学、地理等，内涵丰富，博大精深。虽然自新文化运动后，文言文淡出国人视线，但作为浓缩中华文明大观、记录中华民族辉煌历史的典籍，却从未从国人的传承中丢失。

时代的变迁，国人言语系统的改变，使得文言文反成了通往中华文化宝库的最大障碍，这是民族文化传承亟须解决的问题。《义务教育语文课程标准（2011 年版）》明确要求："诵读古代诗词，阅读浅易文言文，能借助注释和工具书理解基本内容。注重积累、感悟和运用，提高自己的欣赏品位。"中学生倘若掌握文言文阅读的基本能力，习得文言文的语感，就像是打开了文化宝库的大门，就能自由阅读，汲取涵养，提高现代汉语水平，更能传承历史文化价值，陶冶情操。

文言文阅读教学的重要性得到了社会的重视，使得文言文阅读能力的考查也进入了中考考查范围。然而，在应试的压力下，中考考查的内容和形式直接决定了文言文阅读教学的内容与形式。直至今日，文言文阅读教学失重的现象仍普遍存在：

（1）降低了文言文教学的价值。文言文教学只注重讲解词语、翻译句子，把掌握文言词语和文言现象作为主要任务，再配之以大量的课外练习，就能应对中考了。文以载道，至于经典篇目所承载的优秀文化价值，要么一言概之，要么泛泛而谈。

（2）忽视文言词语教学。认为学生可以借助参考书自主疏通文章，教学时把经典名篇直接当现代文进行阅读分析。"文"、"言"背离实属常见。

（3）文言文教学方法单一。文言文教学往往先是初读课文，读准句读，读顺文句；再是学生对照注释或参考书翻译句子，圈点质疑；接着课堂交流翻译，教师强调重点词句的释义；最后获得文章的主题意义。这样的课堂学生索然无味，学生对于文言文只有考试的索求，没有文化传承的意味。

二、课堂例析

《小石潭记》课堂实录及评析

（一）材料背景

《小石潭记》是部编版八年级语文（下册）的一篇课文，是《永州八记》中的一篇。这篇散文生动地描写出了小石潭环境景物的清幽和孤寂,抒发了作者贬官后的失意、孤凄之情。文章语言简练、生动,景物刻画细腻、逼真,是历代传诵的散文名篇。作者在写景中传达出他在贬居生活中孤凄悲凉的心境,是一篇情景交融的佳作。全文寂寞清幽,郁郁落落,形似写景,实则写心。

(二)教学过程

板块一　导　读　入　文

> 师:今天,我们一起来学习柳宗元的《小石潭记》,这是一篇文质兼美的散文,请大家翻开书自由朗读,在读准字音的基础上,适当地加入自己的感情。
>
> (生:自由朗读)
>
> 师:下面请一位同学朗读。
>
> 生:(朗读课文)
>
> 师:正确流畅,朗读得不错! 下面我们就来一起更加深入地了解文章内容。

【点评1】以读入文。在读中感受抑扬顿挫的节奏和平仄相对的韵律,在读中习得"读书百遍,其义自见"的文言表达。朗读是引领学生进入文本的本源之路。

板块二　初　读　悟　情

> 1. 自由欣赏
>
> 　　师:首先我们来看题目——《小石潭记》,这是一篇什么体裁的文章?
>
> 　　生齐:游记。
>
> 　　师:"小石潭"这个地方看来也不是什么风景名胜,题目简单,却在文中处处有文章,请同学们在文中找出与"小"、"石"、"潭"相呼应的内容,并自由欣赏,看看作者是如何写出它们的特点的。

【点评2】以疑激趣。游记是学生熟悉的,此时老师的一个追问,打破了学生固有的认知,一个小小的石潭有什么可记得呢! 学生的兴趣被激发了,阅读视角打开了,其思维也就活跃了。

> 　　生:默读,圈点勾画。
>
> 　　师:开篇即见这不同寻常的石潭,立刻就被吸引,作者也驻足停留,下面就请同学们自由地欣赏文章,并用自己的语言描述你们对小石潭的发现。
>
> 　　(小组合作交流)
>
> 　　师:请同学们分享你们刚才的发现。
>
> 　　生:我找到的是"伐竹取道,下见小潭",说明这是一个很小的潭,当你走近了,低下头,才突然发现这里有一个很小很小的潭,说明潭之"小"。

师：你的发现很好，结合了自己的生活经验，如果是大的潭应该很远就看到了。

生：我找到的是与"石"相呼应的。"全石以为底，近岸，卷石底以出，"描写出小潭以全石为底，是潭与"石"的关系。

师：不但是全石为底，还有不同的形状。

生："近岸，卷石底以出，为坻，为屿，为嵁，为岩。"坻是水中的高地，屿是小岛，嵁是山峰一样的岩石。

师：这是比喻石头形状各异。

生：乱石嶙峋。

（师板书"石异"）

生：我找到的是第一段"隔篁竹，闻水声，如鸣珮环，"写潭中水声清澈。

师：珮环是什么？

生：是玉制品，玉器相互撞击发出悦耳的声音，说明水声清越。

师：水声为什么那么好听？

生：水和石头在撞击。

生：我发现的是"潭中鱼可百许头，皆若空游无所依，日光下澈，影布石上。佁然不动，俶尔远逝，往来翕忽。似与游者相乐。"写潭水的清澈，鱼的自由自在。

师：我没有看到写潭水清澈的句子啊？

生："日光下澈，影布石上。"如果潭水不清澈，就什么都看不见，没有影子能映在石头上了。

师：哦，原来这也是写了"水清"的。

生："皆若空游无所依"也是写水的清，鱼像在空气中游一样，水与空气一样透明，感受不到水的存在。

师：这一句看来写的是潭中的鱼，我们也能感受到水的清澈，非常高妙。齐读一下这些描写潭水的句子，感受它的清冽。

（生齐读）

隔篁竹，闻水声，如鸣珮环，心乐之。伐竹取道，下见小潭，水尤清冽。

潭中鱼可百许头，皆若空游无所依，日光下澈，影布石上。佁然不动，俶尔远逝，往来翕忽。似与游者相乐。

（师板书"水清"）

师：石头奇异，潭水清澈，真是一个美丽的小潭！

生：我觉得潭不仅水清澈，还有形状奇异的特点。比如："潭西南而望，斗折蛇行，明灭可见。"这一句描写溪水蜿蜒如蛇、如曲折的北斗星，写出了溪水的形状。

师：好，潭水源头的小溪蜿蜒曲折。

生：还写出了潭的周围环境，"坐潭上，四面竹树环合，寂寥无人，凄神寒骨，悄怆幽邃"，这一句写出了潭周围的环境，幽静、冷冷的感觉。

生：我觉得这一句还写出了潭的小，"四面竹树环合"，作者一眼就看到了潭四周的景象，被竹子环绕合抱。

师：一览无余，的确是小啊！

生："其岸势犬牙差互，不可知其源。"写出了潭水的源头神秘。

生："佁然不动，俶尔远逝，往来翕忽。似与游者相乐。"鱼呆呆地一动不动，又突然消失了，来来往往好像与游人逗乐，写出了鱼的快乐。

（师板书"鱼乐"）

师：是啊，这样一个小小的石潭，全石为底，石潭奇异。潭水清清，声音清越；潭鱼活泼，自由快乐；小溪蜿蜒，石岸参差；小小的石潭，隐秘的去处。

【点评3】潜游文本，感受其境。"一切景语皆情语"教师让学生潜入文本，以心感受文本，来触摸文字背后的温度，还原其境，才能获取与作者对话的密码。

师：那么，这样的石潭，作者是怎么发现的？

生："从小丘西行百二十步，隔篁竹，闻水声，如鸣珮环，心乐之。"

师：水声吸引，再伐竹取道，才发现的，实在不容易，美丽的小潭果然也没有辜负作者的一番期望，石异、水清、鱼乐。

师：我们再来读读文章前三段。一起欣赏这种美。

2. 自由发现

师：小小的石潭，石异、水清、鱼乐，这是作者此行的所见，展现在作者眼前的是清幽的美景，但我们读者读到的，却不全然如此。透过景物，仿佛能感受到作者的悲喜。正如杜甫在诗中写的："感时花溅泪，恨别鸟惊心"，世间的景物进入作者眼中笔下，"以我观物，万物皆着我之色彩"。请同学们在文中自由地去发现，看看作者的感情藏在哪些景物之中。

【点评4】于平静中翻涌，突破阅读舒适区。一篇游记读出景之美，情之乐，是八年级学生的阅读舒适区，其思维的增量是微乎其微的。而教师的"悲喜情"就把学生"赶"出了舒适区，如此美景哪来悲情？学生自然地进入阅读的伸展区。

（生小组讨论）

生：第四段，"坐潭上，四面竹树环合，寂寥无人，凄神寒骨，悄怆幽邃。"这里寂寥无人，幽深冷寂，"悄怆幽邃"写出了环境的幽静深远，弥漫着忧伤的气息。作者将景物与心情联系在一起，体现出空灵的境界，联系作者当时被贬官的处境，也可以体会出他凄凉的心境。

师：你找得很准确，文章中第四段有直接描写作者心情的词句——"凄神寒骨，悄怆幽邃"，凄凉到骨头里、到内心深处了，八个字读起来都令人哀泣啊！这里直接写出了作者的心情，另外还有没有透过景物写出作者心情的？

【点评5】点评追问，因势利导。学生的思维往往会呈现一个由浅入深的过程，通过教师鼓励的评价和精准的追问，不但激发了学生的思维积极性，也给更多学生以思维的启发。

生："似与游者相乐"，作者看到鱼儿自由可爱，自己也变得快乐了。透过鱼儿欢快的样子，作者把自己也带入到这种意境中了，我觉得这句话就是"游者与其相乐"。

师："游者与鱼相乐"，正如庄子所说："子非鱼，焉知鱼之乐"，鱼是否快乐，其实是作者主观感情的投射。所以，这里作者说"似与游者相乐"，其实是他看到游鱼后自己感受到了快乐。

生："潭中鱼可百许头，皆若空游无所依"，这个"空游"仿佛就是作者借鱼来写自己，被贬永州，无依无靠。

师：是啊，看到鱼的命运，作者仿佛也感受到了自己的命运——无依无靠，孤苦伶仃。永州在湖南省的南端，湘粤桂三省区交界处，古称零陵，在当时是一个非常偏远的地方。

生：开头"如鸣珮环，心乐之"，作者听到水声非常开心，体现出游的心情，也看出他之前的郁闷。

师：你是如何由这个快乐感受到他之前的郁闷呢？

生：因为他为了排遣郁闷之情才出游的，所以听到水声，发现幽静的小潭就非常快乐。

师：开头一句说"从小丘西行"说明小石潭不是他第一个到达的地方，作者一路走来，欣赏永州的风景。《小石潭记》是《永州八记》中的一篇，《永州八记》是一个系列，都表达的是作者贬官永州后出游，排遣郁闷之情。

【点评6】起于顿悟，明于文本。顿悟往往是阅读过程中的一种闪念，但真切又可贵。教师瞬时抓住了课堂中的这一闪光点，以追问的方式把学生的目光再次引向文本，在文中寻找答案，把这一时的顿悟以具体的词句使其明晰，化为一个真知的理。

生："坐潭上，四面竹树环合"，四面竹树环合，联想到自己的困境，就产生了忧伤孤寂的心情。

师：你认为四面竹树环合是将空寂的环境与自己的处境联系在一起了，讲得非常好。

生：文章多次写到小石潭的环境，如，"隔篁竹"、"伐竹取道"、"青树翠蔓，蒙络摇缀，参差披拂"、"四面竹树环合"。小石潭周围竹林密布，写出小石潭环境的清幽，衬托出作者凄苦悲凉的心情。

师：清幽的环境，过于清幽，就凄凉了。

生："其岸势犬牙差互，不可知其源。"可以联想到作者对前途的迷茫。

师：不知源头，也不知去向。一个人对自己的未来不能预知，没有把握，就会没有安全感。

生："以其境过清，不可久居，乃记之而去。"说明作者感受到周围的环境过于凄清，才离开了。

师："以其境过清，不可久居"。"过清"、"久居"，凄清之情随着时间慢慢侵入，变得深刻。

生：我觉得这一句不止于凄清，而是悲伤了，从"不可久居"可以看出作者无法承受了，必须离开，说明悲伤之重。但是当他想寻求帮助时，四周寂寥无人，他的随从也不能理解他的心情，所以是无法排遣的悲伤。

师：他的随从们无法分担他的心情，所以才说寂寥无人。

生：吴武陵是作者的朋友，也是被贬永州，所以也应该是有一样的心情。

师：你是说同命相连，彼此都有一段悲惨的经历。其实不论从哪种角度来说，此景联系自己的境况都让他感到很凄清。

（板书：心境凄清）

师：以其境过清，如果说前面的水是清澈的、声音是清越的、景物是清幽的，那这个清呢？凄清、冷清、清寒、清心。凄神寒骨，那种凄寒是精神深处的，透入皮肤、深入骨髓的。尽管所见的是奇异的石头，快乐的游鱼，清澈的流水，心情是快乐的，但这一切欢乐都是稍纵即逝的、短暂的，内心的孤寂与凄清是挥之不去的。欢乐是暂时的，一经凄清环境的触发，忧伤悲凉之情又会流露出来。请同学们齐读第四段，要读出那份凄清之情。

（生齐读第四段）

> 坐潭上，四面竹树环合，寂寥无人，凄神寒骨，悄怆幽邃。以其境过清，不可久居，乃记之而去。

师："记之而去"，去向何方呢？作者不知道，我们也不知道，他离开了，那个背影会是怎样的？

生：落寞的背影。

生：失望的。

生：无奈的。

生：颓然的。

生：寂寞的。

师：这里并不能带来他所希望的东西，也不能带给他未知的命运，所以"记之而去"，我们看到一个孤独落寞无奈的背影，而这个背影留给我们的印象是挥之不去的。下面齐读三、四段，请读出作者的那份无奈与迷茫。

（生齐读三、四段）

师：作者这样离开了，留下这样一个孤寂落寞的背影，这个背影我们似曾相识，在他的很多诗句中都有体现。

（生齐读《江雪》）

江　雪

柳宗元

千山鸟飞绝，万径人踪灭。

孤舟蓑笠翁，独钓寒江雪。

师：在这首诗中，你看到了一个怎样的柳宗元？

生：孤独的柳宗元。

生：我看到一个白发苍苍，在人迹罕至的地方独自钓鱼的老人，他钓的是什么呢？寒江雪，他也不知道自己在钓什么，他知道自己从哪里来，却不知道要往哪里去，去干什么。所以，我感受到的是一个非常失望绝望的人。

师：钓鱼钓的却是一江冰雪！

生："千山"、"万径"，作者写出了一个很大的世界，却是"孤舟"、"独钓"，自己非常渺小。

师：世界越是广阔，越是觉得个人的渺小及个人命运的不可把握。

生："鸟飞绝"、"人踪灭"，写出了环境的艰苦，说明了作者是一个在艰苦的环境中钓着"寂寞"，钓着"无奈"，钓着"凄苦"的老翁。

生：我发现把诗歌每句的第一字连起来就是"千万孤独"。

师：这是一个没有鸟、没有人、没有鱼、没有生命的寂静世界，恰好是柳宗元生命的写照、命运的写照，也是他悲凉的处境。在一个非常寥廓、非常冷清、非常孤寂的背景下，有一个人在那儿"独钓寒江雪"，千万孤独，一人承受。

这首诗与《小石潭记》同写于作者被贬永州时期，通过两文的相互佐证，可以更切实地感受到柳宗元当时的处境。于是，我们看到了这样一个柳宗元。你还会想到和他命运相似的人吗？

生：苏轼，也是被贬到许多地方。

师：惠州、杭州、黄州等地。

生：我想到王安石，他写的一首《泊船瓜洲》，也是在被贬途中写的。

生：刘禹锡，我们刚刚学过他的《酬乐天扬州初逢席上见赠》，也是因被贬而写。

师：那么多文人，都有过这样的际遇，也把自己的情感寄托在山水田园之中。比如……

生：苏轼寄情于承天寺的月夜，陶渊明寄托于田园采菊东篱。

【点评7】适时合适的引申拓展，发挥文言文教学的应有价值。文言文教学必须重视文言知识的积累，但绝不可止于此。在学生充分理解词语、掌握内容后，适时地引入助读资料，使学生的理解源于课文又高于课文，更让学生领略到中国文人对于自然山水的一种与生俱来的诗意向往。

师：这些都是他们心情的写照，千古文人，都有一个山水田园梦。此刻，这不仅仅是柳宗元的小石潭，还是苏轼的月夜、陶潜的菊花、白居易的西湖、周敦颐的莲花，这不都是他们的精神家园吗？那是他们的一个梦，但是，他们能够从这个梦中走出，实现自己的愿望和理想吗？下面这首小词写出了我的感受。

（多媒体展示）

（生齐读）

> 报国为民忧兴亡，奸人起，埋忠良，贬谪永州，十年愁断肠。纵然闲情又逸趣，钓江雪，孤独伤。忽逢小潭悦心房，流水清，游鱼畅，岸似犬牙，乱石写文章。虽有快意跃心上，离别时，又凄凉。

师：最后，让我们再有感情地朗读一下课文。

（生齐读课文）

师：今天我们有幸走入了柳宗元，也走入了他的小石潭，那一个清清的小潭，那一个无名的小潭，那个被抛弃荒野的小潭，就好像被抛弃在永州的柳宗元一样，透过柳宗元和他小石潭的命运，我们好像又看到了千古文人寄情山水的生命哲学。今天这节课就上到这里，下课。

【点评8】课堂教学的张力就在于忠于原著与教学开放。教学要始终忠于文本，忠于经典作品的文化内涵，但一节课的结束却不等于学习的结束、思维的停滞，恰恰是一节课的学习把学生的学习与思维引向一个更为开阔、更为开放的阅读世界。这才是文言文教学的最大价值与意义。

【总评】

1. 以摹代译突破文字

黄厚江先生认为，文言文教学必须重视文言知识的积累，但重视积累不等于就是孤立的字词训练，更不是古代汉语知识的系统学习。对于一篇写景的文言美文，其中一些重点文言词句往往是一个整体，是一种意象依托的存在，单独拿出来解释、翻译会破坏其韵味。随文而教，让学生在朗读中感知，在描摹词句所呈现画面的语言中清晰，在以文解文中深刻。反复地朗读、品读、赏读，让学生在读中感知词句的意思，感受词句的韵律。确切的翻译是文言文教学的必要手段，它既让学生清晰在读中感知的词句的意思，又能兼顾部分文言语感稍弱的同学对词句的理解。以文解文，始终把词句的理解放在具体的语用环境中展开，让文字灵动起来，破解了学生对文言词句理解生涩、害怕的困境。

2. 依言知文，习得文章

文言文由于与现实的言语方式有很大的差异，文言文教学宜从"言"字入手，但绝不能止于"言"。黄厚江先生认为，借鉴文章写作方法，提高文学素养，获得文化熏陶都是文言文教学的基本内容。教师带领学生在品析句子时，并没有停留在言语表达的修辞学意义上，而是在不断深入、让学生品味领悟词句怎样描绘出小石潭之美后，让其慢慢地意会美景之下作者情绪的变化。

特别是课堂中教师以追问来打破学生的阅读视阈,以阅读矛盾的视点延伸学生的阅读,采用巧妙的设计,层层剥茧抽丝,最后让学生恍然大悟。学生在词句的涵泳中自然地习得文章的妙处。文言文的学习,价值是多方面的,无论是"言"的感知,还是"文"的习得,都不是孤立存在的,依言知文,方能让文言文教学变得有味。

3. 以篇导读,引向文化熏陶

从潜游文本,引领学生感受其境,体验作者寄寓之情,到《江雪》的品读,从而使学生获得了对柳宗元较为深刻的认知,可以说这是对《小石潭记》的一种较为理想的教学解读。然而,执教教师并不囿于此,而是把一节课的结束引导到另一种的开始,由柳宗元延伸到苏轼、刘禹锡,最后让学生体会千古文人对山水的一种情怀。这是由篇到类的突破,是由个人到群体的跨越,是从文字、文章到文学、文化的跨越;是由行为到文化的引导。从学生的课堂反应来看,学生的确已走进了文本,读出了作者的心,领悟到了作品是如何"借景抒情"、"托物言志"的。此时,适时高效的拓展助读,把学生对一个人的情感认识拓展到一群人的情感特点,把一个人的志趣延伸到中国文人的诗意向往,让学生的阅读不止步,让学生的思维不止步,让文化的脉动不止步,这是文言文教学的最大价值。一体四面,文字、文章、文学的突破,就是为文化的熏陶作基础的。

文言文教学应该意识到文字、文章、文学、文化各个层面都有其独特的价值,它们组成了文言文教学相对完整的教学内容。在实际教学中,唯有四者互相交融、互不孤立、你中有我、我中有你,再根据文本的体式特点,根据教学目标的设定要求,有所取舍、有所侧重,文言文教学才能挖掘其最大的价值与意义。

(本课例由杭州市一师一优课一等奖获得者杭州江南实验学校王倩文执教,由杭州江南实验学校胡光辉点评和总评)

三、资源链接

(一) 教学内容的确定

1. 一体四面

编入初中教材的文言文大都是文质兼美的经典美文,最大限度地体现了传统文学作品"文以载道"、"'文'、'言'合一"的特点。"文"即作品的"文章"、"文化","言"即作品的文字。文言文阅读教学就要抓住作品"文字"、"文章"、"文学"、"文化"这四个面。

文字层面的教学需要明确以下几点:

(1) 视文言字词为唯一的教学目标确实不当,但文言字词可以作为教学目标,甚至是主要目标。一方面,文言文教学的初衷决定了字词翻译就是教学目标之一;另一方面,《义务教育语文课程标准(2011年版)》要求阅读浅易文言文,能借助注释和工具书理解基本内容。

(2) 探究文言"文字"本身规律,凸显"文字"本身价值。古今语言一脉相承,因此,教学中应重视"文字"层面本身的价值,探究文言"文字"的规律,掌握知识背后的方法。

文章层面,涉及两个方面:一为内容,二为形式。内容方面,必须体现文章最核心的价值;形式方面,关涉到文章的体裁特点。针对"文章"层面的"内容"方面,我们需要思考,如何确立最具价值的文本教学目标,并且让这个目标在教学过程中依据学生的学情切实展开,力求达到纲举目张的效果。针对"文章"层面的"形式"方面,我们需要思考如何体现文章的体裁特点,才能够由"篇"到"类",由"教课文"变为"教读法"。

文学层面应从文言作品的思想内涵和艺术特色两方面予以审美鉴赏。对于古代流传下来的优秀文学作品,要引导学生理解其丰富的思想内涵和社会意义,在阅读中体会作家的人生追求和胸襟怀抱,理解作家作品对自然、社会和人生的深入思考。学习从历史发展的角度理解古代作品的内容价值,从中汲取民族智慧;用现代观念审视作品,评价其积极意义与历史局限。了解作家在创作中立意、选材、手法、风格、语言等方面的个性特点,以及思想艺术方面的创新成就,在涵咏中体会其艺术魅力。

"文化"层面是文言文学习中不可缺少的一个内容。针对"文化"层面,我们需要考虑:第一,"文化"层面的"延伸"或"拓展"环节都应以"文章"、"文化"层面的内容为契机,循序展现课堂内容的深度。第二,没有不对的教学方式,只有不合适的教学方式,合理的"创意"环节,最终指向应当是明确的,原则应当是服务于课堂、服务于内容的。

(杨　婷)

2. 依据文本体式

对于文言文教学内容的选择,首先要分辨出这篇文章是文学性的还是应用性的,或者主要是文学性的还是应用性的,不同的特性,教学内容的选择应该是不同的。其次,尽管"中学文言文教学价值主要在于拓深学生的文化素养和文学素养,使学生的文化素养、文学素养更加深厚",但在文言、文章、文学、文化的选择上,根据学生的理解和接受程度,还是应该分离出主要的教学内容。对于一些故事情节比较强的记叙文,可以让学生通过把握文章的事件,探讨写作人物的方法,从而去评价人物;对于阐述观点的论说文,可以让学生体会作者的论说思路,作者的论点是如何提出的,又是靠什么来支撑论点的;对于"游记体"散文,章法比较自由,可叙议结合,可写景状物、抒发感情;对于人物传记,要教给学生传记的一般写法,并理解人物性格。

(倪晓虎)

3. 依据文言文教学的性质特点

有人曾用"死于章句,废于清议"来形容文言文教学的弊端,指出文言文教学在教"章句"和教"清议"之间游走,收效甚微。这就是当下文言文教学普遍存在的失重现象。改变这一现象的最佳方案当然是"言文结合"或者"言文并重",但"言文结合"绝不是"言"与"文"的简单相加,如第一课时凿实字词,第二课时甩清字词,大大方方地讲文章、讲文学和文化,这不是文言文教学"文言结合"的应有之义。不同课时,可以在"言"和"文"上各有侧重,但侧重并不是分隔。文言文教学中的"言文结合",不是由"言"到"文"一次性的完成,而是"言"中有"文","文"中有"言",在"言"和"文"之间来回穿梭,循环往复。例如,教学生断句标点。要准确断句和标点,就要推求字义,就要梳理文段的脉络,就要感知文章的旨意。断句标点,既指向"言"也指向"文",是文言语感的综合训练。如有教师在教学《爱莲说》时,让学生给第二段的"白文"断句和标点,并鼓励学生说出断句标点的依据,在"断一断、说一说"的过程中,上下牵连,推求比较,既理解词义,又梳理文路,把握情感。没有大讲特讲文言语法知识,但在断句的过程中,方法性的知识已融入到学生的语感中,看似是教师带着学生在研究几个标点,实则在"言"与"文"之间已来回穿梭了若干回合。

(李卫东)

(二) 教学模式的选择

1. 实践型文言文教学模式

实践型文言文教学模式旨在突出文言文的实用价值,增强学习文言文的实践意识,提高学生实践文言文的能力。重在具体操作过程的"古今联系沟通",加强课堂训练力度,突出"实践性",采用"引—融—转—研"的教学策略,即"引"学生从现代的视角观照文言文、走进文言文,"融"现代汉语语言现象于文言文的学习中,而后进行创造性的"转"化,促使文言服务于现实,并通过"研"究性学习培养学生从文言的视角观照、优化现代汉语的意识,最终形成"从现实走进文言,再从文言回到现实"的充满活力的教学循环。

按常规教学结构分为以下四个步骤。

(1)导入新课阶段的"引"。连接现实生活,创设实践氛围。教师可以结合文本的基础知识、篇章结构、文体风格、思想内涵等内容,引导学生从现实出发观照文言文,树立文言的实践意识,激发实践动机。

(2)文言基础知识讲解阶段的"融"。活化文言基础知识学习,优化学生语言知识结构。例如,虚词的学习,以《寡人之于国》中的"寡人之于国也"中的"于"字为例,可以通过对"于事无补"这个成语中"于"字的理解,来掌握"于"字的义项"对于",这既帮助学生透彻地理解"于"字的义项,又深化了学生对现代汉语词汇的理解。

(3)整体感知把握阶段的"转"。明确整体感知目标,进行文言文创造性转化。例如,教学《陋室铭》,若想在语言风格上进行创造性转化,教师可更换原文句子,把"谈笑有鸿儒,往来无白丁。无丝竹之乱耳,无案牍之劳形"改为"谈笑多有鸿儒,往来素无白丁。无丝竹乱耳,无案牍劳形",让学生通过与原文的对比进一步感知错落有致、摇曳多姿的音韵美。

(4)研究性学习阶段的"研"。广泛利用课外资源,强化运用文言观照、优化现代汉语的意识,使文言文的实践走向专题化。

(魏小娜)

2."认读、理解、评析、迁移"文言文诵读教学模式

"诵读教学法"是一种在教师适时的启发、恰当的指导下,学生在多层次的读练中巩固旧知识、获取新知识,增强各种能力的方法。在每节课的教学中,都贯穿"认读、理解、评析、迁移"等环节,多形式、多角度地充分体现教师的指导作用,调动和发挥学生的主体作用,实现"以授为主到以导为主,以教为主到以学为主,以掌握知识为主到培养智能为主"的三个转变,从而达到不仅让学生学到知识,而且重在发展学生智力和能力的教学宗旨。

(1)认读——即学生根据教师在导入定向时确定的"向"感知课文,从整体上初步了解课文的内容、思路、结构、语言等。学生在自读课文中碰到难词难句不能理解,就做好记号,先在学习小组中讨论,如仍不能解决,则在全班质疑。学生提出的疑难,教师尽量让其他学生回答,培养学生质疑和解难的兴趣和能力。

(2)理解——是在整体认读、初步感知课文的基础上,对构成课文的若干要素进行的深入探讨。这里所说的课文要素,包括课文的思想内容、结构层次、表现手法、语言形式以及课文中包含的字、词、句、章、语、修、逻、文等知识。

(3)评析——即在对局部要素分析研读的基础上进行整合评读。这一环节的主要特点是,学生在教师的指导下,将前一阶段获得的各个局部认识加以综合,使之形成整体认识,并作出评价。

(4)迁移——即让学生举一反三,运用所学的知识解决新问题,完成由知识向能力的转化。

(王 兵)

3. 菱型推进模式

通过师生的共同探究,让学生能把握关键句或关键词,从而整体把握文章的内容结构,在此过程中再结合文言词句的落实,然后"反刍"内容,最后达成对文章主题的理解与把握,这就是"菱型推进"文言文教学模式。"菱型推进"文言文教学模式对教师的教材解读能力提出了很高的要求,唯有选准切入点,才能引导学生巧妙地突破难点。必须牢记切入点应起到统摄全篇的作用,切入点选好了,必然能提高学生对教材的研读兴趣和学习效率。那么,怎样找准切入点呢?关键就在于整体阅读。如果我们在文言文教学中持之以恒地采用整体阅读法,并使之渗透到学生的学习方法之中,就能养成学生的自学能力,加强他们的自主意识,培养他们的阅读迁移能力;让学生以自己容易把握的方式去阅读、展示自己的阅读所得,就能在交流中碰撞出创新的火花,在交流中体验到成功的喜悦。

（姚　娟）

4. "三位一体"文言文教学模式

文言文教学要"文"、"言"并重,领悟古代文化的精髓,要汲取文言文精华。要达到"文"、"言"、"情"这三点要求,文言文教学应营造出一种亲近文言文的课堂氛围,用趣味激发学生的兴趣,用美感熏陶学生的情趣,用情感促动学生的心弦,展现文言文的语言魅力,使之变得喜欢学、主动学。

(1) 建立文言"趣味"课堂。① "游戏闯关",突破文言字词难关。在文言文学习中,不可回避的就是文言文字词,因为这是理解文章的基础。采取逐字逐句翻译的教法,一堂课下来,只能听到老师翻译的声音,学生被动地学习,而且课堂气氛沉闷,学生也丧失了学习文言文的兴趣。可以尝试在课堂中引入游戏的方式,使学生从被动学习转为主动学习,从而化解文言文课堂固有的沉闷的气氛,激发学生学习文言文的兴趣。② "三维动漫",增强学生对文言文本的直观领悟。古人行文简练精悍,许多情景在缺乏实际体会经验的学生读来,晦涩难懂。在课堂上,可以借助音像动漫,通过有声的画面,再现生动的形象,化抽象为直观,使课堂教学富于情趣。

(2) 建立文言"美感"课堂。① "声情并茂",以诵读构建学生审美基石。选入教材的文言文都是文质兼美的经典美文,语言无不讲究平仄起伏,抑扬顿挫。每每读之,便可感受到其强烈的节奏感,朗朗上口,极富音乐美。② "音像结合",带领学生进入审美意境。文言文的美感不仅体现在形式上的语言美,更重要的是文本蕴含的意境美。学生因为缺乏生活的体验而无法想象,这时可在音乐声中将一幅幅图片展现在他们面前,他们或许可以借此触摸到那"只可意会不可言传"的意境之美。

(3) 建立文言"情感"课堂。① "知人论世",打开古人情感世界的钥匙。学习文言文时,让学生对人物的生平事迹、写作背景、写作缘起有了较为深入的了解之后,也更能深入地体会作者在文本中蕴含的情感之美,进而走入古人的情感世界。② "移情审美",感受文本中人物的人格魅力。人格美的力量是巨大的,在审美与审丑的过程中,为人物的言行神思而喜怒哀乐,在共鸣中得到审美的愉悦,使灵魂受到荡涤与洗礼,这是文言文教学应有的作用,也是其魅力所在。

（许海霞）

（三）教学方法的选择

1. "导中激趣、读中领悟、议中深化、背中巩固、练中迁移"的五步教学法

(1) 导中激趣。在寓言故事及史传类的课文中,可以将现代汉语中使用频率高而学生又比较

熟悉的,并且与所学文章相关的成语、名句、历史故事等引入新课。在观赏性较强的写景小品文及故事性较强的史传体文中,可以采用多媒体手段直观地展示与课文有关的音像、图画内容,创设情景,激起学生的学习兴趣。

(2)读中领悟。先是掌握字音,朗读顺畅,了解课文大意;再是疏通词义,复述课文;最后进行猜读,了解主旨。

(3)议中深化。议的过程就是使学生把在读的环节中所产生的一系列不同疑问,通过质疑和整合学习来完成解决。教师要引导学生在议的环节中敢于质疑、敢于问难,并鼓励他们通过集体智慧加以解决。

(4)背中巩固。在课内要指导并督促学生反复诵读课文,背诵精彩语段、诗词,这有利于培养语感,深化认识,进而从整体上感悟、理解课文。

(5)练中迁移。根据文言文不同的文体特色,可以设计不同的练习,对课内的知识进行有效的迁移。

(周　华)

2. 评点法

评,就是用简洁的语言对文章的思想内容、写作特色、遣词造句加以评论。点,就是圈点,古人读书,画圈断句。要求学生用简洁的语言将文章的词句、段落、内容等精妙处表达出来,研读揣摩,培养学生的独立阅读能力,把阅读、思维、表达有机地结合起来。具体做法有以下几点。

(1)教授方法。先向学生简要介绍传统的评点读书方法,讲清评点的目的、内容和方法,提出基本的要求。

(2)示范引路。选用学生熟悉的文言文做示范评点,使学生掌握评点读书的要领。

(3)选择段落。学生评点的文言文应选择在字词句和内容上确有可以评点之处,选择短篇的文章进行评点。

(4)指导实践。选定文章以后,扼要说明评点的要求,鼓励学生动手实践。教师巡视,发现问题及时指导。

(5)及时讲评。学生在评点过程中,教师及时对评点情况归纳整理,当堂讲评,对好的给予肯定,指出存在的共同问题。

(李元功)

3. 美读法

文言文教学须对学生的情感体验予以充分关注,让学生尝试发掘文言文的美点。加强朗读指导,促进学生从文字浅层到内涵的理解认识转化。

(1)听读探寻美。教材配套的朗读音频效果较好,课堂上可采取这种配乐听读,特别是教学那些短小优美的文章,更适合。例如,教学《陋室铭》,在优雅的古乐曲中,声情并茂地朗读,聆听此铭,更觉情与景会,事与心谐。听着听着,不觉此室之陋,但觉此室之雅。

(2)议读体验美。在教师的引导下,让学生自读并相互讨论来感受美。具体可用说、读、论、评等方法,要求学生先把阅读的初步感受告诉同桌,然后同桌之间进行讨论交流;再是小组推荐一至两名学生上台,陈述小组的审美体验结果;最后学生审美信息评述,由教师对学生的观点、看法进行讲评,或由学生进行评点。

(3)品读再现美。人们欣赏文学作品,是从形象感受开始的,形象作用于读者的感觉和感情,使读者受到艺术感染,于潜移默化中逐步体会到包含其中的思想。在对文言文精彩片段的欣赏上,尤其要加大对学生的指导和鼓励,让他们有品读的意识和方法,具体可从文字语言、内容情感、表现手法、结构形式等方面进行。

（姜先源）

四、推荐阅读资料

1. 杨澜. 文言文教学中的"言"与"文"——以《小石潭记》的教学为例试谈文言文教学内容的选择[J]. 中小学教学研究,2008(10).

2. 庄丰石. 初中文言文教学方法研究与实践思考[D]. 上海:华东师范大学,2009.

3. 吴美华. 初中文言文教学内容初探[D]. 杭州:浙江师范大学,2010.

4. 姚娟. 菱型推进模式——文言文传统教学模式之突围[J]. 语文学刊,2011(8).

5. 李卫东. 如何确定文言文的教学内容[J]. 中学语文教学,2011(6).

6. 白河. 初中语文高效课堂教学模式探讨——"言文统一"的文言文教学模式[J]. 课外语文,2015(8).

7. 许海霞. "三位一体"文言文教学模式初探[J]. 课程教育研究,2015(16).

8. 姜先源. 解除束缚,让文言文学得轻松起来——文言文教学方法浅谈[J]. 读写算,2015(25).

9. 王兵. 加强诵读教学,完成文言文教学任务——构建"认读、理解、评析、迁移"文言文诵读教学模式初探[J]. 课程教育研究,2015(30).

五、后续练习

上海师范大学郑桂华教授对文言文教学提出了四个词——文字、文章、文学、文化。郑老师认为只有将文言文放在这四面大容器中才会使文言文教得有活力、有意义。文言文的"四美"(文字、文章、文学、文化)是互动的,"四美"之间可以随时随地自然穿插。那么如何让"四美"互动起来?——从任何地方进入都可以。

例如:孙晓雯老师执教《满井游记》是这样设计的:

"夫不能以游堕事,潇然于山石草木之间者,惟此官也。"——潇然

"夫不能以游堕事,潇然于山石草木之间者,惟此官也。"——山石草木

"夫不能以游堕事,潇然于山石草木之间者,惟此官也。"——此官

孙老师是沿"潇然——山石草木——此官"这一条线串讲的。

请认真思考,并分析孙老师的设计是如何体现文言文"四美"互动性的。

第二
部分

作文课例

第六章　写人作文课

一、背景描述

写人作文,是初中作文教学的重要组成部分。梁启超在《作文入门》中对写人作文有一个客观的阐释:"写人作文是拿一个人为中心,从本人或他人的动作上,看出他的人格。"诚然,写人作文须以人物为载体,围绕人物的各个角度,譬如外貌、语言、动作、心理、事迹等展开形象描绘,不必面面俱到,力求从不同角度展现人物性格品质,以达到作者表情达意与供读者认知领略的目的。

写人作文从先秦两汉列传体到明清小说体再演化至今,不胜枚举,具体的写作发展的脉络在此不一一赘述。而写人作文课程的演化从建国至今,有两个明确的主线。首先,写人作文课从对学生平面培养演化到多维立体发展,从单纯的知识技能的培养逐步拓展深化为知识与能力、过程与方法、情感态度与价值观的构建。其次,现今写人作文课更加倾向于学生内心情感的多元化表达,不只是简单地培养写人作文的知识技巧。由此可见,写人作文课的重心已经逐渐从语文的工具性向人文性倾斜,更加注重学生的思维与情感的表达,从而真正写出富有真情实感的写人作文。

学生的写人作文课,存在较多常见问题:

(1)感情欠真挚,无病呻吟。很多同学仅是"为写作文而写作文",对其没有深入的了解,描写时情感不到位,难以把人写活,大部分甚至带有"无病呻吟"的味道。

(2)结构不合理,缺少布局意识。现在学生的作文大部分是违背"凤头、猪肚、豹尾"这个原则的,有时候我将他们的作文戏称为"猪头、鱼肚、马尾",种种问题让人感受到学生缺少布局意识,结构极不合理。

(3)缺少细节描写,人物形象不够丰满。大部分学生在写人时极度缺少细节描写,对人的描写大部分都是总结性、评述性的语言,我们只能读到一个人物的轮廓,却永远无法走近这个人物的内心。

(4)语言不简约,缺少精练性。大部分学生在写人时语言枝蔓太多,有的事翻来覆去地讲,有的语句颠来倒去地用,同时还追求辞藻的华丽,完全忽略了"绚烂之极趋于平淡"的真理。

写人作文是中学写作教学中最为基础也是至关重要的一个教学环节,学好写人作文,写一篇富有真情实感的写人作文是一个学生文字与内心真实情感的体现,也能够帮助学生更好地建构语文能力乃至综合能力。写人,是一个人的最美好人性的表达。通过写人,感知人物的具体行为，挖掘人物的内心世界，推己及人，由人观己，可以更好地促成学生身为"人"的成长。当然，如何解决学生们写人习作中所暴露出的问题，正是我们一线语文教师要切实努力解决的难题。

梁启超先生曾在《作文入门》一书的"记人之文"章节中提到，记人之文是拿一个人为中心，从本人或他人的动作上，看出他的人格。这段话中大致概述了写人习作的写作方向：明确的主人公，多角度的衬托，核心的人物品格。

二、课堂例析

《写人作文课》课堂实录与评析

（一）材料背景

2014年，杭州朝晖初中语文教师阮长海在杭州市中小学"名师公开课"栏目中上了一节"写人习作"课，教学内容主要是让学生学会"写人要抓住特点"。通过几幅画作与图片的比较分析和深入研讨，鼓励学生抓住人物外貌、性格、思想品质这三个方面的特征，引导学生们逐步掌握写人习作中应当掌握的技巧。可以说，这是一堂传统的语文习作课，传统课堂教学中学生的"学"与教师的"教"在这个课堂中均有所体现。但它不同于传统的语文习作课的地方是，其更加新颖、实在的角度为观者提供了借鉴，引发了观者的思考。

（二）教学过程

> 师：我们要学的内容是"写人要抓住特点"。写人如何抓住特点？为什么要抓住特点？我们今天通过学习来掌握一些最基本的写人抓住特点的方法，先来看几幅图片。

【点评1】激趣导入简明扼要，紧抓学习兴奋点。学生在课堂之初就明确这节课的学习目标，能够理清思路，抓住重点。通过图片来进行学习探究，先从视觉角度出发，减轻学生对于"写"的顾虑，一定程度上激起学生的兴趣，消除紧张心理。

第一幅——

（多媒体展示）

师：这个人是谁？

生：姚明。（同学们笑）

师：大家都非常喜欢的篮球巨星。这是姚明的漫画，请同学们观察漫画中姚明的面部表情有什么特点？

生：姚明最有特点的是他的眉毛，他的眉毛已经拧成了麻花状，非常夸张。

生：感觉他的笑中带着一丝悲伤。

生：他笑的时候牙露了很多，应该笑得很忘形。

生：眼角很多眼角纹，可以看出他是一个很和蔼的人。

师：眉毛、笑容、牙齿、眼角纹。还有其他的面部特征吗？

生：微微张大的鼻孔，体现出他激动的心情。

【点评2】图片素材的选择贴合学生生活实际。优秀的素材能够有效地调动学生的学习积极性，引起学生共鸣。这就需要教师在选择素材时能够考虑到现阶段学生的"趣味点"，更加接地气。这幅图画正是最好的范例，由此学生更加轻松、积极地展开讨论。贴近中学生生活实际是有效课堂的捷径。

师：这是姚明的漫画，接下来我们将姚明的漫画和他本人的照片进行比对，看看漫画和照片达到了怎样的神似状态。

（多媒体展示）

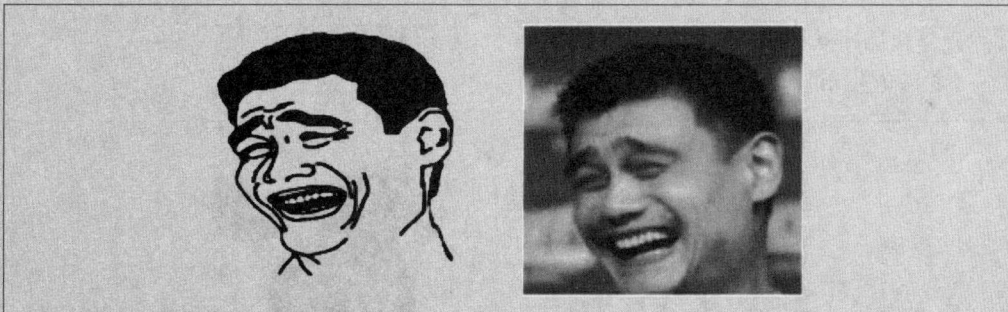

同学们看看漫画与照片的对比，刚才的分析是不是抓住了人物表情的特征。我认为姚明的面部表情有这么几个地方是比较突出的：（1）八字形的眉毛；（2）眼睛笑起来眯成缝；（3）笑里面似乎带着忧伤，似乎带着哭泣。通过这样的面部表情，同学们能不能初步感知姚明可能是一个怎样的人？

生：我觉得姚明是一个憨厚老实的人，从他的打球方面可以看出，从这张照片就更可以看出。

生：我可以看出他是一个非常幽默的人，因为他笑得忘形，不顾自己明星的身份。

师：其实大家可以发现，我们几位同学在讲姚明的外貌特征的时候，已经带出了对姚明性格品质的分析。确实，从人物外形特点中我们可以发现姚明幽默友善的性格特点，这就是我们通过观察人物外部神态来发现人物的内在特点。

【点评3】"循序渐进"是课堂教学的主要方式，符合学生的认知规律。由抽象的漫画赏析到真人的照片对比，再进行深入的性格品质分析，层层递进，让学生学会"由表及里"地逐层分析。教师通过画与照片的比对以及"姚明可能是怎样的人"的问题引导学生通过观察人物外部神态来发现人物的内在特点，简洁明了，过渡自然。

师：第一个环节完成，那什么叫人物的特点，为什么要抓住人物的特点？

师：人物的"特点"，就是指这个人身上特别突出的地方，就是这个人和其他人不同的地方。人物特点一般指三个方面：外貌特征，性格特征，思想品质特征。

师：我特别要提醒同学们关注的是后面两点，因为我们往往觉得人物特点就是指他的外貌，其实还有深藏在内的性格和思想品质。那么，在平常的学习生活中，我们就要善于"察言、观色、看行动"。在人物外在的表情、语言、动作和心理活动中，表现着人物内在的性格和品质特征。所以虽然我们看到的是外在的，但是我们要善于——

生：由外而内。

【点评4】写作技巧的指导明确精要。对于某些明确的知识点或者写作技巧，有时候教师直接抛出反而会提高整个教学的效率。阮老师的课堂脉络清晰正在于此，该由教师传授的地方仍然由教师传道授业，需要学生思考的地方给予学生充足的思考空间，教师要教，学生在学，二者融为一体。所以到学生齐答"由外而内"的时候，就意味着前一板块授课目标已经完成，可以自然过渡到下一个板块的学习。

师：就这一点，我们再看一个例子。

（多媒体展示）

师：这是两幅有关马的画作，同学们说说这两幅画中你喜欢哪一幅，为什么？

生：我更喜欢右边的这一幅，右边的那一幅马的尾巴是上扬的，而且看马蹄的状态说明它正在跑，而左边的这幅整个画面给人的感觉是它在走。

生：我也喜欢第二幅，第二幅色彩的运用让马儿更加栩栩如生。

生：我喜欢右边的那幅，右边的那幅可以表现出马孤傲的样子，左边比较平淡，没有抓住特点。

【点评5】教师要关注学生的思维过程,关注学生回答问题时是否"言之有物"。这是一种口头作文的训练,通过说话的形式组织语言表达自己的观点。作文并不局限在"写"这一环节,也在于"思考"以及"口语表达"。如果说第一组图注重内在品质的探索,那么这组图更注重外在形象的塑造,通过比对学生们自然而然地了解同一事物也有巨大的差别。具体差别在哪? 需要具体细致地将其形态进行描绘。

> 师:这两幅画同学们毫无疑问都喜欢第二幅,其实第一幅和第二幅相比好像差不多,都是"马",马的各个部位都有,为什么我们会更喜欢第二幅? 就是刚才同学们所说的,第二幅不仅画了一匹马,而且画了一匹栩栩如生的马,是一匹带着一点性格的马。
>
> 其实第二幅是徐悲鸿所画的马,他为什么能画这么栩栩如生的马? 徐悲鸿自己曾说过:"我爱画动物,皆对实物下过极长时间的功夫,即以马论,速写稿不下千幅,并学过马的解剖,熟悉马之骨架肌肉组织,然后详审其动态及神情,方能有得。"
>
> 画马不容易,要把他的神态神情画出来,写文章观察人物特点也不容易,我们要达到怎样一个水平呢? 这就是我们的主要训练目标"绘其形,传其神",描绘其形态,在描绘形态的同时,要将其神态等都描绘出来。

【点评6】教学时可以灵活运用学生各类感官,给予学生直观感受。这一环节重点在于对这组画"形"的比较,当然,通过"形"再来体现出"神",这也是大多数同学能够自然而然应用的过程。"形神兼备"在学生创作的初始阶段,不要单凭学生自身的联想能力在脑海中进行想象,而应该像阮老师所做的,拿出两幅直观的对比图,从最直白的角度给学生最真实的感受,而学生就能更为高效地抓住"事物的特点",完成课堂学习目标。

> 师:我们再来观察一幅成功的作品。
> (多媒体展示)

油画
《父亲》

> 师:这是中国美术史上一幅非常经典的油画——《父亲》,请同学们观察,这幅油画中有哪些特点吸引了你,你读出了什么?
> 生:我觉得他脸上的皱纹吸引了我,我感受到了他的辛苦和勤劳。

师：从满脸的皱纹里看出了他的岁月感。

生：他碗里的汤表现他生活的简朴与节约。可能还是吃剩下的汤。

生：他黝黑的皮肤，显然是晒出来的，他肯定下地干过活，他以前生活是很辛苦的。

生：我从父亲手中的泥土可以看出父亲经常在干活，非常勤劳。

师：这是一个跟土地打了一辈子交道的人。

生：画中的父亲是眼窝深陷的，画的色调也比较暗，可以看出父亲的艰辛和质朴。

生：他手上的水很浑浊，看出他条件的艰苦，也侧面看出他吃苦耐劳的品质。

师：看来父亲他手里端着的绝对不会是一碗鱼翅汤，也不像是一碗龙井茶，而是一碗非常粗朴的东西。我们观察到的都是父亲的面部表情和他本人的神态，有观察到背景吗？背景给予我们什么启示？

生：一片丰收的麦田。

师：为什么把父亲放在丰收的麦田里来表现呢？

生：我认为这麦田可能代表了他的孩子，他辛苦培养他的孩子，到了丰收的季节，孩子应该到了报答这位老父亲的时候。

师：你的回答非常棒，还有象征手法的应用。

生：他给我的启示是有付出就会有回报，因为父亲这个面部表情可以看出他付出了很多，而回报就是父亲背后金黄色的丰收的麦田。

师：你们的观察角度非常地正确，我们还可以更深入一些。我们忽略了两个关键词：1. 背景的麦田是怎样的——丰收的；2. 父亲的形象却是——辛劳的。那么两者放在一块会给我们怎样的启发？

生：我觉得可以看出那里的穷苦，即使到了丰收的季节，他仍然只能喝浑浊的水，生活质量也没有得到改善。

师：那这些丰收的粮食都到哪儿去了呢？

生：结合他的题目"父亲"，应该是麦田丰收了他却仍然喝着这样的水，因为他把他的所有丰收都给了他的孩子，表明他对孩子的爱。

【点评7】课堂需要纵向更深层次的深入，也有必要进行横向更广阔的拓展，两者应有机结合。"形"与"神"合二为一，是前面师生共同探索的总结与反馈，但是阮老师并不局限在画作中所表现的人物本身，也关注到了与人物息息相关的外部环境，通过外部环境烘托人物，也是"写人要抓住特点"主题的重要一环。

师：在此，已经有很多同学读出了其中的味道。这幅油画如何理解，如何观察与鉴赏人物的表情和油画中的其他元素，我们共同来赏析一段文字。

生（齐读）：勤劳、朴实、善良、贫穷的老父亲。古铜色的脸，艰辛岁月耕耘出的一条条车辙似的皱纹。犁耙似的手，曾创造了多少大米、白面？缺了牙的嘴，又扒进多少粗粮糠菜？他身后是经过辛勤劳动换来的一片金色的丰收景象。他的手中端着的却是一个破旧的茶碗。他所代表的是中华民族千千万万的农民。正是他们辛勤的劳动,才养育出世世代代的中华儿女,他是我们精神上的父亲。

师:油画只有鉴赏到这个程度,我们才真正读出了父亲的美。我们看到了他的形,悟到了他的神,这个父亲就是我们中国所有那些憨厚的奉献的形象,他用他的辛劳获得了丰收,他把他的丰收献给了其他人。这样的鉴赏文字就是我们写作中要努力追求的。

【点评8】"模仿"是学生学习写作的第一步,站在前人的肩膀上会带来更大的便捷与成果。写作需不需要给范例,不同风格的语文教师有不同的理解。普遍意义上来讲,给予一个积极的范例能够给学生一个更加明晰的参照。当然,教师给予的范例不必层次过高,这样反而会造成学生的心理负担,阮老师的范例正是一个正面积极的范例。

师:换个轻松的,再看一幅图。
(多媒体展示)

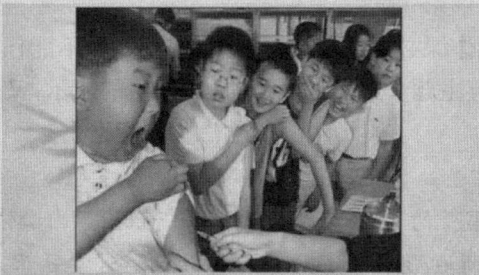

师:简单说说这幅画的人物特点。(生齐笑)
生:后面几个同学夸张的笑看出他们的好奇心与开心。
师:为什么笑?
生:幸灾乐祸的表情跃然纸上。
师:表情是不是同样的?所有的表情都各有特色。有很惊讶的,有开心的,有捂嘴的。
生:打针的同学身后的表情严肃。他看到前面打针的人十分害怕,他自己就有点恐惧。
师:因为下一个就是?
生:他。
生:从正在打针的同学的夸张表情看出他的害怕。
师:他什么地方最可以看出他的夸张?
生:嘴巴。
师:这个同学最生动的表情就在于他的嘴,张得几乎比脸还大。
师:生活化的小场景,我们既观察了打针的同学,也观察了旁边的同学,这也是一个环境描写,一个衬托。

师：接下来我们正式进入一项训练内容。

《勇敢的心》（电影片段）

《勇敢的心》是一部悲壮的传奇史诗片。故事主人威廉·华莱士，不但确有其人，而且他的英勇事迹更使得他成为苏格兰的民族英雄。威廉·华莱士响应苏格兰人民的呼声，揭竿而起。英王汇合了英格兰、爱尔兰和法军共同包围华莱士的苏格兰军队，华莱士浴血奋战，但卑鄙的苏格兰贵族设计阴谋抓住华莱士，并把他送交英王，华莱士被判死刑。他拒绝乞求饶恕，刑前高呼"自由"，震撼了所有人。我们要观看华莱士英勇就义的片段。仔细想想这个片段给你留下印象最深刻的是哪里。看完后当堂写一段文字表现出来。（教师边看边补充讲解）

师：同学们看得很认真，我们一起来完成以下练习。

请以"断头台上的呐喊"为题，写一段150字左右的短文，描写华莱士不屈的英雄形象。提示：1. 抓住人物最震撼的镜头。2. 努力运用多种写作手法。3. 可以适当描写环境以烘托人物。给大家7分钟时间，开始。

【点评9】当堂写作是习作课必要的反馈。当然，课堂习作不能任由学生天马行空，须确定好一定的规矩与条件，围绕相应主题。三点提示，既是对学生的启示，又是对学生的有效约束，有利于学习目标的达成。

师：非常享受大家写作的过程，我感觉到了每一位同学内心情感的涌动，这个涌动的情感通过你的手源源不断地形成文字，此时无声胜有声，学习正是如此。请两位同学读一读你们的文字。

生：断头台上的呐喊——华莱士躺在十字架上，被绑紧了双手、双腿。他刚受过酷刑，脖子上留下了一道道血痕，像一条条小蛇，趴在人们的心中。台下，人们大声呼喊，急切地希望他说出"饶恕"，每个人都是这么急切，这么紧张，人潮翻滚着，声音也翻滚着。华莱士痛苦地闭紧双眼，张大嘴巴，似乎想说什么，却犹豫着。终于，他喊出来了，台下的人们抿紧嘴唇，满怀希望，但是他喊了"自由万岁"。这声音震天动地，满怀着他的悲愤与希望——自由！自由！人们低下头，仿佛失望了，又仿佛在默叹——自由！

师：大家在听的过程当中，可以进行比较鉴别，我们自己写的和刚才同学读的互相之间有哪些共同之处，我们都观察到了什么，都表现了什么，还有什么不同的地方。

生：断头台上的呐喊——华莱士的背上布满了伤痕，一条条血红色的丝带紧紧地缠绕着他，刑场外"饶恕！饶恕"的呐喊不绝于耳。他们的眼神充满着期待和不舍。"饶恕、饶恕"，华莱士紧抿着嘴唇，将眼睛睁得很大，绝望似乎在这冷酷的刑场中蔓延，他忽然张开嘴巴，全身展开——"自由！"这一响亮的吼声贯穿了整个刑场。刑场外的人平静了下来，摇了摇头，这声音一直回荡着，回荡着。而华莱士紧闭着双眼，昏了过去。

师：刚才的两篇习作，可以称为我们这次课堂习作的代表。抓住人物的特点，需要我们非常仔细地观察，需要我们善于通过观察人物外在的形态特点去敏锐地捕捉人物的内心世界。我们听到的是华莱士自由的呐喊，但是我们看到的是一颗不羁的心灵。今天同学们表现得非常好。长此以往，我们今后的写作一定会有明显地提升。今天的课就上到这里，下课。

【总评】

1. "讲—练—评"相结合的高效写人作文课

"讲—练—评"为一体的模式经常出现在语文教师的语文课堂之中，但是阮老师这堂课给予我们更多的思考：讲，是基于学生对于写人作文有所悟并有所得的"讲"，教师的写作方法指导均以学生对写人的探索基础，而非一言以灌输之；练，突出的是精练，是学生实打实地对写人有或多或少的了解并且有所得后的练习，能够做到有的放矢；评，是自然而然的点评，在师生对话中，师与生之间以"交谈"式而非"问答"式展开对"人物形象"的交流，更好地促进了写人习作课堂的生成。

2. 教师需专业地指导学生写人作文的明确方法

这节课最大的特色在于图画的运用与比较，通过学生对于图画的认知与研究，结合教师的提示与引导，不断深入了解和把握"写人抓住特点"这一教学目标。这是在教师的引导下一步步完成的，让学生在自我探索中得出相关的作文经验。当然，教师始终作为课堂的参与者深入其中，在某些具有特定概念意义的知识指导环节，教师仍发挥其相应的作用，进行具体直接的策略指导。

3. 写人作文思路与策略随着教学层层展开

每一幅画作都有其要凸显的作文学习内容，整体呈现层层递进的教学思路。人物特征三个方面：外貌特征，性格特征，思想品质特征，随着一幅幅漫画的展示，让学生对人物特征经历了从初步认知到不断深入的过程。当然赏析画作时并不局限在画作人物的赏评，还拓展到"背景"，从人物的正面描写衍生到侧面描写的运用，更加丰富多彩。

（本课例由杭州朝晖中学阮长海设计并执教，由杭州长河中学高钟华点评和总评）

三、资源链接

（一）写作策略指导

写人作文是作文中最基本的练习形式，是初中记叙文作文训练的重点之一。换言之，学会写人是初中生写作的基础与根本，学生由写人拓展深化，迁移到生活作文的方方面面。通过写人作文中的细致观察与由浅入深、由表及里的领悟自然而然地过渡到其他写作层面，更能达到事半功倍的效果。因此我们将"写人作文"放在本书第二部分"作文课例"的第一章节。至于如何写好写人作文，大体可分以下几个步骤。

1. 运用肖像描写

肖像描写即描绘人物的面貌特征，包括人物的身材、容貌、服饰、打扮以及表情、仪态、风度、习惯性特点等。肖像描写的目的是以"形"传"神"，刻画人物的性格特征，反映人物的内心世界。描是描绘，写是摹写。描写就是用生动形象的语言，把人物或景物的状态具体地描绘出来。在运

用肖像描写时,有几点需要注意:

(1) 要区分描写与记叙。描写不同于记叙,这点还须明白。可通过举具体的例子,让他们有形象化的感受。案例:请辨别下面两则案例中分别运用了什么表达方式?

① 藤野先生是一个质朴随和而博学的人。

② 进来的是一个黑瘦的先生,八字须,戴着眼镜,挟着一叠大大小小的书。一将书放在讲台上,便用了缓慢而很有顿挫的声调,向学生介绍自己道:"我就是叫作藤野严九郎的……"

(2) 注意抓人物特征。特征,是"某一物质自身所具备的特殊性质,是区别于其他物质的基本征象和标志"。人物描写忌脸谱化,只有凸显特征,才能让人物形象立体化,让读者印象深刻。

可以从以下几方面抓特征:抓住"五官"特点,写出人物面部特征;注意身材体型、服饰打扮,体现人物个性;区分性别和年龄差异,用词准确;注意生活经历,符合人物身份;注意经常习惯的动作神态;表现喜怒哀乐和神情变化;用比喻、夸张、联想等修辞手法,突出特征。

当然,这几个方面可以选择重点写,不必面面俱到,但在写的时候注意安排好顺序。

例如人教版九年级下册《孔乙己》一文中这样描写孔乙己的外貌:"他身材很高大;青白脸色,皱纹间时常夹些伤痕;一部乱蓬蓬的花白的胡子。穿的虽然是长衫,可是又脏又破,似乎十多年没有补,也没有洗。"文章选取了身材、脸部、胡子、衣着四个方面来描写人物外貌。"身材很高大",表明他原本具有谋生的条件;"青白脸色","皱纹间时常夹些伤痕",表明他生活状况不好,时常遭受生活的折磨和别人的凌辱;"一部乱蓬蓬的花白的胡子",显示了他衰老的外貌,潦倒的境遇;"长衫"表明他读书人的身份;"又脏又破,似乎十多年没有补,也没有洗",既说明孔乙己很穷,只此一件长衫,又说明他很懒,连洗衣服都不肯动手;不肯脱下这么一件长衫,是唯恐失去他读书人的身份,展现了他自命清高、懒惰的思想性格。简短的外貌描写,却反映了人物的生活经历、年龄、身份地位、思想性格等。

2. 选取典型事例

为展现人物形象,表达中心,选取典型事例是必不可少的。典型事例就是具有代表性的事例,选取典型事例,就是选取人物身上最具代表性,最能体现人物性格特点,表达中心的事例。例如在部编版八年级(下册)《藤野先生》一文中,通过写与藤野先生相处时的四件事:添改讲义、纠正解剖图、关心解剖实习、了解裹脚等,表现了藤野先生认真负责、严谨、求实、正直热诚、没有民族偏见的高贵品质。

在写的过程中,还要注意安排事件的详写与略写,突出重点;事件与事件之间要有恰当的过渡衔接语,以保证全文的连贯性与条理性。如《我的母亲》一文分别从教子、待人、对己三个方面表现母亲的性格特点及其对"我"的影响。三个事例,详写教子和待人方面,略写对己方面的事情。每件事叙述完毕后都有恰当的过渡衔接语,引入下一件事情的叙述。

3. 侧面描写

对人进行肖像描写以及选取典型事例,这些都属于通过对人物正面描写表现人物特点。除此之外,还可以通过侧面描写,来达到使人物形象丰满的效果。方法如下:

(1) 借写他人的印象。如《藤野先生》一文:"他们便给新生讲演每个教授的历史。这藤野先生,据说是穿衣服太模糊了,有时竟会忘记带领结;冬天是一件旧外套,寒颤颤的,有一回上火车去,致使管车的疑心他是扒手,叫车里的客人大家小心些。"通过写鲁迅所听闻的学生对藤野先生的印象,写藤野先生生活不拘小节、俭朴的一面。

（2）借写他人的反应。如人教版七年级下册《口技》一文:"满座宾客无不伸颈,侧目,微笑,默叹,以为妙绝","宾客无不变色离席,奋袖出臂,两股战战,几欲先走"。通过写宾客听到口技表演后的反应,侧面烘托出口技表演者技艺高超。

（3）借描写景物。人教版七年级下册《社戏》:"两岸的豆麦和河底的水草所发散出来的清香,夹杂在水气中扑面的吹来;月色便朦胧在这水气里。淡黑的起伏的连山,仿佛是踊跃的铁的兽脊似的,都远远地向船尾跑去了,但我却还以为船慢。"通过描写江南水乡清新优美的图景,烘托出"我"急于看到社戏的愉快而迫切的心情。

4. 适当议论抒情

记叙文中的议论,大多是在叙述描写的基础上引出作者的感想、认识,直接写出对所写的人物、事件的感受及主观评价。写人时,适当地穿插议论抒情,是一种极好的点染,会使细节得到点化,情感得到渲染,主旨得以明确,主题得到升华。

当然,在穿插议论抒情时应注意选择时机。大体上表现在以下五个方面:

对典型的事例进行抒情议论。如人教版八年级上册《阿长与〈山海经〉》:"虽然背地里说人长短不是好事情,但倘使要我说句真心话,我可只得说:我实在不大佩服她。"

在动人之处进行抒情议论。如《阿长与〈山海经〉》:"这实在是出于我意想之外的,不能不惊异。我一向只以为她满肚子是麻烦的礼节罢了,却不料她还有这样伟大的神力。从此对于她就有了特别的敬意。"

在作者感情最激动的时候进行抒情议论。如《藤野先生》:"中国是弱国,所以中国人当然是低能儿,分数在六十分以上,便不是自己的能力了:也无怪他们疑惑。"

在点示全文的意义时进行抒情议论。如人教版八年级下册《我的母亲》:"如果我学得了一丝一毫的好脾气,如果我学得了一点点待人接物的和气,如果我能宽恕人,体谅人——我都得感谢我的慈母。"

在对文章的结构起重要作用时进行抒情议论。如《我的母亲》:"我母亲待人最仁慈,最温和,从来没有一句伤人感情的话。但她有时候也很有刚气,不受一点人格上的侮辱。"

（二）写人作文的注意事项

记人之文是拿一个人为中心,从本人或他人的动作上,看出他的人格。做这一类文章应该注意以下三点。

1. 背景

记一个人的活动,必须知道这个人站在什么地方,当时的环境怎样。如画人必画这人四面的风景,画一个纳凉的人,必须将夏天的风景画出,然后才能烘托出这人纳凉的动作。所以做一人的传必须讲明此人的时代和地位,然后这人活动所根据的位置才能明了。

写背景也有两件事要注意。第一,不能写得太多。最多不得过全篇三分之一。普通不过占全篇五分之一,乃至十分之一。不写背景固然不能看出此人的真相;但是写得过多,也有喧宾夺主之嫌。如唐宋八大家便有这种毛病,他们所做的传和墓志铭有时不写背景,有时写得太多;不怪他们写得多,因为除此以外便没有可写的,真是可笑。第二,要和本人事业有直接关系。如替一外交家作传,应当写当时外交形势如何,哲学家写当时哲学思想如何,这才是本人的背景。太史公的《史记》写背景的地方很少;但是我们不能怪他,因为他是做一部史书,全时代的背景散在各处；七十篇列传多系同时代的人，战国时人占三十余，汉人四十余，背景大都相合，所以不能篇篇写出背景。但也有特写背景的：如《鲁仲连传》写背景很多，而且写得很好，鲁本是一个倜傥高士，爱打抱不平，遨游各国，见何国有事便去帮助它，事过之后他又离去了，要表明这人的人格必须将他一生所做的事的背景写出，所以不能不详。写背景不好的，如《屈原列传》，太史公将屈原人格看错了，他最崇拜屈原的文学，但是他还不能认出屈原的文学的价值，所以这篇列传，满纸恭维都弄错了。史公认屈原的文是忠君爱国的文，所以写出许多当时政府上的背景。实在屈原的文，固然有忠君爱国的话，但此不过是他的文章中一部分，且仅仅是一部分，他的好处并不尽在这一方面。若要写出屈原的人格，应写过去文学如何（三百篇）。屈原前没有专门的文学家。屈氏是开山鼻祖，这一点非写不可。还要把屈原的文和过去文学的不同之点，以及屈原所生之地是从前蛮夷之邦，因新加入文明民族团体而能戛戛独造，都写出来，才能见屈原的好处。史公这篇文实在太坏，叫我看卷子，一定取不着优等，至多勉强及格。

2. 个性

写个性是记人之文的主脑。做一传决不可做一篇无论何人都可适用的文字。如现在的寿序，最好是做老太太墓志，年轻时如何襄助丈夫，年老时如何抚养儿子，差不多一顶帽子可以放在无数的人头上，这一定是不堪的文字。英国大经济学家格林威尔面上有一大痣，一日请某画师替他画像，画师为美观起见，便没有画他脸上的痣，他大发怒道，画我要像我，这是我吗？画像要画他与别人不同的地方，一篇传的好坏，便看能否将本人与别人不同的地方找出来。法国写实派的文豪莫泊桑初作文的时候，他的先生出一个题给他做，这题实在难做：叫他到街上看十个车夫的一天的动作，回来替这十位车夫做十篇起居注，每篇百字左右，要各有不同。莫泊桑经过这次试验后，常常告诉别人，他所以会作文，全靠他的先生这番训练。学文的必须用这个方法。列位！做十个不同样的人的传，是很容易的？做一篇孔子传，一篇华盛顿传，一篇达尔文传，他们本是特别人物，各人环境和事业又各有不同，我们做来之后，很容易地能令我们自豪，以为这种伟人，也被我们弄得惟妙惟肖了。至于平平无奇的十个人，并且是十个车夫，同在城市，背景和事业都相同，要一个个分清，那这分析的功夫要怎样，细心考察要怎样，不怪莫泊桑称这题目是好题目。

描写个性的唯一原则，是"凡足以表个性之言动虽小必叙，凡不足以表个性之言动虽大必弃"。做一个人的列传，将他的一生事业胡乱写出，是不行的（大事固然可以表见本人，小事也可以看出本人人格）。有个例子——《史记·廉颇蔺相如列传》。这两人是赵国的一文一武，《史记》写这两人刚刚相反。写蔺相如专写他一生两件大事（完璧归赵、渑池之会），因为写这两件便可将相如的敏捷、强毅、忠诚完全表出，相如整个人活现纸上。记廉颇便换个方法，专写他的小事。我们想一想，廉颇是一个武人，当然打仗是他的大事，况且他打的胜仗很多，两次胜齐，二次胜魏，三次胜燕，由本传可以看出，作廉颇的传，当然是要极力地写他的战功了。哪知道《史记》写他八次胜仗，不到二十字，反啰啰嗦嗦地写他如何与蔺相如吃醋怄气，如何负荆请罪。后来在异国又如何对赵使者表示没有自己老，想赵王用他，此处一气写上几百字。这是什么缘故呢？因为若写他的战功，那时战法总是一样，要写他的智勇，那吴起、王翦也是一样地智勇，从此处都不能表现出他的整个人格，写他几件小事便可看出他老人家是位极忠诚的军人，气量很小，然而很知大体，待人很宽厚。

3. 他心

记一人的事，有时不能专记本人，须兼记他人来作旁衬。因为一人的动作必定加在他人身上,所以不必专写本人,反而可写因本人动作所发生的事,或别人对于他有什么动作,亦可以烘托出本人人格。

有两个例子:

例一:《史记·魏公子传》。专写侯生朱亥……这一班下流社会的人,似乎专替他们作传,写信陵君的地方反很少。这是什么缘故?因为信陵君的地位是国王胞弟,写他竟能对于这班下贱人如此恭敬有礼貌,这一班人又怎样地帮助他,从此处便可将信陵君的整个人格看出。

例二:《三国志·诸葛亮传》,这也是一篇用心做的文字。这篇最后一大段,记李平的父亲被杀于诸葛亮。而李平还是很爱戴孔明的。由此可见孔明大公无我,一片至诚,所谓"以生道杀人,虽死不怨杀者"。这种办法,比自己批评好得多。

正如梁启超在《作文入门》中所说:"作一篇传,如果能三方面都顾得到,一定是一篇好文字。"

(三) 细节描写常用方法

细节描写是指抓住生活中的细微而又具体的典型情节,加以生动细致的描写。它归根到底是为塑造人物形象服务的,细节描写越生动,人物形象越鲜明。

课文中细节描写的常用方法有以下几种:

1. 动态造型

运用动词,对描写对象作动态造型,是细节描写中十分常见的方法。在孙犁的小说《荷花淀》"话别"这一情节里,有一个细节,当水生嫂听到丈夫说"明天我就到大部队上去了"时,"女人的手指震动了一下,想是叫苇眉子划破了手。她把一个手指放在嘴里吮了一下"。作者用"放"、"吮"这一举止,来揭示人物瞬间复杂微妙的心理活动。手指可以"伸"到嘴里,手指上的血可以"擦"或用口"吸",但这不符合水生嫂的个性。突然听到丈夫已参军,她没有思想准备,心灵"震动",既高兴,又有些舍不得,此时多少复杂的情感涌上心头。因此,作者用"放"和"吮",给水生嫂作了生动的造型,传达出无限的情思,显示出人物的立体感,使这一形象显得真实、丰满。

2. 简笔勾勒

鲁迅的《孔乙己》在开头部分刻画孔乙己的形象时写道:"孩子吃完豆,仍然不散,眼睛都望着碟子。孔乙己着了慌,伸开五指将碟子罩住,弯下腰去说道:'不多了,我已经不多了。'直起身又看一看豆,自己摇头说:'不多不多!多乎哉?不多也。'于是这一群孩子都在笑声里走散了。"这一段细节,寥寥几笔,把孔乙己这个人物思想和盘托出,"不多不多!多乎哉?不多也"构成了孔乙己性格的基本单位,一个穷困落魄却又虚荣性十足的科举制度的牺牲品的形象跃然纸上。这种简笔勾勒的方法,就是鲁迅所说的"有真意,去粉碎,少做作,勿卖弄"的集中体现,虽惜墨如金,却生动传神。

3. 前呼后应

《百合花》写小通讯员衣服挂破的细节,前后有三次:第一次,借被时"上去接过被子,慌慌张张地转身就走。不想他一步还没走出去,就听见'嘶'的一声,衣服挂住了门钩,在肩膀处,挂下一片布来"。第二次,去前沿阵地,"他已走远了,但还见他肩膀上撕挂下来的布片,在风里一飘一飘"。第三次,包扎所里,"我看见一张十分年轻稚气的圆脸,……军装的肩头上,露着那个大洞,一片布还挂在那里"。三次描写,其效果通篇一气贯穿,首尾灵活,对小通讯员的印象一次比一次加深。这样的细节安排,自然而巧妙,初看时,不一定感到它的分量,可是后来,它就嵌在我们的脑子里,成为人物形象的有机的、不可缺少的部分。

4. 详略有致

细节，从塑造人物形象，表现生活的真实的实际需要出发，有时可以写得详细，有时可以写得简略。《林教头风雪山神庙》写"偷听"的细节有两处：一为店小二妻子奉命在小酒店有心偷听，二为林冲在山神庙无意偷听，谈话者同是陆谦、富安、管营、差拨等人。但前者写得简略，惜墨如金；后者写得详细，泼墨如云。从"偷听"者角度讲，店小二妻虽在门外，但心里紧张，既要偷听，又要防止被人发现；而后者林冲，身在暗处，无须防备，尽管细听。从谈话者角度讲，前者心怀鬼胎，怕人听到，密谋声低；而后者自以为阴谋得逞，免不了得意忘形，毫无顾忌。因此，店小二妻子只能听得藏头落尾，似是而非，而林冲当然听得真真切切。正是作者这样详略有致的细节安排，才使故事悬念迭生，情节波澜起伏，人物性格鲜明生动。

5. 对比展示

鲁迅的小说《祝福》在刻画祥林嫂这一人物形象时，有多处描写祥林嫂眼神的细节。从祥林嫂眼神前后变化的对比中，我们可以捕捉到她在不同阶段的精神状态，了解她被迫害的经过。她初到鲁镇时，是"顺着眼，不开一句口，很像一个安分耐劳的人"。当过了二年，她第二次"站在四叔家的堂前"时，她"顺着眼，眼角上带些泪痕，眼光也没有先前那样精神了"，从她"没有神采的眼睛"里，我们可以看到，经历了再嫁、再寡、夫死子亡的极度悲痛之后，她的身心受到了巨大的创伤。然而，灾难仍向她袭来。同情的人与冷酷的人、自私的人一起，把她往死里赶，残酷的精神折磨，逐渐使她精神失常，到后来，在别人冷冷的笑容里，她只是"直着眼，和大家讲自己日夜不忘的故事"。从"顺着眼"到"直着眼"，在这眼神前后差异的对比中，读者不难发现，是封建社会和吃人的宗教制度，使她失去了做人的资格。细节的对比描写，还可以用来展示不同人物的不同性格。《鸿门宴》刘邦献礼情节，项羽与范增两人态度各异，一个安然收下"置之坐上"，一个则"置之地，拔剑撞而破之"。显示出前者幼稚、轻信、缺乏心计又自视不凡，后者则显得独具见识又急躁易怒。

四、推荐阅读资料

1. 黄健云. 写人作文的成功尝试[J]. 语文教学与研究, 1999(12).

2. 郑芝娟. 写一个给你留下深刻印象的人[J]. 中小学作文教学(小学生版), 2005(5).

3. 孙晓山. 让笔下的人物"活"起来[J]. 新语文学习, 2006(3).

4. 方晓雷. 写人作文指导思路探索[J]. 文学教育(上), 2008(11).

5. 王锦心. 让人物"立体"起来[J]. 福建论坛(社科教育版), 2011(9).

6. 巢秀珍. 对话良性互动才有灵动的生命体验——"人物描写一组"教学例谈[J]. 语文教学通讯·D刊(学术刊), 2012(6).

7. 许晓青. 写人作文教学方法探讨[J]. 宿州教育学院学报, 2013(3).

8. 夏应红. 写好写人作文的策略[J]. 文学教育(下), 2014(6).

9. 吴晓峰. 怎样写人——湖南省初中作文教学竞赛实录[J]. 课程教育研究, 2015(6).

五、后续练习

请你根据本章内容的学习，对以下"写人"的作文教学设计进行分析和点评。

1. 导入

这次作文的主要内容是"怎样写人"。除寒暑假外，大家大部分时间都生活在校园里，最熟悉的人肯定是老师和同学,那我们就从这里入手来学习写人。

2. 速写

速写是绘画中最基本的技法,是指一边观察对象,一边用简单的线条把它的主要特点迅速地画出来。而你把我的主要特点记录在卡片上,就相当于速写。

现在,请同学们拿出资料卡片(课前已发给学生)给我来一张速写,就以我为模特。注意,是用简单的语言勾画出主要特征,无须太全面。

……

刚才这几位同学都写得很好,我的特点基本上被写出来了。不过,大家刚才所做的只是一些零星的、简单的记录,还没有运用逻辑思维将这些零星的特点连成完整的句子和段落。

怎样才能将这些简单的素材组织起来形成一个整体呢?

3. 素描

素描,本来是指单纯地用线条描写,不加色彩的画,借用到文学上,就是指文句简洁、不加渲染的朴素描写,这是一种表达。从“整体”印象出发,然后再在其特别的地方加以重点描绘。比如梁实秋在写徐锦澄时说他凶,并取了一个外号叫“徐老虎”,然后又重点描写了徐锦澄的鼻子和衣服(课堂PPT呈现)。

4. 仿写

请同学们也给我来一张素描,就依照梁实秋的这篇文章来写。不过,千万不能机械地模仿。比如说梁实秋因为他的老师凶就给他取了个绰号叫“徐老虎”,你们不要因为我温柔,就给我取个绰号叫“吴小猫”。写一小段就可以了。

5. 润色

通过刚才的素描练习,我发现有少部分同学对于素描到底怎么去描还是有点儿迷惑,那么,请大家看另一份资料,这里有关于素描的详细阐释。

问:对于一幅素描,我们可以怎样进一步完善它?

答:涂上颜色,润色。(板书:润色)

对了,可以润色,那么文章呢? 也是如此。那么究竟怎样润色呢? 请看有关徐锦澄的描写:有些像《聊斋志异》绘图中的母夜叉。

问:这是一种什么修辞手法?

答:比喻。

问:大家是否还知道其他的润色方法呢?

答:对比;联想;拟物;象征……

很好,把这些东西运用进去,那我就“活”了。现在,请大家再在原有的基础上给我润点色,把我的本来面貌真实地、活灵活现地描绘出来。

6. 结语

这节课,大家主要是通过怎样来写“我”这个老师学习了写人的一些基本技法,并且是结合绘画技巧来学习的。同学们完全可以把这些方法借鉴过去,用来写你们现在的老师和同学。

第七章 叙事作文课

一、背景描述

记叙文是以记人、叙事、写景、状物为主，以写人物的经历和事物发展变化为主要内容的一种文体形式。根据写作对象的不同，分为写人为主的记叙文，叙事为主的记叙文，写景为主的记叙文，状物为主的记叙文。

其中，叙事类记叙文是记叙文中重要的组成部分，是以事件为主要记叙对象的记叙文，以揭示事件的实质及其对人、对社会所具有的意义为目的；叙事文所要叙述的事是重点，文章虽然也会涉及环境、事物、景物、人物，但人物和环境、景物的描写只能围绕着事，服从于事或依附于事。叙事文注重把事件、情节的过程具体地表现出来，文章的着眼点在事情的过程上。相对于写人为主的记叙文并不着力去刻画人物，也无中心人物，文章的中心思想是着重表现事件的思想意义。叙事文是自小学至高中阶段需要不断学习和练习的文体。因此，学习和研究叙事文具有重要的意义和价值。

《义务教育语文课程标准(2011年版)》在课程总目标中提出"能具体明确、文从字顺地表述自己的意思"，在第四学段的阶段性目标中指出初中生"写记叙文做到内容具体"，又要求写作能"合理安排内容的先后和详略，条理清楚地表达自己的意思"。叙事类记叙文也要严格遵守记叙文的"六要素"，即人物、时间、地点、事件的起因、经过和结果。如果仅仅是记叙一件简单的事，一篇文章几句话便可以完成，但这样的文章和记流水账区别不大，读起来也就自然味同嚼蜡，难以吸引读者的阅读兴趣，也难以通过所叙之事表达真挚动人的情感。我们完全可以运用多种方法和技巧让叙事类记叙文精彩纷呈，引人入胜。

在记叙文写作的六要素中，"经过"是事情的主体，是推动文章逐步向前的动力，也是调动读者阅读期待和阅读受挫的关键，是叙事文章制胜的法宝。金圣叹在对《水浒传》的评点中提出了较为全面的情节理论，如情节要有"势"，即内在的有机统一性。要有"变"，即从情节与读者反应的关系出发，提出情节的发展要适合读者的阅读心理节奏。因此，如何创作出能激起读者兴趣，引起读者心理波澜的文章是叙事性作文应该着重探讨的问题。

《白石道人诗话》中也曾提出作诗要"波澜开阖，如在江湖中，一波未平，一波已起"。对记叙文而言，就是不能只考虑叙事清楚、条理分明、结构严谨，还要注意情节的曲折生动，波澜起伏，这样的文章才能紧紧吸引住读者的眼球，激发读者强烈的阅读兴趣。如何使文章在有限的篇幅内情节波澜起伏，张力十足，应该成为叙事习作课探究的重点和难点。

叙事性文章的波澜,可以有多种创造途径,但概而言之,不外乎两方面,一方面是由事件本身的曲折而产生的波澜效果,如何不破坏事情本身的波澜,把曲折的事情写曲折而非把曲折的事情写直白,这值得探究。另一方面是利用一些技巧和方法,例如制造悬念、先抑后扬、巧设伏笔、铺陈误会、设计巧合、着力突转等等,把原本简单的事情进行艺术化的再加工,也不失为好的策略。

二、课堂例析

《叙事波澜的趣致》课堂实录及评析

(一)材料背景

《叙事波澜的趣致》是一节关于叙事类记叙文写作的指导课,所谓"文似看山不喜平",本节课即通过具体的方法指导,引导学生写出波澜起伏有趣致的记叙文。本节课首先通过创设情境,让学生明确叙事波澜的作用,让学生在头脑中建立"波澜"意识,进而指导学生设置叙事波澜的具体方法和技巧,例如巧设情节、设置悬念等等。通过让学生在具体的写作练习中,对比品析中体会波澜的神奇效果,学会叙事类记叙文写作技巧。

(二)教学过程

板块一 激 趣 导 入

师:上课之前请大家欣赏几张图片。

(多媒体展示,学生欣赏图片,表情兴奋)

师:看见这样的跑步吗,有什么感觉?

生:太好玩了。

师：再来看几张关于交通工具的图片。

（多媒体展示：日本的马桶摩托车、美国的飞行摩托车、波兰的水力鞋、土耳其的可折叠概念车）

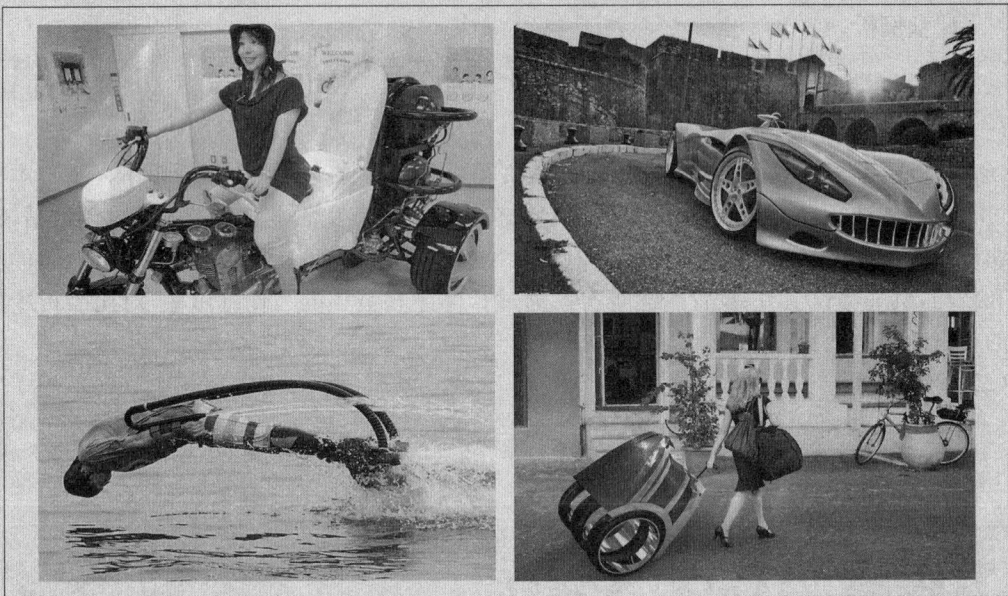

师：看完这些图片想说什么？

生：真有这样的交通工具吗？太有创意了！

师：同样的一个跑步因为与众不同而吸引了你的注意力，不一样的交通工具让你感觉新奇。写文章也是一样，要不走寻常路。怎么样做到不走寻常路呢？今天我们就一起来学习"曲折波澜的吸引——谈作文的情节突转"。

【点评1】导入环节的目的在于迅速抓住学生眼球，激发学生学习兴趣。冯老师利用新颖、有趣的图片导入，尤其是最后一张图片给学生以强烈的视觉冲击，引导探究如何才能在作文中制造类似的效果。此教学设计基于学生心理，激发学生兴趣较为成功。

板块二　编写故事，建立"波澜"意识

师：给同学们五分钟时间，用"人 炸弹 扑克牌"三个词编一个引人入胜的故事。

（生编故事）

【点评2】给学生充分的思维空间编写故事。此环节写作目标明确清晰，同时给予学生充分的自由，以生为本，充分调动学生的想象力和材料组织能力。"人、炸弹、扑克牌"三个词语没有预设先后顺序，没有预设三者之间的关系，也没有表明任何情感色彩，利用三个词语编一个引人入胜的故事重点在于如何"引人入胜"。此环节抛给学生一个既有趣又有一定难度的问题，一开始就将学生的思维充分调动起来了。

师：同学们，故事都编好了吗？

生：编好了。

师：哪位同学愿意分享一下你编的故事？

生：一群人走在山坡上，他们仔细地查找地上有没有危险物品，突然看见地上有一枚手榴弹，他们赶紧把它挖出来，以防它炸掉。然后，他们又继续走了，走着走着，又看见地上有几张扑克牌，他们就捡了起来，扔进了垃圾桶。

师：还有哪位跟我们分享一下你编写的故事？

生："滴、滴、滴"，深夜，屋外的墙角发出清脆又令人胆战心惊的声音。声音的频率逐渐加快，在古老、空寂的街上回响。

忽然，你隐隐约约听到了脚步声，越来越近，越来越近。

你感到那个人就在你后面，你惊恐地回头一看，是一个戴面具的人站在窗外，他朝你一笑。

忽然，只听"轰"的一声，外面不知什么东西发出了耀眼的光芒，你用手捂了下眼睛，待光芒消失后，你再一看，刚才的人早已不见了，窗内窗外洒落了许许多多扑克牌，每一张上都写着同样的几个字……

师：这两个故事你更喜欢哪一个？为什么？

生：第二个。第一个没有什么吸引力，第二个很紧张的感觉。

师：为什么第一个没有什么吸引力，第二个会给大家很紧张的感觉呢？

生：第二个故事中，一开始"滴滴"的声音清脆又令人胆战心惊，就引发了大家的好奇心：为什么会这样呢？为什么会洒落扑克牌呢？扑克牌上写着什么字呢？很有悬念。

师：对！虽然第一个故事很流畅，但平铺直叙，不够有吸引力。而第二个故事设置了悬念，吊足了读者的"胃口"。悬念大师希区柯克关于这个问题曾说："如果你要表现一群人围着一张桌子玩牌，然后突然一声爆炸，那么你便只能拍到一个十分呆板的炸后一惊的场面。""而这同一场面，在打牌开始之前，先表现桌子下面的定时炸弹，那么你就造成了悬念，并牵动观众的心。"如何牵动观众的心？你们用"人、炸弹、扑克牌"进行不同的排列组合，造成了不同的波澜，效果也截然不同。设置情节的突转是技巧和智慧。

板块三　创设情节，初识"波澜"小技巧

师：人生四大喜事是什么？

生：久旱逢甘霖，他乡遇故知，洞房花烛夜，金榜题名时！

师：如果我们加一个情节呢？喜就变成悲了，比如说——

（多媒体展示）

> 久旱逢甘霖只一滴

生：（笑）好残忍。

师：你们来试试。

生：他乡遇故知，却不识；洞房花烛夜，烛忽灭；金榜题名时，竟无名。

师：不错，但是洞房花烛夜，烛忽灭是大悲吗？（其余学生大笑）

生：他乡遇故知，是仇人；洞房花烛夜，人未归；金榜题名时，卧不起。

师：是仇人，卧不起，有点意思。他乡遇故知，病甚危，这很悲吗？

生：在落魄困难的时候遇见曾经的好友，就有救了，应该是好事。

师：这不符合题目"突转成悲"的要求。我们一起看一下网络写手的高明。

（多媒体展示）

> 久旱逢甘霖只一滴　他乡遇故知是债主　洞房花烛夜是别人　金榜题名时在隔壁

师：明明是喜事，加一个情节，就变成悲事了。这些情节加得突兀吗？

生：不突兀。

【点评3】作文教学材料的精当与否直接影响作文指导效果的好坏。此环节四个经典的"人生大喜突转成悲"的材料简短有力地体现了突转的艺术效果。"久旱逢甘霖只一滴、他乡遇故知是债主、洞房花烛夜是别人、金榜题名时在隔壁"这种集中而鲜明的大喜大悲必会给学生带来强烈的心理波动，为下文引入情节突转的方法和技巧奠定了良好的基础。

师：情节突转显现作者的智慧，怎样让情节突转呢？我们可以采用制造悬念的方法。

（多媒体展示）

> 悬念是艺术作品中常见的一种表现手法，通过设置疑问或矛盾冲突，激发人们对情节发展和人物命运热切关注的兴趣。

【点评4】作文指导顺势利导才能事半功倍。在"人生大喜突转成悲"的环节，学生已经形成了强烈的心理感受，自然渴望掌握能产生突转效果的方法，教师顺势利导，引出悬念设置法，过渡自然，可谓水到渠成。

师：我们一起看一下波兰作家格罗津斯卡的作品《文艺评论家和部长》。

（多媒体展示）

文艺评论家和部长

"您看斯普罗塔新创作的小说怎么样？"部长问道。

评论家回答说："部长，我认为他新创作的小说是好的。"

部长摇了摇头。

"我是说，从某种意义上讲是好的。"评论家赶快更正。

部长摇了摇头。

"我说的'从某种意义上讲'，是针对咖啡馆里那些为数很少的庸俗的知识分子。"

部长摇了摇头。

"确切地说，就是针对那些更有鉴赏力的人，刚才我没表达清楚。"

部长摇了摇头。

"总的来说，部长先生，这是一部坏小说。"

部长又摇头。

"当然，也不能全部否定。"

部长摇摇头说："_____。"

师：请你猜猜文章结尾部长会说什么话。

生：部长摇摇头说："这部小说对于一个没有自己思想的人来说自然是没有好坏的。"

师：为什么？

生：为了说明评论家没有自己的主见，就是为了迎合部长。

师：部长先生说话很委婉。大家觉得怎么样？

生：好像是这个意思。但感觉和前面的情节不太搭。因为部长一开始就在摇头，而摇了那么多次头才说这句话，好像一开始部长就要嘲笑评论家似的，不符合逻辑。

师：有道理。那你觉得应该写一句什么话呢？

生：你真是见风使舵的人啊，我摇头只是因为有只苍蝇太讨厌。

师：阐述一下理由。

生：说明部长摇头只是为了赶走苍蝇，却让评论家不断改变观点，从而讽刺了评论家这样阿谀奉承的人。

师：大家觉得这样写结尾好不好？

生：可以只写"这只苍蝇好讨厌啊"。这样更具有讽刺性。

师：嗯，你们具有文学大师的智慧，看原文。

（多媒体展示）

《这衣领真别扭》

（生大笑）

师：这个结尾是不是和赶苍蝇有异曲同工之妙？哪个更胜一筹？不要迷信权威啊，自己考虑。

生：原文。因为假如是赶苍蝇，评论家可能会注意到这个细节。而衣领紧，是只有当事人自己才清楚的。

师：对！情节的设置要合乎情理！

生：原文结尾太有讽刺性了，说明部长压根没表明自己的观点，因为领子不舒服，不断地摇头，造成评论家的误解，使评论家表现得就像墙头草一样。

师：你分析得真透彻。如果只写部长一次摇头，后面的四次摇头都去掉，好不好？

生：不好。

师：为什么不好呢？

生：那样就少了悬念。

生：多次摇头、多次变化就说明这个人的见风使舵。

师：对，那样的话不能让这位评论家充分地表演，不能完全表现他的性格特征，更不能揭示那种见风使舵、阿谀奉承的社会现象，后面的这几次摇头是对悬念的强化和推进。

师：这篇文章就是通过不断地设置悬念，一波三折的情节来揭开评论家阿谀奉承的嘴脸，进而讽刺虚假的社会现象，来突出文章的主题。

板书：

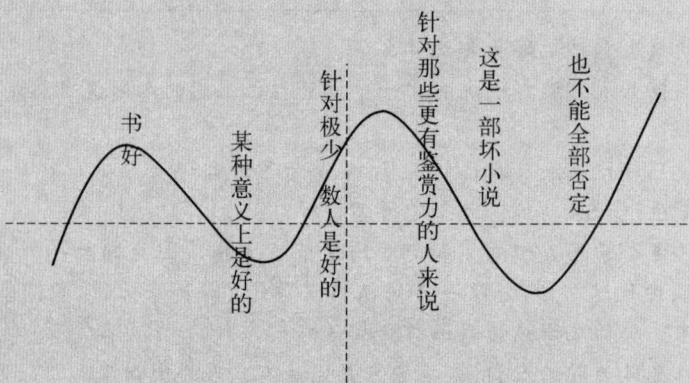

师：一波一折不好，一波无数折也不好，过犹不及，多了会让读者心生厌烦，"写文章要有读者意识"。

【点评5】提点情节跌宕是关注小说推进的节奏美。这一环节的设置让学生明确作文要关注阅读者的感受，写作要张弛有度，不可任意而为。

师（小结）：悬念创设，要把握好开头的"设"，结尾的"释"，还有中间的悬念强化和推进过程，牢记"意料之外，情理之中"。

师:请把下面这篇叫《让座》的文章,补充完整,要求出乎意料、合乎情理、揭示主题。

(多媒体展示)

让　座

　　公交车里真挤。有个老大娘站着,旁边座位上坐着个小伙子,却装着没有看到一般,不肯让座。我开口对老大娘说话了,其实是说给那个小伙子听的。

　　"唉,现在的年轻人可真是缺乏教养!"

　　"说的是啊。"老大娘点了点头。

　　"就是没教养嘛!大概他们的父母也是这种没教养的人。"我瞪着那小伙子说。

　　"有什么样的爸爸,就有什么样的儿子。"老大娘赞同地说。

　　"真不像话!年轻力壮的小伙子坐着,却让老太太站在那里!"我的声音已经很高了。

　　"喂,你这小伙子!"我终于忍不住拉了拉他,"说的就是你啦,还不给老人让座!"

　　……(此处请学生补充)

　　我愣住了,呆呆地看着他们……

(生补充写作)

【点评6】 方法的学习是为了运用与实践。此教学环节的设置让学生动手、动脑,意在让学生学会方法,真正将方法用到实处。

师:哪位同学能分享一下自己的续写?

生:小伙子抬起头,迷茫地看着我,眼眸里盛满了灰暗。我不禁吃了一惊。

这时,老大娘发话了:"别,他,他是我儿子,从小就少了条腿。"老大娘不好意思地低着头:"别为难他了……我站会儿没事。"

一阵风从车外吹来,我隐约看见小伙子一只空落落的裤口在轻轻摆动。

我突然脸有点儿发热,想:有时候,看到的可能并不是真的啊。

生:小伙子忽然一转头,似乎很是惊恐。他神情惶恐地望着我和老大娘。

"听了这么多,你倒是说话啊!"我很是愤怒。装什么无辜?

小伙子看着凶神恶煞的我,更是不知所措。他慌忙站起来,拉着扶手,随着车晃荡,惊愕地望着我。

"你装什么哑巴?"窗外的狂风似乎也在谴责他。

"好了好了,算了吧。"老大娘倒是好心地劝我。这一来,我更生气。打抱不平可是我一向的性格。

只见面前的小伙子指了指自己的嘴,又指了指自己的耳朵,朝我摆了摆手。

这是什么意思? 难道……

车外很冷。车内的玻璃上有一些小水滴。小伙子伸出手指,在湿润润的玻璃上写了歪歪扭扭的两个字:"聋哑"。

师:哦,原来这位小伙子是聋哑人。

生:"喂! 你干什么拉我孙子!"一只苍老的手快速打掉了我拉着小伙子的手。

我愣在原地,呆若木鸡:"什么? 小伙子是大娘的孙子?"

小伙子从大娘背后探出头来,得意地望着我,只听大娘气愤地说:"是我自己让给我的宝贝孙子的啦,他年轻不能受累,我一把老骨头结实得很,你一个外人管什么?"

【点评7】学生习作交流、分享是成果展示、互相思维火花碰撞的重要环节。学生习作的不同内容展现体现了学生思维的多元性,在多元答案中分析其情节展开的合理性是尝试错误、纠正错误的过程,不可忽略。因此,冯老师在时间如此紧张的情况下,仍然给学生搭建展示平台。

师:大家对这几个补写满意吗?

生:满意。

师:我这里也有几个版本,也挺不错哦。一起来看看。

(多媒体展示)

版本一:小伙子头发蓬乱,目光呆滞,突然一头栽倒地上,车厢内顿时一片混乱。

版本二:"您坐您坐!"小伙子干脆地站了起来,抬手一个敬礼,然后哼着歌,拉着大娘,跳起了江南 style。

生:大笑。

师:你们笑什么?

生:出人意料,但不合乎情理。完全不真实,只会让人觉得这篇文章很假。

【点评8】要引导学生认识到情节设置须符合逻辑性,而不能一味求奇求异,这是整堂课的重点。错例比较让学生充分认识到设置悬念不能任意发挥,而要合情合理、有理有据地进行。

师:我觉得你们填入的文段比原文要好,我们一起看一下原文。

(多媒体展示)

公交车里真挤。有个老大娘站着,旁边座位上坐着个小伙子,却装着没有看到一般,不肯让座。我开口对老大娘说话了,其实是说给那个小伙子听的。

"唉,现在的年轻人可真是缺乏教养!"

> "说的是啊。"老大娘点了点头。
>
> "就是没教养嘛！大概他们的父母也是这种没教养的人。"我瞪着那小伙子说。
>
> "有什么样的爸爸，就有什么样的儿子。"老大娘赞同地说。
>
> "真不像话！年轻力壮的小伙子坐着，却让老太太站在那里！"我的声音已经很高了。
>
> "喂，你这小伙子！"我终于忍不住拉了拉他，"说的就是你啦，还不给老人让座！"
>
> "你拽这孩子干什么！"老大娘突然冲我嚷起来，"你回家去教育你自己的孩子好了，我的孙子你可别管！"
>
> 我愣住了，呆呆地看着他们……

师：这个波澜的设置是为了表现——

生：当今社会有些老人对孩子的过度溺爱。

师：叙事要设置波澜，情节内容是为表达主旨服务的，这一点需要大家意识到哦。

板块六　课堂小结，拓展提升

师：我们一起来总结一下这节课学习的写出事件波澜的方法。

（多媒体展示）

> ＊巧设情节　＊智埋悬念
> 要想叙事有波澜就要写出事件的曲折变化来。

【点评 9】授之以鱼，更授之以渔。结课时，总结梳理本节课学到的兴波澜的方法，概括总结，养成梳理知识的习惯，利于学生从整体上进行方法的把握。

师：作业布置，同学们，这是著名漫画《父与子》中一个小故事的前两幅画，请你展开想象，突显波澜，续写情节——儿子怎么办呢？

【总评】

叙事作文教学一直是语文教学的薄弱环节。初中生的作文一般能将记叙内容叙述完整，内容具体，而在叙述的过程中容易出现平铺直叙、波澜不兴的现象，写事则从事情的发生开始到事情的结束，最后以一句感受作结。文章一览无余，即便有真情实感，读来总少些韵味。学生将自己写不出好作文归结为生活面狭窄，经历欠缺，感悟力不足等等，导致作文写作成为犯难的内容。教师在作文教学中往往缺乏指导，通常给学生一则材料或者命题就让学生进行创作，或者是有一定的解题指导,立意指导,但是缺乏具体过程的指导,即使有过程指导也常常缺少较为有效的指导方法。冯丽萍老师这节课为如何进行有效的作文指导提供了一个很好的范例。这是一节有指导、有过程、有方法的作文指导课,这是一节有趣、有料、有效的作文创作课,这是一节目中有生、手中有法的作文指导课。

1. 叙事选材新颖有趣

本课的选材有趣,教师选用的材料有新奇的图片,广为人知的人生四大喜,贴近生活实际的《让座》,选材符合学生心理,让学生真切体会到"突转"给人内心带来的情绪、情感体验。正是因为有这样的心理体验、情感体验做铺垫,才更容易激发学生探索"情节突转"技巧的兴趣,如何在作文中"兴风作浪"便不再是枯燥的思索,而变成一种充满渴望的探索。在探究情节突转的方法、技巧时,教师并没有一味填鸭式地讲解,而是先选用内容有趣的素材,通过师生共同分析材料等环节,引导学生逐步总结方法,锻炼学生的总结、提炼材料的能力和写作思维能力。本节课呈现了一堂有趣的作文课。

2. 叙事作文习作重方法指导

本堂作文指导课,从材料选取、方法指导、课堂练习,到方法总结,教学环节层层递进,内容详细。本节作文指导课具有很强的可操作性,教师在作文中教作文,注重作文过程的指导。通过"排列组合成创新,情节突转显智慧"。悬念的设置既充分发挥学生的想象力,调动学生生活切身体验又有理有据、合情合理,使文章波澜起伏,给读者带来更多的惊喜。同时,注重悬念设置与文章立意的关系,紧紧围绕立意进行作文写作,中心突出,避免了偏题、跑题。"纸上得来终觉浅,绝知此事要躬行",作文指导的最终目的是为了学会方法并最终运用于写作实践中。学生现场运用学到的方法进行续写,当场练笔,趁热打铁。教师现场做点评,学习方法——运用方法——现场实践写作——互相点评——再次实践习作,系统完整的教学过程,可谓滴水不漏。让学生在后续学习中续写情节——儿子怎么办呢?属能力提升的环节。这样的作文指导可谓有法、得法,有过程,有指导,有成效。作文指导过程有方法,整节作文课有法可依,学生依据教师的引导便可以逐步掌握叙事性作文写作的方法。有趣的选材,有层次的环节设置,有具体的现场实践练习,这是一堂有实效的作文指导课堂。

3. 叙事作文指导课关注学生想法

本节作文指导课以生为本,目中有生,关注学生的体验和想法,不断设置平台让学生尽情自我展现,学生活动设计的多种多样,充分调动了学生的积极性。即使学生的回答与教师的预想存在偏差,教师也不会强势纠正,而是逐步引导。学生在课堂上有说有笑,分享不同观点,现场实践习作,分享修改后的文章,交流心得。

教师是课堂的引导者而非包办者,教师是学生的启发者而非代替者。课堂从新奇的跑步和交通工具入手,打开学生的感官,给学生以视觉和心理冲击。教学环节的设置时刻关注学生的主观想法和感受,引导学生通过合理恰当的设置悬念的方法进行创作,或补充文章,或续写文章,逐渐诉诸语言文字。本课的环节设计有趣,以生为本,学生全程参与每个环节的思考,尤其是注重学生观点的阐发,学生作品的展示,指导方法可谓源于学生又回归于学生。在这一过程中,学生的能力无疑会得到提升。

（本课例由杭州二中白马湖学校冯丽萍执教,由杭州二中白马湖学校类芹点评和总评）

三、资源链接

（一）叙事作文的目标

1. 叙事要完整

叙事类记叙文要具备六要素，即时间、地点、人物、事情的起因、经过和结果。一篇完整的叙事文章首先要让读者明确这是一件怎样的事情，事情的起因、经过、结果，事情发生的时间、地点，涉及的主要人物，这六要素是写好叙事文章的基础。其中，事情的起因、经过、结果是重点，事情的经过更是重中之重，叙事就要把所叙之事完完整整表达清楚。叙事完整并不是意味着把事情按照时间发展的顺序原封不动地照搬，只要能把事情的起因、经过、结果表达清楚，可以综合运用顺序、倒叙、插叙等多种方式。

完整地叙述一件事情要关注文章的脉络是否清晰，情节是否连贯。例如莫顿·亨特的《走一步再走一步》，文章第一段便交代了事情发生的时间是费城七月里一个闷热的日子，主要人物是"我"和五个小伙伴。事情的起因是和"我"一起的五个小男孩，玩弹子游戏玩厌了，都想找些新的花样来玩，所以小伙伴们要爬悬崖。事情的经过即是"我"被困悬崖进退两难，最终在父亲的指导和鼓励下，最终一步一步摆脱困境。事情的经过是整篇文章的重点，因此详细描写了我下悬崖的心理过程。结果最终脱险并懂得了遇见困难与挫折要逐步化解困难的道理，这一经历也成为人生道路上的一笔宝贵的财富。整篇文章脉络清晰，结构完整，事情的起因、经过、高潮、结局流畅自然，完整有序，是一篇典型的完整的叙事类记叙文。

2. 叙事要具体

《义务教育语文课程标准（2011 年版）》在课程总目标中提出"能具体明确、文从字顺地表述自己的意思"，在第四学段的阶段性目标中指出初中生"写记叙文做到内容具体"。叙事要求做到具体明确，所谓具体是指所叙之事具体明确，内容切忌宽泛、模糊。

例如，我们写有个小银元掉在地上，这句话就不够具体，而作家陀思妥耶夫斯基则这样具体生动地写道："有个小银元，从桌上滚下来，落在地上叮叮当当地跳着。"又如鲁迅先生的《社戏》就是看一出不怎么有趣的鲁镇的社戏，但他描写的夏夜行船，船头看戏，归航偷豆却具体生动，令人印象深刻。

3. 叙事要详略得当

《义务教育语文课程标准（2011 年版）》在课程总目标中提出："合理安排内容的先后和详略，条理清楚地表达自己的意思"，"能从文章中提取主要信息，进行缩写；能根据文章的内在联系和自己的合理想象，进行扩写、续写；能变换文章的文体或表达方式等，进行改写。有独立完成写作的意识，注重写作过程中搜集素材、构思立意、列纲起草、修改加工等环节"。

叙事时要做到详略得当，首先明确何为详写、略写。

所谓详写，是指对能直接表现中心意思的主要材料加以具体的叙述和描写，放开笔墨写得比较充分；所谓略写，是指对虽与表现中心意思有关但不是直接表现中心意思的材料少用笔墨，进行概括式的叙述。

如何确定详写和略写。在一篇文章中，哪些地方应浓墨重彩细加叙述和描写，哪些地方只要一笔交代，这不是根据写作者掌握材料的多寡来决定的，也不是根据个人的喜好来决定的。确定哪些地方要详写，哪些地方要略写，这是有原则的。简括地说，最能直接、具体生动地表现文章中心意思的地方就要详写;同表现中心意思有些联系,完全不写就会对主要方面造成影响——或者使情节不完整,或者使内容显得单薄,或者使详写部分缺少陪衬,这些属于不能不写但又不必详写的,就要略写。学生作文,在处理详略的问题上,容易犯两种毛病:一是掌握的材料多,就多写、滥写;掌握的材料少,就少写,或不写。二是喜好的、熟悉的就多写,反之则少写,或不写。

弄清楚详写和略写的关系。详写的内容必须是主要的,次要的不能详写,否则文章就啰嗦,材料堆砌,淹没了中心意思;但详写必须有略写配合,略写补充详写,使文章繁简适当,重点突出。

可见,详写和略写是两种互为补充的表达方法。一般地说,详写经常用来表现"点"的情况,反映事物的深度;略写则往往概括"面"的情况,反映事物的广度。

文章的详略得当往往与文章所要表达的中心意思紧密相连,与文章的重、难点密不可分。

(二) 叙事写作的技巧

1. 精选材料

叙事写作的选材直接影响作文的水准,虽然无一物不可入文字,但精当的选材往往能使作文更流畅,更精彩。在初中生日常写作过程中往往出现所选材料平庸无典型性,平淡无味,为作文而编造故事,缺乏真情实感的现象。

初中阶段叙事作文的选材最好选择源于生活的具有切身真情实感的材料,选择能够以小见大的材料。这就需要在选材时,反复斟酌,选择发生在自己身上或者其他人身上能引发深刻体悟和情感的材料,选择较小的切口,力图以小见大。小而精的材料便于聚焦观点,相对于大而空泛的选材,也更容易写得具体、集中,就像佛教常常遵奉的"一花一世界,一叶一菩提",细微的事件中蕴含深厚的哲理,炙热的情感才更容易打动人心。例如莫怀戚的文章《散步》选择日常生活中常见的小事为切口,通过一家人散步中的分歧,表现了奶奶对孙子的疼爱,儿孙的懂事,平淡自然的语言中饱含着家的温暖和真情。

选材要注重典型性,要选最能表现主题的有说服力、有代表性的材料。材料不在多、不在杂而贵在精、典型、恰切,体现文章的中心意图。例如林海音的《城南旧事》,童年发生的事情很多,而林海音经过反复筛选选择了颇具典型性,也能引发大家童年美好回忆的几件事进行描写,以引发读者的共鸣。

曹雪芹在《红楼梦》中曾感慨:"世事洞明皆学问,人情练达即文章。"因此,要想在纷繁复杂的生活中提取合适的材料需要学会仔细观察,观察每一件事物的音、形、貌,分析每一件事情的缘起、利弊等等,用心品味。

2. 谋篇布局巧妙构思

叙事类记叙文的构思影响整篇文章的布局、立意,巧妙的构思才能形成巧妙的文章。构思并不仅仅出现在作文之前,而是贯穿文章的始末。文章的构思涉及文章的结构布局,所要传达的中心主旨,表现手法的选择等等。

元人乔梦符说:"作乐府有法,曰凤头、猪肚、豹尾六字是也。"不但乐府如此,各种文章,大都如此。作文开头要像"凤头"那样俊秀、挺拔;中间部分要像"猪肚"那样丰满、圆润;结尾要像"豹尾"那样飞扬、有力。对于文章的开头,可采用的方法多种多样,开门见山便是其中一种,直接点出所要记叙的事件发生的时间、地点、人物等等。例如,王羲之的《兰亭集序》中的"永和九年,岁在癸丑,暮春之初,会于会稽山阴之兰亭,修禊事也。群贤毕至,少长咸集"。也有的文章选宕开一笔,要写此事,先言他事。例如,郑振铎的《猫》,文章着重想要描写的是第三只猫,开头则着重写第一只猫。有的文章则是通过设置悬念，描写环境，烘托气氛等方式开头。例如，《驿路梨花》的开头描写了自然环境："山，好大的山啊！起伏的青色群山一座挨一座，延伸到远方，消失在迷茫的春色中。"渲染了山中深远迷茫的气氛，对后文写边疆军民助人为乐的感人事迹起了反面衬托的作用。

文章的过渡部分同样重要，过渡自然、流畅、合理与否直接影响文章的整体效果。例如，《水浒传》第十回"林教头风雪山神庙　陆虞侯火烧草料场"便利用一系列的巧合进行合理过渡。陆虞侯在多次谋害不成的情况下便想一把火烧了草料场并把林冲烧死，哪知一场大雪却救了林冲的命，进而推动故事情节逐步向前。由总括前文提起下文的方法过渡。如《从百草园到三味书屋》，从写百花园的部分到写三味书屋的部分中间有一段过渡："我不知道为什么家里的人要将我送进书塾里去了，而且还是全城中称为最严厉的书塾。……总而言之，我将不能常到百草园了。Ade，我的蟋蟀们！Ade，我的覆盆子们和木莲们！"这样，结束了"百草园"的内容，进入了"三味书屋"的叙述。

文章的结尾常用的是卒章显志，篇末点题，突出中心，有的则是呼应前文，使文章结构严谨，浑然一体。有的则采用画龙点睛式的结尾，引发读者的深思。例如，《走一步再走一步》结尾引人深思地感叹："我曾屡次发现，每当我感到前途茫茫而灰心丧气时，只要记起很久以前我在那座小悬崖上所学到的经验，我便能应付一切。我提醒自己，不要想着远在下面的岩石，而要着眼于那最初的一小步，走了这一步再走下一步，直到抵达我所要到的地方。这时，我便可以惊奇而自豪地回头看看，自己走过的路程是多么漫长。"

构思时不仅要设计文章的总体结构，也要关注细节，独特的甚至陌生化的细节描写有时能起到见微知著的效果。例如，《红楼梦》中刘姥姥进大观园看到从未见过的钟时，作者便舍弃了常用的叙事手法，而采用白描式陌生化细节描述，使读者眼前一亮。

3. 情节设置波澜起伏

情节贯穿叙事类文章的始末，情节写得好能让作文变得生动、灵活，扣人心弦，引人注目。因此，要想写好叙事文章，情节的设置不容忽视。情节的设置一方面取决于所选材料事件本身的波澜起伏，另一方面也可以通过运用恰当的"兴波澜，起变化"的方法使文章增光添彩。情节设置可以通过适当的艺术技巧进行加工，进而进行布局谋篇。通过波澜的设置，文章可以摆脱平铺直叙的淡然寡味，可以让文章变得曲折有致，扣人心弦。

记叙文叙述的情节在做到"真"的同时，还要注意情节的曲折含蓄，就是说要写出事件的波澜、曲折，多一点曲折起伏的情节设置意识，思考着如何把一件事叙述得多些变化、起些波折，才能引人入胜，正所谓"文似看山喜不平"。那么，如何让记叙文的情节曲折生动，引人入胜呢？

（1）制造悬念。悬念就是设置悬而未决的矛盾，引起读者的关注。巧设悬念，能使文章曲折生动，起伏跌宕，引人入胜，给人以"山重水复疑无路，柳暗花明又一村"的感觉。一般地讲，它有三种情况：一是读者对将要发生的事件一点也不知道，急于弄清究竟。二是读者对所述的事件知道得比较粗略，但急于知道更多更详尽的细节。三是读者对事件的发生和发展虽然知之甚多，但更急于知道事件的结局。不论是哪一种"悬念"，不论是对所叙述的事件一无所知，还是知之甚少，或是只知其始，不知其末，读者最初都是"有所不知"，最后呢，都应到达"无所不知"的境界。从"有所不知"到"无所不知"，读者的悬念从产生到消失时心理状态会发生剧烈的变化，便能形成"波澜"，形成"一波未平，一波又起"的扣人心弦的场景。

（2）情节突转。这是指记叙事件时，设置一个"对立面"，先顺着一个方向铺陈渲染，把读者的注意力和情感愿望吸引到这个方向发展的一种可能性上去，层层推向高潮。达到顶点时，笔锋陡然一转，通过另一种结局的突然揭晓，掀起波澜，使读者对事件意义的理解推向一个新的高度。这种方法要注意到以下三个方面：一是要出其不意，情节的发展要符合事理逻辑，但是在发展过程中出现了意想不到的结果。二是要对比鲜明，情节的前因后果要对比明显，落差要大。三是要详略得当，在情节的起因、发展、高潮部要注意详写，在结果部分要注意略写，点到为止，给人思索的余地。

（3）形成巧合。说书的人常说"无巧不成书"，巧合法也是使情节产生波澜的一种好方法。合理地运用巧合法，可以增强事件的戏剧性，使各种矛盾集中在一起，既可以推动文章情节的发展，更有利于揭示事件的本质，表达文章的中心。这种方法一般又分为两种情况：一是预设伏笔，通过前文伏笔的设置，为后文情节的发展作铺垫，使情节巧得合理，巧得自然。二是运用插叙或倒叙，在情节的发展过程中，通过插叙或倒叙对情节作些必要的说明或补充，使之利于"巧合"的形成。

（4）铺陈误会。就是设置人与人之间由误解到理解的过程，这是通过偶然反映必然性的一种构思方法。通过造成误会，抓住读者的心理，让读者在顿悟中，感受作文的中心，领会其中的奥妙，增强文章的戏剧性，这种方法有些类似于相声中的抖包袱。在写作的过程中一定要注意误会消解的过程，在叙述的时候做到合情合理，不给人牵强附会之感。

当然，运用多种方法和技巧让叙事文情节生动，进而为文章增光添彩仅仅是叙事文的一种方法而已，作文的语言需要精心提炼、打磨，人物形象也需要刻画得丰满、典型，情感也需要真挚、自然，诸多因素综合作用才能形成一篇完整而优秀的作品。"兴波澜，起变化"，这些方法的运用也必须服务于作文的整体立意，不能为了波澜而波澜，也不能为了设置障碍而设置障碍，每一种方法都要用之有度。

通过增加文章波澜的方法让作文的情节动起来，让作文活起来，这是看似简单实则需要不断学习和探究的。人们常说"读书百遍，其义自见"，作文写作同样如此，方法仅仅是技巧，如何将这些技巧运用于实际的写作过程才是最重要的。"纸上得来终觉浅，绝知此事要躬行"，作文指导的最终目的是为了学会方法并最终运用于写作的实践。希望在写作实践中，师生都能通过设置跌宕起伏的波澜，体会到文章的动态美，蛇形线之美。

4. 关注语言，巧用修辞

叙事类文章虽然重在叙述事情的起因、经过、结果，在于具体明确地叙述一件或几件事情，但如何叙述，采用怎样的表现手法、表达技巧同样也很重要。运用合适的语言表达，尤其是巧用修辞使所要记叙的事件更加形象、生动，无疑可以为叙事文章锦上添花。

语言与修辞的关系，就好比绘画中线条与色彩的关系。单凭线条构成的图形没有生气，若敷陈适当的色彩，就会使画面鲜明生动起来，观赏者不仅得到了图形的概念，还可以得到色彩的启迪和美感。正如老舍先生说的："当你说一个人娴静如娇花照水时，就不但有了一个美如花的印象，还有了一幅娇花与水相互映照的画面。"这就是修辞对于语言的作用，这样的语言就是有文采的语言。例如《祝福》中写到"我"见到祥林嫂时的情景："天色愈阴暗了，下午竟下起雪来，雪花大的有梅花那么大，满天飞舞，夹着烟霭和忙碌的气色，将鲁镇乱成一团糟……那是下午，我到镇的东头访过一个朋友，走出来，就在河边遇见她；而且见她瞪着的眼睛的视线，就知道明明是向我走来的。我这回在鲁镇所见的人们中,改变之大,可以说无过于她的了:五年前的花白的头发,即今已经全白,全不像四十上下的人;脸上瘦削不堪,黄中带黑,而且消尽了先前悲哀的神色,仿佛是木刻似的;只有那眼珠间或一轮,还可以表示她是一个活物。她一手提着竹篮,内中一个破碗,空的;一手拄着一支比她更长的竹竿,下端开了裂:她分明已经纯乎是一个乞丐了。"其中,对雪的描述,对祥林嫂瘦削的脸、呆滞的眼睛的描写都运用了比喻、拟人等恰当的修辞手法,令文章别具韵味。

运用修辞方法使语言富有文采,但不能乱用修辞方法,就像一幅画不能过多地敷陈色彩,一个人在日常生活中不能浓妆艳抹一样。修辞方法的运用是建立在准确的表达基础上的。

当然,叙事文章写作的方法多种多样,以上所述仅仅是九牛一毛,沧海之一粟。这些方法也不是放之四海而皆准的,关键要根据所叙之事进行具体问题具体分析。

四、推荐阅读资料

1. 刘高伟.波澜起伏　引人入胜——叙事性作文写作指导与升格示例[J].阅读与作文(初中版),2008(11).

2. 张建平.《"黄河九曲"写事要有点波澜》教学设计[J].中学语文教学参考(教师版),2010(10).

3. 潘丽.尊重认知规律　开启写作新思路[J].吉林省教育学院学报,2012(1).

4. 杨雪峰.浅议实践法对初中叙事类作文教学的帮助[J].中学教学参考,2013(7).

5. 周波.品读考场叙事类作文的"形象与生动"[J].中学语文,2014(12).

6. 刘玲.浅谈怎样让作文叙事波澜起伏[J].中学课程辅导(江苏教师),2014(16).

7. 陈虹先.初中叙事类作文教学指导策略及方法探微[J].中学课程辅导(教师通讯),2015(10).

8. 张如意.细致描写:让叙事类作文更精彩[J].中学语文教学参考,2015(17).

9. 牛银影.初中生叙事性散文写作训练的方法与途径[J].中学教学参考,2015(31).

五、后续练习

请你认真阅读,完成下面的题目:

1. 用设置障碍的方法扩写《夸父逐日》

《夸父逐日》是一篇短小精悍的古代神话故事:"夸父与日逐走,入日;渴,欲得饮,饮于河、渭;河、渭不足,北饮大泽。未至,道渴而死。弃其杖,化为邓林。"

全文不过短短37个字,却展现了原始先民坚韧、勇敢、大无畏的英雄主义奉献精神。短短的37个字给我们留下了无尽的想象,试想夸父逐日的过程不可能是一帆风顺的,他会经历怎样的困苦和挫折?请你运用所学的设置障碍的方法,增加文章的波澜,将《夸父逐日》扩写成一篇不少于800字的记叙文。要求立意明确,障碍的设置能自圆其说,语句连贯,表达清晰。

作文提示:《夸父逐日》作为流传千古的神话故事传说,本身是中国古代原始先民的一种大胆的想象和假设,因此学生在进行障碍设置时较为自由,可以充分引导学生大胆发挥他们的想象力,只要能自圆其说就可以。

障碍的设置可以从外部环境和内心心理两个维度进行思考,也可以两方面都有所涉及。外部环境方面,在夸父逐日的过程中,太阳如此毒热,夸父必然会口渴难耐,而他作为身躯如此巨大之神人,如何解决喝水的问题,如何在干旱如非洲旱季大草原的环境中找到水源,便可以作为其中一个外部障碍。当然,环境异常燥热,食物短缺,野兽追击,地势险要,火山喷发、地震等自然灾害之类的都可能成为他追日路上的一道道屏障。内在心理方面,可以设置夸父经历了因为逐日妻离子散而感到痛苦、孤寂,不被别人理解甚至被别人嘲笑时的无奈,有时道路艰难险阻失去信心等等障碍。

设置的障碍可以多种多样,学生的思维和想象力也较为活跃,相信肯定会有多种多样的想法,关键是如何引导学生进行合理的谋篇布局。障碍的设置不可任意而为要有主有次,叙述时详略得当,波澜的波峰有高有低才能使文章扣人心弦,引人入胜。

2. 请用所学叙事方法,结合下面材料,写一篇不少于 800 字的记叙文,题目自拟

1996 年,宋培伦辞去了大学教授的职务,放弃了热爱的漫画事业,褪去艺术家的光环,带着自己年迈的老母亲,选择了扎根贵阳最偏僻的山村,穷毕生积蓄流转了三百亩山林。他打算用自己的余生在这里完成一件伟大的作品,建设石头的艺术世界,一座可以屹立千年的城堡——花溪夜郎谷。他将自己的艺术归结为"大地的艺术",希望将自然、环保与大地融为一体。他追求返璞归真的艺术形式,与自然为伴,与村里的村民为伴,搭建一个贵州乡土文化的活态园林。他在山谷搭建水山戏台,让当地村民展现自己的文化与生活。在这里他们过了近 20 年的自然、坚韧、朴素的生活。从 1996 年的构想到 2016 年令人叹为观止的建筑的建成,他与村民像搭积木一般地建设着他们心中的奇幻城堡,精心守护着每一块石头、瓦片。然而,现代城市文明还是以势不可挡的姿态扩张到了夜郎谷内。事实上,早在 1986 年,宋培伦就曾建造过一个艺术村落——画家村,力图以艺术带动经济的形式保护古村落,可惜画家村最终还是被拆了。宋培伦希望自己能够再庇护夜郎谷二十年,希望自己能够活到夜郎谷凭自己的价值不被拆的那一年……

作文点播:这一材料选自雷虎的一篇文章《56 岁,他隐居山野当起石匠,花 20 年搭出了一座奇幻城堡》,在网络上引起了人们极大的关注。这则材料内容较为丰富,写作时着眼的角度多样,有对梦想的坚持,对艺术的执着,也有对古村落、文化艺术的保护与破坏等等,可以选择任意一个角度进行写作。例如,写作时可以运用悬念设置法首先呈现花溪夜郎谷 20 年之后的景象,也可以运用顺逆交替的方法写宋培伦与夜郎谷的经历,只要言之成理,中心明确即可。

第八章　描景作文课

一、背景描述

景物描写是指对自然环境和社会环境中的风景、物体的描写。景物描写主要是为了显示人物活动的环境，使读者身临其境。

老一辈的教育家们十分看重记叙文中的景物描写。叶圣陶认为：描写不是死板地照抄，应该表现出事物的特质。无论是人物的刻画，还是环境的描写都要着眼于衬托人物。吕叔湘先生在《吕叔湘论语文教学》中谈到他反对学生在作文中堆砌辞藻、装腔作势的做法，他认为那是"邪路"。而迄今为止，大部分学生作文的景物描写仍存在这样的问题。到了20世纪八九十年代，语文教学界对记叙文的描写方面的写作教学研究更加重视。常青的分格训练教学法，对于记叙文的描写建议作"加格"语段的训练。上海大学文学院李白坚教授探索出的"大作文"作文教学中，关于中学作文教学改革的一种理念和方法体系，其中，在初中趣味大作文这一板块中专门有一个描写训练的章程。近几年来，许多一线教师则在景物描写的写作教学方面做了更多细节化的研究。

诚如王国维在《人间词话》中所说，"一切景语皆情语。"一般来说，景物描写包括两个方面的内容：自然景物和社会环境。自然景物的描写即是对大自然中一切景物的描摹，在描摹景物的过程中，很自然地渗透了作者对景物本身的喜爱或厌恶的感情，这就是常见的写景手法：情景交融。通过描摹自然景物来表现作者的思想情感的写景记叙文在初中是记叙文写作的重点之一。

对社会环境的描写，一般是为文中人物的活动或事件的发生提供场所，或者为文章故事情节的发展作铺垫，往往起到推动暗示情节发展的作用，且对社会环境的描写恰到好处也有难度，因此，社会环境的描写多出现在文学作品中，在初中阶段的写景记叙文里只需了解，不作过多写作要求。

现代著名作家茅盾曾经说过："作品中的景物描写，不论是社会环境还是自然环境，都不是可有可无的装饰品，而是密切地联系着人物的思想和行动。"然而在平时的写作中，同学们一方面常常轻视景物描写，以为景物描写可有可无，作用不大，另一方面作文中的景物描写单纯是对景色的描写，并没有发挥景物描写的重要作用。学生往往只是粗略地勾勒景物轮廓，缺乏色彩，语言平淡。而他们在阅读时也往往一目十行，只关注故事情节或自己感兴趣的内容，一些用以烘托人物心情、表现人物性格的景物描写往往被他们一带而过，忽视其重要作用。

二、课堂例析

《描写景物》课堂实录及评析

(一) 材料背景

这是沈阳市第二十四中学高春艳老师在"全国文学教育与作文教学高级研讨会"上执教的一堂作文课的教学实录及评析。本课内容是语文出版社的课标实验教材七年级(上)第三单元的写作训练——描写景物。针对学生不重视景物描写、未能掌握景物描写方法的现状,这堂课充分利用教材,将读写结合,"无痕"地渗透于写作指导中,并总结归纳出描写行之有效的方法和要领,最后创设具体情境,锻炼了学生的写作能力。

(二) 教学过程

师:我们曾沿着朱自清的足迹领略过旖旎的春光,我们也曾踏着老舍的脚步走进过济南的冬天,夏天在杨万里的眼中是"接天莲叶无穷碧,映日荷花别样红",秋天在杜牧的笔下则是"霜叶红于二月花"。古往今来,有多少文人墨客,面对名山大川、四时美景,挥毫写下了精美的篇章。无论是他们的创意,还是他们的笔法,都值得我们去认真地揣摩。今天这节课老师就想和同学们一起来探讨一下如何对景物进行描写。

(教师板书:描写景物)

师:再看老师为大家准备的两个例句。请一位同学读一下。

(多媒体展示)

> ① 天上的云,形态富于变化。
>
> ② 天上的云,真是姿态万千,变化无常。它们有的像羽毛,轻轻地飘在空中;有的像鱼鳞,一片片整整齐齐地排列着;有的像羊群,来来去去;有的像一床大棉被,严严实实地盖住了天空;还有的像峰峦,像河流,像雄狮,像奔马……——《看云识天气》

师:大家看这两个句子各运用了什么样的表达方式?

生:例① 运用了叙述的表达方式,例② 运用了描写的表达方式。

师:是的,同学们请看,同样是写云,叙述表达得很直白,而运用描写就可以具体、形象地把云的不同姿态展现出来。下面我们来看一下描写的概念。

(多媒体展示)

> 描写是指用准确、鲜明、生动的语言文字,对人、事、景、物进行具体描绘和刻画的一种表达方式。

师:如果从描写的对象上分,同学们想一想,可以把描写分为哪几类呢?

生1:神态描写、语言描写、外貌描写、心理描写。

生 2：这些可以概括为人物描写，我想还有景物描写。

生 3：我补充一点，还包括环境描写。

（多媒体展示）

$$
\text{描写的种类}\begin{cases}\text{人物描写}\\\text{环境描写}\\\text{景物描写}\end{cases}
$$

师：这节课我们就重点研究景物描写。

【点评1】读写结合，明确描写的概念。从课文的范例出发，通过比较记叙与描写的区别，引出描写的概念并落实到本课的重点——景物描写上，符合学情的实际情况，有助于激发学生的学习兴趣。

师：其实对景物进行描写，同学们并不陌生，在小学的时候，我们就接触过这方面的内容，但是在习作中，教师却常能读到这样的话："这里的景色多美啊！""眼前的美景太迷人了！"到底有多美、多迷人，别人不知道，写得很空洞。那么，怎样才能把笔下的景物描写得栩栩如生，活灵活现呢？下面我们再来欣赏两个片段，看看作者是怎样描绘景物的。

（多媒体展示）

> 桃树、杏树、梨树，你不让我，我不让你，都开满了花赶趟儿。红的像火，粉的像霞，白的像雪。花里带着甜味儿；闭了眼，树上仿佛已经满是桃儿、杏儿、梨儿。花下成千成百的蜜蜂嗡嗡地闹着，大小的蝴蝶飞来飞去。野花遍地是：杂样儿，有名字的，没名字的，散在草丛里，像眼睛，像星星，还眨呀眨的。
>
> ——《春》

师：这段文字大家熟悉吗？

生：熟悉，学过。

师：在这段话里，作者为我们描绘的是一幅"春花图"。在描写桃花、杏花、梨花以及遍地野花时，作者是采用什么修辞方法和其他手法来突出其特点的呢？

生："你不让我，我不让你"，运用了拟人的修辞方法。作者这样写突出了春花竞相开放时的动态。

生："红的像火，粉的像霞，白的像雪"，运用了比喻、排比的修辞方法。作者这样写是为了突出花的颜色艳丽。

生："野花遍地是：杂样儿，有名字的，没名字的，散在草丛里像眼睛，像星星，还眨呀眨的"，运用了比喻、拟人的修辞方法，突出野花数量多，明丽、透亮的特点。

生："闭了眼,树上仿佛已经满是桃儿、杏儿、梨儿。"这句话不是实写,而是虚写,借助联想,突出了花开的繁茂。

生："花里带着甜味儿"是通过味觉来突出花的香。

师:同学们分析得很细致。大家看作者写桃花、杏花、梨花到遍地野花时,是采用什么样的顺序来描写的呢?

生:(齐答)由上到下。

师:(总结)这段文字作者集中笔墨只描写一种景物,通过动静、色味、虚实、高低多个角度,为我们勾勒出一幅五彩缤纷、立体感极强的优美画面。

【点评2】以优秀课文选段为范例,提供学生模仿的依据。以课文为范例,让学生了解到描写的多个角度,提供学生模范的范例,可以逐步提高学生的写作能力。

师:下面我们再来看另一篇文章的节选。

(多媒体展示)

> 在水天相连的地方,是一道尚未退却的乌云,它翻滚着,好似奔腾的骏马。再往上,就是那雨后所特有的万里晴空了。这淡蓝色的苍穹一直伸展到我的身后,垂向一片碧绿的草滩,草滩上伫立着连绵起伏的深褐色的山峦。
>
> 而我的脚下,银色的公路像是一条哈达,逶迤着伸向遥远的地方……一幅多美的画卷啊!
>
> 我几乎醉了,想跑,怕破坏这画卷的安谧;想喊,又怕惊动这画卷的宁静……我只有独自默默地伫立着,任大脑在美中陶醉,任心潮在美中起伏。　　——《青海湖,梦幻般的湖》

师:请一名同学有感情地为大家朗读一下。其他同学思考,这段文字都描写了哪些景物?

(生充满感情地朗读完后,学生齐鼓掌)

师:这位同学朗读时感情非常充沛,很有感染力。现在来回答老师刚才的问题吧。

生:乌云、晴空。

生:草滩、山峦、公路。

师:下面老师把这段文字做一个小小的改动,大家看表达效果有什么不同?

(多媒体展示)

> 在水天相连的地方,是一道尚未退却的乌云,它翻滚着,好似奔腾的骏马。
>
> ↓
>
> 在水天相连的地方,是乌云。

师：同学们比较一下，改后的文字比原文少了哪些词语？看看表达效果的差异。

生：缺少了"它翻滚着，好似奔腾的骏马"，改后就表现不出乌云的动态了，而且去掉了比喻，乌云的形象感也没了。

师：说得非常好。的确，这样一改，我们看不出乌云的动态了，而且形象感也消失了。

（多媒体展示）

> 再往上，就是那雨后所特有的万里晴空了。这淡蓝色的苍穹一直伸展到我的身后，垂向一片碧绿的草滩，草滩上伫立着连绵起伏的深褐色的山峦。

↓

> 再往上，就是晴空。这苍穹一起伸展到我的身后，垂向草滩，草滩上有山峦。

生：改后的文字缺少的是"淡蓝色"、"碧绿"、"伫立着连绵起伏的深褐色"等。这些主要是形容景物的色彩的。去掉后景物就不鲜活了。

师：说得真好。同学们都发现了改后的句子在描写对象前缺少了表颜色的词，这样一改，景物的色彩就显现不出来了。

（多媒体展示）

> 而我的脚下，银色的公路像是一条哈达，逶迤着伸向遥远的地方……一幅多美的画卷啊！

↓

> 而我的脚下是公路。一幅多美的画卷啊！

生：公路前面缺少了"银白的"，还少了"逶迤着伸向遥远的地方"。"银白色"是形容公路的颜色的，就因为白，所以才把它比喻成哈达，十分恰当。"逶迤着伸向遥远的地方"，写出了公路不断延伸伸向远方的效果，而改后这些效果就没有了。

【点评3】借助改写与原文的对比，突出描写的作用。通过《青海湖，梦幻般的湖》文章中的片段的改写，在鲜明的对比中突出了描写的作用，使学生真正明白了景物描写的重要作用。

师：是的，除此之外，我们还要注意一点，那就是，我们对景物进行描写时，还要做到情景交融。大家请看选文第四段。

（多媒体展示）

> 我几乎醉了，想跑，怕破坏这画卷的安谧；想喊，又怕惊动这画卷的宁静……我只有独自默默地伫立着，任大脑在美中陶醉，任心潮在美中起伏。

【点评4】 抓住抒情片段，帮助学生理解情景交融的写法。"一切景语皆情语。"《青海湖，梦幻般的湖》的第 4 段恰恰是在前三段的景物描写铺垫后，水到渠成地抒情，是情景交融的佳例。

师：体会一下，作者在前三段详细、具体、生动描写的基础上进行的抒情，我们觉得很自然，是水到渠成。而改后的文字你觉得它美吗？你陶醉了吗？

生：没有。

师：改后的文字虽然也提到了景物的名字，但它还是描写吗？

生：不是。

师：是什么？

生：叙述。

师：由此我们可以看出，面对同一描写对象，要想使它鲜明、形象地呈现在读者面前，给读者以美感，用什么表达方式效果更好一些？

生：描写。

师：是啊，叙述平淡、直白，描写具体、形象。

师：通过对以上语段的分析、讨论和交流，同学们能总结出几种景物描写的一般方法吗？

生1：写景时要融入自己的感受。

生2：在描写对象前加上一些表示颜色的形容词。

生3：写景时可以借助一些修辞方法来突出景物的特征。

师：同学们说得很具体。老师把大家的发言总结为三句话。

（多媒体展示）

> 描写景物的方法
> △加修饰语
> △运用修辞手法
> △融入作者的感受

师：第一点加修饰语，即在你所描写的景物前加上一些表性质、颜色、状态的词，把景物写活。

第二点运用修辞手法,它包括比喻、拟人、对比等,可以把景物描绘得更形象。

第三点融入作者的感受,就是常说的情景交融,抒发真情实感,才能深深打动读者,引起他们的共鸣。

【点评5】结合本堂课的所学内容,让学生自我总结景物描写的方法。在引导学生分析几个课文片段的基础上,总结归纳描写的三个要点,即在描写对象前加修饰语,选用恰当的修辞方法,融入作者的切身感受。

师:方法归纳出来了,下面我们就运用这几种方法写一段描写景物的片段。动笔前提几点要求:

(多媒体展示)

1. 认真观察。
2. 抓住景物特征。
3. 运用描写方法。

老师提供两幅图片给大家,分组写,限时5分钟。

(多媒体显示图片,并播放录音)

【点评6】设置一些具体的情境,锻炼学生的写作能力。不同心情下看到相同的景物也会产生不同的心境。让学生根据相同的两幅图画补写景物,考查学生是否掌握了景物写作的方法,强化学生写景的能力。

(5分钟后)

师:同学们都停笔吧。下一个环节是展示、互评。在互评时我们按以下要求进行:

1. 描写了哪些景物?
2. 怎样描写的?具体运用了哪种景物描写的方法?
3. 用得恰当吗?如不恰当,可以试着改动一下。

哪位同学愿意把你写好的文字读给大家听?

生：(举手)我愿意。

师：这位同学勇气可嘉,其他同学请认真听。

生：在白云蓝天互相映衬之下的是一片碧绿宽广的草原。其间一群雪白的羊儿在悠闲地觅食,享受着温暖的午后阳光,它们在草原上缓慢地散步,仿佛是一块绿色地毯上的白色小花,而在瞬间却又变换了形状,给这块寂寞的草原增添了一丝活力。

师：请其他同学点评一下这位同学的描写。

生1：她描写了白云、蓝天、草原和羊群。在描写景物时,她能在所描写的景物前,加上表示颜色的形容词,突出了景物的色彩。

生2：运用了比喻的修辞方法,来描写草原上的羊群,十分形象贴切。但是,缺少情景交融的部分。

师：两位同学的点评很精当,这位同学的景物描写不仅在景物前加入了适当的修饰语,而且恰当地使用了修辞手法,生动形象,引人入胜,但正如第二位同学所说,缺少了情感。我想可能是时间有限,否则这位同学在下面的文字中就要借景抒情了。另一小组写得如何呢? 下面老师随便点一名同学发言。

生：丝丝清风,蔚蓝的天空中飘着几朵白絮状的云,目光下移,高耸入云的山峰静静地站在那儿,好似一位遥望远处美丽景色的老者。他为了与远处的美景相衬,也精心挑选一身碧绿的服装披在了身上。随着脚步的迈进,心情也愈愉悦,因为那水波粼粼的湖面上,掠过的船,令人目不暇接。

【点评7】从学生的当堂习作看教学的效果。学生的写景片段写得都很好,基本上都是按照本课所教授的方法来写的,即在描写对象前加修饰语,选用恰当的修辞方法,融入作者的切身感受,基本掌握了景物描写的方法。

师：这位同学读完了,谁来点评。你来试试。(叫举手的同学)

生1：他写的这段话层次分明,从天空写到水面。

生2：我欣赏他写的"他为了与远处的美景相衬,也精心挑选一身碧绿的服装披在了身上"。这句话,将山峰的颜色——绿——写得生动,有诗意。

生3：我认为他有一句话写得不符合逻辑,"丝丝清风"是人眼看不到的,与后文中"目光下移"是不搭配的。

生4：文章运用了比喻和拟人的修辞方法,生动形象,突出景物的特征。

师：同学们点评得都很好。第二位同学注意到了景物描写的空间顺序,不仅如第一位同学一样使用了修饰语和修辞手法,在融入自己的切身感受方面也有所改进,让人感受到他心情的愉悦。由于时间的关系,我们不再一一点评了。

【点评8】借助讲评,强化方法,增强学生的写作自信心。《语文教学大纲》在阐述评价的作用时提到:"应发挥评价的多种功能,尤其应注意发挥其诊断、反馈、激励的功能,有效地促进学生的发展。"让全班学生讨论评价,让读习作的学生感觉自己的能力被认可,并在交流后认识自己的不足,从而提高写作技巧。

> 师:通过以上的训练,同学们能够感觉到景物描写并不难。只要你仔细观察,选准角度,运用恰当的描写手法,我相信每位同学都能写出生动感人的文字。这节课我们就上到这儿,谢谢同学们!

【点评9】真正把教材中的写作训练当作"课"来教。在课堂上利用大量优秀的课文片段,以读促写,引导学生总结景物描写的方法,再让学生借助方法当堂训练并讲评,保证了学生的学习效果。

【总评】

针对学生不重视景物描写、未能掌握景物描写方法的现状,我认为高老师的这堂课在解决上述问题方面是一个较优秀的课例。

1. 例文指导写作,无痕衔接

读写结合是语文教学的一条重要原则。叶圣陶曾指出:"不要把指导阅读和指导写作看成是两回事,实际上写作基于阅读。"高老师的这节课,围绕着写景训练,充分利用教材,联系了《看云识天气》、《春》、《青海湖,梦幻般的湖》等多篇课文的片段,在鲜明的对比中使学生真正明白了什么是记叙,什么是描写以及如何对景物进行描写,并认识到描写的重要作用。以教材中的文本引路,"无痕"地渗透写作指导,这远比那种弃课文而不顾,把动态的写作流程变成静止的原则、孤立的规矩和死板的方法的作文课有效果得多。

2. 描景方法指导,训练得当

叙文中写景语段的精彩之处往往借助多种描写的方法来体现景物的美,并贴切地表达作者的情感。高老师在引导学生分析几个语例的基础上,总结归纳出来描写的三个要点,即在描写对象前加修饰语,选用恰当的修辞方法,融入作者的切身感受。这就是方法和要领。"授人以鱼,不如授人以渔",我们明显地看到,在接下来的当堂训练中,学生都写得很好,而且基本上都是按照这三点来写的,这就说明了方法的重要性。高老师的这节课,就只抓住"描写景物"这一训练重点,聚焦在对景物进行描写的方法上,重点突出,有的放矢,让40分钟的课堂高效有序,值得我们借鉴。

3. 当堂写作反馈,课堂高效

高老师当堂设置了一个具体的情境,借助相同的两幅图画,锻炼学生的写作能力。通过学生补写景物的习作来考查学生是否掌握了景物写作的方法,强化学生写景的能力。在学生完成习作之后,高老师并未自行点评,而是让其他学生来评价。评价应发挥评价的多种功能,尤其应注意发挥其诊断、反馈、激励的功能,有效地促进学生的发展。让全班学生讨论评价,让读习作的学生感觉到自己的能力被认可,并在交流后认识自己的不足,从而提高写作技巧。

(本课例由沈阳市第二十四中学高春艳设计并执教,由杭州二中白马湖学校丁子涵点评和总评)

三、资源链接

(一)景物描写的类型

景物描写按其对象分,有天文类,如日月星辰、春夏秋冬、风云雨雪、雾露雷霜……有地理类,如山水原野、溪川湖海、路桥礁岛……有植物类,如花草树木、瓜果庄稼……有动物类,如马羊牛猪、鸡鸭鹅、鱼鸟虫兽……有建筑类,如殿阁院寺、坟塔房舍、园林塑像……有用具类,如车船、杯盘、乐器、家具……总括以上各种景物,可归纳为三大类:

1. 风景描写

即对大自然风景的描绘。如日月星云、花草树木等等。用绘画语言来表达,可叫"风景画"。如《雨中登泰山》(李健吾)中这样描写石头:

> 有的石头像莲花瓣,有的像大象头,有的像老人,有的像卧虎,有的错落成桥,有的兀立如柱,有的侧身探海,有的怒目相向。有的什么也不像,黑忽忽的,一动不动,堵住你的去路。

2. 风俗描写

即作品中有关独特的风俗人情、生活方式、社会风貌的描绘。用绘画的语言表达,可叫"风俗画"。如《祝福》(鲁迅)中这样描写鲁镇的旧年祝福习俗:

> 旧历的年底毕竟最像年底,村镇上不必说,就在天空中也显出将到新年的气象来。灰白色的沉重的晚云中间时时发出闪光,接着一声钝响,是送灶的爆竹;近处燃放的可就更强烈了,震耳的大音还没有息,空气里已经散满了幽微的火药香……这是鲁镇年终的大典,致敬尽礼,迎接福神,拜求来年一年中的好运气的。杀鸡,宰鹅,买猪肉,用心细细的洗,女人的臂膊都在水里浸得通红,有的还带着纹丝银镯子。煮熟之后,横七竖八的插些筷子在这类东西上,可就称为"福礼"了,五更天陈列起来,并且点上香烛,恭请福神们来享用……

3. 风物描写

即人工制造的具有特点的景物与器物描绘。较大的如园林,较小的如金石风物描写。用绘画的语言表达,可叫"风物画"。如《小桔灯》(冰心)中这样描写小桔灯:

> 炉火的微光,渐渐地暗了下去,外面变黑了。我站起来要走,她拉住我,一面极其敏捷地拿过穿着麻线的大针,把那小桔碗四周相对地穿起来,像一具小筐似的,用一根小竹棍挑着,又从窗台上拿了一段短短的蜡头,放在里面点起来,递给我说:"天黑了,路滑,这盏小桔灯照你上山吧!"

(二)景物描写的特点

1. 情景交融,紧扣中心

刘勰在《文心雕龙·物色》中说:"岁有其物,物有其容;情以物迁,辞以情发。"王国维也说:"一切景语皆情语。"景物描写往往渗透着作者的主观情意、审美情趣。由于情与景的交融,产生了艺术的意境,或触景生情,或借景抒情,或寄情于景,或托物寓意,或咏物寄志,或状物抒情,紧扣中心,有力地表现文章的主题。例如马致远的《秋思》:

> 枯藤老树昏鸦,小桥流水人家,古道西风瘦马。夕阳西下,断肠人在天涯。

寥寥数语,景中含情,情景交合。正如刘熙载在《艺概》中所说:"情句中有景字,景句中有情字。"

2. 抓住特征,描写简洁

除了写景状物的文章外,景物描写在作品中往往是衬托人物心理,渲染环境气氛,表现中心思想的,属"宾"不属"主",所以描写要抓住特征,作简约的描绘。即便通篇写景状物,作者也要抓住景物特点作简约、经济的描绘,以给人留下深刻的印象和美的享受。例如《雨中登泰山》中这样描写"松树":

它们不怕山高,把根扎在悬崖绝壁的隙缝,身子扭得像盘龙柱子,在半空展开枝叶,像是和狂风乌云争夺天日,又像是和清风白云游戏。有的松树望穿秋水,不见你来,独自上到高处,斜着身子张望。有的松树像一顶墨绿大伞,支开了等你。有的松树自得其乐,显出一副潇洒的模样。不管怎么样,它们都让你觉得它们是泰山的天然的主人,谁少了谁,都像不应该似的。

3. 视角众多,富有层次

中学所选课文景物描写多角度、多层次,描绘细腻,富有特色。如刘白羽写日出,从飞机上看;姚鼐写日出,从山上看;巴金写日出,从海上看。朱自清写荷塘,写荷叶、写荷花、写荷香、写荷波,层次分明。

4. 辞格多样,富有美感

景物描写多用比喻、拟人、象征、对比、衬托、排比等修辞手法,抓住景物特征,细致入微地描绘,创造出"诗情画意"的意境,使读者获得艺术和美的享受。如《春》(朱自清):

盼望着,盼望着,东风来了,春天的脚步近了。

一切都像刚睡醒的样子,欣欣然张开了眼。山朗润起来了,水涨起来了,太阳的脸红起来了。

小草偷偷地从土里钻出来,嫩嫩的,绿绿的。园子里,田野里,瞧去,一大片一大片满是的。……

桃树、杏树、梨树,你不让我,我不让你,都开满了花赶趟儿。红的像火,粉的像霞,白的像雪。……

春天像刚落地的娃娃,从头到脚都是新的,它生长着。

春天像小姑娘,花枝招展的,笑着,走着。

春天像健壮的青年,有铁一般的胳膊和腰脚,领着我们上前去。

朱自清的《春》,运用比喻、拟人、排比等手法描绘了春草、春花、春风、春雨的自然美,赞美了春的无限活力及给予人们的喜悦与希望。

(三) 景物描写的方法

1. 概貌描写法

用简练的文字写出景物的全貌或缩影叫"概貌描写"。谈彦廷主编的《写作》说:"大家在生活中都有这样的一种体会,对自己感兴趣的事物的总体印象会深深地留在脑海之中,这种印象或许并不十分具体,但是却极为鲜明。概貌描写就是把对一种景物,一个环境的这种总体印象表达出来。"例如《荷花淀》(孙犁)在叙述妇女们为避开鬼子追赶而摇着小船奔向荷花淀时,这样写道:

她们奔着那不知道有几亩大小的荷花淀去,那一望无边际的密密层层的大荷叶,迎着阳光舒展开,就像铜墙铁壁一样。粉色荷花箭高高地挺出来,是监视白洋淀的哨兵吧!

作者在这里写出了当地的风光,把辽阔的、有利于和敌人周旋作战的地形勾勒出来了。这种总体印象的描写,就是典型的概貌描写。

2. 定点换景法

描写时固定在一个观察点上,将所看到的景物按一定的顺序描写出来。运用这种方法,重要的是选择好观察点,观察点不同,观察的方位、角度不同,呈现的面貌也就不同,表达效果就不一样。例如《威尼斯》(朱自清)描写景物时以"圣马克广场"为中心(固定观察点),按顺序,依次写了圣马克堂——公爷府——运河——佛拉利堂、圣罗珂堂——公园等五处景色。又如《陈奂生上城》，描写陈奂生来到招待所，观察周围的布置也用"定点换景法"。作者以"陈奂生睡在床上看"为定点，先写他的总印象"新堂堂，亮澄澄"，然后再由上而下地察看房间的"平顶"、"四周的墙"、"地板"，接着再看室内的陈设，犹如电影镜头慢慢移动，给人们如同亲临其境的鲜明逼真的感觉。

3. 定景换点法

这一方法与"定点换景法"刚好相反。景物（描写对象）是不变的，但观察（角度）是变化的。我们常常可以从高低、远近、前后、左右等不同角度去观察、描写同一个景物，它可以多侧面、多角度地描摹同一对象，给人以整体感。例如《我的空中楼阁》（李乐薇）描写"楼阁"，景物不变而角度常新。作者为了表现"我的空中楼阁"的美，依次写了：地理位置的美——背景衬托的美——领略景观的美——环境独特的美——交通出入的美——夜色朦胧的美——自然装饰的美。作者写作"形散（七个角度）神聚（楼阁之美）"，是"定景换点法"的典型者和代表者。

另外，朱自清的《绿》也是这样，先描写在"山边"看到的瀑布远景：

走到山边便听见哗哗哗哗的声音；抬起头，镶在两边湿湿的黑边儿里的，一带白而发亮的水便呈现于眼前了。

接着观察点移到"亭边"，用细腻笔法描写瀑布的近景：

那瀑布从一面冲下，仿佛已被扯成大小的几绺；不复是一幅整齐而平滑的布。岩上有许多棱角；瀑流经过时作急剧的撞击，便飞花碎玉般乱溅着了。那溅着的水花，晶莹而多芒；远望去，像一条条小小的白梅，微雨似的纷纷落着。

4. 移步换景法

这种写景方法最多，游记类作品中的作者往往采用这一"推移描写"。作者"走"一步，"看"一景，依次描写看到的不同景象。这些景色既有自身独立的一面，又互有内在联系，构成完整的一篇。这一描写方法与"定点换景法"描写只从一个观察点上描写显然不同，与"定景换点法"选择几个观察点，从不同角度对一景物作描写也有区别：那就是它注重于"依次描写"，即观察点常变，景物常新。例如：李健吾的《雨中登泰山》以游踪为线（从岱宗坊到天街），在虎山水库写水、在七真祠写佛、在二天门写瀑、在步云桥写松、在十八盘写阶，在南天门写石，秩序井然，景物突出。又如《大明湖》，作者以老残的游踪为线索，步步而进，层层写景，有"按空间顺序观赏景物，随行动地点变化描写"的鲜明特点。具体地说，《大明湖》"移步换景"是按这样的次序展开的：上车所见——进城所见——坐船所见——下船所见——复行所见——南望所见——低头所见——转身所见——进门所见——绕廊所见——上船所见——鹊华桥所见……各处景物刻画，都给人留下深刻印象。还有刘白羽的《长江三峡》写乘"江津号"顺流而下，先经瞿塘峡、巫峡，再过西陵峡、秭归、泄滩、兵书宝剑峡、青滩，直至崆岭滩。作者对三峡风光的描写就运用了船移景换的方法。

5. 选景侧重法

这种方法对所描写的对象，侧重其中的一点，突出其中一个方面的景色来描写，而对其余有关的或忽略不写或只是略略提及。如朱自清的《荷塘月色》着重描写的是"月色荷塘"、"荷塘月色"，对蝉鸣、蛙声，对漏进树缝的灯光只是略略一带而过，并省略了很多实际存在的景象。请看：

曲曲折折的荷塘上面，弥望的是田田的叶子。叶子出水很高，像亭亭的舞女的裙。层层的叶子中间，零星地点缀着些白花，有袅娜地开着的，有羞涩地打着朵儿的；正如一粒粒的明珠，又如碧天里的星星，又如刚出浴的美人。微风过处，送来缕缕清香，仿佛远处高楼上渺茫的歌声似的。

这时候叶子与花也有一丝的颤动,像闪电般,霎时传过荷塘的那边去了。叶子本是肩并肩密密地挨着,这便宛然有了一道凝碧的波痕。叶子底下是脉脉的流水,遮住了,不能见一些颜色;而叶子却更见风致了。

作者写月色下荷塘,从荷花而荷叶而荷香而荷波,顺序而下,细腻而形象地描写了景物,重点突出,层次分明,给人艺术的享受。

(四)景物描写的作用

1. 显现环境,交代背景,创造气氛

景物描写是作品有机的组成部分,作者不会因为写景而写景,写景为的是渲染气氛,交代背景,显现环境。请看《党员登记表》开头:

> 暴风雪在飞扬着……
>
> 一九四三年的海莱山区,颤栗在凛冽的寒冬里。
>
> 风卷着雪花,狂暴地扫荡着山野、村庄,摇撼着古树的躯干,撞开了人家的门窗,把破屋子上的茅草,大把大把地撕下来向空中扬去……仿佛世界上的一切,都是它的驯顺的奴隶,它可以任意地踩蹦他们,毁灭他们……

白色恐怖的环境、气氛立即展现在我们面前,为故事发生创设了典型的环境,为人物出场铺垫了背景。

2. 衬托心理,表现性格,塑造人物

作者在写作过程中,以人物形象的塑造为出发点,去描写作品中特定角色所处、所见、所感的客观自然景物,并使这个景物与人物的性格、情感相谐和。例如《故乡》写回忆中的闰土:

> 深蓝的天空中挂着一轮金黄的圆月,下面是海边的沙地,都种着一望无际的碧绿的西瓜,其间有一个十一二岁的少年,项带银圈,手捏一柄钢叉,向一匹猹尽力的刺去……

作者描写出与人物密切相关、相协的景物,以衬托和丰富人物的性格,有的书把这种景物叫"角色景物",有的书或称"性格景物"。

又如《祝福》中这样描摹鲁四老爷的书房:

> 我回到四叔的书房里时,瓦楞上已经雪白,房里也映得较光明,极分明的显出壁上挂着的朱拓的大"寿"字,陈抟老祖写的;一边的对联已经脱落,松松的卷了放在长桌上,一边的还在,道是"事理通达心气和平"。我又无聊赖的到窗下的案头去一翻,只见一堆似乎未必完全的《康熙字典》,一部《近思录集注》和一部《四书衬》。

这短短不到二百字的描绘,把鲁四老爷的精神状态、心理趣味极简练地勾勒出来,他对长寿特别感兴趣,他的处世哲学就是老于世故,不动声色,他所衷心信服的是封建教义,他有文化但水平不见得很高……

3. 寄寓深意,暗示中心,突出主题

景物描写常依据主题和描写目的、意图来选择重点景物进行描绘,因而景物便寄寓了深刻的含义,由此暗示中心,表达主题。鲁迅在《故乡》的开头处这样渲染故乡的萧索:

> 我冒了严寒,回到相隔二千余里,别了二十余年的故乡去。时候既然是深冬;渐近故乡时,天气又阴晦了,冷风吹进船舱中,呜呜的响,从篷隙向外一望,苍黄的天底下,远近横着几个萧索的荒村,没有一些活气。我的心禁不住悲凉起来了。

作者在小说中要表达的中心是故乡的破落,旧社会农村的萧索、变化,我们不难从开头的景物绘画中找到答案。

4. 提供配景,点染故事,推动情节

景物描写有时在作品中看似闲笔,实则是为人物活动提供配景,点染故事,推动情节向前发展的。例如高中课文《林教头风雪山神庙》中描写的"雪"、"风":

> 正是严冬天气,彤云密布,朔风渐起,却早纷纷扬扬卷下一天大雪来。……
>
> 仰面看那草屋时,四下里崩坏了,又被朔风吹撼,摇振得动。……
>
> 雪地里踏着碎琼乱玉,迤逦着背着北风而行。那雪正下得紧。……
>
> 仍旧迎着朔风回来,看那雪,到晚越下得紧了……
>
> 林冲踏着那瑞雪,迎着北风……

在林冲来到草料场后的一段故事中,作者运用简洁的文字多次写到朔风和大雪,它不但渲染了气氛,更重要的是推动故事向前发展。设想一下,如果无风无雪草屋不会倒,林冲不会去买酒,陆虞候就不能烧了草料场,即使烧了,林冲也要烧死其中,不可能再听到陆虞候等人的"不打自招",也不会气得林冲杀了陆虞候等人,逼上梁山了。

5. 诗情画意,情景交融,给人美感

景物描写主要是对大自然中山川河流,日月星辰等景色的描摹,以表现"自然美"。并且作者往往寓情于景,把大自然刻画得富有"诗情画意",让人通过阅读,获得一种艺术的美感。李渔在《窥词管见》中说:"情为主,景是客。说景即是说情,非借物遣怀,即将人喻物。有全篇不露丝毫情意,而实句句是情,字字关情者。"

景物描写也只有情寓景中,景为情存,情景交合,才富有美感,所以传统文学作品主张把景物人格化。碧野说得好:"作家写景是为了抒情。景,是自然界的存在;写景,是通过作家的感受再现于作品的。它除自然美以外,同时也包含着作家的抒发感情的美。写景,不仅是作家对自然界的肉眼所见,更主要的是作家心灵的感受。"

碧野在《天山景物记》中这样描绘天山:

> 进入天山,戈壁滩上的炎暑就远远地被撇在后边,迎面送来的雪山寒气,立刻使你感到像秋天似的凉爽。蓝天衬着高耸的巨大的雪峰,在太阳下,几块白云在雪峰间投下云影,就像白缎上绣上了几条银灰的暗花。那融化的雪水,从高悬的山涧、从峭壁断崖上飞泻下来,像千百条闪耀的银练。这飞泻下来的雪水,在山脚汇成冲激的溪流,浪花往上抛,形成千万朵盛开的白莲。

这一"诗情画意"般的描绘,引得成百上千大学生去天山旅游!再看鲁迅对"百草园"的描绘:

> 不必说碧绿的菜畦,光滑的石井栏,高大的皂荚树,紫红的桑葚;也不必说鸣蝉在树叶里长吟,肥胖的黄蜂伏在菜花上,轻捷的叫天子(云雀)忽然从草间直窜向云霄里去了。单是周围的短短的泥墙根一带,就有无限趣味。油蛉在这里低唱,蟋蟀们在这里弹琴。翻开断砖来,有时会遇见蜈蚣;还有斑蝥,倘使用手指按住它的脊梁,便会啪的一声,从后窍喷出一阵烟雾。何首乌藤和木莲藤缠络着,木莲有莲房一般的果实,何首乌有臃肿的根……如果不怕刺,还可以摘到覆盆子,像小珊瑚珠攒成的小球,又酸又甜,色味都比桑葚要好得远。

作者绘声绘色,有动有静,有滋有味,情景交融,写出了情景,写出了色彩,写出了动态,实在让人难以忘怀,给人美感。

(彭小明)

四、推荐阅读资料

1. 鲍亚民.学会描写景物特征[J].中学教与学,2003(2).

2. 彭小明.中学语文课文景物描写概述[J].科学大众,2007(1).

3. 田园.读中赏　赏中品　品中学——从《春》的赏析中感悟景物描写的方法[J].中学语文教学参考,2007(6).

4. 沈跃林.丹青妙笔　诗情画意——与同学们谈如何写好景物[J].读与写(初中版),2008(5).

5. 崔登乾.抓住景物特点　写出有特色的文章——国际苏教版七年级语文《观察和描写景物的特点》写作训练[J].阅读与鉴赏(初中版),2008(6).

6. 吴小进.巧妙安排写景作文中的顺序[J].新作文(初中作文指南),2010(12).

7. 王国美.浅议作文中的景物描写[J].文学教育(下),2011(1).

8. 潘晓露,丁卫军.江风水韵竞风流——观察和描写景物特点写作指导[J].新作文(中学作文教学研究),2015(3).

9. 陈敏.远山近水皆有意　片草瓣花总关情——浅析记叙文写作中的景物描写[J].语文天地,2016(17).

五、后续练习

下面是陈胜全老师关于景物描写的教学设计,请你根据本章内容的学习,仔细阅读以下教学设计,认真思考,写出你的想法。

师:同学们,上周末你们在家人的带领下,观察了你们认为最有特色的美好景物,能给大家交流一下你们的观察所得吗?

(学生分享)

师:我知道大家都看到了自己认为最有特色的美好景物,那如何将眼中所见美景具体、生动而完整地描绘出来,形成一篇写景美文,使人读了陶醉其中,获得美的享受呢?

师:描写景物还得从观察景物说起。同学们,你们主要是从哪些方面去观察景物的呢?

(学生思考回答)

总结:观察景物要从景物的形状、颜色、质地、声响、味道等多方面去观察。那么,描写景物也要从景物的形状、颜色、质地、声响、味道等多方面着笔,这样才能准确而全面地写出景物的特点。

(多媒体展示)

景物描写内容一:描绘形状、颜色、质地、声响、味道等。(以学生对家乡景物的观察为例)

景物描写内容二:写出景物的变化和此景与彼景的不同点。(以朱自清的《荷塘月色》为例)

总结：同学们对景物描写技巧有较好的认识，可见你们是多么聪明。老师很高兴！若能将这些认识真正转化为自己掌握的作景技巧，老师就更高兴了。

（多媒体展示）

> 景物描写要注意的技巧：
>
> 1. 按一定顺序，写景要有条理。
>
> 2. 运用拟人、比喻等修辞，写景要形象。
>
> 3. 斟词炼字，写景要准确传神。
>
> 4. 动静结合，写景要有神韵。
>
> 5. 点面结合，写景要全面且突出重点。
>
> 6. 融入感情，写景要言情。

师：下面，我们一起来理解和掌握这些写景技巧。景物描写的顺序一般是空间顺序和时间顺序。空间顺序又分为两种，一是取一个固定的观察点，按照视线移动的顺序依次写出各个位置上的景物，或由远及近，或由内而外，或由上到下，或由整体到局部，等等。二是不取固定的观察点，随着观察者位置的转移来描写景物，也叫游览顺序。时间顺序是按一定的时段依次写景，描绘出景物的变化，如春、夏、秋、冬，晨、午、暮、夜。选用哪一种顺序，应视描写对象的特点和描写的实际需要而定。

（多媒体展示，学生思考、讨论）

> （1）下列写景句子用词精练恰当，请说说你的理解。
>
> ① 苹果树树干上长满了干苔，它那参差不齐的光秃的枝上点缀了几片泛红的绿叶，弯曲地伸向空中，好像老年人的向人哀求的、齐肘拐弯起来的胳膊一样。
>
> （［俄］屠格涅夫《处女地》）
>
> ② 被连绵的秋雨浸湿了的林荫路在颤巍巍的白杨树下伸展着。白杨树几乎已都成光秃秃的了，枯叶落了满地。瘦长的树枝在寒风中摇摆，抖动着那即将飘向空中的残叶。这些黄得和金圆一般仅存的残叶，整日里，像不停的秋雨，凄凄切切，离开枯枝，回旋飘舞，落到地上。
>
> （［法］莫泊桑《一生》）
>
> （2）请为下列写景句子空白处选填恰当的字词。
>
> ① 林海里，隐隐约约的，千百条溪流_____层层水雾，_____在条条竹枝间。
>
> （溅出、激起；环绕、团绕）
>
> ② _____的江水，给人一种特别_____的感觉。流到宽阔深沉的地方，仿佛如镜如泊；流到快畅_____的地方，则又如虹如带。虽然大地已经逐渐冷肃了，但四周的景物清朗而_____。
>
> （清澈、清亮；宁静、安静；飘逸、飘忽；柔和、温柔）

（3）请把下列写景句子写得更美一些。

① 秋天，葡萄结满了。

② 鱼儿在湖中游。

生：第1题第①句"参差不齐"、"光秃"、"弯曲"和"点缀"用得精练恰当，准确地描写了树枝的特点和树枝上绿叶的生长情态。第1题第②句"颤巍巍"、"光秃秃"和"凄凄切切"、"回旋飘舞"用得精练恰当，分别形象地描绘了白杨树的特点和残叶飘落的情态。

……

师：动静结合的景物描写，能使所写之景更有神韵。一是对动景的形象描写，二是化静为动，写出景的内涵和韵味来。特别是化静为动，是使描写增彩的神来之笔。请同学们完成以下小练习。

（多媒体展示，生动笔练习）

请用动静结合的方法描写以下两种景物。

① 校园后山。

② 盛夏田野。

（学生动笔写作）

总结：景物描写要抓住特定景物的特点。景物描写还要点面结合。如果只从面上作整体描写，往往会出现"这儿的景色真美啊"之类空洞的句子；美在哪些地方，要有点的描写。

师：下面请阅读你手中的阅读材料三，从景物描写要点面结合这一特点作出你的分析，并与同桌讨论、交流，加深对点面结合的写景技巧的理解。

（学生阅读、思考、讨论、交流）

师："一切景语皆情语"，景物是客观的，但写景之人是有感情的。面对景物，写作者总有自己的感情。下面请同学们根据下面不同的感情需要，描写"校园秋色"。

（多媒体展示）

写作感情要求：喜悦、忧伤。

（学生动笔练习）

总结：一个风景点的景物丰富多彩，不可能将它们全都写下来，应根据感情的需要，选取最能寓情的景物来描写。景物描写不能只局限于自然景物，景中还要有人的描写。景中有人的描写，一是指有人的感情，前面已经讲过了；二是指对景中人的描写，这是拓展、深化文章主题的切入点。如描写秋天的田野，要有对田野里农人的描写；描写美丽的花园，要有对花园里园丁的描写；描写可爱的校园，要有对校园里学生和老师的描写；描写游乐园，要有对游乐园里游人的描写等等。

（多媒体展示）

> 景物描写拓展、深化一：景中要有人。

师：对景中人的描写，可以是眼前所见景中人的实写，也可以是由眼前所见景产生对人的联想和想象的虚写。联想和想象，是拓展和深化写景文章主题的主要手法。

（多媒体展示）

> 景物描写拓展、深化二：联想、想象。

师：请同学们自我总结一下今天所理解的景物描写的有关知识和技巧，对景物描写的写作还有什么疑问，请提出来。

（学生总结发言）

总结：景物描写拓展和深化主题有一定的难度，还有其他的一些具体方法，在今后的作文教学中我们再深入理解。请同学们根据上周末景物观察所得，结合你当时的情感，运用今天所理解和掌握的景物描写知识和技巧，写一篇描写景物的文章，题目自拟，500字左右。

第九章　想象作文课

一、背景描述

　　想象，在我国古典文艺理论中称为"神思"。梁代的刘勰认为想象是"驭文之首术，谋篇之大端"。德国古典哲学的集大成者黑格尔则认为："最杰出的艺术本领就是想象。"我国著名的文学大师巴金则说："没有想象就没有文学。"爱因斯坦也非常重视想象力，他说："想象力比知识更重要，因为知识是有限的，而想象力概括世界上的一切。"

　　《义务教育语文课程标准（2011年版）》在第四学段的教学目标与内容中提出："写作要运用联想和想象，丰富表达的内容。"

　　联想就是人们根据事物之间的某种联系，由一事物想到另一有关事物的心理过程，它是由此及彼的一种思维活动。想象是人们在原有感情形象的基础上，创造出新形象的心理过程。联想和想象之间的关系十分密切，联想是在想象基础上的再创造，两者在文学写作中都具有重要作用。

　　（1）丰厚文章的内容。《文赋》谈作者构思作品时有言："精骛八极，心游万初。"这就是想象，借助于想象，可以"观古今于须臾，抚四海于一瞬。"须臾之间，古今四海，一览无余，就是想象的神奇力量。作家丰富的知识储备，深厚的生活积累，高超的技能技巧，是借助于联想、想象得以再现和重新组合的。通过感官进入头脑而被记忆保存起来的一切片段事物，美好的往事，有趣的经历，神奇的断想通过想象、联想重见天日，生发光辉，织成美丽的彩锦。

　　（2）丰富文章的形式。《诗经》里有"比"有"兴"。以声音相比，以形貌相比，以心思相比，以事类相比等中的"比"，都是打比方。本体与喻体虽不相同，但一旦通过想象，采取比喻的方法，联结起来，必定会存有共同之点。文章不仅因此而丰富多彩，博大精深，表现形式上也因多种方法的灵活运用而跌宕多姿。

　　（3）增加文章的感染力。文学作品是作者感情与外物，也即主观与客观相结合的产物。刘勰说的"情以物兴"，"物以情观"也是这个道理。"情"与"物"的结合靠的便是想象、联想。因为想象、联想是一种有意识、有目的、主动的、富有创造性的思维活动，它以饱满丰富而激荡的感情为先导，以作者的生活经验、阅历大千世界为基础，"登山则情满于山，观海则意溢于海"。如此，作品的感人力量便油然而生。

　　初中学生的作文一般内容单薄，难以有丰富的内容、感人的力量，与学生欠缺丰富的联想与想象能力应有关联。为此，在写作中要充分重视联想与想象的作用，以不断提高写作质量。

二、课堂例析

《发挥联想与想象》课堂实录及评析

(一) 材料背景

《发挥联想与想象》是部编版七年级(上册)第六单元的写作训练。在本单元阅读课文教学的基础上帮助学生进一步了解联想与想象,深入体会联想对于写作的作用,鼓励学生在写作中主动运用联想和想象。培养发散思维能力,学会多角度思考问题,使文章内容更丰富,表达更生动。

联想和想象对习作的重要性人人兼知。但是学生的联想和想象能力却往往少见提高。其中的一个原因是,老师在课堂教学中,抽象意义讲授多,具体方法指导少。其实,很多时候学会具体操作比理解意义重要,操作就是方法,就是能力。本课旨在培养学生的联想与想象思维,是作文教学的难点,尝试设置具体的情境,随着教师的指导,一步步探索并展开联想与想象。

(二) 教学过程

板块一　谈话切入,开启联想之门

> 师:今天我们一起学习的是一节作文课——《发挥联想与想象》。联想与想象的能力是我们与生俱来的。在生活中,我们看到一个事物或听到一种声音,就会产生联想与想象。脑科学家证实,青少年的联想与想象能力最强,我就先来考考你们的联想能力。
>
> (多媒体展示)
>
> 考一考　□
>
> 师:看到这幅图形,你想到什么就说什么。
> 生:相框。
> 生:方块字。汉字。
> 生:一个囚禁人的房子。
> 生:一个人的内在品质。
> 生:一个美丽的空间。
> 生:一片洁白无垠的世界。
> ……

【点评1】导入简明扼要,紧抓联想的思维特点。唤醒所有学生的参与意识,由于没有教师的要求束缚,呈广博的发散性,彼此思维互撞,更打开了学生联想的心门,达到了课堂热场的效果。

板块二　引用古诗，明确联想概念

　　师：同学们想到的有物品的名称、抽象的汉字形体、一句话描绘的场景等，联想的能力真强，让老师感到意外。

　　师：我们由图形正方形想到了如此多，这种思维方式就叫——

　　生（齐）：联想！

　　师：请一名同学朗读。

（多媒体展示）

　　联想——由某一事物想到与之相关的另一事物。

（生朗读）

　　师：怎样使我们联想的事物更加丰富呢？我们可以从四个角度出发。当我们看到方形，想到饼干，这是由两个物体的形状相似，即形似想到的，叫相似联想。还有一种相似联想是神似，比如看到方形，我们想到正直。当我们由猫想到老鼠，由树想到叶，这是相关联想。由天冷想到穿厚衣，由下雨想到撑雨伞，这是因果联想。我们还可以由白想到黑，由高想到矮，两种事物构成了相对相反的关系，这是反向联想。

　　【点评2】教师通过对第一环节的小结，明确"联想"概念。为了对事物有较深刻的认识，不致停留在肤浅的感性认识水平上，应形成思维的理性认识——概念，并有效地进行了概念的延伸拓展，让学生清楚联想的定义，也懂得联想的分类。

　　师：由联想的四个角度出发，我发现了一个有趣的现象：古诗词中也充满了联想。

（多媒体展示）

　　水是眼波横，山是眉峰聚。

　　待到重阳日，还来就菊花。

　　慈母手中线，游子身上衣。

　　我住长江头，君住长江尾。

　　师：水是眼波横，山是眉峰聚，这是——

　　生：相似联想。

　　师：山如美丽女子弯弯的眉毛。

　　师：待到重阳日，还来就菊花。这是——

　　生：相关联想。

　　师：重阳日有赏菊的习俗。

　　师：慈母手中线，游子身上衣。这是——

生：因果联想。

师：慈母手中的线编织成游子身上的衣服。

师：我住长江头，君住长江尾。这是——

生：反向联想。

师：长江头与长江尾相对。

【点评3】学生通过教师的引导，在典雅的古诗词的意境里熟悉了联想的四种类型，熟练了联想的方法，也浸润了诗词营造的古意。只是这一环节的内容选择没有和后面的课堂环节尤其是学生作文练习产生应和，略显遗憾。

板块三　重读经典，明确想象思维

师：生活中，我们运用联想思维的同时，也在不知不觉地在运用另一种思维，它就是——

生（齐）：想象！

师：看这段文字，请一位同学朗读。

（多媒体展示）

二郎圆睁凤目观看，见大圣变了麻雀儿，钉（dìng）在树上，就收了法象，撇了神锋，卸下弹弓，摇身一变，变做个饿鹰儿，抖开翅，飞将去扑打。大圣见了，搜的一翅飞起去，变做一只大鹚（cí）老，冲天而去。二郎见了，急抖翎毛，摇身一变，变做一只大海鹤，钻上云霄来嗛（xián）。大圣又将身按下，入涧中，变做一个鱼儿，淬（cuì）入水内……

——节选自《小圣施威降大圣》

（生朗读）

师：我们看红字部分，大圣和二郎真君变来变去，多好玩。老师现在也想变成一个智慧老爷爷，把聪明才智都送给你们。你们说，能不能？

生（齐）：不能！

师：为什么？

生：这不是真的，是（作者）想象出来的。

师：这些变来变去的现象都是作者吴承恩想象出来的，现实生活中没有。作者在此处运用了想象思维。

师：请一位同学朗读。

（生朗读）

（多媒体展示）

想象——在头脑中创造出从未曾有过的新的形象。

【点评4】 用二郎神与大圣变化这一情节能恰到好处地说明想象的特征。引用学生已经学习过的课文内容来明确想象的概念,旧有知识产生了深化和质变,从旧知到新知。但内容略显单薄。

板块四 词语搭桥,思维练习

师:在实践写作中,联想与想象是交织在一起运用的。老师给出一个题目,请同学们发挥联想与想象,从"圆"到"沙漠"之间搭一座词语桥,也就是说,思维的起点是"圆",思维的终点是"沙漠"。小组合作,比一比,哪个小组搭的桥最多。
(多媒体展示)

圆————————沙漠

(5分钟后学生停笔,开始交流)

生:圆——仙人球——太阳——湖泊——沙粒——沙漠。

师:想到了湖泊。

生:圆——黄色——骆驼——沙漠。

师:想到了颜色。

生:圆——水珠——太阳——炎热——大地——沙漠。

师:太阳炙烤着大地,有一片土地成为了沙漠。

生:圆——太阳——地球——非洲——沙漠。

师:运用了地理知识。

生:圆——镜子——海市蜃楼——沙漠。

师:可以创作一个美丽的传奇故事。

生:圆——树桩——森林——沙漠。

师:森林成沙漠,可悲的现实。

生:圆——圆满而又干枯的心灵——沙漠

师:你有一颗敏感的心灵,更关注人的内心世界。

【点评5】 "词语桥"形式极大地激发了学生的联想与想象思维。它给学生提供了直接、间接诱发联想与想象的材料,唤起潜藏在记忆中的生活画面。小组合作的方式使学生思维发生碰撞,在平等和谐的氛围里更有利于挖掘思维深处的积淀。教师对学生呈现的发散思维的点评是对各类材料的角度归类,使其显得有条理。

师:老师也搭了三座桥,没有你们想得丰富。请一位同学帮我读一下。
(多媒体展示)

A. 圆——落日——长河落日圆——大漠孤烟直
B. 圆——圆润——歌喉——《驼铃》——沙漠
C. 圆——方——"黑匣子"——《小王子》——撒哈拉沙漠

【点评6】 教师呈现的三组"词语桥"，内容物没有学生的丰富，但别有匠心，分别从古诗、歌曲、名著三个角度打开联想之门，更有意蕴，让学生的思维向着更有语文内涵的方向发展。

板块五　创编故事，想象拓升

师：我们联想与想象的翅膀已慢慢张开，我们的心灵即将飞翔。下面请看图片，创作一个小故事。

（多媒体展示）

（15分钟后，同学交流）

【点评7】 学生创编故事环节是本节课的一个训练重点。教师提供的图景很美，给人以希望、生命之感，在课堂流程的层层铺垫中，学生的想象之门被打开，唤醒了创作的冲动，又给足了动笔的时间，这是学生联想与想象力得到培养的一个有效环节。

生：在地下，有一颗种子，它希望面对灿烂的阳光。可是，它的周围却是一片漆黑，没有一丝明亮。

有人在耳边告诉它，向上吧，上面的世界就是你向往的明亮的世界，有最美的阳光。于是，这颗种子就暗暗下定决心，一定要向上，一定要迎接阳光。

无尽的泥土，它慢慢地钻，遇见石头，就把它推开。就这样，它冲破土层。可是，太阳呢？冰凉的空气中没有一丝温暖，甚至夹着雨打在它的脸上。它后悔了。

突然，雨停了，太阳出来了！哦，那是什么？是彩虹伴随着阳光！它赢了，笑了。

师：我听到了你那颗永不屈服向上的心。

生：《亲情》。那株已经发芽的植物，伸展着她的枝叶，好像在保护着旁边的孩子。每天，不管刮风还是下雨，不管炎热还是酷暑，已经发了芽的芽妈妈都在万分呵护自己的小宝宝。虽然每天都很累很累，但看到自己的孩子在慢慢长大时，心里不禁多了一些欣慰。身边的孩子也在努力成长，发芽，为了让妈妈看到自己无比高大的样子，他在努力成长。如果有一天妈妈老了，他也会像小时候妈妈呵护自己一样，付出自己全部的心血去照顾妈妈，即使再苦、再累，他也毫不畏惧。他怎能忘记在他发芽的过程中一直有妈妈的陪伴？

师：感人的亲情。你是一个懂事、孝顺的孩子，你的妈妈真幸福！

生：从前，这里是一片荒无人烟的沙漠。有一天，一个人要从这里走过去，别人对他说："你不要从那里过去，经过那里的人都没有出来。"而那个人坚持要走。就这样，他上路了。当他走进这片沙漠时，他想："我带了这么多东西，我可以绿化这里。"于是，他把随身带的种子撒在了这片干涸的土地。

他走了之后，一粒粒种子慢慢地发芽，茁壮成长，长成一棵棵参天大树。渐渐地，这里成了一片树林，成了动物的乐园。从此以后，这儿就成了人们经常走过的地方，而且，每个路过这里的行人都要撒下一粒粒种子。

师：多么曲折动人的故事。你的勇敢让沙漠变成绿洲。

……

师：希望同学们在今后的生活中有意识地锻炼自己的联想与想象的能力，让思维飞扬，让心灵翱翔！

【点评8】学生在文字里充分展现了联想与想象力，其丰富性、深厚度都值得赞赏。也可见词语桥练习对学生思维力提升的作用。但也很遗憾地发现，在最终的学生成果的呈现中均没有前面教学环节中出现过的古诗词、名著、歌曲等内容，教师的预设没有在学生的成果中充分体现。

【总评】

《义务教育语文课程标准（2011年版）》明确提出要培养学生的联想和想象能力，丰富文章内容。指导培养学生的联想和想象能力是语文教学一直的要求，作文课中的想象与纪实，本应互补。然与纪实作文相比，想象作文无论是课程理念、目标定位、策略选择还是模式生成，都还显得相当稚嫩和单薄。这个课例为当前想象作文教学提供了一个很好的范例。

1. 这是一堂让学生的思维动起来的课

联想和想象思维训练课要有实效，就要切实地激发学生的联想和想象力。在本课例中，从导入环节的多媒体显示"矩形"就唤醒了学生参与的激情，打开了联想之门。每一个板块，学生都是课堂的主体，没有束缚的联想想象口头表达，有条件限制的词语桥小组合作碰撞练习，乃至面对多媒体呈现的两颗小芽进行的长达十五分钟的笔头想象训练，都让学生成为课堂的主人，紧紧围绕"联想与想象"的思维训练开展头脑风暴。

2. 这是一堂教师指导学生进行联想和想象的课

联想和想象是抽象不可见的思维过程，这就要求教师精心设计教学环节以在具象的世界里指导抽象的思维过程。课例的词语桥练习中体现了学生思维的活跃。但教师并没有满足于学生天马行空的想象，而是呈现了预先设计的三组词语桥：A. 圆——落日——长河落日圆——大漠孤烟直；B. 圆——圆润——歌喉——《驼铃》——沙漠；C. 圆——方——"黑匣子"——《小王子》——撒哈拉沙漠。这三座词语桥分别借助诗句、歌曲和名著搭建而成，明显提升了思维的广度和深度。当然比较遗憾的是，教师没有引导学生注意并在后续练习中模仿学习这样的联想和想象。无论哪一个环节，教师都及时给出了点评意见，这可以有效引领学生的联想和想象能力。当然，教师的语言精练之外多一点高度，课堂效果会更好。

3. 这是一堂训练有容量有坡度的课

每一节语文课我们都要关注课堂训练的效率。本课例的课堂节奏恰当,导入热场的快速,搭建联想的词语桥的热烈,十五分钟当堂作文的安静,张弛有度。三者的难度适度层进,表现出明晰的坡度。而联想与想象概念的明确是学生生活经验与知识的融合,在联想与想象思维训练后,可以更好地帮助学生运用到自己的作文实践中。

(本课例由河南省修武县第二实验中学王志芳设计并执教,由杭州二中白马湖学校冯丽萍点评和总评)

三、资源链接

(一)记叙文中的联想和想象

1. 感受想象和联想的独特,让记叙文"尺水兴波"多曲折

首先,要善于利用事件本身的复杂性。有些事件本身就具有一定的曲折性和复杂性,只要准确把握这些事件本身的进展,就会使文章一波三折,显出一定的波澜。其次,掌握一定的"兴波"技法。有些事件本身比较简单,要将它写得一波三折,饶有兴味,就必须学会"兴波"技法。兴波的方法很多,比如悬念法、误会法、巧合法、抑扬法等等,运用这些方法就是要让简单的事件"复杂"化,变得有起伏,有波澜,有味道。

2. 放飞想象和联想的翅膀,让记叙文"风景绚烂"多厚重

记叙性、抒情性的文章常借助联想和想象来展开故事、抒发情感。我们现在有一些学生在写记叙文时内容上单薄欠厚重,一个很大的原因就是联想的缺失。没有了想象和联想,作文的思路必然受到局限。反过来,如果充分地运用想象和联想,我们就会有开阔的写作视野,思路就会得到延伸和拓展,生活就会真正成为一个取之不竭、用之不尽的作文素材库。这样,我们才会有可能另辟蹊径,让文章变得丰满、厚实、有味,从而将读者带入一个引人入胜的洞天,记叙文也就"风景绚烂"多厚重了。那么,在记叙文写作中如何运用想象和联想呢?首先,从大与小两个角度来联想。所谓大,就是说从社会、国家、人类等大的方面来联想;所谓小,就是说从个人、身边的方面来进行联想。其次,从正与反两个角度来联想。这要求我们看到题目,就要联想到与之相近、相似的一些事件,或者是联想到与之相反、相对的一些事件。最后,从因与果两个角度来联想。看到一个题目,我们来分析一下它产生的原因,或者探讨一下它可能会发生的结果。此外,我们还可以从古与今、中与外等角度来思考。

3. 体验想象和联想的功效,让记叙文"汪洋恣肆"添兴味

诗人这样说,如果你会想象和联想,那么,生命就是青山、绿水,就是山野春色里最美丽的青鸟。触目即是碧水,挥手即是明月,转身即是空山……文学家这样说,如果你会想象和联想,那么,生命意识就是李商隐的红烛,是李白的愁心明月,是宋词里的繁花流水,是落叶菩提,是一粒古典世界的种子,是亚里士多德和柏拉图的智慧,是特里萨修女的微笑,是非洲草原的帐篷,是圣地雪山的蓝色苍穹,是贝多芬的第五交响曲,是莫扎特的协奏曲,是塞尚的色彩,是卢梭的爱弥儿,是歌德的浮士德,是德拉克诺瓦的女神,是川端康成的美丽京都,是尼采的眼泪……生命是悲悯,是漫游,是承担,是宽容,是付出,是苦乐。是"采菊东篱下,悠然见南山"的自然,是威廉姆·布莱克"心灵是盛开的花朵"的美好,是约瑟夫·海伦对光明的渴望,是古代旅人漫长羁旅中的悠悠骊歌……如果说想象和联想让记叙文在材料上变得丰满起来,那么,描写能让记叙文在内容上

变得生动起来,使文章富有文采,饶有兴味。在记叙文的写作中,常用的表达方式主要有叙述与描写。但在具体写作中,很多同学存在着"重叙述,轻描写"的倾向,由于描写的缺失,文章平淡苍白,主题不突出,形象不鲜明,情景不感人。因此,我们要恰当地运用描写这一手段,把叙述与描写有机地结合起来,使我们的记叙文故事清楚,情节饱满,兴味盎然。那么,怎样运用描写呢?首先要关注人物描写。在塑造人物时,要综合运用外貌、语言、动作、心理、神态等描写,让人物形象具体、生动,栩栩如生,呼之欲出。其次要关注环境描写。环境描写常具有交代环境、渲染气氛、烘托人物、寄托作者思想感情、推动故事情节发展等作用。成功的环境描写,往往能造成一种如见其人、如闻其声、如临其境的感觉,使读者受到强烈的艺术感染,留下深刻的印象。最后,要关注细节描写。细节描写是指作品中对一些富有艺术表现力的细小事物、人物的某些细微的举止行动以及景物片段等的具体细腻的描写。细节描写可以是对一种特定情节下的人物的语言、动作、外貌、神态、心理的描写。细节描写往往会使记叙文更具有真实性与可读性,增强文章的感染力。

4. 挖掘想象和联想的潜能,让记叙文"扁舟一棹"有灵气

优秀的作文都是一个丰富的语言海洋,都是一个怡人心脾的美丽大餐:写人时,惟妙惟肖,栩栩如生,让人如见其行;说明时,不蔓不枝,条理清晰;写景时,绘声绘色,使人如临其境;抒情时,豪情满怀,以情感人;论理时,条分缕析,鞭辟入里,给人一种内在的逻辑力量。要发挥想象和联想的功能,要让语言富有文采,有张力,达到"妙笔生花,意蕴撩人"的效果,我们觉得可以从"四个一"入手,来进行训练:(1)用一些形象新鲜的词语。如《药》中的华老栓的"按",康大叔的"抢"、"扯"、"裹"、"塞"、"抓"、"捏"等动词,这些动词都无比精准地刻画出了人物的性格特征。所谓"新鲜",就是用自己的语言,用最富创造力的语言来表达情意。例如:"夜晚,都市依旧繁华,外面的世界无法不精彩,但他还是像一座老钟一样,准确地来到跳蚤市场。"我们一般说"外面的世界很精彩",但作者偏偏把"很"换成"无法不",让读者感受到潮流的奔涌、都市的繁华,更能感受他的艰辛、他的迫于生计、他的勤劳和质朴。(2)造一个有意蕴的句子。"意蕴"的意思一是意思较含蓄,不过于直白;二是意思比较深刻,值得读者仔细品味,而且越品越觉得有内涵。我们在作文时可以运用一些名言名句,来增加语言的意蕴。(3)用一些恰当的修辞手法。写人状物,多选比喻、拟人等;析事论理则多用排比等。当然,修辞手法的运用是综合灵活的,根据表达目的来选用。恰当地运用修辞手法,会增强文章的审美含量和文化内涵。特别是比喻,既形象又有文采,给人以美的感觉。还有排比,一连几个整齐划一的句子,给人一种奔放、开阔的气势。(4)写好一处细节描写。细节描写是对以上几点的综合,特别是在记叙类文章中,运用细节描写往往会使你的文章高人一筹。要在写作中得心应手地运用细节描写,仅仅解决思想重视和方法,还远远不够。必须要在生活中注意生活的观察、细节素材的积累,这样在写作中才能做到"妙在入微",使语言生辉,让文采飞扬。当然,还得经常阅读经典作品,从中汲取营养,接受熏陶,只有在多读多思中才能真正使自己的语言富有文采。

(董玉叶)

(二)议论文中的联想和想象

借助联想和想象提炼观点。议论文是以客观事理为剖析对象,它要求在对客观事物和事理的剖析中直截了当地表明自己的观点,提出自己的主张。作者在孕育自己的观点时一定要收集许多形象材料,那些具体形象的场景、事件、人物在作者头脑中此起彼伏,挥之不去,经过反复比较分析、综合概括,作者的观点形成了。从柳宗元《捕蛇者说》声情并茂的叙述描写中,我们甚至

可以推断出不仅是在提炼观点，即使是在写作过程中也始终伴随着联想和想象，蒋氏汪然出涕痛说自己九死一生的捕蛇经历，又欣然描绘其乡人为衙役逼迫鸡飞狗跳难输赋税时自己的幸运。

借联想和想象形象地论证观点。常说议论文就是摆事实、讲道理，在议论文写作中人们常常运用比喻论证来将抽象的议论形象化，加强论证的生动性。作为论据的比喻性材料一般是众所周知的寓言故事、神话传说，或者是人们比较熟悉且容易理解的具体事物，用它们来证明比较抽象的道理。而这些比喻性材料都是作者通过想象和联想获得的。鲁迅在《拿来主义》中给我们虚拟了一个青年的形象，用这个青年对待一座大宅子的态度来告诉人们对待古今中外的文化遗产，应该持有怎样的态度。

借助联想和想象丰富表达的内容。写作议论文时常常将不同时间、不同地点中的一类事物的某些相似点进行比较，根据其中某一事物所具有的特性，推论出另外一个事物也具有这一特性，事实本身并不能论述观点，只能起补充作用，丰富论述的内容。

借助联想和想象增强论证的说服力。议论文作者常常在比较两个不同的事物，或者是在比较同一事物的不同状况中对比地论证观点。而由甲事物想到乙事物或由事物的一个方面想到另一方面，运用的正是对比联想。凭借这一联想活动，作者可以从原有的积累中挖掘出相互对照的材料来，从中选择有助于表现主题者。

（霍海良）

（三）联想和想象能力的培养

1. 采集材料，扩大视野

材料是奠定联想和想象能力的基础。而一般来说，它又是与联想和想象成正比的：即材料越丰富，联想和想象就越开阔、深刻。材料是鼓动联想及想象这双翅膀的"空气"，如果没有材料，便不可能在创作的天空中自由翱翔。因此，为鼓动起同学们联想与想象的"翅膀"，有必要引导他们广泛收集材料，扩充知识视野来营造自己的创作天空。具体途径如：博览群书；充分利用视听材料：看电视，听广播、讲座，浏览网络，参观展览、博物馆，游访名胜古迹等等都可以成为采集知识的渠道；认真做好读书笔记，心理学家艾宾浩斯的遗忘曲线科学证明了记忆（保持）与遗忘相伴而生的矛盾统一性，也揭示了我们"好记性不如烂笔头"这一俗语的合理性所在。所以，要采集大量材料，就必须勤于动手，源源不断地把自己感兴趣的、有用的材料以有形的客体形式库存（笔录或存盘）起来。

2. 选好文体，展开训练

联想和想象能力主要来自实践，来自写作训练。因而，在储备了鼓动翅膀的空气之后，下一步的训练就是如何在作文教学中选好与联想、想象能力训练搭界的文体展开实际训练了。

散文训练的取材中触动联想。散文取材十分广泛，大到宇宙星空、社会人生及关涉全人类终极生存意义的哲理思辨，小到草木虫鱼、一人一事及关涉个人理想追求情感的意绪幽梦……可以说，天地间只要能触动心绪的万事万物都可以成为散文写作的素材，而无论其是写景、抒情，抑或是写人记事。社会人生是丰富多彩和绚烂多姿的，学生尽可以用生活中的所见所闻所感展开联想，寄方寸之感思，抒一时之情怀。

散文构思中展开联想。散文构思的角度，一般认为是"大中取小，小中见大"。着眼点要大，落笔点要小，即从一人一事、一景一物落笔，任思想驰骋，任思绪纷飞，以此来联想生发，于微言处言大义。

在给材料作文训练中多角度提炼论点培养联想。给材料作文训练，主要表现为以提供一定的材料为依据,而进行议论分析的训练形式。在给材料作文的写作中,由于所提供的材料仅是对写作范围方面有所限制,而其他方面限制相对要少,这样不仅有利于学生根据自身素养进行发挥,而且也有利于学生联想及想象能力的培养。因为生活中的一件事,报刊上的一个消息,书本里的一段材料、一则语言,历史上的一个故事往往可能从不同角度、不同层次提炼出众多的论点。面对这种材料,学生必须展开联想和想象,向四处扩散、辐射,多角度、多层次地分析、认识材料,如此,可提炼出新颖、独到的观点,从而写出上乘的文章来。

童话、诗歌创作训练。真正能使学生的联想及想象力最大限度地激发起来的写作文体是童话和诗歌。因为童话求的不是"实"而是抓住一点实而"炒作"的大虚;诗歌则大多是个人情感和心绪的直接流露,而无需循规蹈矩。所以,可以让学生试着写些童话、诗歌,只取一点因由,尽情地驰骋想象,彻底地解放思维。童话要求有很强的故事性,它须通过丰富的想象、幻想和夸张来塑造形象。童话生动的形象和曲折的情节大都是虚构的,在此项训练中,现实的窠臼被打破,所有的事物都以新奇的面目呈献给人们。

诗歌训练中拓展联想及想象。朱自清曾说:"诗也许比别的文艺形式更依靠想象,诗歌创作的实践过程就是艺术想象的过程。"进行诗歌创作训练不仅可以激发写作热情,更能挖掘出学生潜藏的想象力。通过想象,同学们把抽象化为具体,"团结是树和根,是风和帆";把虚化为实,"时间在一张张日历上日夜兼程";实化为虚,"妈妈舍弃了我,炊烟般离去";无生命的东西赋予生命,"月牙是一只青色的小虾"。诗歌创作中客观与主观、物与我之间的距离已荡然无存。

四、推荐阅读资料

1. 马宏斌.写作教学中联想想象能力的训练方法[J].教学与管理,2004(21).

2. 郑桂华.如何教好中学作文[M].北京:北京大学音像出版社,2008.

3. 刘晓莹.浅谈语文教学中联想和想象能力的培养[J].池州师专学报,2005(4).

4. 王家伦.作文就是联想与想象[M].镇江:江苏大学出版社,2010.

5. 雷其坤.中学作文高效教学[M].上海:华东师范大学出版社,2011.

6. 程启旺.联想与想象——记叙文写作构思过程简析[J].读与写,2011(1).

7. 赵亚玮.阅读写作的灵感隧道——论联想与想象对阅读、写作的功用[J].语文教学通讯,2011(5).

8. 陈军.论联想想象在意境构成中的作用[J].语文建设,2013(12).

9. 纪勇.设计求精粹 语言讲规范——《"发挥联想与想象"课堂实录》再点评[J].中学语文教学参考,2015(14).

五、后续练习

请你根据本章内容的学习,对以下设计进行点评。

《发挥联想和想象》教学设计

教学目标
1. 了解什么是联想、什么是想象。
2. 掌握联想的方法。

教学重点：掌握联想的方法，并自觉地在写作中运用。

（一）导入新课

请大家看一段视频，这是一段很有创意的洗衣机广告。说说这个广告的创意体现在什么地方？

普通的衣服、袜子、围巾等在广告设计师的眼中成了遨游海底的生物。这样的广告创意真让人叹为观止，广告设计师的想象力太丰富、太奇妙了。

丰富的联想和想象给我们的生活带来了如此美妙的享受。看来，美妙的生活离不开丰富的联想和大胆的想象。

其实，文学创作同样需要发挥丰富的联想和想象。

本课学习目标：了解什么是联想和想象；掌握联想的方法，并自觉地在写作中运用。

（二）检测预习

1. 什么是联想和想象？

2. 联想有哪些方法？（横向：相似联想、相关联想、因果联想、反向联想；纵向：过去、现在、未来）

3. 由"伞"你联想到了什么？

相似联想：蘑菇、亲人的爱、老师的爱

相关联想：雨伞的来历（鲁班发明）；与雨伞相关的人、物、事（买卖伞的人、歌曲、故事白蛇传）

因果联想：有伞不被雨淋

反向联想：伞阻碍了人与雨水的亲近，父母的溺爱

纵向联想：过去——现在——未来

（三）回放经典

（在我们的文学领域中，许多经典的作品就运用了多种联想的方式，从而使作品散发出独特韵味。不妨来回顾一下学过的课文，感悟联想的运用。）

下面的例子，分别用了哪些联想的方法？

1. 公欣然曰："白雪纷纷何所似？"兄子胡儿曰："撒盐空中差可拟。"兄女曰："未若柳絮因风起。"（相似联想）

2. 床前明月光，疑似地上霜。（相似联想）

3. 冰心《荷叶　母亲》由雨中荷叶为红莲遮风挡雨想到母亲为自己遮风挡雨。（相似联想）

4. 雨是最寻常的，一下就是三两天。可别恼，看，像牛毛，像花针，像细丝。（相似联想）

5. 问渠那得清如许，为有源头活水来。（因果联想）

6. 朱门酒肉臭，路有冻死骨。（相反联想）

7. 不识庐山真面目，只缘身在此山中。（因果联想）

8. 看到他，使我联想起许多往事。（相关联想）

9. 中考作文《低头是一种智慧》写了不懂低头的项羽：

纵然你的决定是于过往的回顾，于尊严的维护，于耻辱的对抗，但是如果你懂得低头是一种智慧，渡过乌江，以你的才能，以你的勇敢，卷土重来，历史或许会被改写。（反向联想）

（补充资料：项羽突围到乌江，乌江亭长劝他急速渡江，回到江东，重整旗鼓。项羽自己觉得无脸见江东父老，便回身苦战，杀死敌兵数百，然后自刎。南宋女词人李清照《夏日绝句》：生当作

人杰,死亦为鬼雄。至今思项羽,不肯过江东。)

10. 家里养的一盆仙人掌,一年四季都是那模样,我常常想象它的过去会是什么样子呢? 或许是漫天黄沙中独一无二的那一抹绿,静静等待一颗露珠的滑落。或许是植物园里紧靠墙角默默生长的一隅。每日的凝望是如此的寂静,察觉不到时间的流逝,现在我每天给它浇浇水,它亦默然不语,只是静静陪伴我,我想它终有一天会开出灿烂的花,和我一同共同成长吧。(纵向联想)

11. 宗璞的《紫藤萝瀑布》由眼前盛开的紫藤萝花想到十多年前家门口的那株紫藤萝。(纵向联想)

(四) 放飞想象

联想和想象被称为写作的翅膀,现在,让我们展开联想和想象的双翅,放飞思维,抒写华丽的篇章。

看下面的图形,展开联想和想象,写一段文字。100 字左右。(你可以选择其中的一幅图,或用所给的图形自由组合成一幅画。可以写成小诗,也可以是散文的一个片段,还可以是小故事)(10 分钟)

要求:各小组组员写好后,大声地朗读给本组组员听,由本组组员评议修改。最后选出本组最优秀的作品在全班展示。展示时各组在组内选一名朗读比较好、声音洪亮的同学来朗读。然后让指定的互评小组来点评,其他小组可以作补充。

展评的作品,被师生公认为优秀的,全组最高可以加 3 分。点评表现好的小组最高可以加 3 分。

(五) 现场写作

听一段描绘泉水的乐曲《泉水叮咚》,把你想象的画面用优美的文字写下来。(10 分钟)

示例:泉水一冲出深山罅隙(xià xì),月光就扑了过来。一轮梨花月变成了液体。揉碎了的月光,叮叮咚咚唱着歌,奔跑跳跃在竹林间、草地上。忽然从高高的石崖向下"蹦极",珠玉四溅;忽然在花丛间潜伏蛇行,若断还连,幽幽咽咽(yè)的;忽然又在光滑的鹅石溪床上跳着轻盈的舞步,带着小鱼,携着蝌蚪,跑向山外的世界……

(六) 课堂小结

联想和想象被人们称为写作的翅膀。今天老师只是带着大家利用联想和想象的翅膀,在写作的天空试飞。写作的功夫在课外,希望同学们在以后的写作中继续展开联想和想象的翅膀,飞向更高远的天空!

第十章 读写结合课

一、背景描述

《义务教育语文课程标准(2011年版)》提出:"语文学习应该注重听说读写的相互联系","要重视写作教学与阅读教学、口语交际教学之间的联系,善于将读与写、说与写有机联合,相互促进"。所谓读写结合,就是利用课文这个语言载体,从课文本身的内容出发,设计与课文有血肉联系的"写"的内容,从而达到以读促写、以写带读的教学目的。读写结合路径的理论基础主要是文章学。在叶圣陶、张志公的论述中,思路、写作方法、语言等都是基于文章学建立的读写结合点;丁有宽以"观察、积累——解题——构思与行文(表现中心、拟写提纲、详略)——修改"为线展开联结,也是基于文章学框架进行的。

阅读与写作之间有天然的联系,读写结合能有效提高教学效率。听、说、读、写结合是新课改之前语文教学的基本思想,在20世纪八九十年代,一些研究者主张把读写结合作为教学的基本原则。张隆华提出"读写结合原则",张鸿苓提出"听、说、读、写相互配合、互相促进的原则"。20世纪90年代的语文教学大纲都一致强调了听、说、读、写相结合的原则。现今的中学语文教材特别重视培养学生听、说、读、写能力的整体发展。一方面,教材写作模块、口语交际模块和综合性学习模块往往是放在一起的,并照应阅读模块,让听、说、读、写整体发展。另一方面,选文模块中也在进行读写结合,每篇选文后的练习都有一道与作文关联的练习题。

教学实践证明:无论从阅读向写作迁移还是写作向阅读迁移,共同的基础体系或基础知识使得阅读和写作可以在一个领域习得然后迁移到另一领域,通过同样的学习过程来相互提高。因此,可以以教材为载体,发挥教材的典范作用,读写互促,综合学习,整体提高语文能力。语文教学应通过写作来学习阅读技巧,又通过阅读来学习写作的技巧,阅读与写作可以贯通一起进行教学。具体地说,写作实际上是模拟阅读的过程而阅读也是模拟写作的行为。因为在写作过程中,写作者必须从读者的角度考虑整篇文章的布局以及选材,身兼读者和作者两种职能;而在阅读过程中,读者必须预测、揣摩写作者的意图,身体力行地扮演写作者的角色。阅读和写作既是独立的,又是相互依赖、相互影响、互相促进的,是一个有机的整体。

"读写结合"是初中语文教材最重要的编写思想之一。语文新教材每单元包括"阅读"、"写作"、"口语交际"、"综合性学习"四大板块,每单元的阅读部分所选课文都有一个共同点(如话题、情感、写作特点等),而写作训练总是围绕本单元的"阅读"共性来安排内容。从教材编排角度看,编者是把读与写当作一个有机整体来看待的,显现出一种角度丰富、细水长流、实时训练的特点。

目前,中学生整体阅读和写作水平低下,究其原因,跟教师在语文教学中将课文讲析与指导学生写作割裂开来密切相关。即使讲文章的开头结尾、谋篇布局、过渡照应、写作特点等知识,教师也多从理论上讲解,不注意引导学生结合作文进行思考,去揣摩写作的规律,去寻思自己生活中的写作素材,去模仿课文的写作方法,去思考自己应怎样写好同类的作文。因此,积极探索读写结合的教学方法很有现实意义。

二、课堂例析

《写出特别之处背后的故事》课堂实录及评析

(一)材料背景

本课为记叙文写作指导。记叙文写作,是把自己的亲身感受和经历,通过生动、形象的语言,描述给读者。黄厚江老师的课堂领着学生紧紧抓住细节的疑问处,通过讨论及对故事情节的猜想续写,让学生学会写文章时候写出特别之处背后的故事。

(二)教学过程

板块一　发现特别之处

师:今天我们一起写一篇记叙文。平时大家都是一个人写作文,对吗?

生:对。

师:今天我们大家一起写,而且还请来了一位作家和我们一起写。

(多媒体展示)

> 今年的雪下得大,埋没膝盖,到处有胖乎乎的雪人。下班时,路过院里的雪人,我发现一个奇怪的迹象:雪人的额下似有一张纸片。我这人好奇心重,仔细看,像是贺卡,插在雪人怀里。

(一生读)

师:我们写文章一定要注意写出事物、人物的特别之处。比如说看到小狗,你要注意这只小狗与其他狗不同在什么地方;看到一棵树,要能看出这棵树和那棵树有什么不同的地方;当然,看到一个人也是如此。这是写好记叙文的前提。看到黄老师走进教室,有同学笑了,他们肯定是看到了我某一点特别的地方。现在我们来看看这段话中的雪人有什么特别的地方。

生:额下有张贺卡。

生:它比较胖。

师:它比较胖和额下有张贺卡,你觉得哪个更有特点?

生:它比较胖。

师:大家看过胖的雪人吗?

生:看过。

师:大家看过雪人有贺卡吗?

生:没有。

师：对。雪人胖比较正常，雪人要瘦是不容易的，所以，特别处是雪人的额下有张贺卡。

师：作者又有什么特别的地方？

生：很有好奇心。

【点评1】语言干净而有重点。引导学生抓住人物的特点，教师的智慧在随口一问的一个小问题中体现无遗："它比较胖和额下有张贺卡，你觉得哪个更有特点？"

师：一个人要写好文章必须始终保持好奇心，没有好奇心文章就写不出来了。这位作者很有好奇心，所以写出了很多优美的散文。现在大家再来想一想，这张贺卡会是什么人写的？

生：小孩。

师：一个小孩给胖胖的雪人写一张贺卡？想想这是一个怎样的小孩？

生：这是一个可爱又调皮的小男孩。

师：为什么说他是可爱又调皮的男孩？

生：这个调皮的小孩堆完了雪人还给它写张贺卡，表达对雪人的祝福，可见他很可爱。

师：黄老师小时候也很调皮。如果我是调皮的男孩，可能不是给雪人写张贺卡，而是在它身上画一个图案，或是给它添两撇胡子。但这个孩子却是给雪人写了张贺卡，所以这个孩子不仅仅是调皮，他还给雪人送上自己的祝福。给雪人送上祝福，会是一个怎样的孩子？

生：善良的孩子。

师：愿意为别人送祝福的人肯定是个善良的人，而这个孩子给路边的雪人送上祝福，除了善良，还会有什么原因？

生：他可能对雪人有份特别的回忆。

生：他可能特别孤独。

师：都很有道理。特别孤独的人可能对不是人的事物更加亲近，因为他在生活中找不到朋友。契诃夫写过一篇小说，写的是一个赶马车的人，他一边赶车，一边和拉车的马交流。如果你是文中的小男孩或是小女孩，会给雪人写一张怎样的贺卡？

【点评2】黄老师设置了习作情境，为学生提供了一个"写作场"，引导学生进入写作氛围。情节的虚构是不能脱离生活的真实的，黄老师对于写作者的身份意识的强调就是对文章本身的尊重，更是对写作指导的准确把握。

板块二　以一个小朋友的口吻给雪人写贺卡

师：现在请大家以这个小孩的口吻写贺卡。

（学生动笔写贺卡，然后交流。）

生：亲爱的雪人，愿你洁白的心灵永存世间。

师：谁来评点一下，写得怎么样？

生：感觉不像小男孩的水平，他的水平比小男孩高。

师：感觉身份不是很符合，贺卡应该写得更有孩子的特点。是的，这话写得太老成了。不过意义还是很深刻的。

生：亲爱的雪人，今年的雪下得和去年一样大，我也还是和去年一样没有找到一个朋友，幸运的是上帝把你送到我身边，也许每天你只能听到呼啸的风声为你送来远方的消息，只能听到漫天的飞雪回忆老旧的往事。可是今年我很乐意与你做伴。

师：谁来评点一下？

生：写得很好，不仅有环境描写，而且用拟人的手法把雪人写得栩栩如生，但她没有写出祝福，所以我觉得还没有达到标准。

师：刚才的女同学文笔非常好，写出了小男孩的孤独。当然，评价一篇作文好不好，首先要想想它的要求。大家想想，这张贺卡应该有什么要求呢？第一，口吻必须是个孩子。第二，他很善良。第三，他很孤独。对照这三个条件，刚才那女生写得非常好。其他同学是怎样写的？

生：亲爱的雪人，新年快乐，祝愿你永远这么可爱，谢谢你陪我度过快乐的童年。

师：孩子的特点很鲜明，还含蓄地写出了内心的孤独。可是雪人能"陪我度过快乐的童年"吗？（学生笑）好，我们来看看作家是怎么写的？作家有没有写出这三个特点来？

（多媒体展示）

> 雪人：
>
>   你又白又胖，橘子皮嘴唇真好看。你一定不怕冷，半夜里自己害怕吗？饿了就吃雪吧。咱俩做个好朋友！
>
>   祝愿：
>   新年快乐   心想事成！
>
> 四年级三班   李小屹

师：作者不仅把孩子的特点和孩子的善良写出来了，同时还写出了自己的孤独。哪些句子表现了这些内容？

生："半夜里自己害怕吗？"

生："咱俩做个好朋友！"

师：对，这些句子写得很好，写出了善良，写出来了孤独，也写出了一个小学生的特点。那么这个故事接下去该怎么写呢？大家想想，看到这样一个漂亮的雪人，还有一张贺卡，接下去该怎么写呢？如果你是路人，或是那个很有好奇心的作家，看到雪人，看到这样一张贺卡，你会怎么做？

生：我会想认识一下这个小男孩。

师：好，你也很有好奇心。我们下面来看看作者是怎么写的。

> 我寄出也接受过一些贺卡，这张却让人心动。我有点嫉妒雪人，能收到李小屹这么诚挚的关爱。我把贺卡放回雪人的襟怀，只露一点小角。回到家，放不下这件事，给李小屹写了一张贺卡，以雪人的名义。我不知这样做对不对，希望不会伤害孩子的感情。

【点评3】教师在点评学生发言的过程中明确了写作的要求。写话要符合人物的身份，要符合相应的语境，要有童真童趣。通过创写和原文的比较，明确了习作的要求：作者不仅把孩子的特点和孩子的善良写出来了，同时还写出了自己的孤独。读写共生。

板块三　以雪人的口吻给小朋友写贺卡

师：你们有没有人像作者一样，想到以雪人的名义给小男孩回贺卡？有没有？（学生摇头）这就是我们写不出好文章的原因。我就不批评了，现在我们来补偿一下，大家以雪人的口气来写一张贺卡。大家想一想，这一回写贺卡有什么要求？首先要以雪人的口气写。还有，这是一张回复的贺卡，前后两张贺卡应该有关联。所以还要写出什么？

生：要表达谢意。

生：要写出雪人的祝福。

（学生写贺卡）

师：我们来交流交流。

生：亲爱的李小屹，收到你的来信，你善良的心灵让我在这冬天不再感到寒冷，而我也会默默陪你度过这个冬天。希望你在这个冬天不再孤独，衷心祝福你永远幸福快乐！

师：点评一下。

生：我觉得写得挺好的，写得挺像雪人的，也写出了雪人的祝福。

师：这句话中一再提到冬天，为什么？

生：因为小屹在这个冬天感到很孤独，冬天就代表小屹这份孤独的心情，所以雪人要祝福他。

师：说得有道理，冬天突出了雪人的环境，也突出了孩子和雪人孤独的心理，所以他们更加需要这份关心和温暖。

师：还有谁来展示一下？

生：收到你的来信我很开心，我会永远珍藏这封信的，祝你快乐、健康地成长，永远保持这份善良的心。无聊的时候可以找我聊天，因为我们是好朋友。

师：点评一下。

生：我觉得写得很好，她写出了这是对小屹信的回复，也写出了想和小屹做好朋友的心理。

师：我请两位男生来展示一下。（没男生举手）

师：你看这么多男人，一点都不像男人，男人就应该主动，就应该有担当。

（众生笑，一男生举手）

生：亲爱的李小屹，感谢你的来信与关爱，在这个冬天我将不再感到寒冷，非常愿意与你交朋友，希望我们这份友谊能到永远！

师：评点一下。

生：他以雪人的口吻写，也写出了祝福。

生：你好，李小屹！很高兴成为你的朋友，感谢你的关心，希望春天永远不要来，这样我就能永远陪着你。

师：谁来评点？

生：我觉得"春天永远不要来"写得不太好，太悲催了。

生：我觉得应该写希望你早点找到朋友，而不是写春天永远不要来。

师：是的，友情不像爱情那样是自私的、唯一的，对不对？"希望春天永远不要来"不像善良人说的。雪人也是善良的孩子，它不会因为友情而希望春天不要来，没有了春天，那多可怕。

生：谢谢你的贺卡，李小屹，晚上我也会感到害怕，有你的陪伴我满足极了。你很可爱，我祝你学业进步，永远幸福。也祝你早日找到新朋友，我们一起来享受来年的春光。

师：写得真好，相同的意思用不同的表达。两人写得都很好，但刚才这位同学的境界更高了，我觉得比作者写得还要好。我们来看作者是怎么写的。

（多媒体展示）

> 很高兴收到你的贺卡，在无数个冬天里从来没有人送给我贺卡，你是我的好朋友。祝你永远幸福快乐！

师：你看，和我们同学写得差不多。好，我们已经写了两次贺卡了，但我们今天不是学习写贺卡，而是学习写记叙文。

【点评4】循序渐进的习作练习是学生逐渐熟练掌握习作技能的必要途径。黄老师设置的第二次写贺卡环节，一则情节发展的需要，也是学生学法的需要，学生有了明显的进步。这得益于黄老师在第二板块时引领得法，学生渐入佳境，已经懂得读懂情节，读透人物，因而习作得到了黄老师"比作者写得还要好"的评价。

板块四 再给雪人写贺卡

师：刚才讲过，写记叙文的关键是写故事。作者接下去会怎么写，我们来猜一猜。接下去李小屹还会不会再给雪人写贺卡呢？认为会的举手。（举手人很少）那么，接下去李小屹不写贺卡了，会干什么呢？

生：我觉得这个孩子会去找这个作者。

生：他可能会带着信一起去陪雪人。

师：找作者？他知道有个"作者"吗？他知道有个作者是谁吗？——不过，这是一种思路。哦，陪雪人，白天陪着它，晚上也陪着它。这也是一种思路，写文章嘛，可以有许多种不同的思路。那我们先来想想，如果李小屹收到雪人的贺卡后又回了一份贺卡，会怎么写？我们先想这一种思路，再来思考其他的思路。大家试着再来写贺卡，一定要从故事发展的角度想一想，应该写什么样的内容。

师：很多同学的贺卡写得很快，已经很熟练了，但我们要的不仅仅是写贺卡，而是故事情节的展开。孩子给路边的雪人写贺卡，作者替雪人回写了一份贺卡，孩子收到了雪人的贺卡。接下去还能写什么呢，还是写祝你快乐吗？我们写记叙文，情节要不断地展开，内容会越来越丰富。好好想想，怎么写才能推动情节的发展？如果你是这个孩子，雪人给你写了贺卡？你会有什么想法？你身边人会怎么反应？

（学生写作）

生：亲爱的雪人，收到你的来信我感到有些意外，但更多的是惊喜。不知道你是否真实存在，但你已经在我心里住下，让我感到这冬天的温暖。

师：写得真好。我看了好几个同学写的贺卡，大多是"我带几个新朋友给你看看"等等内容，没有什么新意。你看她写的"收到你的来信我感到有些意外，但更多的是惊喜"，写出了内心的具体感受，也写出了内心的矛盾。"我不知道你是否真实存在，但你已经在我心中住下，让我感到这冬天的温暖。"立意深刻，写得很好！让我们看看作者是怎样写的。

（多媒体展示）

> 我收到你的贺卡高兴得跳了起来，咱们不是已经实现神话了吗？但我的同学说这是假的。是假的吗？我爸说这是大人写的。我也觉得你不会写贺卡，大人是谁？十万火急！告诉我！（15个惊叹号）你如果不方便，也可通知我同学，王洋，电话621××10。
>
> 祝愿：万事如意 心想事成！

师：大家把作者写的和同学们写的比较一下，觉得谁写得好？

生：我觉得作者写得好，作者写得更贴近孩子的内心。

师：对。现在黄老师问两个问题：哪些同学写到了高兴的心情？请举手。（绝大多数同学举手）

师：哪些同学写到"高兴得跳了起来"？请举手。（基本没有同学举手）

师：这就是我们的不足。写记叙文，要尽可能多描写，要用具体的表现写出人物的心情。我再问：哪些同学写到内心矛盾？请举手。（大多数同学举手）没有写出内心矛盾的同学要反思。如果是，你接到了一个雪人的贺卡，你内心就没有一点矛盾？你身边的人，也不会有不同的态度吗？所以，文章即使是想象的内容，也一定要设身处地，让自己置身于故事的情境之中,让自己成为你写的那个人物。不过,你觉得四年级孩子会这样写吗?有没有同学认为好的?(只有一个女生举手)很多人都认为不好,只有一个女同学认为好,这就是不同之处,发现这不同之处的人就能写出好文章来。你说说看,为什么认为好啊?

生:因为李小屹已经意识到写这封信的可能是一个大人,所以他以大人的语气来写这封贺卡。

师:大家觉得她说得有没有道理?你看,作文就是这样写好的,知道吗?当你写一篇文章的时候,一定要把自己放进去,你们都没进去,她进去了。自己进不了故事就写不出好故事。有没有同学还有什么发现?

生:我觉得"神话"也不好。

师:为什么呢?

生:这不像"神话"。

师:大家觉得有道理吗?(很多同学点头)我也觉得有道理。神话是发生在神仙之间或者神仙和人之间的故事;童话呢,发生在孩子之间的故事。对不对?

生:对。

师:那么,我们就替作家修改一下:咱们不是已经实现童话了吗?

【点评5】黄老师表现出了卓绝的课堂生成捕捉能力。每一处捕捉都紧紧围绕本课堂的重点展开。本板块有两处明显的表现,一是"写到高兴的心情"与写"高兴得跳了起来"这两处写作内容的调查,教师指导:写记叙文,要尽可能多描写,要用具体的表现写出人物心情。二是黄老师故意否定作者,有一点写得不好——"祝你万事如意,心想事成。"以此促成学生思维的碰撞。再一次明确,写作,一定要设身处地,让自己置身于故事的情境之中,让自己成为你写的那个人物。

板块五　推测故事的发展

师:大家想想后面该怎么写呢?还写贺卡吗?

生:再写贺卡,故事就会单调,就没有变化了。

师:那怎么办?

生:李小屹会来找作者。

师:他知道作者是谁吗?

生:他会在雪人周围偷偷看。

师:有点像警察蹲坑。看到了怎么办?

生:谢谢他。

师:谢他什么呢?

生:使自己不再孤独。

师:告诉他自己变得坚强了。这个故事就是告诉我们要坚强。

生：作者会去找李小屹。

师：作者找到他干什么呢？

生：作者去告诉孩子真相。

师：把故事真相告诉孩子好不好？

生：不好，四年级的孩子是很相信美好的，这样告诉他太残忍了。

师：本来孩子对一个雪人的故事感觉非常非常的美，现在你找到他告诉他这贺卡不是雪人写的，是我写的，你不要相信雪人写的。好不好？我们来看看作者是怎么写的。

（多媒体展示）

> 我把贺卡放回去，生出别样心情。李小屹是个相信神话的孩子，多么幸福，我也有过这样的年月。在这场游戏中，我应该小心而且罢手了，尽管李小屹焦急地期待回音。就在昨天，星期日的下午，雪人前站着一个孩子，背对着我家的窗。她装束臃肿，胳膊都放不下来了。这必是李小屹，痴痴地站在雪人边上，不时捧雪拍在它身上。雪人橘子皮嘴唇依然鲜艳。

师：李小屹可能非常想知道贺卡是谁写的，但作者有没有和她见面呢？

生：没有。

【点评 6】 不再继续习作，体现了课堂张弛的灵动性。教师引导学生推测情节的发展，"再写贺卡，故事就会单调，就没有变化"。在充分理解文章内容的基础上推测故事的发展显得水到渠成，这个环节是以"读"为中心内容的。

板块六　续写故事的结尾

师：接下来，我们再来给这个故事写一个结尾，写写你是怎么理解这故事的，这个故事想要表达什么主题。

（学生写作）

生：看着李小屹落寞的背影，我心生感慨，见面是一个孩子正常的需要，还是宁愿在她心中保持一个神话吧。我默默地走到她面前，撑起一把伞。

生：李小屹待了很久，天色暗了才离开。今天早晨，我走到楼下，看到雪人身上放了一张纸片："雪人先生，你是不是已经离开了？明天你还会来吗？我会等你回来。"

生：我并没有走下楼去，我希望李小屹依然能相信雪人是个真实的存在，希望她能一直保持孩童的天真。

生：春天来了，明媚的春光融化了雪人，也融化了那个美丽的童话。那天我看到李小屹站在那一堆水旁，朝我用力地挥了挥手，那一刹那，我以为她找到了我，但那游离的眼神告诉了我，让她永远相信这神话吧。

师：评价一下他们写得好不好。有两个标准：首先要符合文章前面所有的内容，不能和前面矛盾；更重要的是，要集中表达一个主题。我们来看看，"春天来了，明媚的春光融化了雪人"。这样写好不好？（生齐：不好）对！不太好，太伤感了。她后面写"也融化了那个美丽的童话"，那美丽的童话能不能融化掉？（生：不能）作者文章前面有没有让雪人融化掉？（生：没有）"小孩站在一堆水旁"，读着心里真是冰凉冰凉的。"她朝我们家挥挥手"，她知不知道我们家的方向啊？（生：不知道）我们在写文章结尾时特别要当心，有时好文章就是一个结尾写坏的。

【点评7】 在"阅读"的基础上写作。教师在续写结尾时的教学流程是"提示——续写——评价——指导——原文比较"，学生习作完成后互相评价作品，评价标准是教师给出的"首先要符合文章前面所有的内容，不能和前面矛盾；更重要的是，要集中表达一个主题"。

师：下面我们来看看作者是怎么写这个结尾的。

（多媒体展示）

> 我不忍心让李小屹就这么盼望着，像骗了她，但我更不忍心破坏她的梦，不妨让她惊讶着，甚至长大成人后和自己的男友讲这件贺卡的奇遇。

师：作者写的是不是最好的呢？也不一定。但写出了心中的矛盾，即不忍心骗她，又不忍心说出真相。这样写当然是为主题服务的。李小屹是男孩还是女孩？

生：女孩。

师：从人物安排的角度，男孩好还是女孩好？

生：我觉得写女孩好，因为女孩的心思更细一点，更加脆弱一点，所以才会写出悲伤的，不忍心破坏她的梦的感觉。

师：我很认同这位同学的看法，写女孩好，更利于文章主题的表达，因为女孩子更容易相信这些美丽的童话。文章的最后一句话"一个带有秘密的童年是多么幸福"含蓄地表达了主题。我们今天的生活很富裕，但对孩子们来讲最缺少的就是童话和神话，所以使得我们现在很多孩子写不出美丽的童话来。但我觉得这个结尾的一句话，有一个词用得不太好。

（学生没有反应）

师（读）："一个带有秘密的童年是多么幸福！"这个故事主要是写一个"秘密"吗？

生：不是。

师：怎么改呢？

生：一个……

师：从文章看，什么样的童年才是幸福的呢？

生：一个有童话的童年。

师：对，一个相信童话的童年，才是幸福的。

（一生举手，老师示意发言）

生：我想读读我写的结尾——我不敢相信我居然欺骗了一个孩子，看着她心焦的样子，我犹豫要不要走到她跟前解释一下，毕竟这是不好的，但我当走到楼下，突然看见李小屹一蹦一蹦，咧开嘴笑起来，然后跑开了。我想了一想，还是将这故事深深地埋在心里吧。

师：非常好。写出了作者内心的矛盾，写出内心的矛盾是一个很高的要求。为什么"李小屹一蹦一蹦，咧开嘴笑起来，然后跑开了"呢？

生：她自己相信了这个美丽的故事。

师：那就让她永远相信吧！

【点评8】黄老师的教学环节设置层次分明，层层递进，在第一个写作环节中，让学生明确写作"要表现出人物的特点"；在第二个写作环节交流时，让学生明确"要尽可能地具体地描写"、"要有好奇心"；第三个写作环节，引导学生"注意事件之间的关联"；第四个写作环节，帮学生强化结尾要简短、有意义的意识。

板块七　加标题

师：我们还要做一件事，给文章加题目。记叙文的题目，是对故事内容的概括，也是文章主题的表现，一个好题目能给你的文章加分。

（学生给文章拟题目）

生：藏在雪下的童年。

生：童年的秘密。

生：那年冬天的秘密。

师：有人的题目是"雪人·女孩·我"，还有的题目是"雪人和女孩的故事"。你最喜欢哪一个题目？题目并不是形式漂亮就好，还要切合故事的内容和主题。这个故事是什么人的故事？（生：雪人。）雪人的故事，对，雪人和一个女孩的故事。要不要突出"我"呢？（生：不要。）对，不要。"我"在文章中并不重要，而是以雪人的身份出现得多。那么，用"雪人和女孩的故事"做题目好不好？（生：不太好。）对，这个题目还是没有体现出故事的特点和主要内容。本文故事的特点不是女孩，甚至也不是雪人。文中这个女孩和雪人的故事，最主要的特点是由于什么？

生：贺卡。

师：作者的题目是"雪地贺卡"，我们有的同学拟的题目是"雪人贺卡"。是"雪人贺卡"好，还是"雪地贺卡"好？

生：我觉得"雪地贺卡"好，因为雪人在雪地里，女孩也在雪地里，是发生在雪地里的故事。

师：是的。我一开始读这篇文章，觉得"雪人贺卡"好，可读了几遍，觉得"雪地贺卡"更好。这贺卡是不是雪人一个人写的？（生：不是。）除了雪人，还有一个小女孩，而且这"雪地"会让人联想到一个很纯净的世界，给一个童话般的故事提供了一个很好的背景。在童话般的雪地里，有一个雪人，一个小女孩，文章写的就是他们之间的故事。这位同学一下子就能品读出"雪地贺卡"这个题目的意境，真了不起。今天我们一起写了一个故事，学习抓住事物的特别之处写出背后的故事。大家还要记住，好故事，一半来自生活，一半来自心里。回去的作业，是把这个故事写成另外一个故事，不要再写贺卡，一定会很有意思。

【点评9】教师引导学生拟写题目的过程是更深、更准确地把握文章的过程。黄老师用小问题的形式连环出击："你最喜欢哪一个题目？""题目并不是形式漂亮就好，还要切合故事的内容和主题。那么，用'雪人和女孩的故事'做题目好不好？""文中这个女孩和雪人的故事，最主要的特点是由于什么？"使学生在把握文章的基础上懂得拟题的技巧，同时培养了读写能力。

【总评】

听、说、读、写是相辅相成的一个整体，只有都得到一定的发展，学生的语文素养才能得到真正提高。黄厚江老师的这个课例是让学生在写作中学会写作，为读写结合教学研究提供了一个很好的范例。

1. 这是一堂真正的读写结合课

一线教师所理解的读写结合课基本都是利用课文资源，进行仿写、改写、续写、补写等形式的习作课，或者通过练笔来促进课文理解，提升学生阅读能力的课。但黄老师的读写结合课别具个性，用《雪地贺卡》一文串联起了整个课堂。多媒体显示原文的开篇来创设习作的情境，让学生有了作者意识和读者意识，设身处地地进行创作。每一次创作的结果都与原文对照比读，在读中写，在写后读。这是创造性地使用读写结合的形式达成读写共生的优秀范例。

2. 这是一堂让学生形成写作经验的课

黄厚江老师认为写作需要自己的亲身经历和体验。所谓"教学"对于写作能力的提高是苍白无力的，而亲历和体验是重要的。在本课例中，从创设情境开始，让学生明白此写作任务的环境和背景，以谁的名义写、写给谁看、解决什么问题、谈论什么、以什么问题写，而后整堂课黄老师都交给了学生，每一个环节都是学生习作的过程，而在习作过程中又一次一次地回归习作的出发点的五个要求。并且每一次习作都不是简单的重复，而是螺旋式的推进。学生逐渐从明白到习得记叙文写作要"写出特别之处背后的故事"。

3. 这是一堂颇具实效的读写结合课

阅读教学中最自然、最实惠的语言实践方式就是读写结合。本课例中，学生在黄老师的引导下进行了四次习作实践，每一次习作都伴随着黄老师引导的集体讨论。从第一次写贺卡，学生不能明确作者身份与写作口吻到写结尾时基本能抓住文章的主旨可见读写结合课堂的实效性，在习作中理解了文章，在理解文章里学会了习作。

（本课例由江苏省语文特级教师黄厚江老师设计并执教，由杭州二中白马湖学校冯丽萍老师点评和总评）

三、资源链接

（一）读写之间的关系

1. 首先要在阅读中培养写作意识和写作能力

阅读和写作紧密关联，但阅读就是阅读，写作就是写作，二者不可互相取代，当然也不可能分离。在阅读教学中培养学生的写作意识和写作能力，主要是常常立足写的角度思考问题：作者是怎么写出来的？作者为什么要这样写？这里为什么要描写？有些内容为什么不写？在教《孔乙己》一课时，在品读了小说的写法之后，让学生也找一处地方写一句话，让学生思考写作时要注意什么问题（一要合乎人物性格，二要切合上下文），写好之后再讨论大家写的地方作者为什么不写？这样对学生的写作意识和写作能力的培养都会有积极的效果。

2. 通过写作知识来学习阅读技巧

文章的阅读思路与写作思路具有同一性，从阅读理解的标准之一——准确把握原文的本意的角度说，阅读的思路必须遵循写作的思路。叶圣陶先生说："作者思有路，遵路识斯真。"（《语文教学二十韵》）要想全面理解原文的主旨，识破原文的真谛，就必须摸清作者的写作思路。因为思路是章法的核心，从思想的路程可以看清文章的层次，从而整体把握文章的结构和内容。

3. 通过阅读来学习写作的技巧

著名学者覃建巧认为，拥有一定的结构、体裁等阅读知识的读者，会把这些知识运用到写作中。叶圣陶先生说："语文教材无非是个例子，凭这个例子，要使学生能够举一反三，练就阅读和作文的熟练技能。"创造性地使用教材，充分利用教材中的每篇文章来进行充分的读写训练，指导学生认真阅读，领悟其中的写作方法和技巧，在相当大的程度上是会提高学生的作文水平的。

那么怎样通过阅读来学习写作的技巧呢？在讲解课文时，要辅导学生写作；在辅导学生写作时，要引导学生回忆自己学过的课文，利用所学知识来帮助自己写好作文。其中，选择好阅读与写作的结合点是关键，尝试把预习课文与搜集作文材料相结合，介绍写作背景与写作要反映时代相结合，课文解题与作文审题相结合，理解课文内容同指导学生选材相结合，分析课文结构与指导学生谋篇布局相结合，分析课文段落关系与过渡照应相结合，理解中心句与作文点题相结合，重点段落精读与指导学生进行细节描写相结合。

（二）"读写结合"的类型

1. 仿写典范

叶圣陶先生认为"语文教材无非是个例子"。既然是例子，就意味着具有概括性，隐含规律性，是语言知识和语言现象的载体，是学生极好的范文。仿写是学生对文本表达方式的吸纳和迁移，通过这一练笔形式引领着学生对文本显现出来的特点、体现的规律，心摹手追，体会语感，并能举一反三，触类旁通。

仿写描写性语言生动妥帖的特点，例如《音乐巨人贝多芬》练习"注意描写贝多芬穿着和外貌特征的语句，模仿这种写法，用几句话描写你最熟悉的一个同学的外貌"。仿写不同文体的结构。各种体裁都自有特色。例如八年级上第三单元以建筑园林、名胜古迹为主题。《苏州园林》设计习题：写一篇文章，介绍你游玩过的一座园林。在动笔中学生了解了说明文与记叙文的不同，把握说明文的特点。

2. 改写课文

改写课文是依据课文素材,创造性地启迪想象思维,延伸原作情节,搭建构思平台,拓展写作空间,对课文进行的二次创作练习。但这是建立在深度解剖原作基础上的对课文内容不同角度的再次创作,是帮助深读课文的有效手段。例如《雨说》课后"研讨与练习三":以"雨的自述"为题,将这首诗改写成一篇三五百字的小散文,体会这两种体裁在语言表达上的区别。

3. 补写留白

接受美学认为文本是一个召唤式结构,其意义具有一定的空白性。这里的空白,就是文本中未写出来或未写明了的那部分。在语文教材中,也不乏这样一些文质兼美的文章,往往能给人制造一种兴味无穷的空白艺术,可充分利用这样的空白之处,引导学生动动笔,凭借语境进行适当的想象填补或拓伸。例如《蜡烛》练习三:文章中的老妇人始终没有说一句话,丰富的内心活动都是通过她的动作来表现。试揣摩文章倒数第四段,设想一下本段中表现的老妇人的心理活动,并用一二百字写下来。

4. 评写课文

语文教材中不乏一些情感色彩比较浓重的文本,一旦学生与文本产生情感共鸣,便会形成巨大的情感磁场。学生迫切地想表达,那就需要穿透语言表层深入文本,洞悉文本的动情点,教师要拨动学生的心灵之弦,引领他们在生命律动中真正完成与文本作者的情感共鸣,达到心灵与心灵之间的自然契合。例如《丑小鸭》练习三:反复阅读本文,完成下面练习。联系自己的生活体验,写片段作文"丑小鸭与我"。

(三)读写结合路径的中美比较

1. 读写结合路径的类型大体相同

中国学者未明确提出读写结合路径的类型,通过梳理读写结合的相关文献,可发现中国主要是从语言活动要素和写作环节建立读写联系,我们称之为要素路径和过程路径。蒂尔尼(Tierney)和沙纳汉(Shanahan)(1991)对美国读写结合路径研究进行梳理,发现读写结合有三个基本的联结路径:修辞联结、程序联结与共用知识。修辞联结(rhetorical connection)是指从读者和作者之间的交际关联建立读写联系;程序联结(procedurl connection)是指读写合作完成外部任务来建立读写联系;共用知识(shared knowledge)是指从阅读和写作共享知识和认知过程来建立联系,是美国当前读写结合研究的焦点。此外,美国也有人从读写活动过程来探索读写结合。除修辞联结路径外,中美两国读写结合的路径类型大体相同。

2. 读写结合的结合点的差异

国内建立读写结合点偏向外显性因素,美国建立读写结合点则内外兼顾。中国主要结合点是语言、思想内容、写作方法与技巧、思路,如丁有宽建立的读写结合点包括题目(解题、审题和拟题)、主旨(归纳中心与表现中心)、段落与提纲(分段与拟写提纲)、详略(主次与详略安排)、中心(捕捉重点段与突出中心)、品评与修改、观察,这些结合点大多属于外显活动。而美国除了类似的外显要素外,还包括读写的意图、兴趣、心理表象和意义表征、记忆提取、反应、评价、监控等认知活动因素。

中国读写结合点的建立缺乏系统性,而美国建立了系统的读写结合点。例如,中美两国都从读写活动要素角度建立读写结合点,美国在要素路径上建立的结合点包括语用学的知识(知道读写的目的和功能、知道读者与作者之间相互影响、监控意义生产和自己的知识等),语法学知识

（语音、词汇、句法、文本格式等）、读写程序性知识（记忆提取、信息接收与传递等）和百科知识，结合的知识点非常系统；而中国很少有人在这方面展开系统研究。

（四）读写结合的研究方向

1. 读写结合的机制研究

读写活动是语言活动，有复杂的心理机制，二者深度结合绝非易事，还须对二者之间的联系进行更加深入细致的研究，才能为教学实践提供坚实的支撑。因此，要及时把语言学、文艺学、教育学等学科成熟的前沿理论运用到读写结合的教学和研究中，推动读写深度结合。例如，语言是读写结合的基本结合点，在教学中教师的做法常常是：首先在阅读或听话中积累语言，然后在写作中使用或化用已经记住的语言。实际上这种结合非常粗疏和浅表，未基于学生吸收语言——输出语言的内在心理机制进行。从读到写包括"解码——接受——存贮——刺激——编码——输出"这些环节，每一环节都有复杂的活动机制，都会影响读写活动。如存贮这一环节对学生写作行文的影响就非常显著。写作行文时，学生会从心理词库中不断提取语言，如果心理词库存贮的词汇数量不够，或者存贮的词汇加工不够精细，或者存贮缺乏提取线索，都会影响作文的表达。曾经有试验，要求刚入学的专科学生在 1 分钟内写出 10 个表示"死亡"这一概念意义的词语，结果很少有学生能完成这一任务。最后在师生的共同努力下，可找到 30 多个都能表达这一概念意义的词语，而这些词语说出来很多学生都知道，之所以一时想不起来，是因为积累时缺乏提取线索，才导致表达时不能即时从心理词库中提取出来。事实上，成年人在写作中也常有这样的感受，许多熟悉的词句在写作时很难想起。如果在读写结合中，基于心理词库词汇存贮和提取的心理机制展开教学，那么就能较好地提高学生的表达能力。

2. 读写结合的序列研究

学生在不同学习阶段，结合点应有所不同。只有科学建立读写结合点的序列，使读写结合有序有度，避免重复与遗漏，才能有效提高语文教学的效率和质量。在美国，研究者对小学到大学各个阶段读写共用知识进行了深入系统的研究，建构出在不同阶段学生应该掌握的读写共用的知识和技能体系，比如四至八年级（9—13 岁）的学生需要掌握的程序性知识和技能是：知道怎样创造和使用单词的意义，知道怎样根据不同目的创造和使用有意义的连贯文本。高中阶段（14—18 岁）的学生需要掌握的程序性知识和技能是：知道怎样从别人的观点来看问题，知道怎样进行分析和批判。但国内对中学阶段读写结合如何有序展开的研究还不够。尽管新课标教材也都探索读写结合，但读写结合还不够深入和系统，而且教材编写往往顾此失彼。因此，教师在教学中需要充分发挥能动性，自觉参与读写结合课程的开发，积极探索读写结合的知识与能力点的序列，使读写结合教学更加科学有序。

3. 读写结合的深入研究

中国已有的读写结合研究主要是基于文章学理论进行，文章学和语法学也是新中国成立以来至 20 世纪末期国内进行语文教学的主要理论基础。正因受理论基础的制约，传统写作教学特别注重文章学知识。有学者提出写作课程存在三种课程范式，一是文章取向的范式，二是过程取向的范式，三是交际取向的范式。文章取向的课程范式关注文本，过程取向的课程范式关注作者，交际取向的课程范式关注读者。实际上，一个完整的读写过程包括语境、作者、读者、文本等要素，也包括语境刺激、信息输入、信息加工、信息输出、信息接收等环节。这三种范式是从不同角度来看待写作活动，各有利弊，在写作教学中不能厚此薄彼，更不能顾此失彼。因此，读写结合应拓展理论基础,积极应用语法学(句法和篇章语法)、语义学、语用学、认知心理学、文艺学等前沿研究成果,从不同视角进行理论研究与实践探索,这样才能显著提高语文教学效率,推进语文课程改革向纵深发展。

(李本友)

四、推荐阅读资料

1. 罗代国.写作训练:写三篇不如写三遍[J].作文教学研究,2015(1).

2. 王书月.唤醒体验:"读写交互"教学之本[J].语文建设,2014(1).

3. 余映潮.腾一点时间用于"写"[J].中学语文教学,2013(7).

4. 李本友.中美两国读写结合路径建构的比较研究[J].课程·教材·教法,2012(10).

5. 王栋生.王栋生作文教学笔记[M].南京:江苏教育出版社,2012.

6. 王栋生."读写"如何"结合"[J].教育研究与评论(小学教育教学),2012(3).

7. 余映潮.作文范本,别样风景——例谈阅读教学设计的诗意手法[J].语文教学通讯,2011(32).

8. 胡晓如.点燃习作创新的火花——初中语文课堂小练笔微探[J].中学教学参考,2009(10).

9. 刘丽霞,李耀峰.互补互促,共长共进——听说读写式创新作文教学初探[J].考试周刊,2009(31).

五、后续练习

请你根据读写结合的有关原理,对以下教学内容进行详细设计。

诗中运用第三人称抒情的方式,还运用了美丽奇特的想象。仿用这种语言模式,自选内容写一段小诗。

母亲,倘若你/梦中/看见/一只很小的/白船儿,不要/惊讶它/无端入梦。这是你/至爱的/女儿/含着泪叠的。万水/千山,求它/载着/她的爱/和悲哀/归去。

写作提示:

这段小诗可以献给你感谢的人,如爸爸,妈妈,老师,边防军人,航天飞行员,孤独的小女孩,足球队员,北极探险队员,非常勤奋的人,非常贫困的人……

这段小诗可以表达思念,表达问候,表达安慰,表达尊敬,表达关心,表达想念,表达热爱,表达同情,表达牵挂,表达敬佩,表达鼓励,表达赞赏……甚至还可以点示一种哲理。

第三部分 活动课例

第十一章 课文创编课

一、背景描述

《义务教育语文课程标准(2011年版)》的推出,对语文学科的功能定位、语文教师的教学技能都提出了新的目标和要求。然而目前中学语文课堂教学依旧存在不少弊端:教师在实际教学中以纲教纲,重知识传授,轻能力培养,忽视美育德育;教学内容枯燥无味,教学模式单一陈旧,教学方法一成不变;学生学习兴趣不高,学习态度懒散。

鉴于教与学的矛盾,教育家与一线教师们提出了许多教学建议,希望在教学实践中发挥作用,缓解教与学的僵化局面。其中,课文创编,一种趣味和创意兼具的教学方法,获得了教师和学生的一致肯定,而课本剧教学作为教育与戏剧结缘的产物,成为课文创编的主要模式。

课本剧有广义和狭义之分。狭义的课本剧是指由语文课本中的课文改编而成的戏剧小品;广义的课本剧还包括根据课文延伸的课外阅读,以及由平时的学习、生活等改编创作的话剧、小品、朗诵等多种形式的戏剧小品。

课本剧教学是以表演为中心,把学生学习的课文改编成戏剧,用真人来营造和表现课文中的环境、情节、人物,将课文内容更加生动形象地传达给学生的一种集教学和娱乐于一体的校园活动。它融合了音乐、美术、书法等多种艺术表现手段,以寓教于乐的方式丰富着语文课堂,具有重要的课程资源开发和利用价值。

课本剧教学具有积极意义:

(1)渗透审美意识。通过语文教学培养学生敏锐的感知力、丰富的情感力、独特的想象力和深刻的理解力,这是语文教学的美育目标。课本剧是戏剧艺术与教育相结合的产物,具有较强的艺术感染力,能让学生产生一定的情感共鸣,在选择材料、编写剧本、剧本演绎、表演评价等过程中为培养学生丰富的感受力和情感力提供了极好的平台,参与其中无疑可以培养学生发现美、欣赏美、创造美的能力,由此可见,课本剧是美育的一种良好途径。

(2)增强主体意识。最理想的语文教学方式是将教师的引导与学生的自主学习完美结合。这种教学方式体现了以学生为主体的理念,肯定学生的主观能动性,发挥学生的自学积极性。课本剧的编、演、评要求学生必须充分阅读、理解课文,大至文章内涵,小至人物的一举一动、一言一语都要熟悉且有自己的感悟,还要善于与作者和文本深入交流,引起情感共鸣,学生化被动学习为主动探究,亲身参与,综合运用各方面的才能,在教师的引导下对课文进行合理补充、删减、修改、拓展,主动思考,主动探究,自我创造。学生们在不断完善课本剧创作和演出效果时,充分发挥主观能动性,深入地掌握和课文相关的知识,并提高自身的语文学习能力。

（3）提高综合素养。课本剧要求学生在熟读文本的基础上,揣摩人物心理,模拟人物神态、语调,在编演过程中,学生自主地进行实践,一些人物对话和动作、表情等都可以合理地进行开放式的创作,由此可以激发学生的语文学习兴趣和学习积极性,提高阅读能力、写作能力和口语交际能力,培养语文想象力、创新力、表演力,增强学生的团队合作力;通过"虚幻"的戏剧体会和反思真实的生活,提升学生的洞察力、思考力和评价力;还能够加强学生对生活的感受力和体验力。

综上所述,课本剧可以促进学生语文综合素养的发展,是大有益处的一种语文教学形式。

二、课堂例析
课本剧《伐无道　诛暴秦》课堂实录及评析

（一）材料背景

《伐无道　诛暴秦》课本剧是以《陈涉世家》、《破釜沉舟》、《鸿门宴》的内容为蓝本来进行编排的。《陈涉世家》是人教版九年级的一篇文言文,选自司马迁的《史记》,生动地记述了秦末农民陈胜、吴广大泽乡揭竿而起到建立张楚政权的一段历史进程。《破釜沉舟》、《鸿门宴》选自《史记·项羽本纪》,为课外阅读资料。《破釜沉舟》描述秦末起义之时,吴中项羽起而响应,于公元前207年与秦军主力部队战于巨鹿,以必死之心大破秦军,威震诸侯。《鸿门宴》描述项羽欲设鸿门宴除去刘邦以绝后患,刘邦巧解矛盾,化险为夷。

【点评1】剧本兼具语文性和历史性。学生一方面选择了人教版九年级语文（上册）的文言文《陈涉世家》,另一方面还将课本剧由课内拓展至课外,加入了《史记·项羽本纪》中的《破釜沉舟》和《鸿门宴》这两篇文章。三篇文章的内容都契合"伐无道,诛暴秦"的主题,兼具语文性和历史性,有精彩的故事情节,比较适合学生改编并分角色表演。

（二）前期准备

1. 按照教学设计的要求,成立四个活动小组,即编导组、服装组、道具组和表演组,让学生按照自己的兴趣和爱好,选择相应的小组,推选本组的组长。

2. 各组在组长的组织下,有序地开展准备活动,完成剧本的编写、服装的设计和准备、道具的制作等任务。

3. 组织学生收集有关表演方面的资料。

4. 活动准备时间为两周。

【点评2】课本剧的成功,需要团队的共同努力。在课本剧登台表演之前,前期的准备最为重要。活动的有序开展,资料的搜集、整理都需要学生有统筹安排,自主、合作、探究的团队意识。

（三）活动步骤

1. 编导组的同学介绍剧情和要求,组织表演组的同学进行排练（20分钟）。

2. 课本剧表演（20分钟）。

3. 评价交流（5分钟）。

（四）活动过程

1. 剧情介绍

（1）编导组宣读剧本,把"导演构思"向表演组的同学讲述清楚。

第一幕：揭竿而起

第二幕：破釜沉舟

第三幕：鸿门宴会

（2）编导组分派角色，帮助演员分析自己所扮演的角色，进行排练。

（3）各组推荐一名学生，组成评委小组。

2. 学生排练

表演组：在编导组的指导下，展开排练。

道具组：结合学生的表演需要，调整和准备道具。

服装组：结合学生的表演需要，调整和准备服装。

3. 课本剧表演

（道具组：放映长城和兵马俑的资料片，营造一定的历史氛围）

（旁白）秦朝是中国历史上第一个统一的封建制国家。从秦始皇公元前221年灭齐，结束诸侯割据称雄时代起，至公元前207年亡于汉止，赫赫秦帝国只存在了15年。秦始皇开创了从中央到地方的专制主义政治体制，使皇帝具有至高无上的权力。在地方推行郡县制，废除封君和贵族的世袭制。他还下令统一文字、货币、度量衡等制度，这些都具有推动生产力发展的进步意义。但是，秦始皇也实行了残酷统治和剥削人民的暴政，大兴土木，焚书坑儒，至二世达到极点。于是公元前209年陈胜、吴广揭竿而起，爆发了中国历史上第一次农民大起义，"伐无道，诛暴秦"，终于使秦王朝土崩瓦解。请欣赏第一幕：揭竿而起。

【点评3】旁白使情节更为连贯。学生将课本剧的背景安排在社会的矛盾冲突极为强烈的秦末，利用旁白将"揭竿而起"、"破釜沉舟"、"鸿门宴会"三幕情节串联，有机结合，使整剧更为连贯完整，共同诠释同一个主题——"诛暴秦，伐无道"。

第一幕　揭竿而起

时间：公元前209年。

地点：大泽乡附近的一座破庙。

人物：陈胜、吴广、押送的差役和一批贫苦的农民。

（道具组：播放下雨声和轰隆的雷声，营造狂风卷地、大雨倾盆的天气情况）

【点评4】巧妙运用道具。课本剧作为一门表演艺术，离不开道具。此处道具组特意营造的恶劣天气氛围，充满浓烈的时代气息，是对原文"会天大雨"四字的情境解读，为人物活动提供具体的背景，也暗示着二世元年七月大泽乡九百人走投无路的命运，发人思考，引起共鸣，进一步推动了情节的发展。

差役：（手挥鞭子，鞭打贫苦农民）快点走，不准停留，延误了时间，把你们通通处死。

吴广：官爷，这大泽乡在古代是一片沼泽，因而才取了这样的名字，如今连日暴雨，四周一片汪洋，让我们如何行走。我们的命不值钱，但官爷你的命却很重要呀！

（大家浑身湿淋淋的，拥挤在破庙里，焦急万分，一筹莫展。差役在角落里喝酒）

陈胜：广弟，此处距渔阳好几千里路，就是雨停上路，也不能按期到达了。如今逃亡是死，举大计也不过是死，同样是死，不如为国而死来得好啊！

吴广：对！死中求生！

陈胜：反暴虐打天下,谁不盼这世道变一变!

吴广：我们哥俩意见一致,但那九百名弟兄如果意见不一样,怎么办?

(陈胜悄悄和吴广耳语)

吴广：好! 就这么办!

(道具组：营造夜晚的场景和狐狸的叫声)

吴广：(躲在破庙的外面,学狐狸叫)大楚兴,陈胜王……

(农民甲轻轻潜出庙门,发现远处有一团火光在移动,赶忙返回破庙,叫醒其他人)

农民乙：雨天出鬼火,狐狸叫人语,我生平从未见闻,真是桩怪事。

农民丙：我们已经停留了十几天,不按期到达是要杀头的,大家说怎么办呢?

众人：我们不能等死! 我们都听陈胜的。

(众人和陈胜密谋,道具组提供木棒、旗帜等)

(陈胜带着同伴,找到押送的差役)

差役：你们想造反么?

(两差役分别举鞭拔剑向陈胜、吴广奔来)

陈胜：大丈夫死也要死得轰轰烈烈!

(陈胜举起腰刀,把差役砍翻在地。众人一拥而上,把押差杀死)

陈胜：(站在高处)敬受天命,誓反暴秦!

众人：(手拿木棒、旗帜)誓反暴秦!

(旁白)这支队伍,好像一股奔腾澎湃的洪流,一举占领了大泽乡。邻近的农民都拿出粮食来慰劳他们。青年们纷纷拿着锄头、铁耙来投军。中国历史上第一次农民革命的熊熊烈火在大泽乡首先燃烧起来了。他们的革命首创精神,鼓舞了后世千百万劳动人民起来反抗残暴的统治。

第二幕　破 釜 沉 舟

时间：公元前 207 年。

地点：漳河岸边。

人物：项羽、众将士。

(道具组：制造河流流动的声音,营造一定的氛围)

项羽：诸位将领,英布从前线又传来捷报,我军应迅速北上,消灭秦军主力,大家对此有何看法?

将领甲：章邯率领的秦军主力,比我军的人数要多好几倍,我们应谨慎行事,不能轻敌。

将领乙：敌强我弱,我们还是静观其变。

项羽：熊样! 这哪是大丈夫的作为。众将领听着,过河后,把船只全部凿沉,把铁锅全部打碎,每人只准带三天的干粮,和秦军决一死战!

(道具组：提供自制的船只和铁锅,制造相应的声音)

(众人凿沉船只,打碎铁锅)

项羽：(大声呼喊)不灭秦军,誓不生还! 众将士,粮草已尽,谁死谁活,就在今日,大家务须力战,冲啊!

【点评5】揣摩角色语言，塑造人物形象。课本剧重视写人，以人物推动情节，但要塑造一个生动自然、栩栩如生的项羽形象并非易事。学生细读文本，揣摩角色语言，创造性地补充和删减，为我们呈现了一个骁勇善战，善于用兵，率士卒以必死之心奋勇向前，成就了破釜沉舟的轶事典故的英雄人物。

众人：不灭秦军，誓不生还！不灭秦军，誓不生还！

（旁白）项羽率领楚军，像潮水一般直扑秦营。楚军战士无不以一当十，秦军一触即溃。楚军九战九捷，摧毁秦军主力。当项羽的大军在巨鹿和秦军主力鏖战的时候，刘邦军队却绕道北上，于公元前207年10月到了灞上，秦朝统治者向刘邦投降，秦朝灭亡。刘邦和关中父老约法三章：杀人偿命；打伤人的办罪；偷窃的办罪。百姓们争先恐后地拿着酒肉和粮食来慰劳刘邦的军队。项羽却在获胜后，命令士兵挖大坑，一夜之间，竟把二十多万秦兵统统活埋了。他们中到底是谁最终问鼎中原呢？请看第三幕：鸿门宴会。

【点评6】选择耳熟能详的故事，引观众"入戏"。"破釜沉舟"的典故出自《史记·项羽本纪》，选择将其作为课外阅读资料，改编成课本剧来演绎，一方面贴合本剧主题，另一方面能让观众简单明了地看懂舞台上表演的课本剧内容，由此较快"入戏"，深入剧中，引发共鸣。

第三幕 鸿门宴会

时间：公元前206年。

地点：秦朝都城咸阳郊外鸿门附近的楚营。

人物：项羽、刘邦、范增、项庄、樊哙、项伯等。

（道具组：提供餐桌、酒具、刀剑等）

第一场 范增献计

范增：大王，这次刘邦进入咸阳，不贪图财物和美人，是想在关中称王呀！这小子野心不小，现在不消灭他，将来后患无穷。

项羽：好！明日进军，消灭刘邦。

第二场 项伯告密

项伯：（独白）大王明天要攻打刘邦。刘邦只有十万人，大王有四十万，打起来，刘邦必败无疑，我的好弟兄张良不就完了吗？我得赶快给张良报个信，让他离开刘邦。

（旁白）项伯连夜赶到灞上，去找张良。

张良：项兄，连夜赶来，不知有何急事？

项伯：张良，赶快跟我走，不然就来不及了！

张良：请项兄明言。

项伯：项羽大军就要来攻打你们了，你们实力太弱，肯定打不赢，还是快点跟我离开这里吧！

张良：（吃惊的样子）项兄请稍候，我去去就来。

（张良来到刘邦住处）

张良：沛公，项羽军队要来攻打我们，请沛公早做准备。

刘邦：（大惊）怎么会有这种事？将军从何处得到这个消息？

张良：是我的好弟兄项伯连夜赶来告诉我的，绝对错不了。

刘邦：将军有何良策，助我渡过这个难关？

张良：你现在去见项伯，说你不会背叛从前的盟约，请项伯去向项羽解释。

刘邦：(见项伯)项兄的仁义，刘邦十分钦佩。请你一定得替我向项将军多说几句好话，我决不会反对他。

项伯：好吧！不过明早你得亲自来向大王赔不是。

(旁白)第二天一早，刘邦带着张良、樊哙等人和一百多名骑兵来到鸿门。

第三场　项庄舞剑　意在沛公

刘邦：(跪拜)在这儿和将军相见，小人真是太高兴了。我一向对您忠心不二，仰慕至极。现在有人在您的面前挑拨，招您生气，这实在太不幸了！请您一定要相信我。这是我孝敬您的一点小意思，请您笑纳。

项羽：(哈哈大笑)你的忠心，我已经看见了。这都是你的左司马曹无伤说的，要不然，我也不会这样。来，设宴款待。

范增：(悄悄对大王说)大王，刘邦心机太深，一定要杀掉，否则后患无穷。等会儿在宴会上，我用佩戴的玉器示意，您下令杀死刘邦。

(酒过三巡，范增一再向项羽使眼色，用佩戴的玉器示意，项羽置之不理)

项羽：(独白)人家上门赔礼，就这么谋害他，还像个大丈夫吗？

【点评7】内心独白，丰富人物的心灵世界，推动剧情发展。内心独白，是人处于特定的情境中，以独有的心理语言，表现人物的思考、判断过程。第三幕第二场项伯的独白推动了"告密张良"的情节的发展，第三场项羽的独白，体现其性格中的弱点——缺乏原则，仁慈软弱，为后文刘邦的顺利脱身埋下伏笔。

范增：(借故溜出，找到项庄)咱们大王心肠太软，你进去给他们敬酒，找个机会，杀了刘邦。

项庄：(敬酒)大王宴请沛公，没有歌舞助兴，太没意思了，请让我舞剑助助兴吧！

项羽：好吧。

(项庄拔出剑舞了起来，同时慢慢靠近刘邦)

项伯：(用身体护住刘邦)一个人舞剑有什么意思，咱们两人来对舞吧！

张良：(溜出营门外，找到樊哙)樊将军，情况十分危急，他们要对沛公下手，赶快跟我来！

樊哙：(大怒，冲进营门)沛公，我来了。

范增：何人在此高声喧哗？给我拿下！

樊哙：我是替沛公驾车的樊哙，你是什么人？

(范增大怒)

项羽：真是个壮士！看座，赐酒。

樊哙：(一口气将酒喝完，然后站起来)大王，我是个粗人，不懂什么大道理。沛公劳苦功高，一心向着大王，大王却听信小人的谗言，要杀害他，这是大丈夫的作为吗？

项羽：(哑口无言)壮士坐吧！

(项羽、樊哙等继续饮酒，张良和刘邦借故溜出，刘邦骑快马逃走，张良又进帐见项羽。)

张良：大王，我家沛公不胜酒力，喝醉了，不停地呕吐、说胡话，沛公怕自己的形象冒犯了大王，只好先回去了，请大王见谅！

项羽：你们也回去，照顾沛公吧！

范增：唉，将来夺取天下的，一定是刘邦，我们等着做俘虏吧！

（旁白）刘邦回到军中,立刻命人把曹无伤处死。范增的预言在数年后应验:项羽和刘邦为争夺帝位,进行了四年的战争,史称"楚汉之争"。最后,项羽败北,在乌江自刎而死,刘邦建立汉朝,成为历史上著名的汉高祖。

【点评8】课本剧凸显学生的个性解读。学生在改编时查阅了不少资料,在翻译时选择最适合人物身份和个性的语言,精心设计人物的动作,把原作中的内容通过舞台上的口头语言、形体动作表现出来,使剧本更契合人物,同时注重详略和主次,将矛盾激烈的部分尽量体现,让剧情在有限的时间和空间里发展得最为激烈,将人物的内心世界演绎得淋漓尽致。

4. 评价交流

（1）共同评选出最佳编导、最佳剧本、最佳男女主角、最佳男女配角、最佳服装、最佳道具等奖项。

（2）学生交流创作过程中的感受和有趣的话题。

（3）教师从内容改编与表演形式两方面入手评价。

【点评9】课本剧的创意评价,激励学生。评价以自评为主,他评、互评为辅,最终评选出六大"最佳",这种富有创意的评价方式提高了学生参与课本剧的积极性,激发了学生参与课本剧编排演的兴趣,促进了教学的良性循环发展,提高了语文课堂学习的实效。

【总评】

《伐无道　诛暴秦》是一篇语文性和历史性兼具的教学实录。学生在编排演此剧时经历了六个步骤:阅读—思考—整合—编排—表演—评价,实现了语言—文学—剧本的组织能力和审美能力的升华。

采用课文创编教学,鼓励学生走进文言文,激活了语文课堂。

1. 翻转了教学模式

在课本剧的教学中,学生要翻译课文,熟悉内容,了解人物,再进行课本剧的撰写和组织表演;教师只是从旁引导,答疑解惑,对于个别翻译的把握,剧本编写的格式,角色的定位等作一定的指导。由此,摆脱了以往较为单一的教学模式,让学生能够积极主动地参与课堂之中,参与文本探索,充分体现了学生的主体地位。

2. 提升了教学效果

文言文是中华民族五千年源远流长的文化精髓,是古人智慧和思想的结晶。然而,一谈及文言文,学生就产生"望文言文生畏"的心理。不过,依托课本剧的演绎,在"自主、合作、探究"的学习模式下,文言文也可以激发学生的兴趣,鼓励学生走进文本,感知文本,充分调动学习积极性,起到事半功倍的效果。例如,文言文课本剧的编写并非易事,特别是自主翻译《陈涉世家》《鸿门宴》两文,学生要借助字典等工具书,自主学习,疏通文章意思,发现学习漏洞,一一查漏补缺。这样的探究性学习,让学生无形中突破了文言实词、文言虚词、文言句式等难点理解。文言文的学习变得不再乏味,教学效果自然有所提升。

3. 提高了综合素养

课本剧的编排,因为任务的分工合作,需要学生相互配合、各扬所长,培养了学生团结、互助的团队意识;因为表演展示的需求,不甘人后的竞争意识也会有所加强。在编排过程中,学生亲身体验各种角色,揣摩各种形态的人物心理,发挥想象,培植感情,提高了学生的阅读能力、写作能力、口语交际能力,也有利于培养学生的想象力和思维的缜密性,提高学生的综合素养。

（本课例执教者为佚名，由浙江省杭州高新实验学校傅霞洁点评并总评）

三、资源链接

（一）课本剧的选择策略

初中语文教材选材来源广泛，在这些内容丰富的文章中，有的可以改编成课本剧，有的则不适合。如何选择课文并改编成剧，主要从三个维度来考虑：选文的特点、学生自身的特点和编演的可行性。

1. 选文的特点

（1）文章的故事性比较强。由于课本剧具有戏剧的特点，要求有高度的矛盾冲突，因此首先应选择具有故事性的文章。这一要求决定了大部分的记叙文可以用来改编成课本剧，而说明文则不适合改编，其原因如下：第一，它们的文体特点决定了其不适合改编成剧。说明文在于向人们详细地说明解释某一事物的性质、特点、功能等，并没有课本剧所必需的故事情节及矛盾冲突。第二，故事性的文章容易激发学生的阅读兴趣，吸引他们去编、去演。故事性的文章多为记叙文，具有故事情节，而且通俗易懂，是各类文体中比较能吸引大多数学生阅读的一种文体。第三，故事性的文章具有故事情节，比较适合学生以小组为单位改编并分角色表演，调动学生参与表演的积极性，使学生人人都能享受表演的乐趣。

（2）文章篇幅长短适中。课本剧的编写要充分考虑课文的容量。如果篇幅太长，则改编的难度比较大，人物关系复杂，这也会给表演带来很大的难度。在课本剧日益产业化的今天，往往大型的演出才需要精心地准备比较复杂的剧本。有的文章篇幅太短，那么便没有改编的必要性。比如七年级下册的《渡荆门送别》写诗人乘舟远去，故人身影渐渐模糊，船依然在行，只有故乡之水像亲人一样推动行舟游过万重山。诗歌因其篇幅短小，缺乏故事性，一般不适合改编成课本剧。所以，课本剧的选文篇幅要长短适中，尽可能地达到人物角色、情节的最优化，忌太长或太短。这样才能充分利用教学资源，达到最好的教学效果。

（3）选文的可塑性比较强。选文可以增删，培养学生对知识的灵活运用。课本剧要求语言精练，尽可能用较少的语言来展现人物性格，这就对选文提出了灵活性的要求，即选文的语言可以被改编者重新加以整合，有些心理语言，如悲哀、愤怒、喜悦、高兴等，可以通过人物角色的表情来表现，这就精简了剧本语言。

2. 学生身心发展的特点

这一时期，中学生思维的独创性在逐步增长。中学生思维的创造性提高，突出表现在他们能不断提出新的假设、理论，思维的敏捷性、灵活性、深刻性和批判性明显增强。而且，他们喜欢动手实践。所以，故事性的文章尤其能够吸引他们去编、去演。

此外，加德纳的多元智力理论也认为每一个体的智力都具有自己的特点和独特的表现形式，"学生有多元才能"。作为个体，每个人都同时拥有相对独立的七种智力，而这七种智力在每个人身上以不同方式、不同程度的组合使得每个人的智力各具特点：同样具有较高智力的人，可能是一名作家，可能是一名歌唱家，可能是一名数学家，可能是一名画家，可能是一名运动员，可能是一名思想家，也可能是一名社会活动家。因而，每个人都有他自己的闪光点。课本剧的选择，要求使每个学生都能表现出自己独特的潜能。例如，朗读好的学生可以让他担任旁白者，爱好绘画的学生可以发挥他画画的优势作海报宣传或者绘制表演用的服装、道具、舞台布置等,喜欢音乐的学生可以搜集音乐,尽量使每个学生都发挥他的个性特长。

3. 编演的可行性

这一策略的实质是"投入与产出的实效问题"。课余时间编演课本剧,学生会花费大量时间,如准备道具、背诵台词、必要的化妆等,而且课本剧最终要到舞台(或者教室)上表演,这还需要考虑时间、地点、道具等因素。如果人物角色太多太杂,就可能适应不了舞台的空间;时间太长的话,则可能浪费宝贵的教学时间;需要的道具或者服装太多或者要求太高,也会花费大量的时间,进而影响教学的质量。所以,课本剧的选择也要充分考虑可行性。

(二)课本剧的操作策略

1. 选择目标

纵观语文教科书,会发现很多课文适宜以课本的形式"教"和"学"。语文课本中古今中外名著名篇的精粹章节,经典的小说、散文和童话寓言等俯拾皆是,课文里的人物形象又都是经过大师精雕细琢的,更具代表性,学生在改编时更容易把握。

2. 确定计划

教学目标确定后,需要安排一个教学活动计划。首先,初一的语文课上教师可以有意识地让学生把情节比较完整的文章改编成剧本,然后观看相应的电影,评价表演与改编的得失,和名家的改编比较,取长补短,学习剧本的创作,真正明确课本剧改编、排演、评价等程序的具体要求;第二,教师可以通过小型课本剧培养一部分编剧、导演、演员等骨干力量,为日后开展课本剧教学创造条件;第三,可以让学生抛开依托,自己取材、选材,大胆创新。

具体的活动计划应包括活动时间、活动组织形式、活动步骤与评价监控等。这个过程可以由老师和学生一起在课堂上讨论完成。

3. 创设情境

创设一个能够激发学生参与课本剧学习的兴趣的情境,引领学生主动探索,这是至关重要的。要让学生感受到这是一个没有讲解引导,没有标准答案的学习情境,让学习小组的每位成员发现,一切是那样陌生、新奇却又引人入胜,这个步骤需要老师做好功课,把学生领到课本剧的世界中去。这一步骤开展的精彩与否与激发学生参与课本剧的兴趣有着直接关系。

4. 组织分组

根据课文内容、活动目标来分组合作,然后给每个小组分配任务,任务步骤明确后还应说明组织学生参与课本剧学习的具体要求。如课本剧忠于原著原则、分工合作原则,同时要做到目的明确、步骤清楚、任务到人。课本剧学习的各项任务要落实到人,教师负责的任务,学习小组内每一个成员所承担的任务都要交代清楚,鼓励每个同学能创造性地完成任务。

5. 展示成果

课本剧在课堂上表演即展示成果,老师要给学生提供充分展示自己的平台。如果课本剧排演得比较成熟,可以在年级内部来展示本班的风采。参演课本剧对一些学生来说有可能是初中阶段或是人生的第一个演出,其纪念意义比较大,所以可以安排摄制组来全程记录课本剧表演的过程,班主任可以把视频保存下来等到毕业时刻成光盘发给大家作为共同的回忆,以便增加学生对班集体的认同感和归宿感。

学生在课本剧学习过程中积累下来的东西,如剧本、串讲词、颁奖词、随笔、剧照等也可以看作课堂成果,为了鼓励学生自主学习、增加班集体的凝聚力和荣誉感,可以把学生对某一问题的看法以随笔形式形成内容,并作为班级的成果展示给其他班级看。总之,在课本剧成果展示中要关注情感体验、团队精神、学习能力以及对下次课本剧学习的积极建议。

6. 评价反思

课本剧教学需要加强反思环节的设计,注重收集反思信息,以利于改进教学和提高教学质量。这种评价反思要坚持整体评价的原则,评价对象要是全方位的;要发挥评价的激励功能,课本剧学习没有失败,无论是成功的体验还是失败的体验,都是学生促进自己发展的极好经验;要发挥多元主体的评价作用,包括学生的自我反思与自我评价、小组同伴之间的相互评价以及指导教师的评价,学生从不同角度发现课本剧学习的意义与价值,多元主体评价会给学生全方位的启迪。总之,这种反思的实质是要促进学生自身的更大发展,恰当的评价是学生发展的有效动力。

（三）"读者剧场"

读者剧场是一种口述、朗读的剧场形式,由两位或两位以上朗读者手持剧本,在"观众"面前通过声音、表情呈现剧本内容。朗读者可以事先将诗、散文、新闻、故事、小说及戏剧等各种文学素材改编成剧本。在表演时,不需要戏服或道具,也不需要灯光、音响等设备,直接以手持剧本口述、朗读的方式进行。观众通过聆听朗读者的诵读、观看朗读者的表情来欣赏剧本。其基本流程如下:

1. 选择题材

读者剧场的剧本可以是诗歌、散文、新闻、故事、绘本、小说及戏剧等各种文学体裁。选择的题材要能引发学生的阅读兴趣,符合其身心发展特点,与现实生活紧密联系。一般来说,所选素材应有有趣的角色、大量的对话、曲折的情节、特别的结尾,等等。此外,为了满足不同语文程度学生阅读的不同需求,读者剧场剧本的素材要注意兼顾不同程度的学生,在所选素材不至于远远超出语文程度有限的学生的能力的情况下,尽量选取具有挑战性的文学素材,以免语文程度较高的学生有乏味厌倦之感。

2. 编写剧本

首先,教师使用大张墙壁报纸,制作一份表格张贴在墙上示范,内容包括主题、场次顺序、人物、事件、时间、地点与说明。学生倾听教师范读素材,也可以轻声跟读,当读到表格内需要填写的内容时,教师停下来,将所读的相关信息填写在表格中。在教师朗读素材并完成表格之后,学生将被分成不同的小组,小组成员采取异质分组的形式,各个小组的成员都是由语文能力较高的和语文能力有限的学生组成,这样按能力混合编组,可以增强合作学习的效果。

其次,学生被分成不同的小组后,就开始以小组为单位,依照表格中可利用的信息,进行读者剧场剧本的创作。在创作中可以对原文本作出变更,例如缩写并改编素材中的故事,引入新的角色,变更原文中的叙述人称等。接着,在完成对文本的修饰、改编后,要对其"格式化"。所谓"格式化",即对修改后素材的格式进行包装,使它符合剧本的"套路",例如内容要包含角色、场次、台词、舞台指示等。最后,要对"格式化"好的文本进行试读,并注意修正格式、文法、别字等。

3. 演练修正

在演练环节,教师要将决定采用的文本分发到每位学生手中,以使他们在练习中有所凭借。为了确保学生能流畅阅读,教师在演练一开始要进行朗读示范,在学生了解了何谓正确、流利、有感情的朗读后,就让他们以小组为单位试着齐读其中的一个段落,并按照这样的方式,阅读剧本中的不同部分。

学生熟读文本内容后,教师就开始组织表演,学生可以自由选择自己愿意担当的角色。在选定好角色后,每位学生要找到自己所担当的角色的对话部分,并标示出来,以便下面的阅读练习。值得注意的是,学生们要有足够的练习时间,以确保在演出中能够流畅地阅读自己所承担的内容。

不论是团体练习还是个别练习,都需要花费大量时间去计划、建立规则。教师在这一阶段,不仅要解释文本、示范角色、引导练习,还要一组一组地给予个别指导,观看学生的表演,并及时给出意见与建议。除了在学校练习外,学生还可以将剧本带回家中,与自己的家人一起练习,这样不但可以增进阅读的流畅度,还可以增进学生与家长之间的感情。

4. 朗读表演

当学生练习到可以流畅阅读时,就可以让他们表演了,暂时没有轮到表演的学生就是观众,也可以邀请家长来观看。读者剧场的表现方式与传统的剧场表演不同,表演的学生主要依靠自己的声音与脸部表情来传达剧本内容。

在表演时,表演的学生站在教室前排成一条直线,面对观众。在学生朗读自己所扮演的角色的台词时可播放背景音乐,以烘托气氛。鼓励表演的学生与观众有视线的接触,以促使观众更好地想象剧本内容、聆听表演者的朗读、观看诵读者的表情。

读者剧场最大的优点是可以提高学生阅读的流畅度。阅读的流畅度与对文章的理解是相辅相成的,流畅度建立在理解之上,而理解又可以促成流畅的阅读。教师若想提高学生的阅读流畅度,读者剧场是不二法门,因为在读者剧场的活动中,阅读是自然发生在准备表演的过程中的。起初,学生会自己默读或两人一组来阅读文章;接着,他们会整组一起练习,并轮流担任不同的角色以体验不同的感情、情绪、性格;最后,在表演给观众看时他们会再次诵读文本。由此可见,读者剧场引发了学生多次阅读文章的动机,并提高了阅读的流畅度。

读者剧场的另一个优点是发展学生人际互动的社交合作技能。学生在一起朗读、改写、排练、表演,就不会感到孤独与寂寞,他们的人际交往与合作能力在读者剧场的互动中得到培养与增强。

四、推荐阅读资料

1. 傅念飞.课本剧:语文学科与研究型学习整合的一种有效形式[J].贵州教育学院学报(社会科学),2004(6).

2. 雷再荣,胡红萍.开放而有活力的教学形式:编演课本剧[J].四川教育学院学报,2005(4).

3. 郭超峰.课本剧在语文教学中的探索[J].科教文汇,2007(9).

4. 马文华.课本剧编演,有效提升学生的综合能力[J].现代教育科学,2011(6).

5. 刘海叶.课本剧特点及制作课本剧注意事项简析[J].教育教学论坛,2011(13).

6. 李王红.课本剧表演——拉启语文教学活动评价之帷幕[J].语文教学通讯,2012(10).

7. 胡璐璐,冷泽兵.语文课本剧教学的操作模式[J].语文教学通讯,2015(4).

8. 吴晓红."课本剧辅助教学"提高中学语文课堂师生交流频率的实验研究[J].科教导刊,2014(6).

9. 林妍.提高口语交际能力之编演课本剧[J].当代教育实践与教学研究,2014(11).

五、后续练习

下面是浙江省杭州江南实验学校章浙英老师的《皇帝的新装》的教学案例。请你根据本章内容的学习,对此进行点评。

案例背景

《皇帝的新装》是丹麦著名童话作家安徒生的代表作之一,学生们早在幼儿园的时候就已熟知这个经典而有趣的童话,这时候如何上得精彩对教师来说确实是一个难题。上这篇课文之前,我问学生:"这个童话故事,你们熟悉吗?"学生回答:"太熟悉了!"(果然不出所料)我继续问:"你们觉得,怎样才能让这么经典的童话展现出新的魅力呢?"学生们讨论开了。这时,一个学生说:"老师,这一周是英语周,我们听说初二的学长们会用英语来演这个童话故事,那我们用中文来演这则童话吧。"这倒是个好主意,文质兼美的经典剧作如果能让学生深入其中,用心去感悟,去体会,去发现,比起在课堂上干巴巴地把握情节,品味语言,无疑要精彩多了,而且这样对学生的发散思维也有长远的意义。经过投票表决,全部同意用课本剧的方式让这则童话重现新的魅力。那么,如何才能"演"出新的魅力呢? 我告诉学生,这则童话已经有很多学生演过了,我们必须要有新意才行。

案例描述

(一)前期准备

1. 学生推选一名导演,负责挑选可以担任剧中人物的演员,组织学生进行排练。

2. 推选 2 名剧本改编者,负责挑选可以担当剧本改编的同学,组成剧本改编小组。

3. 角色确定后,学生开始排练,为了争取把剧本内容高质量地表现出来,同学们利用课余背词、对词,甚至缩减晚饭的时间。

(二)表演经过

经过学生三四天的准备,课本剧演出的条件成熟了。演出开始了,同学们不仅背了大段的台词,还加入了丰富的肢体语言。皇帝的热衷新衣和愚蠢滑稽,骗子的假装织布和高超骗技,大臣的战战兢兢和心口不一都表演得惟妙惟肖。

台词也是学生们改造的目标,一段硬邦邦的台词被学生加入"嘻哈"元素,配以当下流行语,更有活泼的说唱风格。台下的观众们也都沉浸在剧本创设的氛围当中,学生们用自己的智慧演出了新的魅力。

(三)精彩创意

1. 创意一

改变了原来的话外音旁白的形式,学生改用贴标签的形式介绍出场的人物,一上场就对人物一目了然。

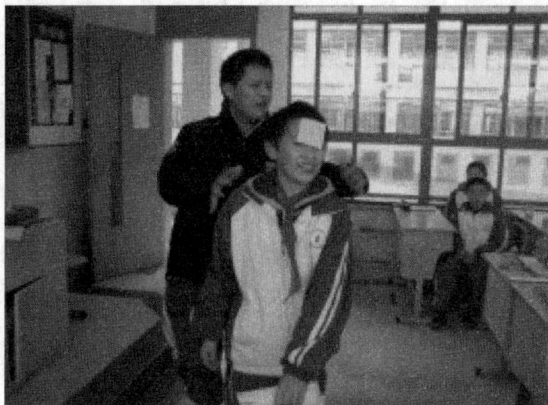

骗子甲上场了　　　　　　　　　　　　贴了标签的角色

2. 创意二

课本中有一段皇帝的新装完成后,皇帝在镜子前面穿衣的场景,明知没有衣服,皇帝却故作镇定。以前的学生在表演的时候,会拿一面小镜子当道具,但是这次学生选择了人体镜子,皇帝在整理衣装的时候,另一个同学则做与皇帝动作相反的动作,俨然成了一面活镜子。这样的创意,着实让人佩服学生的创造力。

3. 创意三

如果只是按照课本的内容进行改编,可能演出来的效果就会比较呆板,没有新意和活力。所以,剧本是否有新意,更能体现学生对于课文的理解和驾驭能力。从学生的剧本来看,又一次让人惊叹,学生的创造力是不可小觑的。

附学生改编剧本的经典片段:

序　幕

[幕起:灯光暗下,甲、乙骗子上场]

甲骗子:哈哈!大家可知道我们是谁?

乙骗子:我们是著名的设计大师,我们设计的东西简直帅呆了,酷毙了,简直无法比喻……

甲骗子:上天入地,超级无敌,倾国倾城,举世无双,前无古人后无来者……只有你想不到的,没有我们做不到的……

乙骗子:我们上知天文,下知地理,中知诸葛亮……谁!谁!竟然说我们是骗子?我只不过是无所为而无所谓,无所谓而无所为。

甲骗子(诡秘地说):老弟,看来我们的好运到了!

(甲、乙骗子咬耳朵,说悄悄话)

乙骗子(喜悦地说):哈哈!好主意!好主意!真是个好主意!

甲、乙骗子:说干就干,决不怠慢,好戏开场了,等着瞧吧!

皇帝:(刚换了一件新衣)人生在世,吃穿二字。我吃的山珍海味,喝的琼浆玉液,穿的绫罗绸缎,我是世界上最有福气的人了。

(皇帝得意忘形,在地上走来走去,炫耀自己的衣服,情不自禁地赞叹)

皇帝:哈哈,哈哈,哈哈哈!爱美之心人皆有之,我也有之。

（皇帝又去换衣服）

第一场

旁白：陛下驾到！

（交响乐曲开始奏乐，八个侍卫由立正马上摆酷，随着音乐的开始，皇帝走模特步进场，一边走一边展现自己漂亮的衣服，最后，音乐结束，皇帝坐回位子，侍卫立刻变为八字的队形站在皇帝的面前）

皇帝：（用唱的形式表现出心中的烦恼）最近比较烦，比较烦，比较烦，唉！这！人配衣服马配鞍，我皇帝不愁没衣穿，烦的是岁月不饶人，让我一脸老年斑，老年斑。

（皇帝一边说还一边照镜子）

大臣：在下号称"万事通"，专为皇上把功邀，如今什么牌子风，谁的发型最拉风，没事找我"万事通"，最近皇上心事重，献上妙计好邀功，好邀功！参见陛下！

皇帝：我最忠实的大臣，我让你办的事情你办得怎么样了？

大臣：报告陛下，一切都办好了，他们自称能织出世界上最美丽的衣服来，而且他们还曾留学于法国、英国、德国，最擅长形象设计了！

皇帝：Really?! 快！快把他们给带上来！

大臣：遵命，陛下！

（八个侍卫异口同声喊"传"，接着由八字形变成一字形，站在皇帝的后面，两位骗子上场）

甲、乙骗子：我们是织工，能织出人间最美的布，能缝制出最新潮的服装，什么休闲衫、牛仔服、一步裙、风衣、超短裙，穿上它能让胖的显得苗条，瘦的显得丰满，老的显得年轻，年轻的显得漂亮……

甲、乙骗子：参见陛下！

在整个表演过程中，学生都非常投入，胆大且放得开，一些平时比较内向、在课堂上的默默无闻的学生都异常活跃。他们都真正地参与其中，不再游离在课堂之外。那些发自内心的笑容，展现了学生们在语文课堂上的自由和欢畅，阵阵笑声之后，更是多了一份从心底升起的对语文的喜爱之情。

表演结束了，学生的脸上没有以往任务完成后的如释重负，反而是一丝丝的不舍和落寞。

第十二章　经典吟诵课

一、背景描述

经典诗文是中华五千年悠久历史之瑰宝,为中华传统文化之命脉,它承载着中华民族的良好的道德品质和文化精髓。诵读经典,自古以来就是传统教学的主要内容和方式。一代又一代的炎黄子孙从蒙学识字始到经学读物止,都在强调熟读成巧。由先秦的"熟读成诵"至两汉魏晋南北朝的"诵读自学",隋唐时期的读悟结合,宋元时的讲贯通译,明清时的沉潜反复,总之,"熟读精思、口诵也惟"向来是最基本的教与学的方式。

《义务教育语文课程标准(2011年版)》提出:"诵读古代诗词,阅读浅易文言文,能借助注释和工具书理解基本内容。注重积累、感悟和运用,提高自己的欣赏品位。"在教学建议部分提出:"应加强对阅读方法的指导,让学生逐步学会精读、略读和浏览。有些诗文应要求学生诵读,以利于丰富积累、增强体验,培养语感。"然而,传统诗歌教学多是老师分析、学生读背,这样学生的兴趣不高,课堂效率低。而经典吟诵课以学生互动、展示为主,丰富了课堂教学形式,激发学生的学习兴趣,是经典诗文教学的好载体。因此,探讨经典诵读与语文教学的整合成为当代中学语文教学的一大重要课题。

经典吟诵具有以下积极意义:

(1)从学生角度来看,可以陶冶情操,培养品质,提高素养。对于"吟诵",很多人单纯地理解为"背诵",其实经典吟诵不仅仅在于"吟唱"、"诵读",更在于在"吟诵"的过程中不自觉地以其中的思想规范自己的言语,改良行为,提高修养,得到美好的、高雅的文化熏陶,在潜移默化中培养自身高尚优雅的情操。"读千年经典,做少年君子",由此最终成为仁爱、忠义、礼和、睿智、诚信、温和、善良、恭敬、节俭、忍让之人。

(2)从教师层面来看,在教授"经典诵读"之时,教师也在进行课程研究,耳濡目染之下感悟中华传统经典在为人处世、学习生活等方面的积极指引,从而陶冶自身的情操,树立更加积极健康的学习、生活、工作态度。而在"经典诵读"的教学方式和课堂表现形式上,教师也可以尽量让其丰富多彩。例如,在课堂内辅诵读教学,可个人读、小组读、全体读、分角色读、轮读、范读、预读、听读、仿读、品读、巩固性诵读、杂然而读、配乐读、情景读、表演读等等,让学生日有所诵,诵有所感,感有所悟。

(3)从学校管理层面看,可以通过经典诵读将中华传统文化精髓与学校教育、管理的实际情况相结合。十年树木,百年树人,教育不是为了一纸文凭,不是为了应付各项考试,所以,急功近利的教育往往不能长远。教育的本质在于人的全面发展,长期的文化熏陶必不可少。一所学校是否有浓郁的人文气息,是否有厚重的文化底蕴,将决定它对于学生潜移默化的灵魂教育的深浅。在经典中汲取文化内涵,获得文化滋养,让校园的文化,不论是物质层面,还是精神层面,都积淀着历史、传统、文化和社会的价值观,经典吟诵之路,势在必行。

二、课堂例析
经典吟诵课课堂实录及评析

(一)教材概述

《蒹葭》、《一剪梅》这两节经典吟诵课以新颖独特的形式开展诵读活动,激发了学生学习诗歌的兴趣,实现了寓学于乐的目标,对于改善经典诗文教学有实际的指导意义。以下是两位老师执教的经典诵读课教学实录及点评。

(二)教学过程

(一)轻吟曼舞品《蒹葭》

1. 活动准备

(1)分发有关《蒹葭》的诗歌鉴赏资料,全体学生利用课余时间熟悉资料内容。

(2)分组:将全班学生分为"蒹葭组"、"伊人组"两大组,每组设立朗诵组、歌舞组。每组各选出一位组长,组织组员设计比赛口号,排练朗诵、歌舞等任务。

(3)指导:朗诵形式、歌曲和舞蹈创编由学生根据对诗歌的理解自行设计。教师可对学生的朗诵技巧,歌舞的创编是否符合诗歌的内容、意境等方面予以指导。

(4)挑选出三位语言表达方面较好的学生组成评委团,教师就评分细则、点评发言等方面予以培训。

(5)制作第二个活动环节"歌舞演绎"的选票卡和投票箱;准备所需道具、服装等。

(6)班级桌椅的摆放,设计成"U"形,竞赛组平行相对而坐,评委席横设在教室后面(黑板正对面)。

(7)活动准备时间:一周。

2. 活动方式

全班分成两组,以小组竞赛的活动形式展开学习。由三位学生担任评委,给两组学生的课堂表现打分、点评,并请听课的老师当评委进行不记名投票。通过"深情吟诵"、"歌舞演绎"两场比赛,以评分、投票的方式评选出获胜组。

3. 活动过程

板块一　歌曲导入

师:同学们,课前我们先来欣赏邓丽君的名曲《在水一方》。给大家三个选择:听原唱,同学们齐唱,老师唱。

生:听老师唱。

师：好，恭敬不如从命。不过老师想请大家跟我一起唱好吗？

生：好！

（音乐响起，师生配乐演唱《在水一方》，唱完全场掌声响起。）

师：这首歌曲旋律动听、歌词优美，大家知道是根据哪首古诗改编的吗？

生：《蒹葭》。

师：《蒹葭》又是出自哪部诗集的呢？

生：《诗经》。

师：是的，《诗经·秦风》。这节课让我们一起轻吟曼舞品读《蒹葭》，共同聆听三千年前华夏先民的动情吟唱，感受最古老的东方文明的璀璨之光吧！

【点评1】歌曲导入，激发兴趣。音乐是一种灵魂艺术，因此采用演唱《在水一方》的形式导入能滋润学生心灵，引发学生的情感共鸣，特别是师生同唱更能激发学生的积极性，并营造良好的学习氛围，为下文的吟诵诗文起到示范和铺垫作用。

板块二　活动规则

师：这堂课我们将以小组竞赛的活动形式展开学习。全班同学分为两组，在我左手方的是"蒹葭组"，右手方的是"伊人组"。

（两组学生分别喊口号）

左边方阵学生："蒹葭蒹葭，风度最佳，唯我独佳。"

右边方阵学生："伊人伊人，美丽动人；伊人伊人，秒杀所有人。"

（哄堂大笑）

师：大家的口号喊得都很响。坐在我正前方的是由大家推选出的三位同学组成的评委团，她们将给两组同学的课堂表现打分、点评。评分标准：按 A 等 10 分、B 等 9 分、C 等 8 分，三等级评分。再请一位同学上台负责计分。本次竞赛由"深情吟诵"、"歌舞演绎"两个活动环节组成。

师：我们知道诗歌重在吟诵，通过诵读，进而可以感悟诗歌，体会诗意。让我们在朗朗读书声中开始感悟吧！

【点评2】经典诵读改编有创意。将诗词改编成一种简短有力、富有号召力和感染力的极具心理暗示作用的语言，在这堂课上的作用不容小觑。由于本课以小组竞赛的方式进行，在吟诵比赛之前，两组学生各喊口号，迅速点燃了比赛的激情，营造了诵读比赛的激烈氛围。

板块三　深情吟诵

1. 全班齐读诗歌

师：好，第一个环节先请全班同学一起朗诵。

（生齐读）

师：同学们读得很整齐，语音准确，有节奏感，但老师感觉平淡些，少了点韵味。要朗读好诗文，最重要的是有什么？

生：感情。

师：对，我们要把握好节奏的快慢、声音的高低、停顿的长短变化，才能读出诗歌的韵味，传达出诗歌的情感。

师：下面我们比一比，看哪组同学更能读出这首诗歌的韵味和情感。

2. 第一回合：个人诵读比拼

师：这个环节要求每组各派几个代表分节对抗朗诵，一节一节读诗，一对一评比，评委当场打分，每节总分30分。

生："蒹葭蒹葭，风度最佳，唯我独佳。"

生："伊人伊人，美丽动人；伊人伊人，秒杀所有人。"

（两组学生各喊口号，比赛氛围浓烈）

（第一节诗歌，两位学生比赛得分为 26 分∶28 分）

师：第一局伊人组略胜 2 分。

（伊人组学生欢呼）

（第二节诗歌，两位学生比赛得分为 29 分∶29 分）

师：这回合两组实力相当。

（两组学生各喊口号，情绪高涨）

（第三节诗歌，两位学生比赛得分为 25 分∶26 分）

师：经过三个回合PK，伊人组脱颖而出，恭喜你们！

（伊人组学生欢呼）

师：蒹葭组有没有信心啊？

生：有！"蒹葭蒹葭，风度最佳，唯我独佳"！

3. 第二回合：配乐吟诵比拼

师：这个环节请两组派出代表，配乐朗诵整首诗歌。要求形式多样化，可以是个人朗诵，也可以是小组朗诵。

（伊人组推荐个人独诵，得分：27 分。）

（蒹葭组推出六人小组，领诵与齐诵相结合，得分：30 分。）

【点评3】多种吟诵方式，实现有效教学。吟诵是切合中华经典的诵读方式。它不仅让经典诵读变得趣味横生、寓教于乐，而且凭借其音韵之美，能让吟诵者快速进入诗情，本课的吟诵环节采用全班齐读、个人诵读比拼、配乐吟诵比拼等形式，不仅丰富了诗歌朗诵的形式，也有效地落实了诗歌学习的重点。通过对垒赛刺激学生的诵读积极性，特别是分节对抗赛时学生的诵读水平一次比一次提高，可见学生对诗歌情感的理解越发深刻。以读代讲，读中悟情是非常有效的教学方式。

师：110分，110分，经过两轮朗诵比拼，两组最后总分相同，都是110分。可见两组实力旗鼓相当，朗诵水平都挺高。我们有请评委团对两组选手的总体表现作专业的点评。

4. 评委团点评

学生评委代表：我们觉得两组同学的表现都挺好，总体实力相当。蒹葭组第二位同学感情把握得特别好，语速、节奏挺到位的。伊人组第二位同学读得好，表情也很好，声情并茂。蒹葭组小组朗诵形式挺好，六个人配合很默契，能把这首诗歌的韵味和情感较好地传达出来。

师：评委的点评很细致、很到位，能紧扣住诗歌的诵读要领做出准确评价。

【点评4】学生点评诵读，实现了评价主体多元化。学生评委的当场打分、诵读点评更是体现了学生对诗歌诵读的准确理解和把握。此种形式进一步强化了学生的自我意识，提高学生的口语表达和交流能力，这种学生自诵自评也是自主学习合作探究的一种有效途径。

板块四　歌舞演绎

师：同学们，诗歌不仅适合吟诵，更是可以吟唱的。《诗经》就是先秦时期的地方歌谣。先民们载歌载舞，表达出对生活的美好愿望、追求。现在我们也来载歌载舞，唱出诗歌的韵味，舞出诗歌的意境。

师：这轮要比歌舞。要求：根据诗歌的内容、意境，展开想象，创编歌舞，以别样的形式演绎诗歌的情怀。

师：同学们，老师提个建议，我们请在座的听课老师担任这轮活动的评委好不好？请两位同学帮忙把选票卡送到老师们的手上。

（两组学生兴奋地喊口号）

1. 演绎歌舞，解说创意

（蒹葭组一学生高歌自编歌曲《蒹葭》，一学生弹琴伴奏，两名学生跳舞）

师：弹、唱、跳三者完美结合，真是精美的视听享受啊！我想采访一下，请说说你们的创意好吗？

生：我们以双人舞的方式演绎出诗人和伊人的内心世界，传达出诗人对伊人的热情追求，以及伊人可望不可即的复杂情感。

（伊人组一学生朗诵《蒹葭》，两学生一主唱一合音，三名学生舞水袖）

生：我们这组主要是表现伊人的美丽。通过三人旋转，水袖舞动，来展示伊人的美丽动人，是世间男子最好的追求。

师：歌曲清婉、舞姿曼妙，解说也很精到。到底哪组的创意更能体现诗歌的情感意境呢？请评委老师为我们同学的精彩演绎投出您欣赏的一票吧！请在选票卡上打钩。

【点评5】诗乐结合、歌舞演绎是经典诵读的更高境界。诗是乐的根本，乐是诗的形式和实现的手段，理想的境界就是两者的完美结合。《诗经》是"诵诗三百，弦诗三百，歌诗三百，舞诗三百",学生根据诗歌的内容、意境展开想象,配乐演唱,并与舞蹈结合,不仅体现了诗歌的音乐性,也强化了诗歌的抒情性。诗乐结合对学生提出更高要求,编曲、编舞、演唱、舞蹈、弹琴、诵诗、解说,是学生个性化解读、文学艺术才能的展现。

2. 团队凝聚,口号拉票

生:"蒹葭蒹葭,风度最佳,唯我独佳。"

生:"伊人伊人,美丽动人;伊人伊人,秒杀所有人。"

师:大家使出浑身解数,秒杀这些评委老师吧。

(哄堂大笑)

【点评6】把当前较受欢迎的娱乐节目的活动方式引入课堂学习中,让听课老师当评委参与课堂活动,活跃了气氛,提高了学生的积极性。

3. 评委投票,学生代表收票、统计,播放视频朗诵《蒹葭》

师:我们边欣赏视频朗诵,边等待最后的结果吧。

4. 宣布结果、总结陈词

师:16票和20票,本次竞赛最后的冠军是伊人组,亚军是蒹葭组。

(学生欢呼、沸腾)

师:大家不要只看重分数,我们重在参与,要在活动中锻炼、提高自己,这就是最好的成绩,最大的收获了。这节课我们以吟诵、歌唱、跳舞等形式来品读诗歌,希望同学们能喜欢诗歌、喜欢诵读。最后老师想把这句话送给大家共勉来结束这次活动,"腹有诗书气自华,书声朗朗满园香。"

(本课例由浙江省杭州江南实验学校郑琼茹执教,浙江省苍南县教研室语文教研员姜春雷点评)

(二)诗情画意《一剪梅》

1. 课前准备

(1)相关资料:让学生先查阅一些有关宋词的知识,李清照的生平以及代表作,并对他们进行指导。

(2)设置有关奖项(如最佳表演奖、最佳参与奖、最佳方队奖等),并准备一些活动的奖品。

(3)上课要求:全班同学以小组分两个方队(设计方队口号)。

(4)材料准备:画板、彩色笔及卡纸。

2. 活动过程

板块一 情感导入

师:中国是一个诗的国度,悠长的历史长河中积淀着无数的诗词佳句,这些诗句穿越千年的时光,却依旧气韵深沉、雅致,何时打开都弥漫着淡淡的香味。然而,在动漫、网络游戏冲击下的今天,那悠远的朗读声,那美丽的画面,那神妙的意境,竟逐步淡去。这堂课我想借用一些活跃的元素,让诗词以轻快的步履款款地走进我们的心灵,让我们一起去感受那美的灵魂。

【点评1】精彩导入,引发情感共鸣。一段精彩、生动的导入语应是语文教师情感禀性、学识修养、教学风格和教学智慧的生动呈现。金老师的语言充满诗意、饱含深情,唤起了学生的情感体验,引发学生对诗歌的关注和思考,为学生学习诗歌营造出一种良好的情景氛围。

板块二　读　诗　入　情

师:今天这堂课,围绕《一剪梅》的读诗入情、画诗入境、抒写意境这三个环节展开。

师:下面我们来认识今天参与学习活动的两个方队。你们是⋯⋯(生激动地喊方队口号)

1. 诗味

师:哪个方阵率先来展示呀?

(1组生齐读全诗)

师:嗯,很整齐,语音也无误!

2组生:老师,我们也要读。

师:好,很积极,你们也来试试。

(2组生齐读全诗)

师:两组同学都不错。我们读诗首先要读准语音、停顿。刚才两组同学都有停顿错误,谁能听出并纠正?

生:第一句"玉簟秋"不是连起来读,"秋"前要停顿。

师:说得很好,你能试着读读吗?

生:红藕/香残/玉簟/秋。

师:好的,这句诗是2221结构。

生:老师,"云中/谁寄/锦书/来"也是2221结构吧?

师:举一反三,好的。

生:我觉得2组下阕第一句读错了,这句不是2221结构吧,应该是2212,"花自/飘零/水/自流"。

师:七个字的诗句有两种读法,2221结构,2212结构,有节奏性、音乐性。

生:"此情/无计/可/消除",而不是"此情/无计/可消/除"。

师:同学们自我纠正这点做得很棒,根据课件的提示再来齐读一遍吧。

(生齐读)

师:读诗,不仅要读准停顿,还要把握韵律。押韵一韵到底,平声韵造成舒缓委婉的艺术效果,对仗,节奏明快。如:"红藕香残玉簟秋"要拖音,"秋"为韵脚,读长更能读出味道。

【点评2】注重对诗歌朗读中停顿、韵律的指导。诗歌有音调和谐、节奏鲜明、韵律铿锵、句式整齐的特点,要想感知诗中形象,理解诗歌内容,领悟诗中情感,只有有节奏、带感情地读,才会体味到这些美感。金老师引导学生把握诗歌节拍,反复朗读,根据诗歌内容揣摩诗歌的韵律,为之后的品悟诗情打好基础。

（师范读）

2．情味

师：读诗最重要的是要有什么?

生：有感情。

师：是的,情感把握很重要。请两个方队分别派一个代表朗读,其他同学评评情感表达怎么样。

（两方阵学生各推荐一个代表朗读）

生：我觉得一队的同学读得好,特别是这句"一种相思两处闲愁",读出了哽咽之声。

生：我觉得"一种"、"两处"要重读,点明了夫妻俩同样相思恩爱。

师：同样相互思念,同样因别而恼,这种独特的构思体现了二人心心相印的爱情。

生：我觉得二队的同学读得好,"才下眉头却上心头"的"才下"读出轻松的语气,而"心头"低沉些,读出了沉重感。

师：是的,词人在此对"愁"的描写极其形象。"才……却……"句式表现"愁"的运动之速,而"愁"从可见眉间藏到心头,更使人领略到女词人的万千愁绪,给人以无止境的遐想。

3．余味

师：余味是读诗的最高境界,取"余音缭绕"之意,让那份至真至切的闲愁别情与学生的情感体验产生共鸣,再通过朗读舒缓地释放。

师：谁有勇气来大胆尝试?

生：科代表。

师：多媒体播放背景音乐为你伴奏,大家掌声鼓励。

（掌声响起）

（科代表试读,教师用肢体语言加以指导）

师：同学们再来听名家的朗读,轻声一起跟读,再次静心意会语之精妙、情之真诚。

【点评3】反复朗读诗词,体悟情感。读是诗词欣赏的前提,由读唤起学生心灵的共鸣,激发他们去探究、去感悟。这个环节在把握诗歌的节拍、韵律、语气的基础上,通过反复朗读,在朗读中感受,在感受中朗读,分三个层次来品读词中的诗味、情味、余味,层层深入,品味诗歌丰富的意蕴,把握诗歌的感情。

板块三　画诗意

师：朗诵的余音还在缭绕,下面我们要进入"画"的环节,诗情不但可以读,同样也能"画"。请同学根据对词的独特理解,捕捉文中的一个画面,一个动作,画出诗意和感悟。

（学生当堂作画）

（老师巡视，从中挑出几幅画，利用摄像头把画投影在幻灯片上）

师：我们有请这几位同学来说说每幅画是由哪句诗句描绘而成？

生：我画的是"红藕香残玉簟秋，轻解罗裳，独上兰舟"。"玉簟秋"是作者的感觉，画不出来，我只简单画了秋天已凋零的荷花。人物短时间难画，我只画了背影……

师：这么短的时间能抓住意境作画已经很难得了。

师：大家猜猜这张画的是那句诗？

生："云中谁寄锦书来？雁字回时，月满西楼。"

师：我们请小画家来说说吧！

生：大家猜对了。鸿雁传书、明月倚楼是诗词中常出现的意象，传达出浓浓的相思意。很遗憾，因为时间仓促画得很粗糙，课后我会再补充。

师：同学的这份用心很让人感动，学习需要这样执着的精神，让我们为他的认真、用心鼓掌吧！

（学生鼓掌）

【点评4】诗中有画，画中有诗。中国诗歌擅以精练的文字传视境之神韵、情趣。本环节的现场绘画，是对诗词的画面感的创新解读，让学生将诗词中的语言文字幻化成一幅幅画，用自己的彩笔勾画出来，从而感受到诗人在诗作中所创设的意境，感受到诗歌的绘画之美。

板块四　写　诗　感

师：小画家们不仅画出诗意，而且说出了自己的感悟，下面请同学们用自己的妙笔在卡片上抒写你认为最好的画面的妙意所在，并将卡片送给所画的同学，看谁获得卡片最多。

（小组长把卡片收齐并进行分类，送到作画的几个同学手上）

师：获取卡片最多的同学，请你选出几张你最喜爱的"评语"，当场宣读。

生：杨同学，我喜欢你这幅"月满西楼"。当空中大雁飞回来时，谁托它捎来书信？我正在明月照满的西楼上盼望着呢！雁传书信，故可暂得安慰，但不可能消除的是一份什么情感呢？是人的相思之情啊，"月满西楼"不正是"西楼望月几回圆"吗？

师：评价的语言很细腻，抒情充满诗情画意。

生：我觉得"轻解罗裳，独上兰舟"画得很好。从一个"独"字可看出，词人想借泛舟来消愁，结果是"举杯消愁愁更愁"啊。过去和夫君一起双双乘舟出游，家庭和乐幸福，今天却独自一个人击楫，看着眼前相似的情景，只能勾起陈旧的往事，怎能排遣了愁呢？其实她想说的是：如果丈夫在家，夫妻一起去划船该多快乐啊！所以我很欣赏张同学用背影恰当地画出了女词人此时形单影只的寂寞忧愁。

师：画得好，解说更精彩！诗词中一景一物总关情，只有体会景的妙意，才会理解情的凄切优美。为你鼓掌！

【点评5】写诗感,个性解读诗歌之美。若说绘画诗意是种才艺展示,赏画说意更能展现学生的个性解读。在学习国学经典、鉴赏古典诗词中发散写作思维,感悟写作魅力,让学生更好地表达出心中所悟,更好地掌握诗情。

> 师:现在,请大家评选出最佳才艺奖及最佳文采奖,我们当场颁奖。
>
> 师:下面我宣布,获得最佳才艺奖的是张、杨两位同学,获得最佳文采奖的是李、陈两位同学。请大家以最热烈的掌声欢迎他们上台领奖!
>
> (全场鼓掌,举行颁奖仪式)
>
> 师:这是一首相当富有诗情画意的词作。今天我们通过读、画、写对这首词进行了另类的解读,让大家感受、体验词人那淋漓尽致的别离相思之情,希望可以真正提高大家的文化艺术修养。

板块五 课外练笔

> 师:细腻、婉约的词总是让人回味无穷,请同学们展开合理的想象,把全词改写成一篇情景连贯、意境优美的抒情散文。

```
板书设计
                读诗入情
一剪梅          画诗入境
                抒写意境
```

(本课例由浙江省苍南县职业中专金瑞阳执教,浙江省苍南县教研室语文教研员姜春雷点评)

【总评】

姜春雷老师:活动课是一种形式灵活,轻松愉快,以学生互动、展示为主的课堂。教师只起着穿插与引导的作用,有时候还常常只扮演主持人的角色。这种课型,如果能够探讨出常态化的途径,将大大丰富语文教师的课堂教学形式,是经典吟诵教学很好的载体。这两节课上,学生情绪高涨,课堂气氛轻松,学生才能尽情展现,达到了快乐学习的目的。我觉得诵读环节的处理若能紧凑些,学生的对抗氛围将更加强烈。

郑宗安校长:这种活动课对于构建语文常态课和经典诵读课相互渗透的教学模式,以及中学语文课堂有效教学实践等方面,均是一种有益的尝试!

谢玉鹏老师:《蒹葭》这节课,郑老师根据学生能歌善舞的特点,将课堂教学设计为“深情吟诵”和“歌舞演绎”两大模块,把学生分成“蒹葭组”和“伊人组”两个小组,并请学生当评委,通过竞赛的方式组织教学活动。形式新颖、活动对抗性强,学生或诵或咏、载歌载舞,低吟浅唱、高亢激昂,课堂气氛非常活跃。《一剪梅》这堂课,金老师从独特的视角,全新的教学思路来解读该词。

教学整体设计从情感诵读、诗词配画及意境抒写三个层次展开,简洁明了,环环相扣,层层深入。学生课堂学习的思路清晰,目的明确。活动课活跃了课堂气氛,激发了学生的兴趣,激活了学生的参与力度,给学生营造出一种愉悦轻松的情景氛围,去体验、领悟词的魅力。

陈阳老师:两节课风格各异,都让人印象深刻。我想套用现在的流行语来评价郑老师这节课——"简约而不简单",活动看似简单,功夫全在课外。朗诵、唱歌、舞蹈都很精彩,尽显学生的风采,这当然也离不开老师的指导。这种活动课,老师、学生付出的精力比平常讲授课多出许多倍,但从这节课的教学效果来看是非常值得的,学生乐于学,体验也深刻。金老师的课很精彩,更注重课内朗诵的指导落实,学生活动也很多,绘画、写评语、评奖,这种经典吟诵课可操作行强,易推广。

金瑞阳老师:作为一节活动课,课前准备工作很重要。学生准备充分到位,使得活动课得以顺利展开。学生的主观能动性在活动中得到充分体现,让学生参与,使学生感到这是自己的"活动",从而真正动起来。本课学习的气氛比较浓郁,学生课堂发言积极性比较高,只是因上课时间有限,学生的领悟和能力都有限,尤其在画诗这一块,部分学生不能在短短的5分钟内画出自己对诗意的理解,略有遗憾。

郑琼茹老师:正如陈阳老师所说的,我这堂课的活动看似简单,功夫全在课外,课堂只是成果展示。经典吟诵课在中学语文教学上是一个难点,因而教学目标的定位与教学方法的运用尤为重要。我预设的教学目标是以歌、舞、诵等形式多方位解读诗歌,展示学生的才能和独特风采,体现经典吟诵课的教学特色,课前准备工作若不到位就根本无法实现这些目标。我用了整整两周让学生通过搜集资料、诵读训练、歌曲改编、舞蹈创编等准备活动,锻炼自主学习能力,培养团队合作精神,提高语文审美感悟能力,激发学习兴趣,形成爱读诗歌的良好学风。让学生在活动中学,各项能力在准备过程中渐渐得到锻炼,今天的课堂才能呈现出较好的效果。

三、资源链接

(一)古诗文吟诵的方法

1. 古诗吟诵的节奏:平长仄短

格律诗词的写作与吟诵,必须符合平仄。何谓平仄?平仄是声调的讲求。古人写诗,依据的是古汉语的四种声调:平声、上声、去声、入声。平声绵长而没有升降,上、去、入三声则短促而有升降。所谓平仄,就是古人根据汉语四种声调的特点,将其归纳为"平"、"仄"两大类:"平"即平声,"仄"同"侧",含"不平、倾斜"之意,指的是上、去、入三声。今天,从现代汉语的声调来分,阴平和阳平(第一声和第二声)是平声,上声和去声(第三声和第四声)是仄声,中古的入声已分散到了这四声之中。因此,现代汉语的阴平和阳平,虽为平声,已不全是古人所谓的平声了,在吟诵时需注意辨别。

下面以贺知章的《回乡偶书》为例,说明吟诗节奏的基本规律:

少小离家老大回,

(仄仄—平—平——仄仄—平———)

乡音无改鬓毛衰。

(平—平——仄仄—仄平——平———)

儿童相见不相识,

（平—平——仄仄—平—平——仄—）

笑问客从何处来？

（仄仄—平—平——仄仄—平————）

简而言之，古诗吟诵时，一般以两个字为一组，第二个字若是平声就吟得较长，每一句的韵脚就吟得更长；不是这些点上的平、仄声或这些点上的仄声，就得短些。当然，不能机械地照搬照套，不然就会把"故人具鸡黍，邀我至田家"这类诗句读破。

2. 古诗吟诵的音调：平直仄曲

吟诵是唱出来的，所以它具有诵读所没有的曲调音律；但又因为吟诵是没有乐谱的即兴的自由的哼唱，所以它的音调犹如天籁，自然朴素，总体上呈现为"平直仄曲"的特点。

先说平直。平声的特点就是比仄声来得平而长，因而吟诵时平声处自然应该悠扬平直，不宜升降曲折，予以修饰。这个"直"有时也会变化，在吟诵古诗最后一个平声韵脚的时候，通常会在延长的平直音尾部，呈现音高的自然下滑，或者是先行下滑后再在较低的音上做平直延长，使得吟诵在自然平和中结束。尾音下滑的幅度，一般多为小三度，也有大三度或纯四度等。

再说仄曲。仄声本就是不平的、倾斜的，所以吟诵时，对仄声可略加修饰音，使其升降曲折，更为好听。句中仄声字的"曲"，主要表现为向上"倾斜"，即音高的上滑；句末仄声字的"曲"，其典型状态是音高先降后升地滑进，就像现代汉语上声的标调符号"∨"。尾部上翘是这两种情形的共同特征。

3. 古诗吟诵的基本"乐谱"

基于上述的吟诵规律和方法，如果将其组合，就形成了古诗吟诵的乐谱。若按"平低仄高"的音高处理来吟诵张继的《枫桥夜泊》，其乐谱如下：

月落　乌啼　　霜满　天，

（仄仄—平—平——仄仄—平———

高——低———高—低——）

江枫　　渔火　对愁　眠。

（平—平——仄仄—仄平——平

低———高——低——）

姑苏　　城外　寒山寺，

（平—平——仄仄—平—平——仄

低———高——低———高—）

夜半　钟声　到客　船。

（仄仄—平—平——仄仄—平

高—低———高—低——）

这个乐谱，揭示了平仄声调与吟诵曲调相结合的三条规律："平长仄短"、"平低仄高"、"平直仄曲"。不仅如此，乐谱还使格律诗起承转合的结构原理和错落委婉的美学意义得以彰显。据此，可以轻松地写出所有格律诗的吟诵谱式。

在古诗教学中，读是赏析的基础，诵是初读的加强，吟是诵读的延伸和鉴赏的促进。诗的吟诵是一种近乎天籁的音乐。真要吟诵得出色，需要有诗歌、音乐等多方面的素养，需要从不断的吟诵实践中去探索研究。语文教师要积极传承这一国粹，在古诗教学中，多一些体悟式的吟诵，少一些灌输式的讲解。通过吟诵涵咏来怡养性情,建立起学生对古典诗歌学习的乐趣,使吟诵这一优秀传统绝学,不在语文课堂上绝迹。

（徐卫东）

（二）经典吟诵的策略

1. 集中指导,分散训练

经典吟诵学习应强调学生的自主性和合作性,突出学生的主体地位,所以可采取"集中指导,分散训练"的方法。例如,每个班级的黑板上方都留有空白用于开辟"诗文壁",由书法比较好的同学书写一首契合本周学习的篇幅稍长的古诗文,绘画好的同学配书画作为每周的必背篇目,教师在课堂上进行字音、韵律及抑扬顿挫的背诵指导,使学生不但准确地掌握本首诗的背诵,而且可以领略其中的韵味。每周老师都要布置相应的古诗文背诵作业,让学生利用课后的时间进行背诵,这样,一首首脍炙人口的诗歌常常挂在学生嘴边,给学生的课余生活增添了色彩,而且还使学生在潜移默化中完成了背诵的任务,真是"校园处处踏歌声"。

2. 讲究方法,创新课堂教学

对于课文中的古诗教学,语文老师能认真渗透"重情趣、重感悟、重积累、重习惯、重迁移"的教学思想,创设具体的情境,借助各种媒体营造课堂教学氛围,使学生在课堂内始终保持积极的心理状态,并且创设具体的语言环境,培养学生口语交际的能力,并能注重课内向课外的延伸,力争使古诗文的教学实现创新、高效。对于写景的古诗文,可以采用"诵读感悟,情境导学"法,充分利用音乐、图片等创设多种情境,引导学生想象体验,潜心感悟,动情朗读;也可采用"即兴创作,一比高低"法,先图文感染,创设意境,指导学生创作,然后合作学习古诗,引导学生把自己创作的诗和诗人创作的诗作一比较,从而深刻感受古诗文的精练之美、意境之美。对于叙事性古诗文的教学,可以采用"自读自悟,再现延伸"法或"质疑问难,推敲赏析"法,引导学生在自读自悟的基础上,选择自己喜欢的方式(如诵、唱、画、编、演等方式)重现古诗。对于同一主题的古诗(如送别诗、思乡诗等),可以采用"以点带面,横向比较"法或"主题延伸,深入人心"法,先扶后放,增加学生古诗的内在积累,提高学生的古诗鉴赏水平。

3. 关注过程,加强学科整合

综合性学习主要体现为语文知识的综合运用、听说读写能力的整体发展、语文课程和其他课程的沟通。因此,在课题研究实践的过程中,不仅仅局限于在语文课堂上的学习实践,还注重古诗文与其他学科、活动的有机整合,全面培养学生的人文素养。如古诗文吟诵与音乐美术整合,与班队活动整合,与信息技术整合,这样,学生的视野开阔了,古诗文学习的内容也丰厚了。

4. 丰富形式,注重活动渗透

（1）扩诗演诗。组织学生选择自己喜爱的诗篇,扩充意境,补充感受,续编情节,将浓浓的诗情变成生动可感的想象诗篇。在此基础上组织课本剧表演,让精彩的一幕幕不断重现。

（2）以诗铭志。组织学生把在学诗过程中学到的一些奋发进取、立志爱国的诗句进行收集、分类、交流、诵读,选出自己欣赏的诗句作为自己的座右铭,以古人之学、思、行督促自己的学、思、行。

（3）综合实践。假期,让学生寻找诗人的足迹,了解诗人的生平趣闻、成才故事或悲凉人生。在班级作文课上,举行"我最喜爱的一位诗人"、"我最喜爱的一首古诗"等讨论活动,并指导学生写出对诗人精神境界的认识和鉴赏评价,这样既增长见识,又锻炼写作能力。

（4）古诗擂台。可举行"经典吟诵"擂台赛，模仿中央电视台"挑战主持人"栏目举行，分周擂主、月擂主、季度擂主、学期总擂主四个阶段。

（5）吟咏诗会。每学期结合传统节日、庆祝活动、纪念活动，开展各种形式的诗歌吟诵活动。

5. 表演才艺，构建展示平台

为了给学生提供展示自我的机会，还可以在家长开放日活动上，让学生登台献艺，邀请家长观看学生的才艺展示。经典吟诵以不同的形式展示在全校老师和家长面前，既锻炼了学生的心理素质，又培养了学生展示古诗内涵、展示古诗文艺术美的能力。

四、推荐阅读资料

1. 彭雪卿. 经典诗文诵读策略研究与实践[J]. 现代中小学教育，2007(3).

2. 徐卫东. 传承优秀传统　重构古典诗歌声情教学新模式[J]. 宁波教育学院学报，2010(3).

3. 张子德. "经典诵读活动化实践研究"课题结题报告[J]. 东西南北·教育观察，2012(8).

4. 曲文军. 中华经典诵读研究[M]. 北京：教育科学出版社，2013.

5. 叶嘉莹. 古典诗歌吟诵九讲[M]. 桂林：广西师范大学出版社，2014.

6. 薛瑞萍. 薛瑞萍母语课堂：诵读课[M]. 桂林：广西师范大学出版社，2014.

7. 丁锁青. 诵读，让语文课"响亮"起来[J]. 课程教育研究，2014(10).

8. 史超. 不薄今人爱古人　清词丽句必为邻——经典诵读走进语文课堂[J]. 新课程（上），2015(4).

9. 张虹霞. 中华传统文化经典作品吟诵教学实验研究[J]. 新课程（上），2016(4).

五、后续练习

下面是全国著名特级教师王君老师撰写的部编版九年级语文（上册）《岳阳楼记》教学后记（有删节），请你仔细阅读思考，写出你的想法。

绝　唱
——记《岳阳楼记》美文诵读课

这是一堂古文课。

这是一堂以诵读作为唯一学习手段和学习形式的古文课。

这是一堂没有教师的讲解而希望通过诵读来达到所有教学目标的古文课。

《岳阳楼记》，这篇文章我已经执教过好几次了，而这一次，是最有悬念且最让我期待的。

期待的不仅是我和我的学生，还有济济一堂的听课老师和外国专家。

期待爆发，期待共鸣，期待跨越……

我们的学习是从著名朗诵家童自容先生的录音朗诵《岳阳楼记》开始的。

童先生的朗诵整整持续了十二分钟。教室里寂然无声，音乐深沉回响，朗诵高潮迭起。我们似乎见到了童先生站在舞台上，慷慨悲壮，长衫飘飘。

音乐结束好一会儿了，我才缓缓地问：孩子们，听了童老师的朗诵，你的心情怎么样？童老师在朗诵的处理上哪些地方给了你启示？

如此美轮美奂的诵读，孩子们怎么会没有话说？教室里的手举起了一片，没有举手的孩子眼睛中也亮晶晶的。

谷雨说，童老师读得我的心中沉甸甸的，但又感觉回肠荡气。童老师开头第一段完全是用平淡的说话口吻来读的，这样就为他之后情感高潮的到来蓄了势。童老师对每一段文字的处理都不一样，情感轻重缓急和语气抑扬顿挫的变化丰富而自然。我们的心啊，时而在波谷，时而在峰顶，真是经历了万水千山啊！

何语婷说，没有想到就是两个"登斯楼也"，童老师也处理得完全不同。第三段他读得异常缓慢，读出了步履的沉重和迟疑，读出了"忧谗畏讥，感极而悲"的沉痛。而第四段他读得明快欢乐，读出了步履的轻盈而舒展，读出了"宠辱偕忘，其喜洋洋者矣"的乐观和自得。我说，那你也学学如何？何语婷果真对比朗读，赢得了满堂喝彩。

刘宏达说，如果让我们来处理"先天下之忧而忧，后天下之乐而乐"这句，那一定是要把它作为高潮来处理的，两句都要读得重，而且后一句要比前一句更重。可是童老师的处理很耐人寻味，"先天下之忧而忧"，他读得气壮山河，而"后天下之乐而乐"却越读越轻，渐至无声。这是为什么呢？刘宏达的发现引发了同学们的激烈争论。最后大家终于理解：这种处理照应了前文的"进亦忧，退亦忧"，强调了范仲淹的"居庙堂之高则忧其民，处江湖之远则忧其君"之"忧"，这样读正可以读出范仲淹的喜忧价值取向。这种设计，可以引导听者对文本进行深入的涵咏和挖掘。创造性的朗读就是对文本创造性地演绎啊！

最让人难忘的是陈熙之的发言。她说，本来结尾只有一个"吾谁与归"，但童老师读了两次，一次读得语调很轻但语气很沉痛，而第二次却读得高亢悲壮，撼人心魄。她说她认为这个地方是全文处理得最精妙的地方。第一次轻读，是沉思的范仲淹在寻寻觅觅，喃喃自语，叩问心灵。而第二次却是激愤的范仲淹在问天问地，在茫茫宇宙之中寻找自己的志同道合者。以这种声嘶力竭的方式来读，入木三分地表现出了作者的孤独痛苦和坚决。小姑娘边分析边仿读，仿得惟妙惟肖、激情洋溢，让教室里的每一个人无不动容。

伍勇俊谈的是重音的处理，牛晓模仿的是语气的对比，高洁强调了拖音的应用，杨羚箐分析了音乐的呼应。最难忘的是何语婷还谈到了童老师好几处处理得不够好的地方……同学们神采焕发，侃侃而谈，手舞足蹈，倾情模仿。我惊讶地发现，没有了细致的点拨，没有了冗长的讲解，孩子们却更加入情入境了。童老师的诵读推开了他们情感的心门，闪亮了他们智慧的双眼。在对朗诵的品头论足之中，我们的心灵登上了壮丽的岳阳楼，并渐登渐高，从仰视范仲淹到走进他的内心世界，我们的眼前真是"浩浩荡荡，横无际涯，朝晖夕阴，气象万千"了。

当教室里的气氛日趋热烈，跃跃欲试的火搅动了大家的心时，我趁势发出号召：同学们，朗诵本就是一项创造性极强的活动。童先生有自己的处理，我们根据自己的理解肯定也有我们自己的设计和处理。来，让咱们找出最喜欢的段落或者句子，设计朗诵，展示才华。

教室里出现了短暂的沉默。我感受到了同学们的犹豫。童老师朗诵的起点太高了，这种表演性的舞台朗诵毕竟和平时的朗诵不一样。他们担忧自己的普通话不够标准，担忧自己的设计太平庸……我理解这种沉默。

但沉默仅仅只是短暂的，蒋云淞第一个举起了手。

蒋云淞不算班上朗诵最好的孩子，甚至一直是很腼腆内向的孩子，他的带头便是一种无声的号召。他的声音是低沉的，情感的处理还很稚嫩，但可以听得出他在努力地寻找一种感觉，营造一种气氛。从孩子蹙起的眉峰上我读到了他对朗诵本质的执着靠近。掌声雷动。孩子们的诵读热情被这个内向的孩子的不同寻常的表现激发了。

之后的一切便是风起云涌,精彩纷呈了。

我几乎没有时间说话,也没有机会说话,孩子们一个个踊跃地举手站起,用属于自己的声音演绎着对《岳阳楼记》的理解。刘宏达的速度快了些,但他的抑扬顿挫让人叫绝;李想的声音还很单薄,但她的重音把握和语速总是恰到好处;于西南的语音平了点儿,但她的情感非常饱满;张慰慈的普通话并不标准,但他进入情境特别真诚……为了让孩子们有所对比,我让五个同学分别站起来设计并朗读了"衔远山,吞长江"一句,五个孩子精神抖擞,情绪饱满,用不同的声音和设计把这个描绘洞庭湖全景的句子演绎得"气象万千",而他们对自己的设计的解说更是让人慨叹"孺子不可小视"啊!

在这其中,最让人难忘的是谢勋和杨雅云两个小组的创造性朗读。谢勋他们用的是"复读"——关键句子重复朗读的方式。两个男孩和两个女孩儿配合着演示,每一次的反复都掀起了一个小小的高潮。杨雅云小组提出了"轮读"的理念,两个女生声部一前一后造成了一波未平一波又起的气势,直把"其喜洋洋"一段读得流转轻扬,美不胜收。最妙的还是孩子们争先恐后的建议。一个孩子说第一声部可以声音大一点儿,第二声部声音小一点儿,这样形成的声部落差效果会更好。一个孩子说他们朗读的速度可以再快一点儿,以显示出情绪的明快。还有一个孩子说几个同学的表情比较生硬,笑容应该灿烂一点儿,眉宇之间应该活泼一点儿,以展示足够充盈的快乐。

这些发言让笑声挤满了课堂。此时的课堂已经不像课堂了,而像一个诸多朋友围炉而坐的温暖茶室,充满了跃跃欲试的躁动和心心相印的感动。

多么不舍得结束这个教学环节啊,但是必须继续了,因为离下课只有十分钟了。

我说,孩子们,刚才是我们的个人和小组朗读智慧和才艺的展示,现在,让我们来用集体的力量来共同展示《岳阳楼记》的美。

这个环节是上课之前就设计好的,两位领读的同学——姚未来和代东航,我还专门辅导了一遍。

《赤壁怀古》的音乐响起,深沉的钝响撼动着教室的空间,冲击着人的心扉。姚未来是浑厚的男中音,代东航是嘹亮的男高音。一个活泼,一个稳重,于是他们对文本的处理便有了独特的风格。朗诵的形式是相同的,但不同的个性演绎出来的效果却不同。整整两遍的表演领诵,直诵得整个教室波澜起伏,直诵得每个孩子双颊泛红,豪情冲天,欲罢不能。

但这还不是整堂课的最高潮。

当代东航的第二遍"吾谁与归"还余音绕梁的时候,我满怀激情地说:"千百年来,无数的仁人志士深情地回应着范仲淹'吾谁与归'的呼唤,为中华的历史写下了壮丽的篇章,来,让我们听听历史的回音!"

我们的朗诵课,是在二十句和"先天下之忧而忧,后天下之乐而乐"的主题相似的名句朗诵中结束的。我领诵,孩子们齐诵。从孟子的"乐以天下,忧以天下"到文天祥的"人生自古谁无死,留取丹心照汗青",从谭嗣同的"我自横刀向天笑,去留肝胆两昆仑"到鲁迅的"寄意寒星荃不察,我以我血荐轩辕",我们感动成山,我们激昂成河。

第二十句,最后一句了。

我高声领诵:"毛泽东说!"

孩子们情在弦上,蓄势而发:

"为有牺牲多壮志，敢教日月换新天！"

"天"字落地，我没有给孩子们休息的机会，我紧接着高声诵到："我们说！"

孩子们愣了片刻，因为这是朗诵材料上没有的。

音乐依旧在响，一弦一柱真真切切。

我一字一顿："孩子们，认真想想吧……"

每一双眼睛都像要喷火似的，每一个孩子的表情都无比庄重。

《赤壁怀古》依旧回响，一如洪钟大吕。

这时，下课铃声响起……

第十三章　口语交际课

一、背景描述

口语交际是人们出于某种需要，借助口语和非口语传递信息、表情达意的一种社会活动。口语交际教学即为培养学生口语交际能力，进而掌握口语交际方法，由此展开的师生双方的教与学的活动。

纵观历史，从晏子使楚、苏秦合纵、孔明舌战到古希腊、古罗马的苏格拉底、西塞，从应聘职场的毛遂自荐到跻身政界的施政演说，从外交场合礼节陈辞到法庭上的义正辩护，口语交际能力的重要性可见一斑。

口语交际绝不仅是听与说的简单相加，它是涉及听说双方的言语行为过程，还是一个既受主观意识支配又受客观条件控制的动态过程；是一个始终互动的、充满变数和应对技巧的过程。学生只有在动态的双向或多向的互动活动中，才能增强口语表达能力，才能学会分析、归纳、评价的思维方法，才能形成必备的口语交际能力。

口语交际教学具有以下几点积极意义。

(1) 社会发展需要。首先，培养学生的听说能力势在必行。没有一个时代比当代社会更注重口语交际能力。在通讯、多媒体技术突飞猛进的现代社会，口语成为比书面语使用频率更高、应用范围更广的便捷的交际方式。其次，当代社会特别需要口语交际能力。我国正处在社会主义现代化建设的关键时期，语文教学要同现代化建设接轨，就是要同社会主义市场经济需要接轨，要跟信息交流接轨。

(2) 语文教学需要。听、说、读、写是语文课堂教学的基本任务。《义务教育语文课程标准（2011年版）》明确提出了"口语交际能力"的培养，将长期被忽视的"听、说"任务作了强调。作为中学语文教师，要把听、说、读、写这四项基本任务在课堂教学中全面落实，切勿厚此薄彼，更不能顾此失彼，要真正将培养学生的口语交际能力作为语文课堂教学的重要任务。社会高度发展，信息空前活跃，对听说能力的要求会更高。语文学科只有加强听说训练，发展和提高学生的听说能力，才能使他们适应社会发展的需要。

(3) 开发智力需要。语言是思维的外壳，思维是智力的核心。口语交际是把内部语言（思维）快速转变为外部语言（口语）的过程，是一个语言的内化和外化频繁交替进行的过程，是一种复杂的心智活动。学生需要不断集中注意力，认真接受信息，并随之进行加工，通过解释、分析、判断、联想、推理，作出反应，然后用语言发表自己的见解。口语表达与思维结果具有同步性，交际双方不能深思熟虑、反复修改，而必须现想现说、脱口而出、应对如流，才能圆满完成交际任务。与读写相比，口语交际对思维能力等智力要求更高，因此，口语交际训练本身就是很好的思维训练、智力训练，它能有效训练学生思维的条理性、准确性、敏捷性、灵活性，同时也有助于培养学生稳定的注意力、敏锐的观察力、持久的记忆力和丰富的想象力。

从口语交际教学现状看，尽管《义务教育语文课程标准（2011 年版）》提出了相应的教学建议，然而目前口语交际教学依旧"危机重重"，主要存在以下几个问题：

第一，教学理念：偏于读写，不重口语，不重交际。

第二，教材处理：无序无续，前后脱节，不成系统。

第三，教学实践：模式僵化，远离生活，忽视体验。

第四，教学方法：无从下手，无法可循，引导缺失。

第五，学生反馈：不愿交际，缺乏深度，思路混乱。

二、课堂例析

《献给母亲的歌》课堂实录及评析

（一）教材概述

"献给母亲的歌"是人教版八年级语文（下册）第一单元的综合性学习，是学生学习了胡适先生《我的母亲》一文后，由课内向课外的拓展延伸，旨在让学生发现、感受身边的亲情，表达对美好事物的赞美，培养健康美好的伦理道德。

（二）活动时间

两节课（母亲节前一天下午）。

（三）活动安排

1. 选出两名主持人（男、女各一位）。

2. 各个小组分别收集古今中外歌颂母亲的名人名言、相关俗语、诗词、歌曲等。

3. 自编一个反映母爱（亲情）主题的小品。

4. 讲演动物世界中反映母子之情的故事。

（四）教学过程

师：同学们，你们知道明天是什么日子吗？

生：母亲节。

师：你们谁知道母亲节的由来呢？

生：母亲节最初源于美国，由终身陪伴母亲而未嫁的安娜·贾维斯小姐发起。

师：是的，安娜的母亲不幸逝世，悲痛欲绝的安娜·贾维斯小姐和她的朋友呼吁让母亲节成为法定节日，并写信给一些有影响力的官员、商人、议员来寻求支持。最终，在 1913 年，美国国会通过了一份议案，将每年 5 月的第二个星期天作为法定的母亲节。当初安娜·贾维斯的议案呼吁就是让更多的人关注我们的母亲，关心我们的母亲，关爱我们的母亲，明天就是母亲节了，那么今天，让我们也走进母亲，了解母亲吧！

【点评1】口语交际情境具有真实性和实效性。在口语交际课中,创设情境要有激发兴趣、模拟运用的双重功能,但有时教师往往只注重情境的趣味性而忽略了它的真实性和实效性。教师特意将本堂口语交际课安排在母亲节前夕,为课堂创设了真实的情境,使口语交际训练也更具有实效性。

> 师:有请主持人!
>
> (男女主持人上场)
>
> 男:各位老师!
>
> 女:各位同学!
>
> 男、女:大家好!
>
> 男:提起母亲,我们总感到十分地亲切、温暖,因为在这个世界上,母亲是与我们生命联系最紧密的人。
>
> 女:是呀! 当我们最初降临在这个世上,睁着一双好奇的眼睛时,第一个见到的就是躺在身边的虚弱的但又微笑着的母亲。
>
> 男:母爱如山,如山的伟大,如山的崇高,如山的厚重。
>
> 女:母爱如水,如水的温柔,如水的包容,如水的细腻。
>
> 男:母亲是劳累时的一杯热水,当你虚脱无力时,只喝几口,便会神清气爽。
>
> 女:母亲是苦恼时的一曲古筝,当你诗意消沉时,只听几耳,便觉一片清绿。

【点评2】口语交际课堂新模式——学生主持。课堂教学改革的核心就是突出学生的主体地位,把课堂还给学生,体现的是"尊重主体,关注个性,为未来奠基"的理念。本堂口语交际课,改变了传统的教师讲、学生听的教学模式,由学生自己主持课堂,更好地发挥学生在课堂学习中的主体作用,让学生在课堂上最大限度地发挥自己的潜能,有助于提高学生的综合素质。

> 男:"人的嘴唇所能发出最甜的字眼就是母亲,最美好的呼唤,就是妈妈",这是黎巴嫩作家纪伯伦送给母亲的赞歌。当然,还有许多名人用自己发自内心的话赞美妈妈,现在让我们来欣赏一下吧!
>
> (第一组组员展示)
>
> 生:母爱是多么强烈、自私、狂热地占据我们整个心灵的感情。——邓肯
>
> 生:岁月给母亲带来忧愁,但从未使她的爱减去半分,世界的一切光荣和骄傲都来自母亲。——高尔基
>
> 生:世界上的母亲多么相像,她们的心始终一样,每一个母亲都有一颗极为纯真的赤子之心。——惠特曼
>
> 生:没有无私的自我牺牲的母爱的帮助,孩子的心灵将是一片荒漠。——狄更斯

【点评3】学生自主搜集、整理资料,为口语表达做准备。学生课前积极准备,课上为全班同学解读和赏析名人名言,这是学生自主学习的一种表现。如何获取课堂所需的信息和资料,并通过各种学习方式对所获取的信息和资料进行处理、加工、运用、评价,是提高学生综合素养的关键

所在,有助于学生更好地进行口语表达。

女:多么精彩呀!这是名人对母亲的感激,大家都知道,在大千世界中还有许多小动物,在它们中感人的母子故事也是数不胜数,下面就让我们去聆听一下吧!

（第二组组员展示）

生1:我给大家讲的故事是《藏羚羊跪拜》。这是一个听来的真实故事,20世纪50年代在藏北有一个肩披长发的无名氏老猎人,他以神奇的枪法出没在青藏高原,以捕猎来维持生活。一天清早,老猎人从帐篷里走出来,伸伸懒腰,正准备要喝一碗酥油茶时,突然瞧见两步之遥对面的草地上站着一只肥壮的藏羚羊,他的眼睛顿时闪闪发亮,沉睡了一夜的他浑身立刻涌出一股清爽的劲头,心想:啊哈,这可真是一只送上门来的猎物啊!他毫不犹豫地转身拿了猎枪,朝着藏羚羊瞄准,奇怪的是藏羚羊发现自己的险境后,并没有像往常那样逃走,而是用一种乞求的眼光望着老猎人,反而冲着枪口这边走了两步,两条前腿弯曲"扑通"一声竟跪了下去,与此同时,眼角处流下了两行热泪。藏羚羊的下跪意味着求情,但是他是一个猎人,捕杀猎物是天经地义的,他闭上眼睛,还是扳动了猎枪。"扑通"一声,藏羚羊栽倒在地,倒地的藏羚羊保持着跪拜的姿势,眼角处的两行泪依旧清晰。那天老猎人并未像往常那样开膛破肚,他的眼前一直浮现着那只藏羚羊下跪的影子。夜里老猎人久久难眠,双手一直在颤抖。次日,老猎人怀着忐忑不安的心情处理那只藏羚羊,当刀刃在藏羚羊腹部划过时,老猎人手中的刀"咣当"一声掉在了地上,原来在藏羚羊的腹部静静地卧着一只已经能看出形状的小藏羚羊,这时老猎人明白了藏羚羊下跪的原因,它是为了腹中的生命而屈服,多么伟大的母爱啊!可怜天下慈母心……那天以后,老猎人再也没有出山,他埋藏了藏羚羊母子,从此消失在青藏高原……

（学生声情并茂的讲述感染、打动了听众）

生2:我给大家带来的故事是《视死如归的黑熊》。有一猎人进深山打猎,见山腰有一只黑熊坐在巨石下,便开枪将其击毙。但熊仍然端坐在那里,没有倒下。猎人恐其有诈,不敢贸然进前,又向熊体射击两枪。猎人走到黑熊跟前,发现这是一头母熊,它仍在用身体挡着欲倒的巨石;再向山下望去,见山下的溪水里有3只幼熊正在玩水。猎人走到这里明白了:母熊是怕突然倒下的巨石滚到山下,砸伤子女们啊!这时,钢铁般的汉子的眼睛湿润了,毅然砸坏猎枪,发誓今后不再打猎。

【点评4】故事讲演,锻炼学生的表达能力。故事讲演教学,可以锻炼学生自身的口语表达能力,提高课堂教学的生动性,使学生在娓娓动听的讲述中突破教学难点,顺利达到教学目的;也能够增强课堂的感染力,使学生得到有益的启示。

男:多么感人呀!在我们听完动物间的母子故事后,心是否被触动了呢?

女:从古至今,无论是中国还是外国,许多诗人都为母亲写下了赞诗,下面请同学们欣赏一下吧!

（第三组组员展示）

生1：我给大家朗诵孟郊的《游子吟》，这是我们学过的一首诗，请大家和我一起朗诵好吗？

（下面的同学热情很高，一起朗诵）

游子吟（孟郊）

慈母手中线，游子身上衣。

临行密密缝，意恐迟迟归。

谁言寸草心，报得三春晖。

生2：我给大家朗诵一首冰心的《纸船》。

纸船（冰心）

我从不肯妄弃了一张纸，

总是留着——留着，

叠成一只一只很小的船儿，

从舟上抛下在海里。

有的被天风吹卷到舟中的窗里，

有的被海浪打湿，沾在船头上。

我仍是不灰心的每天的叠着，

总希望有一只能流到我要它到的地方去。

母亲，倘若你梦中看到一只很小的船儿，

不要惊讶它无端入梦，

这是你至爱的女儿含着泪叠的，

万水千山，求它载着她的爱和悲哀归去。

生3：我今天朗诵《晒旧衣》。

晒 旧 衣

（清）周寿昌

卅载绨袍检尚存，领襟虽破却余温。

重缝不忍轻移拆，上有慈母旧线痕。

生4：我将给大家朗诵汪国真的《母亲的爱》。

母 亲 的 爱

我们也爱母亲

却和母亲爱我们不一样
我们的爱是溪流
母亲的爱是海洋

茏茏草上的露珠
又圆又亮
那是太阳给予的光芒
四月的日子
半是烂漫,半是辉煌
那是春风走过的地方

我们的欢乐
是母亲脸上的微笑
我们的痛苦
是母亲眼里深深的忧伤
我们可以走得很远很远
却总也走不出母亲心灵的广场

【点评5】口语交际展示,层层递进。紧扣"母爱",逐层深入,情感推进,体现了教学的层次性,让学生以自己的感知为基础,以表演朗读为感情投入,以个性理解为切入点,最终达到学生与内心深处的对话,学生的口语交际能力也得到了一定的培养。

男:多么美的诗啊!在我们的生活中,除了有美丽的诗歌,还有动听的音乐,下面就让我们一起来欣赏吧!

(第四组组员展示)

生:我给大家带来满文军的一首歌颂母亲的音乐视频——《懂你》,大家一起来欣赏吧,看完之后请大家谈谈在这个音乐视频中的哪个细节最能体现母爱。

(播放《懂你》MTV,学生欣赏)

生:深夜里,母亲给孩子盖上被子,那个情景让我感受到深厚的母爱。

生:母亲把吃的东西都给孩子吃,自己却只能在饿的时候舔碗底。

生:大雪纷飞,母亲背着孩子在雪地里艰难地行走,这得有多深的爱才能做到呀。

生:深夜,母亲在昏黄的灯下为孩子补衣服。

生:母亲在火车站等待孩子归来时的表情最能体现母爱。

生:母亲,这是一个平凡的人物,她们为我们所做的也许都是平凡的小事,但是每一件小事中都蕴含着深深的母爱。同学们,你的母亲是否也和视频中的母亲一样,默默地爱着你,默默地关心着你,默默地守护着你呢? 你与母亲之间是否也有这些难忘的小事呢?

生：我是住校生，每次周末，妈妈都会给我做我最爱吃的菜等着我回家吃，还总喜欢看着我吃。

生：有一次半夜我饿醒了，当时天气很冷，妈妈还是起来为我烧饭。

生：每天晚上妈妈都会陪我一起做作业，还帮我纠正错题，和我一起学习。

生：我的成绩不太好，但是每次考试考砸了，妈妈不仅不责怪我，还会安慰我。

生：我的妈妈不像小说里的那样温柔，一副贤妻良母样，她有时候生起气来比爸爸还恐怖，但是她却十分体贴，经常无声地为我做事。比如在我水杯快没水时悄悄帮我倒满，比如知道明天要下雨、把伞默默放进我书包。

生：我的妈妈"不爱吃肉"，所以有些瘦，每次吃饭她都把肉放得离我们最近却离她最远，还很少吃。我们夹给她，她却说："这肉一点都没有我的菜香呢，我才不上当，不吃！"

生：我的妈妈非常"贪财"。一个星期往往只休息一天，而且每天晚上还加班，只是偶尔休息一两次，可是她却不觉得什么。

生：我们小组为大家带来了沈盼盼创作的关于"母爱"的小散文，请大家欣赏。

（小组朗诵《妈妈的味道，彩虹的幸福》）

妈妈的味道，彩虹的幸福

春的到来，伴随着花的芳香，丝丝缕缕悄然绽放弥散。妈妈的味道正如各色之香，编织着，编织出彩虹的味道，萦绕心头，芳香永驻，幸福无极限。

窗檐外，一团散发着淡淡温暖的光晕之中，妈妈铺开被子，掸着灰尘。当经阳光洗礼的被子轻轻覆在身上时，我闻到了那淡淡的清香。我陶醉在其中，因为我知道，这是阳光的温暖，妈妈的味道。温暖袭来，催我入眠。

厨房里，菜香四溢，在灶台前忙碌的是妈妈。我看见汗水渗出，汇集成豆大的汗珠，挂在她的额头上、双鬓边、鼻梁上。于是，当菜香充盈了我的口腔时，我尝到了那淡淡的清香。我沉浸在其中，因为我知道，这是美妙的享受，妈妈的味道。温情传递，永驻我心。

妈妈的味道，清甜淡雅，却又如彩虹般绚烂。妈妈的味道，是彩虹的幸福，唇齿难忘这永驻的幸福。

【点评6】捕捉生活，自由表达。口语交际往往源于生活，反映生活，必须让学生有话可说，有情可抒。满文军一首歌颂母亲的 MTV——《懂你》，触动了学生内心深处的亲情，学生联系生活、联系自身，感悟尤为深刻，自由表达，畅所欲言，朗诵表演，倾诉母亲的小事大爱，课堂气氛活跃，学习效率较高。

女：同学们，刚才我们用语言来赞母爱，现在就让我们身临其境地感受母爱吧！下面请欣赏由来银灿等同学自编自演的小品——《妈妈我错了》。

（第五组组员展示）

妈妈，我错了

生1：丫丫，认识你这么长时间，也不知道你老爸、老妈是干什么的？

生2：我妈嘛，就是公司白领，老爸——就是公司董事长！没什么的啦！

生1：哇！那么有钱，请客去！

生2：行呀！走！

母亲：丫丫，放学了，吃个糖葫芦吧！

生1：她是？

母亲：我是……

生2（连忙抢道）：走吧，她就是我家邻居的阿姨，什么烂糖葫芦，又脏又臭。

（生1将糖葫芦一甩）

（父亲不小心在扫大街时将扫把蹭到了生2的裤子上）

生2：哎呀，你这个人长不长眼睛！

父亲（捡起糖葫芦，抬头惊讶）：丫丫，放学了？

生1：他是？

父亲：我是……

生2（连忙抢道）：他就是我家邻居阿姨的老公，走，我请你吃麦当劳去。

（生2气冲冲地回到家里，踹门）

母亲：女儿，回来了，快吃饭。

生2：吃吃吃，你就知道吃，今天谁让你们去我们学校的？

母亲：学校学生多，我想钱好挣些。

生2：钱！钱！钱！就知道钱！如果让班里同学知道我妈是一个卖糖葫芦的，我爸是一个扫大街的，以后，还让我怎么在学校里待。

母亲：我下次再也不去了。

（生2气冲冲走出家门，母亲连忙抓住她）

母亲：我以后再也不去了，女儿，别生气了，吃饭。

（第二天上课，老师，同学们都来到教室）

师：上课！

班长：起立！

生：老师您好！

师：同学们好，请坐！期中考试结束了，接下来将开一次家长会，明天下午2点，请每位同学及家长都按时到校，下课！

班长：起立！

生：老师再见！

老师：同学们再见！

生1、生2：家长会！

生1：你这次考得怎么样？

生2：一般。

生1：你爸妈会不会来？

生2：我……咦！怎么下雨了？怎么回家呀！

生1：哎呀！好朋友一场，让你爸开车送我们吧！

生2：我爸……

母亲：丫丫，妈妈给你送伞来了！

（生2生气地跑出教室）

生1：阿姨您是？

母亲：我是她妈。

生1：她妈？她，她竟然骗了我！

（老师走过来）

师：这么晚了，怎么还不回家？

生1：我，我一直把丫丫当成最好的朋友，我想我们的友谊是纯洁的，可是她，她却是一个虚荣的人，老师……

（生1哭着扑向老师怀里）

师：好了，别伤心了，我们现在不应该追究这些问题，应该想办法去解决问题，你有什么好办法吗？

生1：老师，我有。

（生1在老师耳边悄悄说了几句）

（第三天上课，生2一个人在教室，这时候生1走了进来，生2迎了上去）

生1：走开，你这个大骗子，我以后再也不理你了！

（老师走进了教室）

师：上课！

班长：起立！

生：老师您好！

师：同学们好，请坐！今天我们来上班会课，我先给大家讲一个故事。在很久很久以前，有一位年轻人与自己的母亲幸福地生活在一起。有一天，他到森林里去打猎，遇见一位非常美丽的姑娘，他向姑娘表白说："嫁给我吧！"姑娘说："只要你将你母亲的心拿来就可以。"年轻人回到家将自己的心愿告诉了母亲。母亲将心给了他，他捧着心来到森林里。走到一条小道上时，一块石头将他绊倒了，手中的心蹦出了好远。当他走到心前面，心说话了："儿子，你摔伤了吗？"这个故事非常感人，我想我们不应该埋怨父母的贫穷，父母是伟大的，大家回去都想一想。

（生2伤心地回到家里，此时爸爸迎上来）

父亲：丫丫怎么了，生病了吗？

生2：爸爸，我以前那样对你们，你们为什么还对我这么好？

父亲：女儿，没事……知错能改还是好孩子。

（母亲从厨房走出来）

母亲：丫丫,吃饭了!

生2(扑到妈妈怀里)：妈妈,我错了。明天要开家长会,你一定要来。

（第四天老师来到教室）

师：班长,同学们和家长们都到齐了吗?

班长：都到齐了!

师：由于咱们是第一次见面,哪位同学先介绍一下自己的父母呢?

生2：老师,我来!

（生2拉起母亲的手,走向台前,面对大家）

生2：同学们,我从来没有将我母亲的真实情况介绍给大家。在这里我要向大家介绍,这就是我的母亲,她是平凡的,普通的,但是在我心中,她是最伟大的,在这里我想对我的母亲说"妈妈,我错了!"

母亲：在这里,我也代表全天下的父母对你们说,其实只要你们健康快乐地成长,就是父母最大的安慰!

生2：在这里,我还想对我最好的朋友说声对不起。（边说边将生1拉上去）我不应该被虚荣蒙蔽了双眼,朋友之间需要的是真诚相待,对不起。

生1：没关系,我们永远都是最好的朋友。同学们,让我们为丫丫以前的所作所为画一个句号,为她今天的开始鼓掌吧!

（台下掌声响起。）

【点评7】课本剧表演体现了口语交际课的开放性和多元化。课本剧表演是学生非常喜爱的学习实践活动之一,它对培养学生的口语表达能力、思维创造能力和想象能力等方面都起到了很好的作用。语言是思维的语言,思维是语言的思维,一个善于口语交际的人,也会有一定的思维深度。口语交际课开放性和多元化的特色,让学生的思维有了自由驰骋的空间,语言有了"恣意挥洒"的机会。

女：同学们,你们说他们演得好不好? 对母亲的赞美,还有一种最优美的方式,那就是歌声。让我们共同欣赏由第六组刘晓等同学为大家带来的《母亲》。

（第六组组员展示）

母　亲

你如此端详的/这张迷惑的脸/和那历经风雨/和冰霜寂寞的眼/寒冷的冬天/怕你在夜里着凉/温暖的春天/是你年幼的阳光/绵延里跌跌撞撞谁的成长/是个熟悉的身影/又出现你的身旁/无言的牵挂中/想你在世间流浪/孤单的思念中/盼你往归途遥望/母亲的怀中是个/蓝蓝的海洋/抚育了你/终于成青春的脸庞/挥挥手告别的/光阴不再回头/抬头看看那苍老/的目光依旧温柔/童年的旧事绵绵/如岁月停留/片片

的拾回是终于/拥抱你的手/母亲的怀中有个/蓝蓝的海洋/曾经你也有/一个青春的脸庞/你如此端详的/这张迷惑的脸/和那历经风雨和/冰霜寂寞的眼/寒冷的冬天/依然有夜深寒凉/春天的温暖/只因你年幼的阳光/春天的温暖/只因你年幼的阳光

男：他们唱得多么动情啊！欣赏完男生的歌声,再来听女生小合唱——《妈妈的吻》。(第六组组员展示)

妈 妈 的 吻
在那遥远的小山村,小呀小山村,

我那亲爱的妈妈,已白发鬓鬓,

过去的时光难忘怀,难忘怀,

妈妈曾给我多少吻,多少吻,

吻干我脸上的泪花,温暖我那幼小的心,

妈妈的吻,甜蜜的吻,叫我思念到如今,

妈妈的吻,甜蜜的吻,叫我思念到如今。

遥望家乡的小山村,小呀小山村,

我那可爱的小燕子,可回到家门,

女儿有个小小心愿,小小心愿,

再还妈妈一个吻,一个吻,

吻干她那思儿的泪花,安抚她那孤独的心,

女儿的吻,纯洁的吻,愿妈妈得欢欣,

女儿的吻,纯洁的吻,愿妈妈得欢欣。

【点评8】歌唱,让口语表达深入人心。柏拉图曾说:"如果教育适当,节奏与和声比什么都深入人的心灵,比什么都扣人心弦。"口语交际课堂本身就是对口语的训练,音乐的介入能够起到调节气氛、激发兴趣、创设情境、深化感情、陶冶情操的作用,同时还给学生一个自由的舞台,让他们在口语锻炼的过程中,秀出精彩,培养审美趣味。

女：同学们,这次我们很荣幸地请来了几位母亲,请用最热烈的掌声欢迎她们。

家长：今天很高兴和同学们一起上这堂课,作为妈妈,我被深深地感动了。同学们,你们表现得非常棒,你们敢于展露你们的内心,表达你们的情感,或许在日常生活中,你们对你们的妈妈有着深深的爱,但是却不敢大胆地表现出来,今天我想告诉你们,大声地把爱说出来吧!

家长：我也想代表所有的爸爸妈妈说几句,我们会用心呵护你们的成长,愿意为你们付出一切,我们期待你们从一株株幼苗渐渐长成参天大树,那么我们也就无怨无悔了。

【点评9】家长参与,丰富交流。请母亲来谈母爱,谈课堂感受,从母亲的角度和子女交流,使得原本单向性的课堂,变成家校互动的课堂,实现课堂内外、学校内外的有机结合,这是本堂课的一个亮点。

女:同学们,这次活动是为了让我们更加地爱自己的母亲,通过这次活动,在座的同学有什么感想呢?

(学生们踊跃举手发言谈感受)

男:母亲的出现,带来了爱的存在,母亲的关怀,给了我们幸福的成长。

女:母亲为我们付出了太多太多,当我们看到母亲的笑脸时,同样也会开心,现在就让我们一起来唱《只要妈妈露笑脸》,让我们在歌声中结束此次活动。

师:母爱深重,我们身处其中却往往察觉不到,回首往事才恍然醒悟,原来母亲做的件件小事,都蕴含着浓浓深情。今天,我们多侧面地认识了母亲,体会了母爱。同学们,通过今天的课,你一定有很多很多话想对自己的妈妈说吧? 刚刚史菲同学告诉我,母亲节快到了,她为她的妈妈写了一封信,想亲口念给她的妈妈听,有请史菲妈妈上台,也请其他同学成为这美好亲情的见证者。

(史菲读信)

> ### 妈妈,我想对您说
>
> 亲爱的妈妈,您还记得吗,我曾多依赖您? 您还记得吧,我咿嚷着不愿上幼儿园,把小脑袋紧紧埋进您怀里。因为我不想离开您,一刻都不愿意。懵懂时,颤颤颠颠地跟着您走斑马线,紧紧拽着您的衣角不放手。那一刻,我多想就这样,拉着您的手,一直走,一直走……
>
> 那晚,我躺在床上数天上的星星,月色下,我隐隐看到几根银丝突兀地出现在您本乌黑亮丽的长发上。我突然意识到了,妈妈青春不再,岁月正无情地吞噬她的美丽。或许,我才是掠走了妈妈似水的年华的小偷吧。是我,踩着她的脊梁慢慢长大;是我,残酷而真实地见证了她的衰老。不经意间,眼泪潸潸落下,湿透了衣襟……
>
> 小时候的蓝天,笑容全连成线。那时,是您拉着我的手,带我向前走,领我探求远方未知的路;现在,就让我牵起您的手,相依相伴继续走下去。让这一路,留下我们深深浅浅的脚印。很多事情在改变,很多信念在变迁,但我们彼此的爱恋永远挥不去……

师:史菲同学的真情流露感动了在场的每一个人,不少同学已经留下了感动的泪水。是的,这深厚的母女之情让我们为之动容,其实我相信每位同学的心中都有许多心里话想告诉你的妈妈,那么请大家以"妈妈,我想对您说"为题写一篇作文,将你的心里话都写出来吧! 今天的活动到此结束。

【点评10】因势利导,让口语课堂呈现"意外"之美。史菲同学的真情"告白"是一个意外的插曲,但是却将课堂再次推向了高潮,教师因势利导,布置了"妈妈,我想对您说"为题的作文,让一堂饱含情感、洋溢笑与泪水的课堂继续抒发爱的余韵。不过,作为一堂口语交际课,建议将"笔头作文"改成"口头作文",或许更有水到渠成之效。

【总评】

口语交际教学往往被当作是课堂的附庸,教学的点缀,既不被重视,也往往不成系统,然而这堂口语交际教学"华丽转身",形式丰富多彩,充分调动每位学生的主动积极性,锻炼了学生的口语交际能力,培养了学生的自主学习和探究意识,实现了语文教学与生活的有机结合。

1. 成果展示锻炼口语能力

课前每个小组认领任务,分别收集古今中外歌颂母亲的名人名言、相关俗语、诗词、歌曲等,在课上通过成果展示的形式进行小组交流,既锻炼了交流者的口语表达能力,也训练了收听者的听话能力、分析能力。活动过程中的朗诵及课后的作文训练,对学生的口语交际和写作能力的提高大有裨益。

2. 组内合作化被动为主动

课前的充分准备,课上丰富多彩的口语活动环节,为学生提供了展示才华的空间,增强了学生的口语学习兴趣和参与意识。在本堂课上,几乎每一位学生都在说,都愿意说,都能够积极主动地投入到活动中来,小组合作意识得到了加强。为了在展示中获胜,小组成员间自主合作,团结互助,不仅分工搜集整理资料,还互相指导排练,从而变被动为主动,最终成为学习的主人。

3. 创设交际情境,丰富实践活动

本次口语交际课刻意安排在母亲节前一天进行,教师还非常有心地邀请了几位母亲来参加,为本课营造了良好的氛围,创设了良好的交际情景。随着学生年龄的增长,他们与家长的距离越来越远,宁可在网络中找一个素不相识的人来倾诉心中的烦恼、分享生活的乐趣,也不愿与父母多说一句话。通过这次活动,多数学生一改有话不愿和家长说,有事不愿与家长谈的习惯,近距离地与母亲接触,理解了母亲的艰辛,精神上受到了一次彻底的洗礼,促进了与母亲的交流与沟通,激发了对母亲的理解与热爱。此外,在孩子与母亲之间架起了一座美丽的心灵之桥,学生纷纷表示今后要以实际行动来回报母亲的深情。

（本课例由杭州浦沿中学宣灿芳执教,由浦沿中学李颖点评和总评）

三、资源链接

(一) 口语交际教学目标

1. 情感态度

能注意对象和场合,学习文明得体地进行交流。注意表情和语气,使说话有感染力和说服力。

2. 学会表达

自信、负责地表达自己的观点,做到清楚、连贯、不偏离话题。能就适当的话题作即席讲话和有准备的主题演讲,有自己的观点,有一定说服力。讲述见闻,内容具体、语言生动。复述转述,完整准确、突出要点。课堂内外讨论问题,能积极发表自己的看法,有中心、有条理、有根据。能听出讨论的焦点,并有针对性地发表意见。

3. 学会倾听

耐心专注地倾听,能根据对方的话语、表情、手势等,理解对方的观点和意图。

4. 学会应对

在交流过程中,注意根据需要调整自己的表达内容和方式,不断提高应对能力。

（二）口语交际教学策略

1. 激发学习需要

兴趣是在需要的基础上，在社会实践活动中产生和发展的。要想让学生对口语交际感兴趣，首先要让他们觉得口语交际是社会实践活动的一种需要。因此，作为教师，可以根据学生的实际情况，讲述与口语交际有关的一些生动的故事，同时组织一些寓教于乐的口语交际活动，以激发学生渴望提高自己的"口才"的内在需要，有了这种需要，就可以激发他们产生学好口语的浓厚兴趣，进而提高其学习效率。

适当的表扬和鼓励是对学生学习态度的一种有力的强化方式。教师对他们语言学习中的点滴进步，要及时给予肯定，使之从教师的赞许中获取继续前进的信心和力量。

2. 优化学习环境

任何一个人的口语交际能力都不是天生而就的，教师应告诉学生：要提高自己的口语交际能力，关键在于要有锲而不舍的吃苦精神，唯其如此，才能有所收效，有所前进。如果一个班级里人人都养成刻苦学习口语的习惯，浓厚的语言环境也就在无形之中形成了，有了这样的环境，学生口语交际的兴趣也就增强了。

教师还应该多为学生创造一些口语交际的实践机会。教师可以鼓励学生自行设计一些"情景模拟交际"，如故事会、竞选演说、辩论会、模拟法庭等，还可以要求学生将生活中的"交际"搬上课堂，如打电话情景练习、邻里交往对话等。教师还可以让学生在日常生活中积累口语交际的方法和技巧。这样，课内课外都重视"口语交际"的训练，为学生提供多种展示"口才"的舞台，他们认真学习口语交际的空气就会越来越浓。在这样的环境中耳濡目染，学生们的口语学习自可获得事半功倍之效，他们的口语交际兴趣自会大大增强，口语交际的能力自可以大大提高。

3. 丰富活动内容

教师应引导学生从丰富多彩的现实生活中广泛收集"说"的材料。在教学的时候就应该经常地组织学生对现实生活进行深入观察，引导学生边观察边思考，然后将观察、思考的内容通过口语真实而又具体地表现出来。

在语文教学中，口语交际教学一定要结合着阅读教学进行。教师应当指导学生广泛阅读各类读物，并从阅读中发现和积累"说"的内容。在教学中，如果能利用多媒体技术，也可以丰富学生"说"的内容。学生掌握了丰富的听说材料和内容，扩大了口语交际的范围，自然会对口语交际产生极大的兴趣，为切实提高口语交际能力打下坚实的基础。

（三）口语交际教学实施

1. 在朗读中丰富学生语言

朗读教学是语文阅读教学活动中最重要的一环。《义务教育语文课程标准（2011年版）》第三部分实施评价建议指出："能用普通话正确流利，有感情地朗读课文，是朗读的总要求。"通过多种形式的朗读，让学生从中得到感悟，培养语感，积累词汇，丰富语言，为学生的交际活动创设一定的交际情景，使学生在朗读的实践中有一种身临其境、似曾相识的感觉，情绪也就会高涨起来，学生学习口语交际的主动性就会被激发出来，他们就会带着情感，怀着浓厚的兴趣，走进交际的空间，去作进一步的体验。

2. 在质疑中训练学生语言

苏霍姆林斯基曾提出忠告："当儿童跨进校门以后，不要把他们的思维套进黑板和识字课本的框框里,不要让教室的四堵墙壁把他们跟气象万千,丰富多彩的世界隔绝开来,因为在世界的风雨中包含着思维和创造的取之不尽的源泉。"所以,教师要在富有活力的课堂教学中,鼓励学生大胆说话,大胆质疑,在疑问中辨出真伪,从而培养学生的创新思维和创新意识。在质疑中,训练学生的思维能力,培养学生的口语表达能力,使学生之间相互倾听、表达和应对。

3. 课外延伸提升学生语言

提高学生口语交际能力的主要途径之一是坚持在教学过程中培养,即要坚持课堂教学这个主阵地,认真领会语文课程中口语交际教学的要求,用好教材中设计的口语交际内容,使学生通过典型话题的实践,积累口语交际的经验。阅读教学中的课外延伸部分,给学生提供了口语交际的广阔空间,它既教给学生养成反馈课文的习惯,也培养学生的创新意识,使学生在这一语言活动中,学会思考,学会表达,做到了有话可说,有话能说,有话必说。

4. 创新文本重组学生语言

在阅读教学中,教师要处处留意,挖掘文本中的语言要点,放手让学生进行口语交际训练。但是阅读教学与口语交际训练有一定的区别,两者必须兼顾,辩证处理:一方面从阅读教学角度用好口语交际,口语交际必须建立在学生对文本阅读、理解、感知、感悟的过程中进行,对阅读教学起到积极的促进作用;另一方面从口语交际的角度审视阅读教学,强调了教师必须在阅读教学中,为学生提供充分表达和交流的机会,指导学生说完整、具体、有序、生动的话,使学生的口语交际能力在阅读教学中逐步得到锻炼和提高。

四、推荐阅读资料

1. 吴俊玲,刘万顺. 口语交际艺术[M]. 北京:中国林业出版社,2003.

2. 赵毅,钱为钢. 言语交际学[M]. 上海:上海三联书店,2003.

3. 王志凯,王荣生. 口语交际教例剖析与教案研制[M]. 南宁:广西教育出版社,2004.

4. 王玮. 口语交际课的教学模式[J]. 课程·教材·教法,2004(6).

5. 刘伯奎. 让中学生的口才都雄辩起来——关于中学口语交际教学的几点思考[J]. 中学语文教学,2005(6).

6. 曹建召. 口语交际能力训练体系的建构[J]. 语文建设,2009(6).

7. 李素玲. 初中语文口语交际教学的现状及学生口语交际能力的培养[J]. 中学课程辅导(教学研究),2011(7).

8. 曾青. 浅谈语文课堂上口语能力的培养[J]. 新天地:开拓教育新天地,2011(12).

9. 申永军. 浅谈中学生口语交际能力的培养[J]. 学周刊,2016(3).

五、后续练习

请你根据本章内容的学习,对以下七年级口语交际教学设计进行点评。

青 春 畅 谈

教学目标

1. 学习一些青春格言和青春歌曲,了解一些名人青春时期的故事,拓宽知识面,丰富学习生活。

2. 提高组织能力和语言表达能力。

3. 通过活动增强对青春的认识,增强同学间的互相了解,加深彼此的友谊,更加珍惜美好的青春时光,把时间和主要精力用在学习和积极健康的课余生活上。

教学过程

板块一　课堂导入

(播放《童年》营造氛围)

师:十四五岁是生命的青春,生命赋予我们一种高贵的品质。它充满着力量,充满着期待,充满着求知与斗争的志向,但也有一些迷惘与不安。今天,我们将围绕"青春"这一话题开展一堂口语交际课。请同学们将课本翻到第一单元"口语交际"部分。

(学生自由阅读本次口语交际的内容与要求)

板块二　自由探讨

1. 明确意义

教师阐明组织"青春畅谈"的目的和意义,调动学生的积极性。

师:人的一生总不是一帆风顺的,总有欢乐与忧伤,青春时期更是这样,但有句话说得好——"将一份快乐与大家一起分享,你就拥有了两份快乐;将一份痛苦倾诉出来,你将减少一半痛苦。"请同学们大胆畅谈青春的心声吧!

2. 确定主题

结合学生的意见,确定"青春畅谈"的主题。主题一定要紧贴学生的实际情况。可以将这一话题分为六个主题:"青春稚嫩"、"青春活力"、"体验喜悦"、"倾诉烦恼"、"憧憬未来"、"充实青春"。

3. 自由分组

学生自己确定主题,与观点相同或相近的同学自觉组成一组。(教室内分成六个学习小组,各组用标签贴上六个主题,每组确定小组长与发言代表,注意人数应均衡。)

4. 小组交流

可以说名人青春时期的故事,可以朗读青春的格言,可以说说你现在的青春感想,还可以唱青春的歌曲。各小组进行组内交流,丰富、充实材料,统一思想观点。

板块三　成果汇报

1. 主持导语

青春的太阳闪着金色的光芒,青春的朝露放射着晶莹剔透的光辉,青春不是无私的语言,让青春向你献上成熟的答卷。我们清纯,我们缠绵,快乐与忧伤洒落星星点点;我们无悔,我们无怨,驿动的心将倾诉我们的苦辣酸甜。下面请同学们畅所欲言吧!

2. 推选评委

全班推选六名同学当评委。评委条件:平时语言表达能力强,写作水平较高,朗读水平比较高,具有一定的表演天赋。

3. 汇报交流

各小组派两名同学汇报交流后的成果,其余学生认真倾听。

4. 自由发言

留出时间让其他愿意发言的同学倾诉心声。

板块四　评 委 点 评

1. 学生点评

学生当评委点评,指出各位同学的优点与不足。

点评要求:观点鲜明,内容充实,语言流畅,以情动人。

2. 教师小结

青春是有限的,智慧是无穷的,趁短暂的青春去学习无穷的知识,愿我们的生活充满着青春的气息,愿我们的生活更加灿烂!

第十四章　影视赏析课

一、背景描述

随着社会的快速发展,科技的不断进步,更多新兴的学习形式和资源涌现在语文课堂之上,如多媒体课件辅助教学、网络学习、影视资源等等,极大地丰富了语文的教学模式,使语文课程呈现出旺盛的生命力。其中,集色、形、声、文、像为一体的影视资源以信息技术的发展为基础,以其特有的传播的大众性,内容的丰富性,多层次、多渠道的教学信息传输模式,开放的学习空间等优势成为语文教学中新的教学资源的重要内容,对初中生的语言文字学习、道德行为规范、思想价值观点等产生了一定的影响,也在一定程度上改变了语文教学的模式、方法等,促进了教学的改革。影视赏析对于语文教学有着积极的意义:

(1)促使教学与时俱进。当今时代正以"视觉文化至上的时代"、"读屏时代"、"读图时代"来命名,图像充斥着这个时代的每个角落,传统语文教学也开始承受不小的压力和挑战,当代语文教育工作者们开始对文字和图像的关系做出进一步的审视和思索,探讨新的教学策略,与时俱进,跟上时代变化的步伐。

影视被称为"综合艺术",它生动的视听奇观,丰富的信息来源,真切的感染力等,是任何一种单一艺术形式所不具备的。学生的学习、生活和成长离不开影视资源,也无法脱离影视环境的影响。影视与文学有着密切的关系,文学是影视的源泉,影视是文学的载体,如果说平时的语文学习主要是接触语言文字符号,这属于言语系统,而影视主要是接触图像符号,这属于意象系统。影视资源与语文课程的整合,能够促进语文教学的与时俱进,给语文教学注入生机与活力,优化学习目标,创新学习模式,增大教学容量,提高学习效率,是对传统语文教学的突破和革新。

(2)提升学生综合素养。影视教学改变了语文教学"一支粉笔、一块黑板、一张嘴巴"的传统方法,摆脱"填鸭式"、"满灌式"、"题海式"的呆板的教学模式,这种创新的教学方式极大地吸引着学生。影视资源与语文课程的整合,让语文教学更具有现实意义。学生在学习时不但要掌握基本的字、词、篇、章,更需要与身边的生活接轨,从中感受中华文明的博大精深、地域风情;领略全球各地的旖旎风光,万千世界的丰富多彩;体察现实生活的人情冷暖,世间百态。这些都有助于开阔学生的视野和胸怀,丰富学生的形象思维能力,提高学生的理解、赏析、鉴别能力,增强口头表达、书面写作能力;培养学生健全的人格,健康的身心,正义的精神;提升学生的审美能力和自身修养。

(3)填补语文教育空白。影视教育以其视听综合、时空综合、艺术与技术综合的绝对优势而引人瞩目。它从一个全新独特的视野观照文学,观照社会和人生。它不仅是文学作品中作者思想性、美学观等的再现,而且也是导演、演员等人的美学思想、感悟力、表现力和创造力的一种展现。在现代社会中,高科技的不断注入,数字虚拟成像,网络化的传播,使得电影电视在越来越大的领域里展示出自身的魅力,成为流行文化、大众文化的代表,成为人们闲暇生活中不可缺少的部分。在现代信息技术日益发达的今天,影视教育必将填补语文教育的空白,用其强大的教育功能,培养学生的审美能力,完善知识结构,提升综合素养。

但是,在影视资源运用于语文教学过程中还存在不少问题:

第一,师生认知和接受态度上的矛盾。学生学习动机不足,偏重于影视资源的娱乐性,导致影视资源应用效率难以达到期望值。教师对影视资源的利用也存在两个极端,或者片面夸大其作用,导致资源滥用,或者过于看重其负面影响,导致影视资源开发过于保守,妨碍资源作用的发挥。

第二,师生影视资源选择上的矛盾。语文教学需求与学生审美兴趣之间具有一定的差异,何种影视资源适合学生,这是选择的关键标准。教师的选择标准以教学需求为主,学生更注重情节的跌宕起伏,缺少对作品思想内涵的考虑。选择标准上的差异实质是教学需求与审美兴趣之间的矛盾,如何平衡两者之间的冲突就是影视资源选择的问题所在。

第三,影视资源的运用方法不当。教师未处理好教材与影视二者的关系,对于语文教学的特点、教学需求、教师地位等方面的认知不足,缺少和学生的沟通交流,对资源应用有浪费现象,丧失主导地位,让学生成了被动的观看者,失去了学习主体的地位,影响了影视资源的应用效果。

二、课堂例析

《鸟!鸟!鸟!》动画短片欣赏课堂实录及评析

(一)教材概述

《鸟!鸟!鸟!》的导演是美国的拉夫·埃格尔斯顿。片长3分钟左右。曾获第74届奥斯卡金像奖最佳动画短片。主要内容是:一群性格尖酸的小鸟集聚在电线上,唧唧喳喳吵个不停。不速之客大笨鸟的到来打破了他们的争吵,小鸟们突然团结起来,一致对外,对大笨鸟冷嘲热讽,打算齐心合力用嘴啄大笨鸟的爪子,把它排挤出去。可就在成功在即之时,大笨鸟已经离地面只有头发丝那么长了,他手轻轻一松,小鸟便弹了出去。

《小蝌蚪》获奥斯卡最佳搞笑动画短片。片长2分钟左右。主要内容是:四只小蝌蚪嘲笑一只已经长出脚的胖蝌蚪,最后却发现自己也长脚了。

(二)教学过程

激趣导入:

师:大家平时喜欢看动画节目吗?喜欢的举手!

(三分之二的同学都举手了)

师:好!你们平时都喜欢观看哪些动画节目?

(生先后回答:《喜羊羊与灰太狼》、《熊出没》、《秦时明月》、《猪猪侠》……)

师：嗯，那国外的动画电影，大家喜欢哪些？

（学生先后回答：《千与千寻》、《驯龙高手》、《冰雪奇缘》、《愤怒的小鸟》……）

师：看来动画确实是大家的最爱，那大家有没有观看过奥斯卡最佳动画短片，或者听说过？

生：音乐课上老师好像给我们看过。

师：奥斯卡动画短片奖是由美国电影艺术与科学学院颁发的奥斯卡颁奖典礼的一部分，每年一次，自第五届（1931—1932）开始至今。每一届从全球各地参赛的几十万部作品中选出来的最优秀的作品，它们大部分很短，只有十分钟左右，但往往集艺术性和趣味性于一体，非常值得观看。大家想不想一睹为快？

【点评1】搭建起新知识与学生日常爱好之间的桥梁。奥斯卡动画短片和日常动画片的联系，极大地激发了学生的求知欲和课堂期待，学生饶有兴趣地投入到新的学习情境中，从知识和心理上进入课堂的良好准备状态，从而为教学的顺利进行创造有利条件。

板块一　观看短片　复述故事

师：我们先来欣赏奥斯卡最佳短片《鸟！鸟！鸟！》，短片只有3分钟左右的时间，但内容非常丰富，观看的时候需要非常仔细。

（学生观看得非常认真，不时发出会心的微笑）

师：请大家用自己的话简要复述一下短片的故事情节。

生：一群小鸟在争吵，后来停止了争吵，一致对付大鸟。

生：一只大鸟抢占小鸟地盘而发生的纠纷。

生：大鸟被小鸟们嘲笑，最后小鸟得到报应反被大鸟嘲笑。

师：大家的回答各有不同，但是我们首先得思考如何概括故事。概括故事一般来说应该包含哪些要素？

生：时间、地点、人物、起因、经过、结果。

师：好，那大家就按照这个方法概括下。

生：一群小鸟在电线杆上叽叽喳喳吵个不停，这时一只大鸟过来了，想要加入它们的队伍，却遭到小鸟们的嘲笑，它们团结一致想要把大鸟挤下电线，结果被大鸟从电线上弹了下去，小鸟们身上羽毛也被弹走了。

师：你学以致用，效率很高，老师为你点赞！那么在事件过程中，我们有什么办法可以将它简要串联起来吗？

生：关键词。

师：你很会思考，怎样的关键词？

（学生沉默）

师：每个故事都是由几个阶段组成的，每个阶段的发展用一两个词来概括，然后再用自己的话串联起来就是了。比如大鸟的行为态度经历了哪几个阶段？分别用一个词语概括。

生：招呼、亲近、降落、悬挂。

师：你抓关键词非常准确，把这些词语和对应的小鸟们的行为态度串联起来，就能简要概括事件。

【点评2】以动画短片为载体培养学生的复述能力。复述是语文的一项基本能力，是培养学生思维和训练学生口头表达能力的有效途径。影视欣赏作为语文课程的开发，自然不应忽视。经过老师的引导和梳理，学生掌握了两种常见复述方法：一种是六要素组合法，另一种是各主要情节关键词串联法。

板块二　角色分析　说演结合

师：大家再看一遍短片，说说短片中大鸟和小鸟分别给你留下了怎样的印象。

（第二次播放短片）

生：我觉得小鸟那呆萌的样子非常搞笑！

生：嗯，是的。圆滚滚的小鸟们萌爆了，最后笑傻了。

师：你们觉得小鸟们很呆萌，哪里看出？

生：小鸟们个头小，身体圆嘟嘟的，眼神特别邪恶。

生：眼球转动，很是滑稽。

师：这样的话好像和"呆萌"不是一回事啊？大家的用词很现代，但准确性不够，形容小鸟的形象不够贴切。

生：（似有所悟）应该是那只大鸟显得笨笨的，一副憨厚的样子。

【点评3】影视赏析中引导学生注意用词的准确性。在影片细微之处赏析，斟酌用词，这一点在语言网络化、碎片化的情况下是对文学语言的一种矫正和坚守。

师：既然这样，大家分别来说说大鸟和小鸟吧，它们各是怎样的形象？

生：小鸟懒散自私，第一只小鸟和第二只小鸟落在电线上的时候都先伸伸懒腰、打打哈欠，第二只小鸟的翅膀不小心碰到了第一只小鸟，结果第一只小鸟便不肯罢休，争吵起来互不相让。

生：第二只鸟儿停落的时候根本不理会旁边已经有"人"了，旁若无人地占了过去，碰到了也没有觉得理亏应该道歉。第一只小鸟自然也是有仇必报，针锋相对，寸土必争，本来"别人"不小心碰到了，也没造成很大的麻烦，主动挪开点不就好了么。

师：大家在评论的时候，还有惟妙惟肖的描绘和合理的想象，显得有理有据啊！第三只小鸟呢，又有何不同呢？

生：第三只小鸟开始时看到他们在争吵，一脸不屑，看都没看他们一眼，就挪到一边去了，仿佛远离俗世的高人，又好像事不关己高高挂起，正准备闭目眼神之时，那两个不省油的东西一点也不识趣地粗鲁地撞了过来,这时候第三只小鸟不客气了,顾不了先前的"高人"形象,开始鸣叫起来,结果又来了第四只、第五只,大家互相排挤,互不相让,叽叽喳喳,好不热闹!

师:他们是怎样对待大鸟的?

生:当大鸟出现时,小鸟们立刻一团和气,一致对外,刻薄地模仿和嘲笑,好像是在笑话这只大笨鸟头上那一撮难看的羽毛,仿佛颜值爆表的帅哥见到了肥丑的腐女,像躲怪物一样远离它。当大鸟停落在了电线上时,小鸟们互相挤挤眼睛,窃窃私语地密谋着对付大笨鸟的办法,然后非常整齐地恶狠狠地啄大鸟抓住电线的爪子,导致大鸟掉了下去!

师:谁来说说大鸟?

生:大鸟憨态可掬,细长脖子与庞大的身躯严重不成比例。刚开始微笑着挥动笨重的翅膀和小鸟们招呼,遭到嘲讽之后直接就大大咧咧地靠过去了,却把一只只小鸟挤得不能动弹。后来被啄到倒吊甚至爪子都松开也不反抗,还超级开心地帮忙加油,傻傻地以为大家在和自己玩闹!其实它只是一只没什么心计的大鸟,有些孤单,想要找个圈子一起玩。

【点评4】学生从被动接收视听符号到主动重组加工信息,借助语言重新构建丰满的艺术形象。影视作品中的角色与文学作品中的一样,是作品的核心。艺术短片中角色一般都非常集中,只有一两个或一两类,这是艺术短片赏析课的重要抓手。短片中有大鸟和小鸟两种角色,导演显然把情节推动和故事寓意都托付在了它们身上,学生只有透彻分析两者的形象才能获得会心幽默的观感,也才能进一步挖掘、体会角色背后的拟人象征之意。

师:大家的观察非常细致,而且描绘也很形象,连心理活动都还原了!你们勾起了大家更大的兴致,有同学已经有了跃跃欲试的冲动!咱们不妨将革命进行得更彻底一点。

生:老师,干脆让我们演吧,我想演大鸟。

师:那就要设计台词和动作哦!

生:没问题,小菜一碟。

师:好吧,那大家就分组准备吧,四个角色,分别饰演三只小鸟和一只大鸟,其他是群众演员。

(学生分组讨论,揣摩角色,设计台词,模拟神态,演练动作,教师巡回指导。为了节省时间,选了其中两组到前面表演展示,学生的表演逼真生动)

【点评5】在观赏和读懂的基础上的"演"体现了语文的实践性。它拓展了课堂的教学形式,在活动中学习,在实践中体验,通过这种形式把课堂的主阵地逐渐让给学生,让学生抱团作战,学会合作学习,充分发挥每位学生的特长和兴趣,从而更好地体现了大语文观。

板块三　对比辨析　拓展加深

师：今天我还准备了一个类似的动画短片,大家想不想看?

生：想! 很想! 非常想!

师：好,我愿意成人之美! 这部短片中的主要角色是一群小蝌蚪和一只胖蝌蚪,大家可以发挥一下想象——你是导演的话,面对同类题材,怎样才可以拍出新意?

(学生有惊讶之情,议论纷纷,继而面露难色。老师开始播放短片。)

【点评6】不愤不启,不悱不发。教学过程就是在学生求知的“需要—满足—再需要—再满足”的循环往复的过程中得到发展的。当学生进入“愤悱”状态,教师有意识地挖掘学生的认识需要与已有水平之间的矛盾,不断地培养和激发学生的求知欲望。

师：这部短片名叫《小蝌蚪》,是奥斯卡最佳搞笑动画短片,短短 2 分钟,却是妙趣横生,令人忍俊不禁。大家首先说说两部短片的相似之处。

生：小蝌蚪们就相当于那群小鸟,胖蝌蚪相当于那只大笨鸟。

生：都是小的一方嘲笑、捉弄大的一方。

生：小蝌蚪们诱骗大蝌蚪钻瓶口,故意让它被卡住,和小鸟们合力啄大鸟的爪子,试图赶走它,这两个情景很像,非常搞笑。

生：大的一方都很友善,想要加入对方群体。

师：都因为什么原因被拒绝和嘲讽?

生：都因为身体很胖,与对方不一样。

生：结果都有逆袭,似乎最后都是大的一方笑到了最后。

师：那结果完全相同吗?

生：好像不是……

生：小鸟们最后转变成了被嘲笑的对象,小蝌蚪们的下场好像没有这么惨。

生：小鸟们被电线的反弹力送上了天,落地的时候羽毛落了一地,变成了“光猪”,无比羞愧。

生：小蝌蚪们先是长出了后腿,似乎明白了些什么;不料后来又发现大蝌蚪长出了前腿,它们好像又陷入了惊讶和疑惑之中。

【点评7】拓展延伸一方面是为了学法迁移,另一方面是为了深化学习效果。拓展的材料有很多种,也可用文本的形式,但考虑到课程的类型和性质,最后教师还是采用了动画短片的形式。同类主题同种艺术形式的拓展在相互的比较中找到其表现思想的共同方式,在对这些共同方式的会心领悟中,凸显其中的思考点,从而使学生的思考更加厚实,更加立体化。

师：刚才这位同学的发言，对我们非常有启发性。我们顺着他的思路去思考：小鸟们仅仅是因为没了羽毛而羞愧吗？小蝌蚪们似乎明白了什么呢？它们又为什么惊讶和疑惑？这些问题解决了，那么短片的主题和寓意就能够知道了！大家可以先相互讨论下，然后再来发言。

生：小鸟们为自己的行为而感到羞愧。

生：小鸟们先是嘲笑模仿大鸟，然后还攻击大鸟。

生：他们鼠肚鸡肠，尖酸刻薄，连自己的同类都容不下，互相排挤。

生：尽管如此，大鸟其实自始至终不曾有恶意，刚开始善意地打招呼，想要加入他们的团队；被啄下来之后还很善良地递给落井下石的小鸟一片树叶以遮其赤体掩其羞耻，可爱的大鸟不曾计较什么。

生：两相比较，小鸟们自惭形秽，后悔、自责、羞愧。

师：小蝌蚪的情形是否与此类似呢？

生：嗯，小蝌蚪们也有懊悔之意，在发现自己也长出了脚之后。

生：它们似乎明白了其实自己也是会长脚的，根本就不应该去嘲笑、捉弄大蝌蚪。

生：于是他们商量好了去找大蝌蚪，看它们很不好意思的样子应该是去道歉的。

师：大蝌蚪接受道歉了么？

生：刚开始有些爱理不理的，后来他们看到小蝌蚪们也亮出了自己新长出的脚，大蝌蚪会心地笑了，似乎是接受了。

师：一笑泯恩仇。

生：正在这时，大蝌蚪突然又长出了另两条腿，小蝌蚪们非常吃惊，不过这好像很不真实。

师：这是短片中的艺术夸张。你们觉得小蝌蚪还会像以前那样嘲笑大蝌蚪吗？

生：不知道，短片就这样结束了。

生：应该不会，通过之前的事情，小蝌蚪已经明白了其实大家都一样，嘲笑别人就是嘲笑自己，应该互相包容。

师：同学们很有洞察力，互相包容，有些哲理意味出来了。你们还想到些什么？

生：斤斤计较，尖酸刻薄，不仅仅会让自己没有朋友，还会得到恶报。

师：你们讲的好像越来越像人际关系，人与人之间应该如何相处的问题，求同存异。尽管我们每个人都有不同，不同的外貌，不同的性格等等，但其实我们每个人又都是平等的，应该互相尊重，互相包容，不歧视异己。"君子和而不同，小人同而不和"说的也是这个道理。

【点评8】精要点拨，引导学生从影片的结尾处不断探求故事的意义，使学生的思辨能力得以锻炼。短片赋予了动物以人的秉性，再用动画让它们的秉性饱满地演绎出来，这正是动画微电影的亮点所在。其中，精致的画面、紧凑的节奏、夸张的动作、戏剧的结尾，这部皮克斯公司在2000

年推出的动画作品，经典一如既往。

板块五　联系生活　回归现实

师：之前谈的都是短片，现在咱们回归现实，大家想想看我们生活中是否也存在与两部短片中类似的情况。

生：短片开头那几只小鸟争吵的情形，让我想到生活中，有时候一个人不小心碰到了另一个人，一方不肯赔礼，另一方又不肯相让，两人就这样吵起来了，第三个人看到完全不屑，敬而远之，绝不肯相劝，但是要是不小心影响到了自己，那就不客气了，一定大打出手，其实我们生活中的很多打架纠纷就是因为这样的小事引起的，甚至最后酿成群殴。

生：原来我们隔壁班，班里的同学互看对方不顺眼，没事就在那儿吵来吵去。一天，来了一名学习优异的转学生。转学生觉得班里的同学看起来好可爱，想要努力地融入这个班。可是，班里的同学对转学生嫉妒得牙齿发酸，嘲笑转学生的举止和成绩。转学生满怀善意地靠近，却被班里的人排斥和驱逐。最终，转学生不痛不痒地离开了这个班。而那些同学，却变得一无所有。

生：突然觉得自己有时还真像那只大笨鸟，脑瓜子反应有点慢，讽刺还是表扬总是分不清，也总是傻笑！对新奇的事物或者人，总是有点不知进退，有时也不免落到被啄卜电线的下场。

生：也许有时我们自己就是那群排外的有点小小邪恶的小傻鸟，只为自己一时的得意之举窃窃欢喜。

师：你们说得非常贴切和形象。下面我也补充几个例子，关于历史或国家层面的。德国法西斯标榜自己是优等民族，要灭绝劣等民族犹太人；日本要灭绝如中国等他们眼中劣等的支那民族；美国白人压迫黑人等故事层出不穷。马丁·路德金在1963年的演讲中呼吁：我梦想有一天，在那里，(亚拉巴马州)黑人儿童能够和白人儿童兄弟姐妹般地携手并行。

师：总之，把这两部动画短片的主题放到现实层面，我们可以理解为：无论是个人还是集体，还是民族或国家之间，只有宽容才能合作共存共赢。如果失去了对同类的基本信任，而是相互猜忌和仇视，那么就会四处碰壁，甚至引发民族纠纷，以致战争。我们要学习宽容的大鸟，学习知错就改的小蝌蚪，在这个合作共存的时代中快乐地生活！

【点评9】教师带领学生从艺术的审美回到对生活的审视。艺术短片虽然简短但它却是一个包罗万象的世界，这些虽然不是直接生活经验，但是学生从这些间接生活中增加了对人和社会的认识，从多个角度完善了学生作为一个"人的存在"的人文要素构成。课堂活了，体现了大语文观。

板块六　文字转移　创作体验

师：今天的课结束了，但我们的学习还要继续，请大家把今天课堂上的所观、所学、所想、所悟，用文字的形式呈现出来，我们要逐渐习惯用写的方式思考！这就是本周的作业。

师：写作内容主要分成两大块，一块是关于短片的，一块是关于自己生活或社会现实的；第一块的内容主要是"观"，第二块则主要是"感"，所以叫观后感。

【点评10】情动于衷而形于文。影视欣赏课内在的文化张力提供了写作的基础，观看体会、故事描述、人物解读、台词欣赏、短片与文学作品的关系，这些都可以触发学生用文字去表达自己的情绪，甚至在触发学生情绪的基础上使学生主动地用文字表达自己对生活的思考。

【总评】

1. 影视赏析课的有效摸索

整节课从教学设计和课堂流程来看，从动画介绍导入，到短片的观看和赏析，再回归到现实生活，最后落实到文字上，层层推进，又深入浅出。这个设计不仅仅是对一堂课而言具有借鉴参考意义，也是对影视欣赏课程模式的一种探索。整堂课采用了两个动画短片资源，从素材看，它具有时间短、艺术性高、思想意义大的优点，而且它的意趣有天然的童性，深受学生喜爱，因而实际操作性很强。

2. 找到了影视和语文间的结合点

从课堂内容看，听、说、读、写，几乎每个环节都紧扣语文能力的训练。角色分析、主题探究等都渗透着语文素养的培养。最后的"写"并不是作秀，也不是画蛇添足，而是真正地用写作来思考。同时，影视赏析课又突破了传统的语文课堂模式，学生发自内心的喜爱，以及权威解读的空缺，给学生主体地位以天然保障，给他们留下了很大的思考空间，所以本节课上学生活动充分同时思维无比活跃。

3. 提出了影视赏析课的有关思考

影视作为一种艺术形式，非常专业，从呈现的形式来看值得探究的方面非常之多，比如灯光、配乐、台词、场景、色彩、留白等等，此外还有前期的制作，比如制作过程、运用材料和技巧、镜头的剪辑等等，这与传统的语文课堂内容是有很大不同的。因而，影视赏析课对教师的艺术修养要求比较高，教师要广泛涉猎，深入钻研，否则课堂上只有人物分析、主题探究，容易变得枯燥化、套路化，无法穷尽艺术片的精髓。

（本课例由杭州高新实验学校郑金平执教，由杭州市滨江区教师进修学校郑萍点评和总评）

三、资源链接

（一）影视资源的开发

影视资源数量众多，哪些适合语文教学，哪些适合学生观看欣赏，需要辨别清楚，从而开发出真正适合需要的影视文学作品。

1. 基于语文课文的相关影视片

在许多版本的初中语文教材中，很多课文都可以找到相对应的影视剧，其中大多是以人物、故事为主的，它们大多体现在小说、散文、戏剧、报告文学中。本文依据各个版本的语文教材，节选了一些与课文篇目、内容相同或相近的影视作品，以供参考。其中，括号内为语文教材中的课文篇目。

（1）人教版初中语文教材电影。① 电视文艺片：电视散文《背影》（朱自清《背影》）、电视散文《乡愁》（余光中《乡愁》）、专题片《世界遗产在中国之苏州园林》（叶圣陶《苏州园林》）、文献片《周氏三兄弟》（《鲁迅自传》）、科教片《唐之韵之千古唐诗》（唐代诗歌）、纪录片《千古忧乐岳阳楼》（范仲淹《岳阳楼记》）。② 影视片：电影《花木兰》（《木兰诗》）、电视剧《三国演义》片段（曹操《观沧海》）、电影《热爱生命》（蒙田《热爱生命》）、电视剧《愚公移山》（《愚公移山》）、电影《百万雄师过大江》（毛泽东《人民解放军百万大军横渡大江》）、电影《上甘岭》（魏巍《谁是最可爱的人》）、电影《李白与杜甫》（李白与杜甫的诗歌）、电影《邓稼先》（杨振宁《邓稼先》）、电影《哥白尼》（竺可桢《哥白尼》）、大陆版电视剧《聊斋》（蒲松龄《狼》《山市》）、电影《范进中举》（吴敬梓《范进中举》）、动画系列片《世说新语》（刘义庆《世说新语》）、电影《孔乙己》（鲁迅《孔乙己》）、电视剧《三国演义》（施耐庵《鲁提辖拳打镇关西》）、电视剧《三国演义》（诸葛亮《出师表》）。

（2）苏教版初中语文教材电影。① 电视文艺片：宣传片《大家说端午》（沈从文《端午日》）、科教片《宇宙与人》（郑文光《宇宙里有些什么》）、纪录片《中国书法鉴赏之王羲之家族书法艺术欣赏》（《名家书法鉴赏》）、电视纪录片《香港十年》（《中英香港政权交接仪式在港隆重举行》）、音乐MTV《七子之歌之澳门》（闻一多《七子之歌》）、音乐 MTV《我的中国心》（黄沾《我的中国心》）、音乐《在希望的田野上》（晓光《在希望的田野上》）、音乐合唱《黄河颂》（光未然《黄河颂》）、电视散文《背影》（朱自清《背影》）、纪录片《世界遗产在中国之苏州园林》（叶圣陶《苏州园林》）、国家地理科教片《克隆》《Discovery：人类发现》（《奇妙的克隆》）、电视散文《白杨礼赞》（茅盾《白杨礼赞》）、电视散文《雪》（鲁迅《雪》）。② 影视片：电影《诺曼底号遇难记》（雨果《诺曼底号遇难记》）、电视片《拜年恩来》（柯岩《周总理，你在哪里》）、电影《风雨故园》（鲁迅《从百草园到三味书屋》）、电视剧《孙中山》（刘叙杰《巍巍中山陵》）、电影《百万雄师过大江》（毛泽东《人民解放军百万大军横渡大江》）、电视剧《长征》（《长征组歌》《老山界》《长征》）、电影《白求恩大夫》（毛泽东《纪念白求恩》）、电影《范进中举》（吴敬梓《范进中举》）、电影《骆驼祥子》（老舍《在烈日和暴雨下》）、电影《格列佛游记》（斯威夫特《格列佛游记》）、电影《威尼斯商人》（莎士比亚《威尼斯商人》）、电影《陈毅市长》（《陈毅市长》）、电影《热爱生命》（杰克·伦敦《热爱生命》）。

（3）鲁教版初中语文教材电影。① 电视文艺片：电视散文《春》（朱自清《春》）、电视散文《济南的冬天》（老舍《济南的冬天》）、电视纪录片《四十年前的那一步》（朱长超《月亮上的足迹》）、音乐《黄河颂》（光未然《黄河颂》）、电视纪录片《最后的罗布泊》（吴刚《罗布泊，消逝的仙湖》）、电视散文《背影》（朱自清《背影》）、纪录片《世界遗产在中国之苏州园林》（叶圣陶《苏州园林》）、国家地理科教片《克隆》《Discovery：人类发现》（《奇妙的克隆》）、科教片《东岳泰山》（姚鼐《登泰山记》）、音乐剧《音乐之声》（勒曼《音乐之声》）。② 影视片：动画系列片《世说新语》（刘义庆《世说新语》）、电影《皇帝的新装》（安徒生《皇帝的新装》）、电影《居里夫人》（玛丽·居里《我的信念》）、电影《风雨故园》（鲁迅《从百草园到三味书屋》）、电影《花木兰》（《木兰诗》）、电影《荒岛余生》（笛福《荒岛余生》）、动画片《夸父逐日》（《山海经·夸父逐日》）、电影《鲁滨孙漂流记》（笛福《鲁滨孙漂流记》）、电影《白求恩大夫》（毛泽东《纪念白求恩》）、电影《贝多芬传》（何为《音乐巨人贝多芬》）、电影《空中大灌篮》及乔丹进球集锦（《做出色的球员》）、电视剧《钢铁是怎样炼成的》（《钢铁是怎样炼成的》）、电影《百万雄师过大江》（毛泽东《人民解放军百万大军横渡长江》）、电影《骆驼祥子》（老舍《骆驼祥子》）、电视剧《西游记》（吴承恩《西游记》）、电影《海伦·凯勒》（海伦·凯勒《重塑生命》）、电视剧《新三国》（诸葛亮《出师表》、《杨修之死》）、电视剧《水浒传》（施耐庵《智取生辰纲》）、电影《格列佛游记》(斯威夫特《格列佛游记》)、电视散文《乡愁》(余光中《乡愁》)、电视剧《红楼梦》(曹雪芹《香菱学诗》)、电影《范进中举》(吴敬梓《范进中举》)、电影《威尼斯商人》(莎士比亚《威尼斯商人》)、电影《简·爱》(夏洛蒂·勃朗特《简·爱》)。

2. 课外语文电影划分

除了开发出与语文课文篇目相关的影视资源外，为了扩大学生的语文视野，还开发出一些与课外语文相关的影视资源，丰富语文学习资源，以科教系列、情感系列和故事系列为角度，迎合师生的胃口，对课外语文电影做出了比较合理的分类。

（1）科教系列。现代社会，人类的文明程度已经得到了前所未有的发展。随着现代影视技术的不断进步，许多不可知的现象被搬到了人们的眼前，使人们能够从直观上接触到现代文明。语文教材作为一个向学生展示社会文明的舞台，用文字记录了一个个科学真理、大自然面貌等事物的本质。天文、地理、风情、民俗、生物、气象、军事、环保、科学、地球、基因……为了将这些现象形象地展现出来，在语文教学中引入了科教片，将文字变成可观可听的画面，将语文变得更加有趣、生动。

无论是人教版、苏教版，还是鲁教版，这三个版本的语文教材都涉及了一些事理型文章和宣传科学道理的文章。除了开发与课文有关的相应影片外，还可以开发与之类似的影视资源，开拓学生的视野，扩大学生的知识面，使学生接触到生活中的语文。为了进一步细化科教片的分类，根据这三个教材版本的课文相关内容，将其分为汉字之美、自然风光、生物世界、建筑空间、探索发现五个部分。这一系列主要以电视纪录片为主。

（2）情感系列。情感教育是与心灵相接触的教育，是一种在感化、陶冶中使学生的素质和品格得以升华的教育。没有了情感，语文教学就会因失去灵性、灵魂而变得苍白无力。情感是语文教学的生命线，具有极强的感染作用，一旦这种情感在学生的心里扎根，就可以转化为学生的内在生命力，成为他为人处世的精神导引者。学生的情感不是一朝一夕就可以形成的，需要教育者用更多的方式、更多的时间来指引学生。语文教材中有很多是描述各种情感的，有的怀念自己的亲人，有的思念自己的家乡，这些感情的流露是最打动人心的。

语文教育中的情感教育是中学语文教育中必不可少的教育内容。没有情感教育，语文教育就失去了情韵，失去了灵魂。作为语文教育的重要目标之一，情感教育居于与认知教育同等重要的地位上。影视课程资源在这方面的优势是能够在最大程度上感染学生、震撼学生的，那种真实的情感场景可以进入学生的内心，让学生身临其境，体会情感的真实、善良。根据选入教材中的课文内容引申出开发这部分影视资源的内容，分为亲情教育、乡土教育两个部分。

（3）故事系列。语文教材中的许多课文都是叙事性题材的文章，内容包含了历史演义、古老传说、人物传奇、古现代战争、历史事件、生活经历等等。这部分内容的特点在于故事性强、有吸引力、易产生共鸣，对于学生而言，是最容易接纳的语文学习内容。根据相关内容，将开发这部分的影视资源归结为故事系列，分为战争烽火、成语典故、历史天空、风流人物四个部分。

3. 基于文学体裁视角的开发

所谓基于文学体裁视角的开发，本文是指按照小说、诗词、散文和戏剧四大文学体裁的分类，分别开发出相关的影视资源，能明了、系统地对语文教学中的影视资源做出比较科学合理的分类，利于学生的学习和运用。

（二）影视资源在语文教学中的使用

1. 要慎重地合理选用影视资源

作为课程教学资源之一的影视资源，被引入初中语文教学，就是重视课程资源的开发和利用，但是在利用影视资源进行语文教学时，教师应做到慎重而合理地选用相关的影视资源。

首先，引入的影视资源要与教学内容、教学目的相统一。教学活动是一个具有明确方向性、计划性和目的性的活动，因此教师要根据所教学生的学情和认知水平，合理安排、选择与将要学习的内容、目的密切吻合的影视资源，以激发学生的学习兴趣，从而达到最佳的教学效果和学习效果。如教学人教版八年级语文（上册）第六单元周密的《观潮》一课时，在开始时播放了钱塘江涨潮的影视资料，当学生看到影视资料里钱塘江涨潮的壮丽画面时，无不被其盛景和盛况所震撼，接着一起走进周密的作品，翻译文章、品味词句，再借助文字（现代汉语译文）去想象钱塘江涨潮的壮观。此法最大限度地吸引了学生学习的注意力，也极大地激起了学生学习课文的强烈兴趣。总之，引入到语文教学中的影视资源，一定能真正起到促进教学效果、提高教学效率作用的才应考虑运用，否则就会掉进滥用的怪圈。

其次，精心剪辑所选用的影视资源。对所选用的影视资源，要根据课文内容有的放矢地抓住"剪辑点"进行剪辑，根据教学需要对所选用的影视片进行适度的编辑。如教学部编版九年级语文（上册）第六单元施耐庵的《智取生辰纲》一文时，为了让学生全面把握杨志这个人物的形象，从电影《青面兽杨志》（2006 年版，张建亚导演、吕良伟主演）中截取押运太湖石片段（约 10 分钟）。此选取的片段对课堂内容起到了补充作用，让学生对《智取生辰纲》中的主人公杨志的人物形象有了更全面的认识，也激发了学生主动探究的热情。

2. 影视资源在语文教学中处于辅助性地位

在教学实践中，有不少教师利用多媒体平台，不加选择地播放影视资源给学生观看，这种以观看影视剧代替教学，甚至代替阅读原著的做法是不可取的。因为语言是迄今为止意识交往的最佳手段，借助语言进行意识交往，信息量损失最小。因此，片面追求影视资源的生动性，而忽略了教学的最终目的，这无疑是把影视资源在语文教学中所处的位置错位了，甚至是喧宾夺主了。

在语文课堂引入影视资源，的确使教学内容生动了，也增强了教学的感染力，开拓了学生的视野，拓宽了学生的知识面，提高了语文课堂的教学效果。但影视资源在语文教学中的地位是辅助性地位，它只是语文教学中一种有效的辅助手段。在语文教学中，影视资源是引导学生通过发现、探究、接受新知识和完成意义构建的手段和工具。可见，运用影视资源这种手段的最终目的就是要让学生上好语文课，以此来培养学生听、说、读、写的能力，促进学生更全面的发展，一切方法手段的运用都是为了实现这个目的。也就是说，只要引用得当，影视资源无疑是最强有力的语文教学辅助手段，而且对学生认识美、欣赏美、鉴别美、创造美的能力的培养，也是大有益处的。总之，在语文教学中，影视资源的运用始终要以语文课程为本，影视资源仅仅是一种辅助资源和手段，只处于次要地位，所起的作用只是"导"，而不是"替"。

3. 语文教师应具备良好的影视艺术修养以及合理运用影视资源的能力

在语文教学中引入影视资源，是为了教学过程的流畅和课堂气氛的和谐活跃，但初中阶段的学生的认知和自控力还没有达到一定的高度，很容易受到形式的左右和影响。因此，影视资源这一优质资源的运用对语文教师提出了新的要求。

首先,语文教师应具备一定的影视素养。当今的初中生,是在银屏前成长的,自幼就开始接触影视,他们解读画面的能力和蒙太奇思维的能力都较为发达。在他们的精神文化生活中影视占有非常重要的地位,但是在影视欣赏指导方面存在很多空白点。同时,时下的语文教学不仅要求语文教师有语言学、文章学、文化学等方面的坚实基础,还要求语文教师有较好的教育学、心理学、艺术学等方面的理论素养。影视是在综合了众多艺术因素基础上发展起来的影像艺术,因此,影视素养的培养就显得尤为重要了。可见,语文教师应在平时工作、闲暇时,有意识地自觉提高自己在影视方面的艺术素养。

其次,语文教师应具有合理运用影视资源的能力。在语文教学过程中,语文教师是主导,是整个教学活动的指挥。所以,教师要认真研读教材,结合学生的学情,认真而细心地"备电影",善于剪辑影视片段,巧妙地引导学生适时适度地去观看相关的片段,并掌握好暂停键,巧妙地自配解说词,适时地引导学生从观看影视片段转移到研读文本中去。

四、推荐阅读资料

1. 彭吉象.影视鉴赏[M].北京:高等教育出版社,1998.
2. 姜敏.影视艺术教育[M].北京:人民出版社,2003.
3. 袁行霈.影视名作欣赏[M].北京:人民教育出版社,2006.
4. 陈中.运用影视教育资源 创设语文课堂情境[J].教学与管理,2006(36).
5. 曾萍.论影视资源在中学语文教学中的利用和整合[D].武汉:华中师范大学,2008.
6. 韦芳.论影视作品对新课改下中学语文教学的影响[J].电影评介,2008(5).
7. 蒋东颖.谈影视欣赏法在语文教学中的应用[J].科教文汇,2009(5).
8. 王富山.语文教学中的影视资源开发[D].济南:山东师范大学,2011.
9. 周毓琼.影视资源在名著阅读教学中的运用[J].文教资料,2011(27).

五、后续练习

下面是贵州师范大学叶传美整理记录的案例及教学效果访问,体现了影视资源在语文教学中的运用。请你根据本章内容的学习,对其进行评析。

《三峡》八年级教学案例

师:提到我国的江河,长江与黄河最具代表性,关于黄河的诗句我们学了不少,那么关于长江的诗句呢?

生:朝辞白帝彩云间,千里江陵一日还。两岸猿声啼不住,轻舟已过万重山。

生:孤帆远影碧空尽,唯见长江天际流。

师:同学们背得很好,这些诗句都描绘了长江的壮丽景色。但是有一点同学们也许不知道,其实长江最壮美的地方就是三峡。三峡是指上游自重庆白帝城至湖北宜昌之间的瞿塘峡、巫峡、西陵峡,都说瞿塘雄、巫峡绮、西陵险,同学们想不想目睹一下三峡的美景啊?

生：想！

师：既然这样，那我们就通过一段视频来欣赏一下三峡风光吧。

（多媒体展示三峡风光片《三峡风情——大三峡》开头3分钟的内容，该视频由武汉大学音像出版社出版，下载自土豆网。）

（视频内容：伴随着优美的背景音乐，画面中出现了三峡美景——直插云霄、连绵不绝的山峰，湍流不息、势如奔马的江水，一泻千里、银光闪闪的瀑布，矗立山巅、婀娜多姿的松柏，航行在江面上的邮轮，还有三峡人民的生活场景……每一个画面都配有解说词，形象直观而又全面地介绍了三峡概况。）

师：短片看完了，同学们在影片中看到了什么？请你描绘一下。

（生答）

师：接下来我们一起学习郦道元的《三峡》这篇课文，看看他是怎么描述三峡景色的。

教学访问：

课后我专门针对影视教学环节征询了学生们的意见，现将其反馈意见中的一部分摘录如下。

学生李雪：我很喜欢这样的导入方式，通过观赏优美的风光片，让我对三峡心生向往，也对课文产生了兴趣，想看看作者是怎么描述这样的美景的，以前最讨厌的古文也变得有意思了。

学生王建飞：课前预习的时候，觉得文章好枯燥，根本感觉不到三峡风光的魅力所在。通过观看影片，我才知道三峡这么美。

学生林磊：之前看不懂课文描述的内容，觉得古文好难学，就算翻译出来也不好理解，课堂上老师播放三峡风光片之后，我才明白了课文的内容。

学生丁志刚：以前从来没有去过三峡，不知道三峡是什么样子，看过优美的风光片后，真的被三峡的美景震撼到了，感叹大自然的神奇。

第十五章 乡 土 文 化 课

一、背景描述

　　乡土文化是在一定地域范围内的历史人物、自然风貌、人情风俗、民间传说、谚语俗语等各种文化的统称,包含丰富的知识、语言技能,智慧和情感,还兼具知识性、人文性、社会性,可谓内蕴丰富,包罗万象。乡土文化根植于学生的生活,存在于学生的身边,对于学生来说有一种自然的亲切感。

　　利用乡土文化资源进行乡土文化教育与语文教学的整合,将独特的乡土文化有效地转化为有价值的语文学习资源,具有重要的意义。其一,可以创造性地开展语文活动,在内容和形式上对语文学习资源进行补充,拓宽学生的学习领域,使教学从课内延伸到课外。其二,可以让学生亲近和领略乡土文化,感受独特的乡风、乡俗、乡情,汲取乡土文化的营养,主动进行研究性学习和合作学习,发展思维能力和创造能力。这不但可以培养学生热爱家乡、热爱祖国的民族情感,增强文化积淀,提高审美情趣,还有助于传承和发扬民俗与传统文化,提高民族自豪感和责任感。其三,可以挖掘教师的潜质,发挥教师的主动性、创造性,从而促进教师的专业成长。其四,乡土文化教育与语文教学的整合能让散落民间的优秀乡土文化得到系统而有效的保护和传承。

　　纵观全球,国外的乡土文化教育已经走在了前列。在西欧国家,各类学校的语文教师都注重让学生进行乡土文化方面的资料收集和编写工作,以激发他们的学习兴趣,培养他们的爱国热情。例如,在法国,每年9月的第三个周末为"历史文化遗产日",在这一天,全国11518处古迹、历史建筑和国家行政机构免费开放,此举为青少年学习乡土文化提供了便利的条件。而在美国,20世纪60年代中期,就已有三十个州在法律上明文规定,学校必须开设包括本州的历史、文学、语言等内容的乡土文化课程。

　　而在我国,教师有意识地运用乡土文化资源进行教学的实践仍然比较少。尤其是初中语文教学,语文教师在教学中不注重开发乡土资源,认为其过于接地气,不属于考试范畴,而是刻板地按照课本目录进行教学,导致学生所学到的知识与实际生活严重脱节。近年来,此类情况略有改观,很多地区、教师都开始尝试运用乡土资源开展语文教学,他们探索编写适合中学生阅读的乡土文学教材,把乡土文化作为校本课程和研究性学习的主要内容。各地区的语文中考、高考,在内容上也逐渐加入对乡土文学内容的考察。但我国的乡土文化教学仍然存在着很多问题,最突出的表现就是把乡土文化的挖掘与渗透隔离开来,虽然编写了乡土文化教材,但很少运用到一线教学中去。由此可见,我国的乡土文化教育一直处于缺失的状态,学生们的乡土知识零散而稀少,家乡观念普遍比较淡薄,甚至对自己的家乡文化说不上一二。这就使得语文教师在语文教学中渗透乡土文化教育,进行乡土文化熏陶,推进乡土文化教学显得尤为必要。

二、课堂例析

《方言大家庭》课堂实录及评析

(一)材料背景

在乡土文化中,方言文化是重要的组成部分之一。中华大地幅员辽阔,在古时由于交通不便,山川阻隔,便形成了汉语的方言。不同的地域有着不同的方言,每种不同的方言,都代表着所在区域内的乡土文化,这都是当地民众智慧的精彩体现。

但是,随着时代的逐步推进,古时交通不便、山川阻隔的不利条件也早已不复存在,人群的流动与融合促使着语言必须朝着整体化的趋势发展。因而,《中华人民共和国国家通用语言文字法》和《中华人民共和国教育法》都有相应的规定,要求学校要用普通话教学。推广普通话已经成为我国的一项基本国策。因而,现在学生都能说一口流利的普通话了,但是他们对方言的认识和利用现状却不容乐观。很多有特色的,甚至是较难用普通话转达的语言,目前都处于一个近乎消失的地带。

从时代的需要、人们交流的便利角度来考虑,方言的逐步萎缩消失,语言的统一是任何人都无法阻挡的时代潮流。但在语言发展的过程中,普通话却是一直从方言中汲取着营养。如何最大限度地发挥方言在学生们语文学习中的作用,是一个很值得研究的课题。本课就是对七年级方言教学的一次尝试。

(二)教学过程

板块一　你说我说谈方言

师:同学们,我们的祖国是一个大家庭,它不仅有着悠久的历史,更拥有着丰富多彩的语言文化,各个地方都有着不同的家乡话,今天我们的主题就是方言大家庭。

师:说起方言,你会想到什么呢?

生:讲方言会让人感觉亲切、自然。

生:方言口口相传、历史悠久。

生:我会想到我们的越剧,里面很多唱词、对白就是方言。

生:在平时,我们偶尔会用方言沟通,可见方言具有很强的生命力。

生:是的,在我家里,我的爷爷奶奶都说"土话",有些"土话"听起来特别有趣呢。

生:哈哈,我爷爷奶奶最爱看那个《钱塘老娘舅》,里面的老娘舅到处帮人调解矛盾,说的也大多是方言呢。

【点评1】生活导入法,拉近学生和新课学习的距离。方言是每位学生在日常生活中普遍运用的,因而每个人关于方言都能说上一二,这样结合生活实际而展开的新课导入方法,有效地勾起学生已有的生活体验,有助于学生打开思路,联系方言在生活中的方方面面,从而更快速地进入本课主题。

师：是的，方言就是如此的"平易近人"，同时又具有历史文化色彩。大家说了这么多，现在让我们来看一下相关专业的描述。

（多媒体展示）

> 方言的定义——汉语方言俗称地方话，只通行于一定的地域，它不是独立于民族语之外的另一种语言，而只是局部地区使用的语言。现代汉语各方言大都是在漫长的演变过程中逐渐形成的。

师：泱泱中华，地广物博，语言也历经千年的时光磨洗，成了一枚枚丰富多彩的"活化石"。根据方言的特点，再联系方言形成和发展的历史，我们将现代汉语的方言划分为七大方言。

（多媒体展示）

> 1. 北部方言（官话），它是汉民族的共同语——普通话的基础方言。从汉语音韵的发展史来看，北部方言始终走在最前面。使用这一方言的人占总人数的70%。
> 2. 吴方言习惯上称作"吴语"，它以苏州话、上海话为代表，分布在靖江、丹阳、温州、金华、衢州一带。使用人口占汉族总人口的8.4%。
> 3. 湘方言也称湖南话，它以长沙话为代表，主要分布于湖南省西北部的广大地区。使用人口占汉族总人口的5%。
> 4. 赣方言也叫江西话，它以南昌话为代表，主要分布于江西省大部分地区及湖南省的东南角。使用人口占汉族人口的2.4%。
> 5. 客家方言即客家话，它以广东梅县为代表。广东东部、北部是主要使用地区。使用人口占汉族人口的4%。
> 6. 粤方言即广东话，它以广州话为代表，保留了较多的"原始汉语"的特点。主要分布在广东的中部和西南部、广西的东南部。使用人口占汉族人口的5%。
> 7. 闽方言又分为南北两个方言，分别为闽南话和闽北话。除福建外，还散布于广东潮汕地区、海南岛大部、浙江南部及台湾大部地区。使用人口占汉族人口的4.2%。南洋群岛数百万华侨也以闽方言作为日常交际用语之一。

师：大家也可以对照一下，自己的家乡话属于哪类方言。
生：我是滨江本地人，我的家乡话应该是吴方言，就是常说的"吴侬软语"。
生：我说的是粤语，就是广东话，说粤语的人非常多，不仅全国各地有，就连国外也有。粤语版的电视剧和电影也比比皆是。
生：我的爷爷奶奶会说闽南话，他们原来是福建人。在上次来我们学校做交流的泰国学生中，也有会闽方言的老师呢。

【点评2】结合生活实际阐述对方言概念的理解。导入时的提问回答仅仅是从学生自身的角度出发的，因而只言片语无法对方言这一概念进行界定。教师及时出示方言的定义和分类，让学生结合生活实际给自己所说的方言进行归类，有助于学生对方言有系统化的了解。

板块二　方言大竞猜

师：刚才呢，我们大致了解了我国的一个方言现状。俗语说"光说不练假把式"，现在我们就要小试身手了。老师给出几道题目，请同学们回答。若是某道题目涉及你的家乡，那么就要避嫌，让其他同学猜一下。

（多媒体展示）

> 1. 在安徽方言中，"木的卡"指的是什么？（摩托车）
> 2. 安徽话"上该"的"该"指的是什么？（街）
> 3. 如果有人问你"你要做莫四"，你的答案只可能是下面的哪一种？（C）
> A. 现在5点　B. 我叫芙蓉姐姐　C. 准备去刷微博　D. 你贵姓
> 4. 上海话中的"白相"是什么意思？（玩耍）
> 5. 在外乡人看来，最能代表河南的是以下哪个字？（D）
> A. 贼　B. 中　C. 咱　D. 以上都是
> 6. 上海话"打打绢头"是什么意义？（洗手绢）
> 7. "嫩最近火得琅样，妇不叫。"请你翻译这句江西方言。
> （你最近过得怎样，好不好？）
> 8. "你刚候麻子"，这句重庆话是什么意思？（你在讲什么？）
> 9. 请你用四川话来说一下"生日快乐"。
> 10. "斯乎，既郭地方让我下克吧。""停不得，交警在那郭罗里修到地！"
> 师问：这是两句永州话，请猜测一下对话者的身份。（A）
> A. 乘客与售票员　B. 司机与交警　C. 脚踩式按摩师与消费者　D. 以上皆非
> 11. 萧山话中"恩早个菜哪嗝麻麻"是什么意思？（今天的菜怎么卖？）
> 12. 杭州话"色槽"是什么意思？（厉害）
> （学生争相举手回答）

【点评3】问题的设计源于学生，问题的解决回归学生。学生已经知道什么，学生想知道什么，是教学的逻辑起点。课前教师从学生中搜集方言问题，认识和了解学生的问题，由此明确指导学生探究的基本方向，确立具体的指导方针和计划，而后课上全班学生共同参与竞猜，学生回答踊跃，参与度极高，且对于自己不熟悉的方言愿意去思考探索，乐意解决问题，竞猜活动引起了课堂中的一个小高潮。

板块三　学习萧山话

师：刚才我们回答的题目包罗万象，涵盖全国五湖四海，现在呢，我们要单独聊一聊某一类语言了。在介绍之前，请大家来看一段情景剧表演——《方言小笑话》。

（《方言小笑话》情景剧表演）

生 1：嗨，你们家乡话"螃蟹"怎么说啊？

生 2：哈。

生 1(疑惑不解，重复问)："螃蟹"你们是怎么说的啊？

生 2：哈。

生 1：那你们家乡话"鞋子"是怎么说的啊？

生 2：啊。

生 1：啊？

生 2(点头)：啊。

生 1：那你们家乡话"鸭子"是怎么说的啊？

生 2：啊。

生 1(挠头，疑惑)：到底怎么说？

生 2：啊。

生 1(无奈地摇头，语气可怜)：哎，看着好好的一个人，怎么偏偏是个哑巴呢？

【点评 4】课堂引入情景剧，激发学习方言的热情。以两位学生表演的形式来展示萧山方言的特色，引发学生思考，有效激发学习兴趣，活跃课堂氛围，提升学生对方言的关注度，同时也引出下一环节的萧山话话题。

师：刚才对话中的方言是哪里的方言？

生：萧山话。

师：对，这种方言，非常亲切，就是我们当地的方言——萧山话。

生：我们滨江明明是杭州的一个主城区，为什么讲的不是杭州话呢？

师：关于这个问题的答案呢，我们就要从萧山话的定义说起。

(多媒体展示)

萧山方言属于吴语太湖片临绍小片萧山话，有临绍小片鼻化韵丰富的特点。除萧山话外，临绍小片还包括临安、绍兴、诸暨、余姚等地的方言。萧山话以原萧山长河一带语音为标准。

师：接下来，我们来学习一些萧山方言。

(学生模仿学习萧山方言)

(多媒体展示)

1. 常见用语

普通话	水	吓	江	马	走	黄	手	人	藏
萧山话	四	呵	刚	膜	九	王	修	宁	康

> 2. 时间用语
> 晏昼头——中午
> 夜快边——傍晚
> 晚昼头——下午
> 3. 生活用语
> 葛廊头——这里
> 高头——上面
> 发妍——滑稽
> 打秋风——乘势占便宜

师：萧山话不仅构词巧妙，而且文化底蕴也很深厚，我们可以从它的一些歇后语中来学习。

（多媒体展示前半句，学生回答后半句）

> 1. 烧酒过辣椒——煞克（厉害或过瘾之意）
> 2. 裁缝师傅买田 ——千贡（针）万贡（针）
> 3. 三个指头拾田螺——稳拿
> 4. 木头人摇船——勿推板（推板，方言为差的意思）
> 5. 棕榈树下种芥菜——总（棕）是（树）介（芥）（介，这样的意思）
> 6. 酱油铜钱勿买醋——呆板
> 7. 灰灶房里打扇——晦气（灰起）
> 8. 瞎猫拖死鸡——碰巧

师：这些歇后语读起来，是不是很幽默、很有味道呢？

【点评5】有效模仿学习，打开语言之门。生活化的日常萧山方言的出示，带给学生极大的亲切感，也激起了学生学习、模仿的欲望，猜方言，说方言，学方言，迸发出方言学习的火花，从而提升了语文课堂教学效果。

师：其实，关于萧山话还有个小笑话，我们来看这几句。
（多媒体：荷哩克哇？荷哩克哇？克叨呒呦克哇，哈叨哈傻哦）
（学生模仿，并猜读意思）
师：同学们，假如你是一个外乡人，你读一读这两句话，你会认为这像哪个国家的语言？
生：我觉得跟日本话有点像。
师：说得没错，而且日本话里的确有个发音和萧山话的发音相似，就是数字 2 的方言发音，都是"尼"的读法。

师：那么请你和同桌讨论一下，这是在哪种场景下的对话？猜一下发生了什么事。

（学生讨论）

师：这里讲的是一个萧山有钱人，他开着一辆高级轿车来到北京，在大街上与另一辆车发生了一点小碰撞，交警前来进行处理。那个萧山人以为爱车撞坏了，跳下车便哇啦哇啦地说起萧山话来："荷哩克哇？荷哩克哇？（哪里磕坏了，哪里磕坏了。）"等他检查完车子，发现是虚惊一场，车子完好无损，便说道："克叨吭呦克哇，哈叨哈傻哦（磕倒是没有磕坏，吓倒是吓死了）。"交警一听，是个日本人！既然是外国友人，于是很快将事故处理完毕，并彬彬有礼地示意那个萧山人——"开路，开路"。

（学生笑）

【点评6】巧用方言笑话，增添学习活力。方言作为一门语言，相对比较枯燥，一板一眼的教学往往难以引发学生的学习热情，但是教师适时加入了笑话，借助一个真实幽默的方言故事，让学生在轻松愉悦的氛围中学习，同时也让同学们注意到萧山方言的一些特色，激发更多学生的学习欲望。

板块四　杭州话

生：我说的是杭州话，应该也属于吴方言，但是我发现杭州话和萧山话虽然都是吴方言，说起来却不完全一样。

师：这位同学观察得很细致，也善于思考。杭州话是一种北方官话和南方吴语的糅杂，其中既有都城南迁的历史原因，也有一方水土所凝聚的语言积淀。刚刚我们了解了萧山话，那么现在就让我们一起了解一下和我们仅一江之隔的杭州方言。说起杭州话呢，肯定会想起一张熟悉的脸。谁呢？

生：阿六头。

师：是的，每天晚上伴着非常好听的片头曲，很多人都会打开电视收看《阿六头说新闻》，接下来我们就根据动画来一起听一下这首歌吧，有兴趣的同学可以学着唱一唱。

（播放《阿六头说新闻》片头曲视频）

阿　六　头

杭州生来杭州长

天生的脾气像爹娘

姆妈的名字叫西湖

相貌儿生得来真漂亮

爸爸脾气蛮直爽

咣啷咣啷

大家叫他钱塘江

……

【点评7】选择典型事例,运用灵活教法。成功的方言节目是方言保护的一种有效方式,而耳熟能详的《阿六头说新闻》片头曲又是方言歌曲的典型范例,之前的教学以听讲为主,此时教师改变教法,让学生听唱方言歌曲,一张一弛,让学生获得了一定的放松,也在无形中进行了方言文化的渗透。

板块五　方言魅力和危机

1. 方言的魅力

师:方言的应用在于方言的表达。如妻子,北方方言说媳妇,陕西方言叫婆姨,四川方言称作婆娘,湖南方言称为堂客,我们既可以理解该称呼的含义,也能够感受到其中的地理和文化差异。

师:方言节目在影视作品中随处可见,《让子弹飞》就让我们领略到了四川方言的乐趣。上海的滑稽剧如果不用上海话来讲一点也不好笑!还有那些粤剧、评弹、湖南湖北话说的"脱口秀",让人听了耳目一新。至于八百里秦川发出的"秦腔",让人起一身鸡皮疙瘩后浑身通泰!

2. 方言的危机

师:虽然方言魅力无穷,能带给人们很多快乐和有趣的文化知识,但其实方言发展到如今,还是存在着一些危机的。从新中国成立初期大力推广普通话,到改革开放后全民疯狂学英语,再到今天,当许多年轻人已能基本掌握一门国际通用语言(英语),一门国内通用语言(普通话)后,回头突然意识到自己真正的母语——本乡本土方言却正在逐渐衰落和消亡。不仅上海出现了方言衰变的端倪,全国很多地方语种都不同程度地出现了类似情况,包括大语种闽南语、粤语,以及属于北方语种的山东话、四川话、晋方言等,属于吴方言的苏州话、无锡话等。吴方言的使用人口大约是8 000万,闽南话的使用人口大约是6 000万,粤语的使用人口,包括海外华人在内可能超过一个亿。但这些从联合国教科文组织的角度看已属于大语种的方言却面临着后继乏人、濒临衰亡的危机。

师:所有的方言都该是平等的,不该有土洋之分,官民之别。方言和官方语言(国内通用语)、世界通用语之间也应是平等的。据说诗人舒婷就说着带地瓜腔的普通话。很多普通话和英语说得不够标准,带着浓厚地方腔,原以此为羞耻的年轻人,今天也意识到了方言的可贵和方言衰微的可惜。联合国教科文组织总干事松浦晃一郎曾说过,该组织鼓励所有人尽量具备三个层次的语言能力,即掌握母语、本国官方语和另一门沟通语言。我们学习英语,掌握了普通话,也不能忘掉我们赖以生存的语言之根——母亲的语言。

师:方言这个话题呢,我们是永远说不完的,而方言的魅力呢,也越来越凸显在我们的主流文化当中。我们不仅不要觉得说方言难为情,更要把这种方言文化传承下去。

【点评8】将乡土文化的保护意识渗入语文教学之中。方言的魅力是不言而喻的,然而方言的自然传承正受到越来越多的影响。对于方言的危机意识,大多数学生都不具备,同时也不在意。本环节,教师将语文教学与现实实际有机结合,告知其方言现状,让保护乡土文化的意识无形地根植于学生思维中,让初中语文教学渗透生态意识。

板块六　拓展延伸

师：接下来我向大家介绍一些相关的方言视频，同学们可以课后观看。

（多媒体展示）

1. 相声视频《戏剧与方言》
2. 综艺节目《天天向上——方言发音人》
3. 方言新闻《阿六头说新闻》

板块七　现场活动

师：模仿《阿六头说新闻》的片尾曲，请你也创作一首童谣，并用方言唱出来。

作品展示：

杭州靓，靓杭州

杭州靓，杭州秀。

梅家坞里品龙井，

河坊街里听评书，

西湖烟雨荡小舟，

京杭运河诉历史。

人间天堂，名不虚传。

……

师：金楷鑫同学的童谣，极富杭州特色。通过方言的歌唱，不仅让童谣真正"谣"起来了，还富有新意和时代气息。G20峰会花落杭州，让我们构建大杭州，齐筑杭州梦，共谱和谐曲，奔向新未来。

【点评 9】方言文化在创作中活学活用。在之前的课堂学习上，学生对于方言已经有了一定的接触，也观看了相关的方言视频，在此基础上，教师在课堂的最后设置了现场童谣创作环节，并要求用方言进行演绎，以达到活学活用的效果。

（三）教学反思

首先，我认为《方言大课堂》这一乡土文化课的开展是有其必要的。我事先了解过班级学生的地域分布情况，发现班级里有将近一半的同学并非来自本地，因而对本地的萧山方言在使用和理解上有一定的困难。其次，班级同学来自全国各地，也有一个很大的好处，那就是可以从学生当中找寻教学素材。其中"方言大竞猜"环节中题目的提供就是来自班级同学。有效的课前、课后参与，不仅可以拓宽学生的思路，培养学生的多种能力，而且，还可以使教学内容与生活更接近，令其鲜活，充满吸引力，从而使学生更加爱学语文，同时也培养热爱乡土文化的情感。

其次,我认为在教学内容的安排上,是全面而又有重点的,既涵盖了南北各地方言,同时又重点学习当地方言。学习南北方言,可以激起同学们的学习兴趣,同时开阔他们的视野,使其了解各地地域文化在方言中的体现。学习当地方言,既能帮助原本不在本地生活的学生更好、更方便地将语言运用到日常生活中去,同时也激起了在本地生活的同学的自豪感,同时了解当地的乡土文化知识。因而,将当地方言的学习当成重点是合理的。

再者,我认为本堂乡土文化课的亮点在于课堂活动的丰富多样。既有传统课堂中的讨论、听讲、模仿发音学习的环节,同时也加入了竞猜、情景剧表演环节,使课堂表现形式更加丰富。尤其是情景剧表演环节,表演者的用心和表演内容的活泼有趣,掀起了课堂上的一个小高潮,获得了不少好评。

但同时,我也知道这堂课还存在着一些不足的地方。比如说,在学习萧山话环节,我的方式是直接展示日常用语、时间用语等,学生们直接根据屏幕文字读出来,方式略显单调,若是能结合图片,或者改变教学形式,效果会更好。同时,课堂上,对于自己熟悉的方言内容,大家都显得比较兴奋,有些环节的纪律把控还不到位。

【总评】

1. 开发方言文化资源,让语文生活化

"生活即教育"、"社会即学校",生活处处有语文,利用乡土文化,拓展语文课程资源,开发鲜活的语文课程,可以让语文课更具有生活气息,充满蓬勃张力。在《方言大课堂》这一乡土文化课上,宣老师依托本土方言文化,发掘身边来自全国各地的学生的方言资源,将方言文化引入语文课程。方言是珍贵的非物质文化遗产,是重要的文化载体,通过学习方言的定义、分类、语言特点,猜读方言的意思,欣赏方言的古诗,让学生感受方言的独特魅力,增强对本土文化的亲近感和归属感,感受语文教学的生活味。

2. 多种教学模式并进,让学生"动起来"

课前学生自主提问;导入时的"你说我说谈方言",学生各抒己见表达对方言的认识;方言大竞猜时的七嘴八舌考方言,直观感受各地方言特色;萧山话方言的情景剧表演,本土方言的有效模仿学习;方言笑话为课堂增添活力;阿六头的 MV 视听,张弛有度;方言魅力和危机的探究思考;现场童谣的精彩创作,活用方言。宣老师的课堂丰富多彩,运用多种教学模式,打造开放的课堂,让学生有意识地关注方言文化,在主动感受、学习的基础上获得积极的体验,在自我的实践中获取文化的熏陶。

(本课例由杭州浦沿中学宣灿芳执教,由浦沿中学李颖等点评,由杭州高新实验学校傅霞洁总评)

三、资源链接

(一) 乡土教材体系的构建

作为文化传承重要手段和途径的乡土文化教材,应该体现中华民族多元一体格局的思想,不仅要传承主流文化、普适性知识,也要传承少数民族文化、乡土文化、乡土知识。因此,应该建立融主流文化与少数民族文化、乡土文化为一体的中国"多元一体"的教材体系。

中国"多元一体"教材体系中的"一体"是指国家教材,但这里所指的国家教材并不是我们通常所说的国家统编教材,而是统编教材、地方教材、校本教材等的统一体。统编教材是国家教材的重要组成部分,地方教材、校本教材虽然是由地方政府、学校编写开发的,但也遵循国家的教育目标并在学校中实施。地方和学校都是国家的重要组成部分,不能只承认教材理论专家编写的统编教材是国家教材,而不承认地方、学校开发的教材是国家教材的重要组成部分,人为地将统编教材与地方教材、校本教材对立起来。因此,我们不能只强调"一体",不要"多元";也不能只强调"多元",不要"一体";"多元一体"更不是多个"一元"的简单相加。

对国家教材中各部分的关系可以这样理解:根据各自开发主体的不同可以将国家教材分为统编教材、地方教材、校本教材。从严格意义上讲,地方教材是乡土教材,当然在现实中也有些不是"地方教材"的"地方教材",有地方教材之名而无地方教材之实;校本教材是基于学校发展需要而开发的教材,有些与乡土文化无关,有些直接以乡土文化为内容,而这部分校本教材也可以称之为乡土教材。因此,乡土教材主要是由地方政府编写的乡土教材和校本乡土教材构成。中国"多元一体"教材体系的组织结构如下图。

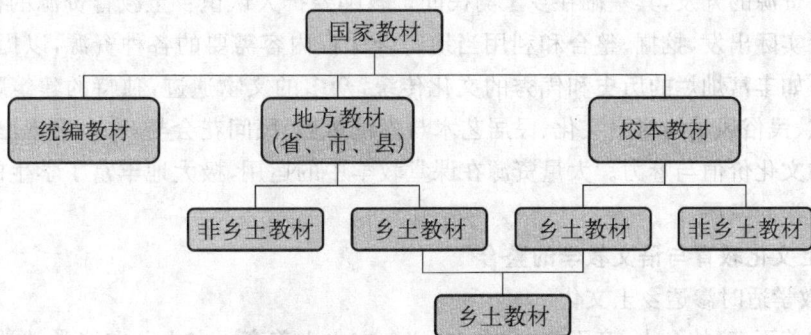

中国"多元一体"教材体系组织结构

乡土教材是依据各级各类教育目标,由当地学校或教育行政部门或其他社会团体及个人组织编写的,旨在促进学生身心发展的,具有鲜明地方性特征的教学信息材料。乡土教材的价值在于"以学生发展为本"服务于地方社会。基于当前基础教育课程改革中对于乡土教材的认识偏差,应构建具有中国特色的"多元一体"教材体系,充分发挥各类教材的功能,拓展乡土教材的生存空间。(张爱琴)

(二)乡土文化教学目标的达成

1. 利用乡土文化资源,激发学生的学习兴趣,是教学目标有效达成的基本前提

建构主义认为,学习总是与一定的"情境"相联系的,在实际情境下进行学习,可以使学习者运用自己原有认知结构中的有关经验去"同化"与"顺应",从而赋予新知识以某种新的意义。因此,在课堂教学中,如何引导学生利用已有的知识经验,重新建构起新的认识,就成为教学设计及实施中应重点思考的问题。

英国伦敦大学教育研究所詹姆斯认为,给学生上课,最好从他们身边熟悉的事物,如一座年代久远的房子或一棵古老的树讲起,这样可以激发孩子们对历史的浓厚兴趣和好奇心。

乡土资源是学生熟悉的身边的资源,容易被学生接受,引起情感共鸣。事实证明,开发乡土课程资源,从学生熟悉的现实生活入手,建立生活与课程之间的联系,能够激发学生强烈的认同感,为其开展有意学习、主动建构打下良好的基础。

2. 利用乡土文化资源,充分发挥教师的主导作用和学生的主体作用,是教学目标有效达成的

重要途径

建构主义提倡在教师指导下的以学习者为中心的学习,既强调学习者的认知主体作用,又不忽视教师的指导作用。教师要成为学生建构知识的积极帮助者和引导者,激发学生的学习兴趣,引发和保持学生的学习动机。为使学生的意义建构更有效,教师应尽可能组织协作学习,展开讨论和交流,并对协作学习过程进行引导,使之朝着有利于意义建构的方向发展。

3. 利用乡土文化资源,彰显学科教学的地域特色,是教学目标有效达成的有力保证

乡土文化课程资源极为丰富,存在于生活的方方面面,发生于每时每刻。依据课程标准和教学内容的需要,甄别筛选,确保资源的可利用性,突出实效。

例如,在有关"民族精神"内容的教学中,可以选取当地的抗日英雄、革命烈士等典型人物的事迹,同时展示烈士的家乡变迁,在感受时代进步、家乡面貌日新月异的变化中,引导学生树立远大理想,自觉培养和弘扬民族精神。

乡土教育资源的开发,其基础在乡土与民间。教师要扩大认识乡土教育资源的视野,从学生的学习及生活实际出发,挖掘、整合和利用当地符合课程内容需要的各种资源,以提高教学的针对性、实效性,如丰富灿烂的历史和优秀的文化传统,众多的文物遗迹,独特的建筑雕刻艺术、民间艺术与工艺、民俗风情与村寨文化、民居艺术与古镇风貌、民间花会与戏曲,展现出极具中国传统文化特色的文化价值与魅力。大量资源在课堂教学中的运用,极大地丰富了学生的学习内容,促进了学科教学的发展。

(三)乡土文化教育与语文教学的整合

1. 课堂教学适时渗透乡土文化

常言道:"美不美,故乡水;亲不亲,故乡人","一方水土养育一方人",在课堂教学中渗透相应的乡土文化知识,有助于地方文化的继承和发展,使学生认识到乡土文化的博大精深,进而使乡土文化传承下去,让学生认识脚下的这片土地,感受脚下的这方文化,无论生长在哪里,都能了解、热爱自己的家乡。我们知道,语文学科作为人文教育的重要阵地,适时、适量、适当地渗透乡土文化,会丰富教学内容,优化教学结构,增强教学趣味,拓宽学生视野,激活学生情感。因此,在语文教学过程中,教师要引导学生立足课内,放眼课外,多看有关乡土文化的介绍,多收集乡土文化资料,特别是当地的名胜古迹、名人典故、著名事件等。教师要创设条件,利用课外时间带领学生到相关地方走走,加深对乡土文化的了解。通过适时渗透,学生心中对乡土文化的了解大大增加,对自己的家乡自豪感和热爱之情也就逐渐增强。

2. 语文课外实践渗透乡土文化

开发和利用乡土语文教学资源,一方面需要有丰富的文化资源作素材,另一方面应切实与教材内容相衔接,这样才能真正做到由课内向课外的自然延伸。中国各地乡土文化丰富多彩,如果指导学生在课余时间有目的地去考察,搜集乡土文化资料,那么课堂之上,他们怎么可能无话可讲,无语可写呢?在布置语文课外实践活动任务时,教师可以采取让学生阅读有关乡土文化的文章,举办乡土文化知识竞赛,写有关介绍乡土文化的作文,绘有关乡土文化的图画,当小导游,模拟表演等形式,渗透乡土文化,提高学生的综合语文素养。这样的语文教学才是真正充满人文、体现生命活力的教学,才是新课程标准所积极倡导的大语文教育观。

3. 校本课程开发渗透乡土文化

校本课程的主题可包括家乡的山水、名人、物产、传说故事以及家乡的发展、交通等,不但能

提高学生的语言运用能力,而且成为其情感陶冶、品行养成、知识获得、个性发展所不可缺少的途径。例如,在编写"家乡的物产"这一主题内容时,可以通过逛逛家乡土特产店,以图文并茂的形式来介绍家乡物产,一种土特产就是一种乡情、一种文化,教师可以通过搜一搜家乡土特产、说一说家乡土特产、写一写家乡土特产等形式,进行语文课外实践活动、口头表达训练和写作训练等,使语文教学更具生活性和人文性,更加充满生命的活力。因此,在语文教学中,以教师为主导,学生为主体,多渠道地搜集有关乡土语文的素材,使学生对家乡的历史人文生态有更进一步的了解,可以激发学生热爱家乡的思想感情,使爱国主义教育和社会责任性教育具体化,从而奠定学生热爱祖国的思想情感基础和为建设家乡、建设祖国作贡献的志向。总之,生活处处有语文。实践证明,开发和利用好乡土语文资源,是对语文课堂教学的补充,是增强学生综合素质的有效途径。乡土文化视野下的语文教学,使语文课堂更具人文性,拓宽了学生视野,拓展了语文外延。教师应转变教学观念,从全面提高学生语文素养出发,引导学生在实践中运用语文知识,培养学生的创新精神、创造能力,用丰富的乡土文化丰富语文教学资源,开创语文课堂教学的广阔天地。

四、推荐阅读资料

1. 林国群.让语文课充满乡土文化的魅力[J].中学文科:教研论坛,2007(6).

2. 李文东.语文教学应该重视乡土文化[J].语文教学与研究,2010(32).

3. 李伟中.整合乡土文化资源 打造开放的语文课堂[J].基础教育研究,2013(23).

4. 连淑珍.乡土文化资源与语文教学的整合[J].教育,2014(21).

5. 蔺慧丽.语文教学要渗透乡土文化[J].学周刊,2014(9).

6. 陈加彬.语文教学中自觉融入乡土文化,提高语文教学的有效性[C].中华教育理论与实践科研论文成果选编第十卷,2015.

7. 朱传体.让乡土文化之花在语文课堂上美丽绽放[J].中华活页文选,2015(3).

8. 吴华胜,左贵凤.乡土文化在初中语文教学中的应用分析[J].课堂内外:教师版,2015(10).

9. 梅海红.基于乡土文化的语文活动训练途径例述[J].启迪与智慧,2016(2).

五、后续练习

请你根据本章内容的学习,对以下设计进行点评。

感受镇江民间文化

活动目的

民间文化是一切文化的根,是沟通历史和现实的桥梁,是中国立于世界民族之林的基点,是我们的精神家园。镇江的民间文化历史悠久,丰富灿烂。"感受镇江民间文化"学习活动的目的就是让学生了解生于斯、长于斯的家乡,继承优秀的传统文化,弘扬民族精神和创新精神,感悟旺盛的民族生命力,培养爱国主义情感。"镇江民间文化"的学习活动内容贴近学生生活,有助于激发学生的学习兴趣,培养学生自主、合作、探究的学习方式,并引导学生在生活中学习语文、运用语文,培养学生的语文实践能力,从而有效地提高学生的语文素养和综合能力。

活动准备

1. 学习内容的准备

师生就"镇江民间文化"这个大的专题进行讨论，共同确定研究的子课题和活动的具体内容，并在教师的指导下学习运用多种方法搜集资料。

2. 学习方法的准备

（1）根据自己的兴趣和目的，自由分成 3—5 人的活动小组，确定小组的活动内容，撰写活动计划，进行角色分工，明确各自的任务和职责。

（2）准备和学会使用活动及展示过程中需要用到的工具，如笔记本、照相机、电脑、投影仪等。

（3）学会与人交往的基本技能，如礼貌、交谈、咨询等，并做好克服各种困难的心理准备。

3. 活动过程与活动方式

（1）开展研究性学习活动。在多方面、多渠道地搜集资料的基础上，分析筛选，了解镇江民间文化的方方面面，如镇江的饮食文化、民间工艺、民间歌舞、节令习俗等，对它们的历史、特点、价值和发展作出有理据的分析和阐述。

（2）开展形式多样的综合实践活动。① 参观镇江民间文化艺术馆，了解镇江的民俗文化。② 考察镇江的饮食文化和服饰文化的特点。③ 和家人或同学一起参加一次民间庙会，感受庙会上节日般的气氛，看看庙会上都有哪些精湛的民间工艺，选择一种你喜欢的民间工艺，了解它的制作过程，如有可能亲自动手尝试制作，在班级中展出，并用文字说明其制作过程和特点。④ 走访民间艺术家，学习一些镇江的民间舞蹈或民歌，在学校的文艺汇演中展示。⑤ 了解家乡的土特产，制作一些宣传广告。⑥ 思考和讨论。在外来文化和现代生活方式日益影响我们的形势下，民族文化精神的延续和传承面临着巨大的挑战，我们如何认识民族传统文化？如何继承和创新家乡的传统文化？如何利用家乡的传统文化为家乡服务？请陈述并写下自己的认识，就不同的观点展开讨论或辩论。

4. 成果展示

成果展示的形式可以多种多样，如语言陈述、小论文、图片、影像、手工作品、表演等。在自我总结、小组内总结的基础上，进行班级内的交流活动，展示学生的个性创造和团体的合作精神，分享大家的情感体验，同时找出不足，更好地促进学生的发展。

（谈朝晖）

第四部分　创意课例

第十六章　群文阅读课

一、背景描述

初中语文教学对于培养学生的阅读能力具有基础性作用,而能力的培养来源于量大质高的阅读实践。传统语文教学阅读模式一般是单篇阅读,教师对课文的讲解,通常是固有化、模式化、单一化的讲解,无法真正有效地培养学生的阅读思考能力。而"群文阅读"理念的提出,在一定程度上打破了传统阅读模式。

群文阅读是群文阅读教学的简称,简单地讲,群文阅读,就是把一组文章,以一定的方式组合在一起,指导学生阅读,并在阅读中发展出自己的观点,进而提升阅读力和思考力。群文阅读就是师生围绕着一个或多个议题选择一组文章,而后师生围绕议题进行阅读和集体建构,最终达成共识的过程。

随着近年统整课程的推广,群文阅读的教学模式提上日程,由"一篇"到"一群"的理念转变,绝不仅仅是文章阅读量与阅读方式的简单转变,其内涵是阅读教学理念的更新,是真正阅读能力的注重与培养,是应试教育向素质教育跨越的重要一步。这种教学模式在初中语文教学中具有开创性与突破性的教学意义。

群文阅读相关的实践探索大体上分为五个层级:第一个层级以教材为主,强调单元整合,以"单元整组"阅读教学为代表;第二个层级突破了教材,强调以课内文本为主,增加课外阅读,"一篇带多篇"基本上是这个思路;第三个层级和上述思路一样,但是把范围扩展到整本书的阅读,强调"整本书阅读"或者"一本带多本"的阅读;第四个层级提出阅读教学需要围绕一个核心主题展开,以"主题阅读"为代表;第五个层次把课内和课外阅读打通,具体形式以"班级读书会"为典型,更加灵活的则以"书香校园"的建设为典型。

二、课堂例析

《陋室铭》、《爱莲说》整合教学课堂实录及评析

(一)材料背景

《陋室铭》和《爱莲说》这两篇文章在精神血脉上息息相通,于是,教师对这两篇文章进行了整合教学。两课时连堂进行,以走进刘禹锡的精神世界为教学核心目标。第一课时的主要任务是指导朗读,质疑字词,尝试背诵。第二课时则结合学生疑问,引导他们紧扣关键字词感受人物心灵律动,探寻古代知识分子的人格追求。

（二）教学过程

板块一　蓄势：走进周敦颐的精神世界

> 师：第一节课，陈禹杭就《爱莲说》提出了一个很有价值的问题，就是关于最后几个句子的顺序安排。同学们的争论很热烈。王悦同学的发言更是引发了大家的不同意见。这节课，我们就以这个问题为切入点开始讨论。王悦认为菊和牡丹对莲都是反衬，有些同学不同意。看来，关于周敦颐对陶渊明的态度如何，这个问题分歧还很大，现在请大家在字里行间中寻找证明自己观点的证据。

【点评1】从学生的问题导入，有利于激活思维。抓住学生矛盾分歧——"菊和牡丹对莲是否都是反衬？"把这个问题作为教学的切入口，既是智慧，更是勇气。将课堂还给学生，把阅读还给学生，考验的是一个教师对文本的熟悉程度、理解深度，对课堂教学的引导与指导能力。

> 生：我认为周敦颐很欣赏陶渊明。我从这句话可以看出来，"晋陶渊明独爱菊"，"独"字挺有力量的，我读出了一种欣赏。
> 生：我也是，后文中周敦颐说自己爱莲也用的是"独"，看来这"独"有与众不同之意，是含有褒义的。
> 师："独"是独特，独到，"独"是特立——
> 生：独行。
> 师：我想到毛主席有一首著名的词，第一句就是"独立寒秋"，好一个"独"字！
> 生：周敦颐称菊花为"隐逸者"，就是隐居避世之人，不含贬义。
> 师：隐逸者？注意，为何不说是"花之隐者"呢？
> 生："逸"有一种飘逸、安逸的感觉，周敦颐称其为"隐逸者"，看来周敦颐对其生活状态是欣赏的。
> 生：周敦颐只在最后一句"牡丹之爱，宜乎众矣"中用"矣"字加重情感，表达出深深的惋惜之情，而对"菊花"的表达比较庄重，只是说"菊之爱，陶后鲜有闻"，从这里也可以看出作者对陶渊明绝无贬义。

【点评2】从一个"矣"字读出作者的叹息，可见学生平时的诵读积累。这印证了书读百遍其义自见的道理，文言文的诵读对于意思的理解大有裨益。文言文教学在字词理解和文段背诵上渐行渐远时，对文章本身的诵读的重视和把握也愈发显得弥足珍贵。

> 师：说得真好，同学们读书非常仔细。看来，作者写陶渊明，绝非反衬，而是正衬。写陶渊明只是铺垫，目的是为了更好地表达自己。在周敦颐眼里，陶渊明是美的，但周敦颐认为谁更美？

生：他自己更美。（众笑）

师：那好，如果你自己就是周敦颐，请你结合文中的关键句来夸夸自己，请用第一人称。

（引导学生再次大声朗读"予独爱"这一句）

生：我像莲花一样高洁，生活于世俗的社会但不被污染。

生：我的美名远播，像莲花的香气一样越远越沁人心脾。

生：我庄重高雅，绝不向权贵献媚求荣。我才德出众，但绝不妖媚。

生：我像莲花一样中通外直，表里如一，个性刚直。

生：我像莲花一样让人敬重不可侮辱，可远观而不可亵玩焉。

生：我不蔓不枝，心意专一，目标明确。

……

师：说得不错，再背一背这句。

（生齐背"予独爱"一句）

【点评3】引导学生读关键句，品出深意。"予独爱莲之出淤泥而不染"是周敦颐思想的核心，教师以多种方式引导学生理解"予独爱"的深意。

师：现在，周敦颐们，咱们换个角度自夸，你和陶渊明都是美的，但你认为你和陶渊明的不同之处在哪里啊？

生：陶渊明隐居避世了，我还坚守在官场。

生：我是出淤泥而不染，陶渊明是躲淤泥躲得远远的。（众笑）

师：聪明！我们才学习了《桃花源记》，也背诵过陶渊明的《归园田居》。面对混浊的官场和肮脏的世风，不愿意为五斗米折腰的陶渊明选择了隐居。他吟诵着《归去来兮辞》，在自己的心里幻想出了一片芳草鲜美落英缤纷的桃花源，他最后选择的生活是"采菊东篱下，悠然见南山"。但周敦颐不是这样的。据历史记载，周敦颐也有"山林之志"，他胸怀洒脱，颇有仙风道气。他虽在各地作官，但俸禄甚微，即使这样，来到九江时，他还将微薄的积蓄捐献给了故里宗族。他不仅是中国理学的开山祖师，在为官上也有卓越建树。黄庭坚曾盛赞他"人品甚高，胸怀洒落，如光风霁月"（板书）。

师：同学们，这就是周敦颐和陶渊明的不同。面对淤泥，陶渊明的选择是远离，他到红尘边上去寻找一片净土。而周敦颐的选择是生长，哪怕是在淤泥之中，依旧成长为高洁独立的荷花。这不同的人生选择和文人的个性、气质、理想有关，也和当时具体的时代背景有关。选择虽不同，但都明显有别于趋同富贵失掉自我的芸芸众生，所以其人格都同样伟大。来，让我们再朗读一遍那流传千古的名句。

【点评4】作为群文阅读，对两篇文章的作者的情感和人物形象的把握是重中之重。文言文有其特殊的文化背景和语境，所以看似两篇文章的比较，实则是同样伟大但是却又身处不同时代文化背景下的心灵的碰撞,更是与已经远离了这一时代的学生们的心灵互动,所以教师必要的引申以及引导是必不可少的,当然如果学生预习得比较充分的话,老师可以通过适当引导让他们独立完成这一总结。

板块二　探究：走进刘禹锡的心灵深处

师：我们读懂了周敦颐和陶渊明,那么,现在,我们回过头去再看刘禹锡。我们重点讨论一个问题,你认为刘禹锡的人生选择是陶渊明式的呢,还是周敦颐式的?请大家注意不要空谈,紧扣诗文的关键字词来证明自己的观点。请先自由朗读一遍。

（生自由诵读）

【点评5】群文阅读重在比较探究。"刘禹锡的人生选择是陶渊明式的呢,还是周敦颐式的?"主问题直入文本深处,激发学生思考,思维碰撞。紧扣关键字词证明观点,对学生的思考予以比较阅读方法的指导。

生：我认为刘禹锡的选择是周敦颐式的。你看,他对自己陋室的评价是"斯是陋室,唯吾德馨",他认为自己的品德是美好的,可以让陋室生辉。

师：你能够一下子就抓住关键词语"德馨"来思考,非常难得。但是,难道陶渊明的品德就不"馨"吗?

（众笑,生被问住了,不好意思地笑着坐下）

生：我认为刘禹锡的选择是陶渊明式的,你看他的居住环境——"苔痕上阶绿,草色入帘青",这不也是一种隐居的环境吗?

生：我不同意。刘禹锡的生活其实是很丰富的,来来往往的都是博学的大儒,他还经常弹琴看书,这种生活是隐居的生活吗?

生：老师,这地方有点儿矛盾,既然鸿儒谈笑往来,地上怎么可以生青苔呢?矛盾的!

（众笑）

生（急切地）：我还是认为刘禹锡的选择是陶渊明式的。请注意,他读的书是"金经",金经就是佛经,金经有《南华经》……（众大笑）一个读佛经的人难道不是在隐居吗?

师：有意思! 再深入一点点,为什么刘禹锡说自己是"调素琴",而不是"弹古琴"呢?

生："调"更悠闲、更随意,"素琴"说明他的生活是非常清苦的。

师：品得妙! 这个"调"让我想起了那著名的"悠然见南山"的——

生：见!

师：对,异曲同工之妙。一样的闲适和自得。

生：我也觉得刘禹锡的选择是陶渊明式的选择,你看他的生活"无丝竹之乱耳,无案牍之劳形",清静幽雅、自由自在,不是隐居之人是什么?

【点评6】学生辩论式对话,生生之间、师生之间碰撞精彩而有效。老师对学生发言的点评,切中关键,及时的追问使学生对刘禹锡的认识由表及里、由浅入深,课堂气氛高潮迭起,精彩的发言在这个教学环节中不断呈现。

> 生:他的生活并不清雅,"谈笑有鸿儒"就可以证明。一个隐居之人,还会和世俗间的读书人来往频繁吗?一个真正心灵幽静的人,还会拒绝和没有文化的老百姓来往吗?我们背诵了陶渊明的很多诗歌,陶渊明可都是把自己打扮成农民的样子啊!
>
> 师:有意思,有意思!确实,陶渊明过的是真正的田园生活。他种豆南山下,草盛豆苗稀,他的思想、他的行为,包括他的文字,都有泥土的气息了。
>
> 生(急切地):我坚决不同意刘禹锡的选择是陶渊明式的。你看,他以南阳诸葛庐和西蜀子云亭来比喻自己的陋室。诸葛亮和杨子云都是历史上名声显赫的人物,一个在政治上建立奇功,一个在文学上很有造诣。看来,刘禹锡是希望自己也能像诸葛亮、杨子云一样建功立业的。
>
> 师(惊喜地):好!真知灼见!
>
> 生:还有,结尾点题句刘禹锡用的是孔子的名句。孔子是儒家主张建功立业的代表人物。这段时间班里在读《论语》,孔子表扬颜回说:"贤哉回也,一箪食,一瓢饮,在陋巷,人不堪其忧,回也不改其乐。贤哉回也。"(在老师的提示下说完这个句子)我想孔子更赞成周敦颐的人生选择,虽然身处逆境但是依旧要建功立业。刘禹锡引用孔子的话也应该是对自己的一种勉励。
>
> 生:对。老师讲过孔子是坚决主张入世的,他自己便是终生为实现政治理想在奋斗。刘禹锡引用他的话,可见是非常尊崇孔子的。他不可能去隐居。
>
> 师:有见解,活学活用,半学期的《论语》没有白读!大家注意到了结尾,为什么不同样注意一下开头呢?

【点评7】群文议题产生于学生的认知冲突或矛盾点,它引导学生的思考向纵深发展。议题是群文阅读的灵魂,一个好的议题,既能反映阅读材料的主题,又能激活学生的阅读积累和生活经验,触动学生思维和心灵的琴弦。学生的精彩表现再次让我们看到群文阅读绝不仅仅是独立的几篇课文的比较阅读,而是文本与学生的互动,是不同知识储备之间以及对于文本不同的理解之间的碰撞,它需要有大量的文本阅读的体验作为积淀。

> (引导学生齐读开头两遍)
>
> 生(恍然大悟):开头其实也证明了刘禹锡的选择其实是周敦颐式的。"山不在高,有仙则名;水不在深,有龙则灵。"他其实是把自己比成了仙和龙。
>
> 师:哦,只不过,是和诸葛亮一般的——
>
> 生:卧龙!(众笑)
>
> 生:一个把自己比作龙和仙的人会真正隐居吗?

生：还有，从这句话可以看出，刘禹锡并不安于寂寞，他希望自己的陋室能够"名"和"灵"，其实就是一开头就流露了自己要有所作为的想法。这也证明了刘禹锡的选择不会是陶渊明式的。

师：这就怪了，看来《陋室铭》中表达的东西有矛盾啊！

生（手举得老高）：老师，我觉得是不是这样的。刘禹锡他本来想表现的是一种安贫乐道，独善其身的生活状态，但是，他在不知觉中又暴露了自己内心真实的想法。或者说，他当时过的的确是一种近似于隐居的生活，但是，他的心中却向往着建功立业，他从来没有放弃过建功立业的理想！

师：好一个"不知觉"！这句话像一把解剖刀，把刘禹锡的精神世界袒露在我们面前。现在请大家看看《名校精练》之后关于刘禹锡写《陋室铭》的背景故事，谁来讲讲。

生：刘禹锡得罪了当朝权贵，被贬到和州当通判。和州的知府姓策，他看到刘禹锡得罪了不少权臣，又不得势，就有意给他小鞋穿。按照当时的规定，通判应该住衙门里三间三厦的屋子，可策知州只在城南门给了刘禹锡三间小屋。这三间小屋面临大江，推窗便可看到浩瀚的江面，刘禹锡反倒十分高兴，并欣然在自己的房门上悬挂了这样一副对联："面对大江观白帆，身在和州思争辩。"这举动可气坏了策知州，他命令衙门的书丞将刘禹锡的房子由城南门调到城北门，面积由三间减小到一间半，想看看他如何再观白帆。这一间半小屋位于德胜河的边上，附近是一排排杨柳。刘禹锡看到这些景色，欣然命笔，又写了这样一副对联："杨柳青青江水平，人在历阳心在京。"仍旧在这一间半小屋里读他的诗，写他的文。策知州见刘禹锡仍不买他的账，连肺都快要气炸了。他和书丞商量了好久，便又在城中为刘禹锡选了一间仅能容一床一桌一椅的小屋，逼他搬家。半年时光，搬了三次家，刘禹锡想，这狗官也实在太不像话了，想作弄我，我偏不买你的账，你要我愁，我偏乐，于是，就提笔写下了这篇《陋室铭》，并请大书法家柳公权书碑勒石，立于门前，以示"纪念"，一时轰动朝野。

师：讲得真生动！从这个故事中，你知道了吗，刘禹锡隐居没有？

生：他没有隐居，还在当官，只是被贬官了。他还住在城里。

师：那就有意思了！那刘禹锡在《陋室铭》中描绘的生活场景岂不是虚假的？

【点评8】一个精彩而有效的问题能触碰到学生的认知盲点。这样的问题不断调动他们去思索和探讨，在原有知识和现在的文本间寻求新的理解和体会，应该说本堂课的问题均是有破有立。

（学生沉默，思考）

生：他这样写是为了回击权贵的压迫，表达一种绝不低头的志向。你越压迫我，我越要活得潇洒自得，你要我活得不像一个人，我越要活得像一个人。

生：《陋室铭》中的生活场景确实是经过了刘禹锡的夸张的。生活是现实的。城里的一间小屋，条件肯定很糟糕，来来往往的人也可能不会都那么高雅，环境也可能不会那么清幽，但我认为，刘禹锡这样写不是造假，而是因为他的心。

师：分析得非常有见地。他的心如何？房子很狭窄，但是他的心——

生：很开阔。

师：房子很嘈杂，但是他的心——

生：很宁静。

师：生活很单调，但是他的心——

生：很饱满。

师：对了，同学们，这就是刘禹锡。他没有选择桃花源，他和周敦颐一样，在淤泥之中还在顽强乐观地生长。这周的班级古诗积累，老师推荐了刘禹锡一系列的小诗，从"东边日出西边雨，道是无情却有情"到"请君莫奏前朝曲，听唱新翻杨柳枝"，老师是要让同学们感受刘禹锡是一个多么有生活情趣的人。以前我们还背诵过刘禹锡的《秋词》，一起来——

（生齐诵：自古逢秋悲寂寥，我言秋日胜春朝。晴空一鹤排云上，便引诗情到碧霄）

师：同学们，这更是刘禹锡，自然界的秋天在他的眼里尚且诗情盎然，他又怎么会躲到人生的秋天里去自怨自艾呢？

师：我们还背诵过刘禹锡的《酬乐天扬州初逢席上见赠》，其中有一句最著名的句子是沉舟——

生：沉舟侧畔千帆过，病树前头万木春。

师：同学们，吟诵着"病树前头万木春"，刘禹锡怎么可能让一间小小陋室困住了自己高贵的心？就是这个刘禹锡，留下诗文800多篇，被称为中唐"诗豪"。就是这个刘禹锡，一生辗转奔波于仕途，虽历经艰辛却痴心不改。就是这个刘禹锡，先后被贬到连州、和州、苏州，但每一个地方的老百姓都"因祸得福"，因为他深入民众，体察民情，勤廉守政，力行教育，为当地的发展作出了历史性的贡献。这样乐观豁达，这样富有生命活力的一个刘禹锡，怎么可能"清高自许"、"独善其身"、"隐居避世"呢？所以，同学们，《陋室铭》不是一个落魄文人郁郁不得志时的自我沉醉、自我安慰，那是一篇特殊的战斗檄文。官场的险恶、人情的冷暖并没有浇灭刘禹锡心中的战斗之火，他潇潇洒洒地提起笔，对炎凉世态、坎坷仕途作出了最昂扬、最诗意的回答。

师：同学们，暑假的时候，我们提前背诵了《岳阳楼记》。嗟夫，予尝求古仁人之心——

生（齐背诵）：不以物喜，不以己悲，居庙堂之高，则忧其民；处江湖之远，则忧其君。是进亦忧，退亦忧；然则何时而乐耶？其必曰：先天下之忧而忧，后天下之乐而乐乎！噫！微斯人，吾谁与归！

师：同学们，周敦颐、刘禹锡、范仲淹、苏轼都是这样的中国知识分子。孟子说，读书人要"达则兼济天下，穷则独善其身"，但范仲淹们，刘禹锡们超越了孟子。他们不以物喜，不以己悲，先天下之忧而忧，后天下之乐而乐，不管是居朝堂之高还是处江湖之远，他们都坚定执着，把兼济天下作为生命永远的崇高追求。老当益壮，宁移白首之心；穷且益坚，不坠青云之志。正如刘禹锡曾吟诵过的"天地英雄气，千秋尚凛然"，这群走在时代的风潮浪尖上，绝不沉沦、绝不逃避的文人们，乃是中国知识分子的筋骨和脊梁。最后，让我们怀着对刘禹锡、周敦颐们更加深刻的理解和崇敬再次诵读《陋室铭》和《爱莲说》。

【点评9】知人论世，群文阅读拓展精深。读文就是读人，教师穿插多个资料，用知人论世的方法，引导学生一步步地深入刘禹锡的内心深处。并由探究刘禹锡到解读一类"走在时代的风潮浪尖上，绝不沉沦、绝不逃避的文人们"，这里由特殊到一般，达成了"探寻古代知识分子的人格追求"的教学目标，使这堂课达到了思想的高度。

（三）教者反思

对于《陋室铭》，以前我的教学目标是：让孩子们感受到刘禹锡的"穷则独善其身"，敬其不慕名利、安贫乐道、精神高洁。但是这一次，孩子们在质疑阶段竟一口气提出了一系列关于"诗歌前后矛盾"的问题，这些问题让我猛然意识到了自己的浅尝辄止：我对文本的细腻品味不够，对人物的深层心理挖掘不够，对主题的把握也不准确。孩子们的质疑提醒我：教参对《陋室铭》简单的分析也许仅仅只是触摸到了这篇传世美文的皮毛。

孩子们是这样问的：

——既然"苔痕上阶绿"了，怎么会"谈笑有鸿儒"呢？博学的朋友熙熙攘攘，苔痕怎么可能一直长到阶上？

——既然"无丝竹之乱耳"，前文又怎能说"调素琴"，难道素琴就不是丝竹之声了吗？

——以"有仙则名"、"有龙则灵"引出"唯吾德馨"，总让人觉得有些不对味儿，仙和龙都是地位崇高受人膜拜之物，可后文刘禹锡追求的却是"无案牍之劳形"的生活，这和龙、仙的领导气质相悖。

——诸葛、子云都是建功立业青史留名的人，刘禹锡以此自比，似乎和前诗中自由清高甚至有些骄傲的形象不相吻合。

——作者在最后引用了孔子的话自励，孔子一生追求"治国平天下"，历经百折而不挠，他的生活也不可能"无案牍之劳形"吧？

该怎么来向孩子们解释？蜻蜓点水地讲讲比兴手法，说说素琴之音与灯红酒绿的区别，谈谈精神与物质的差异？不行！这些老掉牙的东西不能够说服孩子们。因为，从一连串尖锐的提问中，我朦胧地感受到他们思维的触角已经深入到了诗歌的灵魂。

一句"穷则独善其身"，一句"安贫乐道"岂可以定义《陋室铭》中的刘禹锡！广泛查阅资料后，心中渐渐明晰，乐观豁达，富有生命活力的刘禹锡，怎么可能"清高自许"、"独善其身"呢？刘禹锡的一生，都是在奋争追求！

当时，刘禹锡一贬再贬为和州通判，半年之内被逼三次搬家。官场的险恶、人情的冷暖并没有浇灭刘禹锡心中的战斗之火，他潇潇洒洒地提起笔，对炎凉世态、坎坷仕途作出了最昂扬、最诗意的回答。他用"德馨"鼓舞自己的斗志，用"苔痕"、"草色"、"素琴"、"鸿儒"装点自己清苦寂寞的生活，用"无案牍之劳形"安慰自己屡受排挤的压抑。诸葛亮和杨子云是他心中的楷模，圣人孔子的德行功业更是他追求的目标。他相信自己有"仙"之飘逸，能化解心中不平，更祈愿有"龙"相助，使"德馨"之人一展宏图。

历史证明了刘禹锡的勇敢。陋室之中他不曾沉沦，若干年后，他被贬连州刺史，生命再次跌入最低潮。在连州，这个当时地偏人穷的地方，刘禹锡在"穷"中依旧实现了"兼济天下"的理想。

在中国历史上，有多少像刘禹锡一样的诗人啊！白居易、苏轼、陆游、周敦颐、范仲淹……他们其实已经构成了一个很特殊的知识分子群体。应该说，这群走在时代的风潮浪尖上，不沉沦、不逃避的诗人们,真正构筑了中国知识分子的脊梁。

那么,为什么我不可以通过《陋室铭》,还有《爱莲说》,让孩子们与一个个高尚的灵魂对话呢?而后针对《短文两篇》,我及时调整了教学思路,提出了新的目标:通过《陋室铭》和《爱莲说》,让我们走进一群特殊的中国古代知识分子的心灵世界。

我的教学设计的最后一个环节是:请你用一句话点评你所感受到的这一类知识分子形象。请允许我摘录几个孩子的课堂发言:

——世人皆醉,惟我独醒。醒着的你们绝不选择举身汨罗江。(杨雅云)

——你们不为五斗米折腰,更不为五斗米折志。(陈熙之)

——你们用傲气和骨气写诗,写成了中国站得最直的文学史。(郭丽阳)

【总评】

1. 整合是群文阅读课的前提

群文阅读是把一组文章以一定的方式组合在一起指导学生阅读,因而以怎样的方式整合就显得非常重要。这堂课,王老师将《爱莲说》与《陋室铭》整合教学,教学重点定位为:走进刘禹锡的精神世界。"蓄势"部分周敦颐与陶渊明的比较是为了探究刘禹锡作准备。这个整合不仅使教学重点突出,而且集中优势兵力很好地完成了"探究"部分的目标。同时,王老师还通过文本整合,明确了主干问题。"蓄势"部分两个大问题:菊和牡丹对莲是否都是反衬? 周敦颐和陶渊明的不同之处在哪里? "探究"部分一个主问题:刘禹锡的人生选择是陶渊明式的,还是周敦颐式的呢? 这些整合后的问题牵一发而动全身,对学生的思维有启发性,思维层级不断提升。另外,王老师还整合了助读资料。关于刘禹锡资料的内容选择、呈现时机、呈现方式均经过了精心的整合,起到了"知人论世"的作用,对认识刘禹锡起到了重要作用,揭示了以刘禹锡为代表的中国古代文人的精神追求和人格特征。

2. 比较是群文阅读课的关键

这堂课王老师采用了多种形式多个层面的比较。首先是不同人物的比较。陶渊明与周敦颐的比较,理解了他们的相同点和不同点之后,为探究部分做了很好的铺垫。陶渊明、周敦颐跟刘禹锡的比较,体现了核心教学目标。刘禹锡、范仲淹、苏轼等人物的类比,揭示了以刘禹锡为代表的中国古代文人的精神追求和人格特征。其次是相同人物的比较。在探究刘禹锡的内心世界时,学生读出了他的矛盾心理。教师此时运用了比较的方式,引导学生深入体会,了解了一个矛盾的刘禹锡以及刘禹锡写作《陋室铭》的真正意图。

3. 讨论是群文阅读课的特色

群文阅读是师生围绕议题选择一组文章,而后师生围绕议题进行阅读讨论,意义建构。整堂课围绕"探寻古代知识分子的人格追求"的议题展开,小组合作、论辩,阅读课堂以学生为主体、教师为主导,真正还权于学生,极大地解放了学生的思想力。群文阅读课中发散与集中的讨论,学生参与性强,开放,多面向,每个学生都可以有自己的角度,每个学生都可以补充、发表自己的观点。知识储备、阅读视野、理解能力不同的孩子都有自己的答案,且答案是不尽相同的,这就是群文阅读课最大的优势和特色。

(本课例由北京人大附中特级教师王君执教,由杭州市滨江区教师进修学校郑萍点评和总评)

三、资源链接

（一）群文阅读与其他新兴阅读形式的关系

1. 群文阅读与"一篇带多篇"

"一篇带多篇"或者"一文带多文"是以一篇文章为核心，带动多篇文章的阅读。这里的"多篇文章"，大多指的是同一单元的文章，并未超出教材的范围，也有一些人探索了教材之外的文章。"一篇带多篇"的重要目的是增加儿童的阅读量，提高阅读效率，提升阅读兴趣。

群文阅读所选的一组文章有着非常自觉的贯穿线索，那就是"议题"，而且议题有着非常深刻的教育教学含义，不管在形式上还是思想上都有巨大的突破。

2. 群文阅读与单元整组

单元整组是基于教材、基于文本的一种教学方式，是执教者本着整体观的教学思想，对一组主题、体裁、题材及语言表达上能寻到连接点的教学资源进行统整，甚至再开发后进行的一种教学活动形式。它的产生是基于现行教材以"主题单元"进行编排这样一个事实，其目的是为了"用好教材"，提升教学效率。在某种意义上，它可以看作是"一篇带多篇"的升级版。

群文阅读在某些方面和单元整组是相一致的，也就是它在单元主题形成开放性议题的情况下不会以单元整组的形式，但它又超越了单元整组，更多地采用教材外的语篇，在一定程度上打破了教材选文的限制，引导学生进入一个更加广阔的阅读空间。此外，最为重要的是，群文阅读中的"议题"是开放性的而非如单元整组那样是由教材"给予"的，从而可以更好地激活学生的思维，实现"开放而有活力"的语文教育理念。

3. 群文阅读与主题阅读

主题阅读就是围绕着一个主题对一组选文进行教学，教学的展开主要按照"例文—主题—专题—文化成果"的逻辑。有主题的阅读就是要坚持两个原则：一是文章要以"激扬向上、自信人生"为基调，二是以"真"为第一要义。主题阅读最重要的概念和突破在于"主题"，也就是"拥有明确的人文内涵并成序列"的专题，比如"爱"、"爱科学"等。

群文阅读也可以说是有"主题"的一组选文的阅读，部分群文阅读的"议题"是非主题式的。群文阅读的"议题"更宽泛，不仅包括人文内涵，也包括语文知识、情感体验、预感体验等。群文阅读更符合语文素养提升的要求，且其具有可议论性，对学生是开放的，是学生可以深度参与建构的。主题阅读关注学生的人文思想的体验和建构，而群文阅读在此基础上进一步强调在阅读过程中通过多文本来看待同一事物或问题的不同角度，在阅读中转换心智模式，获得心灵成长。

（二）群文阅读的教学策略

1. 默读和浏览策略

群文阅读与单篇阅读不同的是：单篇阅读教学侧重于精读，而群文学习多采用略读、默读、浏览、边读边思考等不同的方式进行。我们提倡的群文阅读，不像平时传统精读课文那样去逐字逐句地肢解文章式分析、品鉴、大段大段地朗读，课堂上也没有额外单独安排时间扫除生字障碍等方式。因此，"群文阅读"的课堂是需要我们对默读和浏览等阅读方式的价值有着充分认识的课堂。默读、浏览，是侧重于大量信息处理的有效阅读方式，是侧重思考的阅读。在教学中，要想锻炼并且提升学生的默读、浏览水平，课堂里提出方向明确的高质量的探究性问题是关键，简单地讲，富有成效的默读和浏览总是伴随着"好问题"的，否则，就是流于形式。笔者的"群文阅读"课中,在群文比较中提出的三个主干问题都激发了学生深入探究的欲望,每一个问题都把学生带入到群文阅读情景中,每一个问题都需要学生将"群文"横向联系起来读,并且让学生的知识储备、思考力得到很大的提高,我相信在这样的课堂里,学生是会有所收获的。在信息时代,获得信息没有问题,但如何筛选信息,获取有用的知识,形成新的概念、新的思想,这是简单的单一课堂教学永远无法达到的。习得方法比获得知识更重要,授人以鱼不如授人以渔。阅读策略是知道在什么时候运用什么阅读方法或手段,更具有规律性、普适性。群文阅读教学,不仅要让学生从多篇文章的阅读中获取丰富的信息,更重要的是让学生学会快速阅读、整合信息、质疑讨论等群文阅读的策略。

2. 小组对话和讨论策略

群文阅读,就是将传统课堂教学转向以学生为主体、教师为主导的课堂教学,小组合作、分组讨论、分享对话等读书会形式的学习,应该成为课堂教学的主要方式。群文阅读就正好还"权"于学生,极大地解放了学生的"生产力"。可参与性、开放及多面向是群文阅读中讨论的突出特点,每个学生都可以有自己的角度,每个学生都可以补充、发表自己的观点,有话可说。知识储备、阅读视野、想象推理能力不同的孩子都有自己的答案,答案是不尽相同的,这就是将很多篇文章放在一起阅读的优势。群文阅读教学中学生可以自由选取喜欢的文章内容,并且老师对学生的回答不作简单的对与错的判断,而是充分鼓励、引导、点拨、启发,为学生营造一种坦率、自由、富有探索性的氛围。"你有什么想法,说来听听。""你太厉害了,竟能发现这一点,你能再解释一下吗?""说句实话,我不太同意你的观点,我可以把我个人的想法说出来吗?"……课堂里有好多这样的课堂用语,可见,群文阅读是建立在学生是否有讨论意识和技术的基础上的。试想一下,如果在小组讨论时,讨论成员消极对待,拖延时间,重复话语,甚至互相扯皮,讨论完全就是浪费时间,所谓讨论的积极意义也就只停留在了理论上。

3. 比较阅读策略

"比较"应该是群文阅读中用得最多的阅读策略。横向章节同类比较、纵向难易比较、大略地比较、细致地比较、比较相同点、比较不同点、比较内容方面的、比较表达形式方面的……"比较"可以让学生在阅读中自己发现探索并领悟。在对《女娲造人》这一类文章进行群文阅读时,笔者首先让学生比较神话与《万物简史》中对宇宙产生的科学描述,一比较,学生就明了了神话与科学的差别,就不会从科学和逻辑的角度较真神话的科学性、合理性了,因为神话的结构原本就是脱离心智的文学结构。其次,让学生收集、比较各国创世神话的不同之处,通过比较,学生明白了神话有其独特的、鲜明的地域特点、民族元素,所以当学生重读相同类别的文章的时候,眼光就会变得敏锐起来,可以从地名、地貌的复杂性、数量词、劳动工具等多个角度看到世界神话故事中的"中国元素"。最后,引导学生比较各国神话的异同点,从而引出疑问:为什么每个国家的创世神话里都有一个"大神"? 为什么各国神话都不约而同地认为是神的身体变成了世界的万物? 通过疑问,进而大胆猜测。让我们感到非常兴奋的是学生不但感受了原始人类对于创世的神奇想象,而且初步地感知了人类的原始智慧和初始心理结构。其实,这些疑问和猜测很多是神话学家经过多年研究后才有的"发现",但是经由老师将一些不连续文本有意放在一起,并引导学生去群文比较阅读,"发现"的周期和难度就被大大缩短和降低了。这种课堂上的"发现"的意义虽然不能和神话学家的"发现"相提并论,但在教学意义层面,确实大大提升了学生的阅读能力。可见,群文阅读教学的优势是传统模式不可比拟的。

4. 探究思考策略

群文阅读中不仅要有读,而且还要有大胆的探究思考。如果仅仅是加大阅读量,而不引导学生通过推论、比较、猜测、反思等方法对文本进行探究性思考,显然只会让群文阅读活动流于形式,达不到应有的效果,并且还会浪费时间与精力。祝新华教授在他的《六层次阅读能力系统及其在评估与教学领域中的运用》中把阅读能力分为六个层次:复述、解释、重整、伸展、评鉴、创意。从这个划分可以看出,我们以往的教学,无论怎样做都是在复述、解释上下功夫,偶尔会有对学生重整能力的训练,然而对后面三种能力的培养却远远不足,要么是没有涉及,要么是偶尔无意而为。这就让学生的能力有了很大的缺失,不同的学生、不同的年龄段,都在浅层次的能力系统中徘徊。群文阅读教学极大地弥补了这方面的缺陷,引导学生自己去发现,自己去探索,讨论不在于结论,而在于引起学生的思考。这种阅读会影响孩子的一生,这种阅读会为孩子的未来奠基。

(三)群文阅读的五步教学法

群文阅读主要采用"五步教学法",其操作模式是:主题回顾—阅读概览—片段分享—精彩赏析—主题拓展。

1. 主题回顾

旨在简单回顾课内的几篇课文,提炼出这个单元的主题,并以"画知识树"的方法进行呈现。这实际上也是在训练学生的归纳概括能力,使学生能够用简练的语句对文章内容进行概括。比如人教版五年级单元主题"父爱"的知识树和"感动"的知识树就是师生共同画出来的。

2. 阅读概览

在回顾课内文章的基础上延伸到课外同步阅读,这同样需要学生对同步阅读中的几篇课文进行整体把握。在课堂上,多数学生都能借助课外填写的"阅读记录表"进行较为准确的概括。

3. 片段分享

这是课堂的主体环节,在这个环节中,开展民主、互动、多元的对话,不仅能让孩子们一同分享阅读心得,而且营造出浓厚的团队读书氛围,提高了个体与群体阅读素养。在这里,学生的感悟无论是深刻还是肤浅,都是属于他们的独特感悟,教师都应充分地尊重,让他们感受到成功的喜悦。此时,教师摆正自己在活动中的角色最为重要。教师应该是学生阅读兴趣的激发者,应该是学生开展阅读活动的引导者,应该是读书会过程的组织者,还应该是阅读活动的参与者与聆听者。

在这个环节中,教师不是一味地将课文讲深,更多的是要关注学生多元的理解。我们对学生做过一次随机的调查,几乎百分之九十的学生感觉这样的上法比平时的语文课更有趣。理由是:学生对文章有新鲜感,不像平时的课堂将课文嚼得过细、过烂,因而乏味;更为重要的是"聊书"的形式让他们感觉很轻松,而且很有成就感。

4. 精彩赏析

在学生充分交流的基础上,教师也需要在一两个点上引导学生的思考向纵深发展。该选择怎样的点来展开呢?这就需要教师设置一定的话题。话题是讨论的灵魂,一个好的话题,既能反映阅读材料的主题,又能激活学生的阅读积累和生活经验,触动学生思维和心灵的琴弦。好的话题可以是对学生阅读中可能存在的疑问的预设,也可以是课堂上的临时生成。一般有价值的话题产生于这样四个方面:一是着眼于对作品的整体把握,二是产生于学生的认知冲突或矛盾点,三是来源于作品的文体特征和作家的表达风格,四是能够连接学生的生活和感情世界。

5. 主题拓展

课堂的功能只相当于一个例子、一块试验田、一把钥匙,更广阔丰富、更生动多变、更精彩的世界在课外、在生活中。这样,学生有了课内阅读所扎下的根,又有课外阅读和生活中生发出的枝和叶,必将结出累累的硕果。

(四) 群文阅读的文本

群文阅读应是结构化的几篇或一组文本。文本之间是有关联的,这个关联点也称作议题,可以是多维度的,多面向的,多选择的;可以是灵动多样的。群文阅读的文本,可以有如下的组织形式:

(1) 以人文主题组织群文。这是最常见的一种形式。比如环境的保护,对生命的态度等等。

(2) 以同一作家的不同作品,或不同作家的同一题材的文章组织群文。比如老舍的《猫》和《母鸡》。

(3) 以不同作家的同一题材的文章组织群文。如丰子恺的《白鹅》和俄国作家的《白公鹅》。

(4) 从文体的角度组织群文。如童话、神话、古诗、小说等等。

(5) 从表达方式的角度组织群文。例如,反复结构的童话、典型构段方式的文章、结尾出人意料的小小说,都是从表达方式的视角来组织群文的。

(6) 从思维训练的角度组织群文。例如,可以从训练学生思维的深刻性、条理性、独创性来组织一组文章。

(7) 从阅读方法的角度组织群文。例如,可以从重整、比较、连接等方法的角度组织群文,训练怎么整合信息,怎么进行比较,怎么进行事物之间、文本之间的连接等等。

(8) 从阅读评价的角度组织群文。如评价内容、评价语言、评价人物、评价方法等。

四、推荐阅读资料

1. 蒋军晶. 语文课上更重要的事——关于单篇到"群文"的新思考[J]. 人民教育,2012(12).

2. 于泽元,王雁玲,黄利梅. 群文阅读:从形式变化到理念变革[J]. 中国教育学刊,2013(6).

3. 陈世凯. 群文阅读提升学生阅读能力的适切性探究[J]. 新课程(上),2014(9).

4. 宋春晓. 群文阅读教学策略面面观[J]. 语文学刊,2014(24).

5. 许玉兰. 群文阅读在初中语文教学中的策略与分析[J]. 课程教育研究,2015(3).

6. 李祖文. 关于"群文阅读"教学的一些冷思考[J]. 语文教学通讯,2015(3).

7. 罗良建. 群文阅读:从"在阅读"到"会阅读"[J]. 教育科学论坛,2015(10).

8. 崔勇. 群文阅读的价值追求与实现策略[J]. 教育科学论坛,2015(10).

9. 刘大伟,蒋军晶. 群文阅读教学:概念、价值及实践路径[J]. 南京晓庄学院学报,2016(1).

五、后续练习

下面是许玉兰老师提出的初中语文教学中群文阅读的教学策略。请你仔细阅读和思考,并谈谈你的看法。

(1) 多选文本,多文本多观点,增强多样性与广泛性。当前初中生阅读存在着读书少、读书略的问题,过分局限于书本课文,课堂上听老师就一篇课文进行精讲细讲,根本无法产生阅读兴趣,更不可能深刻理解阅读内涵。群文阅读概念的提出,要求教师打破书本束缚,广泛选取文本,引导学生进行群组阅读,由课堂延伸到课外,由单一扩展到多样,由教条主义文章延伸到多观点多视角的文章阅览。

群文阅读首先保证阅读的广泛性与延展性,多个文本对比,各种思想观点的碰撞和交汇,更容易引起学生的阅读兴趣,调动学生的阅读思考以及文章对比分析的能力,提升学生的阅读质量。

（2）精选文本,多文本同议题,增强融合性与对比性。在初中语文群文阅读教学中,教师有很重要的引导作用,群文阅读顺利开展的首要前提就是老师要有广泛的阅读量,可以结合课文统整与文章内容和内涵相似或有可比性的文章,组合成为"群",提供给学生阅读、比较、探讨、分析。过程中学生始终保持着新鲜感,特别是在横向结构的比较性阅读中,学生会不断涌现质疑和发现,真正成为课堂主体。

教师选取的"群文"质量直接影响着这种教学方式的效果,因此应秉持着"多文本同议题"的标准和原则,注重群文主题内容的融合性与对比性,从而尽可能地扩大学生的阅读面和阅读量,使学生可以真正感知文章内涵,丰富阅读知识量,提高阅读分析能力,培养勤思考、敢质疑的学习精神。

（3）拓展群文阅读方式,增强阅读趣味性。传统阅读方式一般是让学生有感情地朗诵或背诵课文,一方面,就像沈大安老师说的:"把课堂上大量宝贵的时间用来练习有感情朗读,是找国小学语文教学时间运筹上的一个失误。"另一方面,总是要求学生背诵课文,也会使学生失去阅读兴趣,感到负担,从而更加逃避阅读。我们在群文阅读教学中完全可以突破传统阅读方式,拓展阅读的方式方法,增强阅读趣味性。

在群文阅读过程中,我们可以采用默读、速读、批判式阅读、休闲式阅读、研究式阅读、校对式阅读以及其他各类阅读方式,这之后可以鼓励学生踊跃思考,在小组或班级范围内积极交流各自对于文章的理解与看法,充分调动他们的阅读积极性,让阅读不再枯燥乏味而是趣味非凡。

（4）丰富群文阅读视角,增强阅读能力。当下课文教学单篇阅读的一大弊病就是以识记为主,缺少理解,缺少质疑和发现。群文阅读的提出与实践目的就在于丰富阅读视角,不再局限于仅仅记住文章主题、线索、手法,而是学会对比分析,学会联结。不难发现,将所阅读的文章内容、主题与自己曾经读过的其他文章进行对比,与个人的生活经验或生活情境中的类似事件加以联结,往往会得出新的丰富的个人体验,群文阅读也是这种理念的践行。

初中生的阅读能力还在培养和发展中,阅读量还不够丰富,阅读时联结其他文章的能力相对较弱。这个时候就需要教师发挥作用,教师若有意识地引导学生进行群文横向的比较性阅读,则容易引发高质量的思考,促进学生自主思考,自行对比,自我联系,增强阅读联系与思考能力。

第十七章　中小学语文衔接课

一、背景描述

长期以来,中小学语文教学出现了一定程度的脱节现象,相当一部分小学毕业生升入中学后对语文学习感到不适应,学习兴趣有所减退,学习质量有所下降。久而久之,不但语文学不好,而且还会对其他学科的学习产生消极的影响。

现行的小学语文教材内容比较简单,知识点少,教师一般要求学生侧重于说记和简单的理解,解决"是什么"、"怎么样"等问题,思维难度不大。相对来说,小学教师的讲课速度较慢,课堂容量较小,知识点相对集中。对要掌握的知识能做到勤讲多练,对学生的作业也能做到精批细改,使学生的每个知识点都能过关。新授、巩固、练习、复习都能较好得到落实。因而学生只要平时能认真听课,完成作业,做好复习,一般都能取得较好的成绩。

而中学语文教材从初一开始对学生的要求就大大提高了。除了有大量知识需记忆外,更侧重分析与理解,思维的难度增大,解决"是什么"、"怎么样"和"为什么"等问题。由于课程的增加,课时紧,教师讲课速度一般较快,课堂容量大,许多知识只能一带而过。教师的课外辅导,作业精批细改有难度,这就要求学生有高度的自觉性。考试时,题量大,难度高,时间少。

可见,小学高年级和初一年级语文教材在教学内容、教学方式、教学要求等方面都存在明显的差距。刚从小学毕业的学生面对如此大的变化,自然会感到吃力和难以适应,学生学习语文的兴趣与愿望将会减退,甚至产生畏难和抵触情绪,从而造成大批学生的"分化"和"滑坡"。因此中小学语文教师应该针对语文教学上的脱节状况,及时采取积极有效的措施,改革教学,加强教学衔接工作,提高语文教学质量。

二、课堂例析

(一) 材料背景

《桃花心木》一文发表于1998年3月。作者林清玄是台湾当代著名作家、散文家、诗人、学者,被誉为"当代散文八大作家"之一。他的文章常常以真诚之心,感性之笔,写出自己人生感悟的智慧精华,让读者倍感珍惜和感动。

这是一篇中心突出、内容含蓄、寓意深刻的散文,语言清新、真纯、质朴。文章先写"我"于平凡的生活中发现了一个奇怪的现象,即高个子种树人培育桃花心木苗时显得不按规律,漫不经心,于是心中生出许多疑团。后来通过与种树人的交流才明白原来种树人貌似不懂规律、缺乏爱心的种种举动恰恰是为了让树木自己学会适应不确定的环境,以便坚强地成长。种树人的言行使"我"深受感动,并从中感悟到人的成长其实也是如此:唯有经得起各种不确定因素的磨练与考验的人,才能在生活中练就独立自主的心,才能更顽强、更灿烂地生活与成长。全文借种树喻育人,清新平淡之中饱含深远的意味。

(二)教学过程

下面是小学语文教师和初中语文教师执教《桃花心木》(人教版六年级语文(下册)第一组第三课)的教学实录及点评,以示比较。

《桃花心木》教学实录及点评
(小学教师执教)

(第二课时节选)

> 师:今日背古诗《江畔独步寻花》。
>
> 生齐诵:《江畔独步寻花》,唐,杜甫。黄师塔前江水东,春光懒困倚微风。桃花一簇开无主,可爱深红爱浅红?

【点评1】课前背诵古诗文是一种很好的语文学习方法。背诵《江畔独步寻花》,不仅有复现、记忆古诗的作用,而且又是本课《桃花心木》教学的良好起点,起到了二文相互参照的教学意义。但最好安排在第一课时之前。

> (师生问好)
>
> 师:同学们,通过上节课的学习,我们认识了台湾著名作家林清玄,并初读了课文,掌握了生字词,了解了课文大意。文中有段话含义深刻,我们得好好读读。

【点评2】第二课时的开始最好安排复习、巩固第一课时的有关知识。如:检查生字的读音,听写有关的词语,或者提出有疑惑的问题等。

> (多媒体展示:文中第14自然段,作者的感悟)
>
> > "不只是树,人也是一样,在不确定中……转化为巨大的能量,努力生长。"
>
> (一学生读)
>
> 师:字音标准,还有谁读得更好的?
>
> (另一学生读)
>
> 师:大家注意到没有?这段话中出现了两次"不确定"。
>
> (多媒体展示)
>
> > 段中"不确定"变红

【点评3】教师能关注文中出现的两次"不确定",说明教师有文本细读的能力。但是,要尽量引导学生自己去发现这个现象,而不是教师直接提出。

师:一般人种花草树木都会按时给它们浇水、施肥、除草,这些对花草树木来说都是"确定"的。但课文中那个种树人的表现却与众不同,让人感到奇怪。仔细读读课文,种树人哪些地方让作者觉得奇怪了?边轻声读边用波浪线画下来。

(生轻声读文,并勾画,师巡视)

师:请你先来读读划的语句。

生:"奇怪的是,他来得并没有规律,有时隔三天,有时隔五天,有时十几天才来一次;浇水的量也不一定,有时浇得多,有时浇得少。"

师:你知道他到底隔几天来吗?到底浇多少水吗?

生:不知道。

师:浇水次数没规律,量也不一定,这就是不确定。

(板书:不确定 次数 量)

师:请你读读这句。

(生读)

师:疑惑的意味还可重些。谁再读?

(生读)

师:恩,确实感到奇怪。还有令作者感到奇怪的地方吗?

生:"我住在乡下时,天天都会在桃花心木苗旁的小路上散步,种树苗的人偶尔会来家里喝茶。他有时早上来,有时下午来,时间也不一定。我越来越感到奇怪。"

师:奇怪的是?

生:不知道他到底什么时间来?

师:时间不确定。

(板书:时间)

师:读读这句。

(生读)

师:不错。还有奇怪之处吗?

生:"更奇怪的是,桃花心木苗有时莫名其妙地枯萎了。所以,他来的时候总会带几株树苗来补种。"

师:奇怪的是什么?

生:种树人怎么会知道桃花心木苗枯萎了,来时带树苗补种。他又不常来。

师:是啊,他好像有千里眼似的,我们也感到万分奇怪!你来读,把奇怪的感觉读出来。

(一生读)

【点评4】紧扣"奇怪",逐一说明,不断推进。体现了教学的层次性。

师：这几处奇怪能用自己的话概括地说一说吗？

生：奇怪的是，他来浇水有时……

师：要点都概括了，能更简明扼要些吗？

生：奇怪的是，他来浇水的次数、量不确定，时间也不确定，更奇怪的是……

师：简明扼要，还有谁能试试。

生：……

师：找到这些奇怪不难，文中有提示。

（课件："奇怪的是……越来越奇怪的是……更奇怪的是……"）

【点评5】在学生试说的基础上，教师为学生提供一个句式。这一方面体现了"学本"意识，先学后教，据学而导，另一方面体现了语文教学的"语用"意识，指导学生学会表达的方式。这是本课教学最大的亮点。

师：难的是找出文中隐含的"奇怪"，默读课文，相信细心的你一定能找到。

（生默读）

……

（本课例由宜昌市外国语小学宋娜执教，由浙江外国语学院汪潮教授点评）

《桃花心木》教学实录及点评
（初中教师执教）

师：我们学过很多的古诗。下面，我要请同学们用打节拍的方式把一首古诗打给我听，不是像你们唱英语歌那样。谁来背诵一首古诗给我听？随便什么诗。（生背诵《望庐山瀑布》）

师：请坐。背得太好了。我们首先要对他表示肯定。我们也拍一下掌，怎么样？（师生齐鼓掌）

师：紧接着，我不允许你再这样做了，我需要和他合作一下。小时候玩过拍手歌没有？

生：玩过。

师：我们把这首古诗拍出来。（师生合作）

师：两个同学一组试一下。（生两人一组合作拍手）

师：现在能够两个同学一组拍的同学举手。

师：下面注意，吴老师将和他演绎第一个版本，这个版本演绎完之后，其他同学不允许按这个版本来，不能雷同的。（师生合作，拍手背古诗）

师：好。这个版本出来了，其他同学不许用这个版本。

生：我想出了一个版本。（第一组表演）

师：看他们的——（学生两人表演）停！

师：没有节奏感，没有音律美。（第二组表演）

师：好，好，好。不错，不错。同学们，实际上中国很多的文字都可以用音乐来演绎。

【点评1】用音乐来演绎背古诗。把语文学习和节奏、音律结合起来，是一种语文教学的积极尝试。

师：但是我们今天要学的这篇课文不能够用音乐来演绎。首先我要请一位同学到前面来，不论是男同学，还是女同学，随便来一个都行。这位同学，你来一下，请大家都看这里。（投影出示：校园一角）

师：这个地方是哪里呀？

生：我们的校园。

师：我们的校园，正确。我们的校园里有一棵树。这是一棵什么树？

生：桂花树。

师：桂花树。真的是桂花树吗？

生：是。

师：这棵树是不是也是桂花树呢？（指另一棵树）

生：是。

师：这棵呢？

生：也是。

师：这棵呢？

生：铁树。

师：太感谢你了！我们给她以掌声。

生：鼓掌。

【点评2】课堂教学时间有限，这种猜树名的展示和游戏建议少做。把课堂有限的时间和机会让给学生自主学习课文。

师：你们真行，吴老师能够把所有的树的名字说全的不超过十种。今天，我们和大家学的这篇文章里的这种树，看到过的同学举手。（一学生举手）

师：一个。请告诉我你叫什么名字？

生：×××。

师：你在哪看到的？

生：我去旅游的时候。

师：在哪个地方？

生：在枝江。

师：在枝江。枝江就有桃花心木。请坐，我明天一定问一下我班上那个来自枝江的孩子是不是在枝江见过桃花心木。我确实没看到过。同学们都没看到过。下面，吴老师给大家投影几张图片，请看一下。（投影出示桃花心木图）

师：这就是桃花心木，这是吴老师从网上下载的。好，你看到这些树之后，第一感觉是什么？不慌，不乱说，待会儿再说。（对比看图：右图的树高大，左图的树矮小。）

师：（看右图）这是第一次看到的树，它怎么样？

生：高。

师：这棵树呢？（看左图）

师：这棵树长得很小，而且很细，还不是那么挺拔，也不那么高。我已经用了一些词，待会儿你就不能说了。（投影第二组图）

师：再看一下，这是图片中的一棵树。（投影出示其中一棵树）这是一棵非常小的树。现在请你用我们课文中的词来说一说它有什么特点。

【点评3】这节课是从看图起步的。过多的图片容易分散学习注意力。语文学习，建议从整体感知课文内容开始。从文章的整体阅读入手，从整体到部分，符合语文学理。

师：在文中找，画上波浪线。（生在文中勾画，师巡视指导）

师：尽量找全，找不全的就不举手。一共有三处，就是三四个词可以概括。

生：第2自然段第1行。

师：读给同学们听。（生读）

生：再就是第2行。

师：嗯。

（生读）

师：这是它的树苗，"仅及膝盖"。还有呢？

生：第15自然段。

师：第15自然段。快点。

生：第1行。

师：等一下，我发现有些同学连自然段都没有标，是哪些同学没有标自然段，快点看一下。到底是15段还是14段，快点标一下。好，给同学们读一下。

生：第一行"优雅自在"。

师：还有吗？

生：还有"勃勃生机"。

师：哦，还有"勃勃生机"。说完了？

生：没有，还有。

师：还有?

生：……

师：也是。及屋顶一般高。那它一共在哪几个段落中说到了桃花心木的样子?

生：第2段，第3段。

师：第2段，第3段。还有?

生：第15段。

师：我们一起把这三段的内容读一遍。做好准备。

（生齐读2、3、15段）

师：虽然大家之前没有见过桃花心木这种树，但是今天看了图片投影，又读了这几段文字，今后再看到这种树，你能不能判断出来?

生：能。

【点评4】本节课通过很多图片和文字词语判断是否认识桃花心木这种树。这个环节费时过长，意义不大。建议缩减时间，把时间让给学生自学课文。

师：非常感谢大家。希望你能够判定出来。听说你们都预习了，是吗?

生：是。

师：吴老师没怎么预习。吴老师带了这个东西。（出示字典）我要求全班同学都带着，你们带了没?

生：带了。

师：没带的举手。都没举手，都带了。吴老师来考验一下，我们书的后面有几个字，就是发的这张纸的后面方框里的字，吴老师没有给它标拼音。大家都预习了，字词肯定要过关吧！是吧? 我再问一下，怎么样预习才是真正地预习到位了呢?

生：先得把它的字词找出来，不懂的词语把它的意思写出来，再把课文多读几遍，把它的主要意思写出来。

师：说得太好了。

（出示课件，怎样才能算是预习好呢?）

师：一篇文章如果真的预习好了，那么生字、生词都要读准字音，不仅如此，还要借助我们学习的好帮手——字典，查出它的意思。

师：文章标自然段了吗?

生：标了。

师：第三个（标准是）你读了几遍课文。读了一遍的举手，只读了一遍的。

（生无人举手）

师：哇，都读了很多遍。读了两遍的举手，读了三遍的举手。

(生无人举手)

师：读了四遍的举手。(有几个学生举手)读了很多遍啊！读了 N 遍的举手。

(生纷纷举手)

【点评 5】 检查学生的预习是一种教学好方法。语文教学应该建立在对学生学情了解的基础之上。这是一种因材施教、有的放矢的有效教学思想。

师：你们真是预习得太充分了。吴老师知道你们都预习了，但是，我还是要检测一下。

(多媒体展示)

> 考考你：
>
> 下面字的读音，你能猜出其中的规律吗？
>
> 央——左边加"禾"字之后——秧

师："央"左边加"禾"字之后，这个字读什么？

生：yāng。

师：读什么？是不是读"yāng"？好，我们一起把这个字读一遍，再读一遍。

(生读)

师：连着读三遍。

(生读)

(多媒体展示)

> 委——上面加"艹"头之后——萎

师："委"上面加个"艹"头，读作——。

生：wěi。

师：什么？

生：wěi。

师：也读"wěi"啊？不可能吧！是不是都读"wěi"啊？一起读三遍。(生读)

师：真的，我就不相信，我再找几个，我一起把它显示出来，请一位同学来读。

(多媒体展示)

> 段——左面加上"金"字之后——锻
>
> 牙——右边加上"隹"字之后——雅

师：一个字加上旁边的另一个字之后不知道读什么是吗？这时候我们应该干什么呢？

生：查字典。

师：字典拿出来查。(学生动手查字典)

师：看谁先查出来，然后到前面来标一下这个字的读音。

（师板书："隹"）

师：查出来的同学请到前面来标。（一学生上前标音）

师：谢谢你，你查字典的速度最快。

（生板书：zhuī）

师：这字读"zhuī"是不是？一起来读三遍，在书的旁边标一下。（生齐读）

师：现在，吴老师给大家出一道题目，题目是：你能总结出它的规律吗？你能再举几个这样的例子吗？先答第一个问题，你能总结出它的规律吗？

生：它的规律是：这几个字加上偏旁后还是原来的读音。

师：好，一个字加上另外一个字后还读原来的音，是不是这样？

生：不是。

师：不是？你说！

生：牙（yá）加上隹（zhuī）后变成（yǎ）了。

师：那是声调发生了变化。

生：我觉得应该是一个字加上另一个字后声调发生了变化，它的读音会发生一定的变化。

师：哦，一点小变化。好的，你说。

生：我认为它们都是形声字。

师：非常好。

（板书：形声字）

师：你能不能跟同学们说一下什么样的字才叫形声字？

生：形旁表字意，声旁表读音。

师：形旁表字意，声旁表读音，所以这样的字称作"形声字"。你看，所有的这些字是不是都是形声字？对了，有些声调发生了变化，但是，它还是读那个音，是不是？

生：是。

师：好，这样的字的确叫形声字。大家都读了课文吧，在课文中找找除了这些以外，还有没有其他形声字。找到以后请到黑板上来写。（学生争相上台）

师：同学们，我们看看对不对，对的话就打一个勾。

（学生板书的字：种、停、依、浇、倒、样、枯）

师："喝"，这个我就有点不懂了，查一下是不是的？

师：旦＋亻＝但。这个最标准。任意找一个字，这样写一写。

（生改错）

师：同学们，看看她改得对不对。

师：都对了。下面请大家看投影。（投影出示："番"的变化）

师：咦，我们发现这些字在逐渐发生变化，同学们认为它是怎么变的？

生：是由古代文字向现代文字演变的。

师：这种字称作金文，金文向小篆演变过程中的这种字叫隶书，这种叫楷体。

师：关于字的学习就到此结束了，关于文章中的词，你觉得有哪些是我们应该掌握的？

（投影：你觉得文中的哪个词，我们应该掌握？

请以"我觉得……自然段第……行的什么词我们应该掌握，我对这个词的理解是……"的句式来发表你的见解。）

生：莫名其妙。

师："莫名其妙"，下面我请一位同学不查字典，依次地给我们说一下，这几个字分别是什么意思。

生：莫：没有。名：说。其：它的。妙：奥妙。没有人能说出它的奥妙。

师：有些词，不查字典也完全可以理解。所以，有时候通过我们的大脑记忆、储存的东西也能够解决文章中的很多疑难。

【点评6】教师非常重视字词教学，更难能可贵的是关注了词语的表达方式和构词规律，如形声字等。

师：时间关系，下面我们一起来看第三个非常关键的问题，你读懂这篇文章了吗？首先什么叫读懂了？

生：理解了它的含义。

师：理解了它的含义，也就是这篇文章写的内容是什么？写了什么。

（板书：写了什么）

师：写了什么？这是第一个读懂了的标准，还有什么标准？你说。

生：读懂这篇文章它要表达的意思。

师：表达的意思，作者为什么要写这篇文章，或者这篇文章的写作目的。

（板书：写作目的）

师：还有没有？

生：中心思想。

师：好的，中心思想。

（板书：中心思想）

生：还要弄明白，作者怎么写的。

师：怎么写的。

（板书：怎么写的）

生：还要了解它的作者。

（板书：作者）

【点评7】这是学习一篇课文的基本方法。依次梳理：写了什么→写作目的→中心思想→怎么写的，这对培养学生的学习习惯和方法是很有帮助的。教学也由此依次展开，从而明确课堂教学主线。

师：我们先来看这篇文章写了什么。首先请同桌的同学两个人一组,用最简洁的语言说一说文章写了什么。(学生互说,教师巡视)

生：一个人种桃花心木的故事。

师：好,非常简洁,种树的故事。

(板书：种树)

师：能不能把它再延伸扩展一点,这个人是怎么种的?

生：不定时、不定量地给它浇水,让树自己找水源,自己生长。

师：从哪些地方可以找到这些信息呢?(学生在文中找信息,做标记)

师：那这篇文章只需要去写这个人怎么种树的就行了,作者好像和他没有任何关系?

生：我觉得是由这个人种树而引申出寓意深刻的人生哲理。

师：你读得太深了,但不是我问的这个问题的答案,我的问题是,种树人种这种树与作者好像没有任何关系,对吗? 作者在这没写任何关系吗?

生：是由作者的那些疑问引发出来的。

师：是作者悟出来的。作者实际上并没有种树,是另一个人在种树,文章中有一些词能反映作者和种树人的关系,你能不能找出这些词来? 看到种树人的种种行为,作者是怎么样的? 找出这些关键的词。

生：第6自然段的"奇怪"。

师：好的,奇怪。

(板书：奇怪)

师：这个词找得非常准,第一个种树的人在这里种树,作者感到奇怪。寻找第二个词。

生：第7段第一个词"更奇怪"。

(师板书：更奇怪)

师：奇怪嘛,我们还觉得不足为奇,"更奇怪"了,我们会怎么样? 会干嘛?

生：忍不住问他去。

师：问之前,作者还有个词能反映当时的心理。

生：莫名其妙。(师板书：莫名其妙)

师：达到了"莫名其妙"的时候,作者就去干嘛?

生：忍不住去问。

师：就忍不住去问了吗?

生：就以为。

(师板书：以为)

师：以为他怎么办? 再去找,终于就怎么样了呢?

生：忍不住问。(师板书：忍不住问)

师：紧接着后面呢?(师板书：感动)

师：作者看到种树人没来,这个树"已长高了"。于是,我们发现了作者实际上是在看一个种树人种树。这个种树人种树的行为让作者感到奇怪,他的种种猜测又不能解答心中的疑问,于是他就忍不住问。听到了回答以后,他就特别地感动。最后,他看到这个树真的如种树人说的那样长高了。同学们,刚才老师简洁地将这篇文章的写作线索和大家一起进行了梳理。这里面有很多问题。为什么感到奇怪?为什么感到更奇怪?同学之间互相提这些问题,让对方答。

（生生互相提问题,教师巡视,约五分钟）

师:刚才我参加了两个小组的讨论,讨论得相当激烈,问题提得非常好,有些同学答得也非常好。下面,我们请一个同学回答,让作者感到"奇怪"的到底是什么。

生:种树人种桃花心木的方法,他是不定时、不定量地给桃花心木浇水的。

师:开始感到奇怪的是两个方面的内容,在旁边标注一下,首先感到奇怪的是来的天数不一定,是怎么说的?

生:有时隔三天,有时隔五天,有时十几天。

师:有时隔三天,有时隔五天,有时十几天。接着,第二个方面,浇水的量不一定,在旁边也标注一下。紧接着,又更奇怪了,作者感到越来越奇怪了,越来越奇怪什么?

生:桃花心木有时莫名其妙地枯萎了。

师:这是第三点,还有一点,越来越奇怪什么?

生:种树人有时会到作者家里喝茶,但是时间不一定。

师:到作者家里喝茶,时间也不一定。于是,我们发现有四个不一定。第一,浇水的天数不一定;第二,水量不一定;第三,到作者家喝茶的时间不一定;第四,桃花心木还有几株苗枯萎了,不一定是哪几株苗。这都不确定,我们用文章中的词,可以称作——"不确定"。（板书）

【点评8】"不确定"是本课理解的关键词。不仅要明显地呈现出来,以示强调,而且要以此为中心,展开学习过程。在这个词上要舍得花时间。

师:于是,"我"就开始猜,"我"以为这个人很懒,是不是很懒啊?

生:不是。

师:为什么不懒啊? 怎么说的?

生:但是,懒人怎么知道有几棵树会枯萎呢?（学生齐读）

师:有几棵会枯萎,懒人是不知道的。因此他不懒。但是"我"还有个疑问,是什么?

生:后来"我"以为他太忙,才会做什么事都不按规律。但是,忙人怎么可能做事那么从从容容?（学生齐读）

师:读得非常好,于是我所有的猜测都是错的。于是,"我"就忍不住要问。"我"问了什么?

生:到底应该什么时间来? 多久浇一次水? 桃花心木为什么无缘无故会枯萎? 如果你每天来浇水,桃花心木苗该不会枯萎吧?

师：但是,他不是问的,他是怎么说的? 他说:"到底应该什么时间来? 多久浇一次水? 桃花心木为什么无缘无故会枯萎? 如果你每天来浇水,桃花心木苗该不会枯萎吧?"这是问句吗?

生：不是。

师：这是什么句子?

生：陈述句。

师：这是陈述句。问句就应该读出问的语气,应该怎么问啊?(小组读)

师：读得还不错,问题出在哪,我先不评述。下面,请这个组,再读一遍。(另一小组读)

师：在前一小组的基础上上升了一个台阶。(再一小组读)

师：读得特别好。好在哪里,我想请这个小组的同学来评述一下。

生：把疑问的感觉读出来了。

师：读出疑问的语气,这种感觉最为重要。那么这个问题种树人他会怎么答呢? 请同桌之间互相读给对方听一下。(学生互相读)

师：全班一起读种树人的话,男同学读前面一段,女同学读后面一段,读的时候,要注意读出"语重心长"这个味儿。(男生齐读)

师：种树人语重心长地说……(女生接读)

师：女同学好像读得没男同学好,说明你们对"语重心长"这个词理解得不够。大家查一下,"语重心长"这个词到底是什么意思?

生：言辞诚恳,情意深长。

师：言辞诚恳,情意深长。那你要读出情义深长,又要言辞诚恳。要读出这个感觉,还是有一定难度的。同学们,我把这个布置为家庭作业,你们回去试着读一下。下面,请同学们在种树人回答的文字里面,总结出来种树人为什么要这么种树。在文中找关键词,然后总结出来。

生：浮在地表,无法深入地下,一吹就倒。

师：这就说明了这些树不能成活,不能长成百年大树,只能长一小点,然后就枯萎了,最后就会死亡。这是从反面来说。如果从正面来说,种树人这样种树的原因是什么呢?

生：要让树苗自己在不确定中找到水源、扎根,这样才能长成百年大树。

师：哪一段?

生：第 12 段倒数第 2 行。

师：我们来分析一下一共有几点,那个"不确定"是指什么的不确定——天数的不确定,水量的不确定,还有什么?

生：环境的!

师：环境的不确定,因为环境的不确定,所以种树人想让这个树成为具有什么品质或精神的树呢?

生：经得起生活的种种考验。(师板书:经历考验)

师：它能够经历考验,是因为它有什么能力?

生：是因为它锻炼出了一颗独立自主的心。(师板书:独立自主)

师：它有一颗独立自主的心,它经历了种种考验。

(教师小结板书:自找水源 拼命扎根 汲水生长 不再枯萎)

师：作者听到种树人的这番话后特别感动,他感动什么? 文中怎么说的?(学生齐读)

师：这句话蕴含着什么道理? 能不能用简洁的文字说一下?

生：把很少的养分转化为巨大的能量!

师：所以这个树就能够不断地往上长,长成参天大树。如果人能够在这种不确定中生活,他也会成为一个人才,人上之人。如果说树的不确定,是因为它的环境,包括水量、浇水的天数等方面,那么人的不确定指的是什么呢?

生：坎坷!

师：坎坷,还可以用哪些词来说?

生：挫折和磨难。

师：挫折和磨难。同学们,说完之后,我们是不是也在这个不确定旁写几个字啊!

生：打击、困难。

师：写!(学生在书中"不确定"旁做笔记)

生：失败。

生：考验。

师：我们已经知道了,人的不确定因素是指这些,还有痛苦,比如失去亲人的痛苦、自然灾害等等。所以,同学们,人在这个社会上生活,不容易啊! 一个人如果能够真正成为一个人,一个人上之人,难啊! 难就难在他必须具备独立自主之心,能够经受各种考验。同学们,在我们的生活中,你有没有这样的事呢? 说一说。

生：生病,下岗。

师：在这种突变的环境下,一个人,如果不能经受这些,用自己的独立自主之心来战胜病魔,来挽救自己的家庭和自己的工作,那么他可能会消沉,甚至可能会走向死亡。

生：比如刘翔脚受伤。

【点评9】以上片段关于情节内容一问一答,显得较琐碎,碎片化了。本文以叙事为经纬,以状物为核心,但终究以抒情或言志为旨归。"借物抒情"、"托物言志"是其最重要的表现手法。建议学习这种表现手法。

师：后面还有一个问题交给同学们。请同学们把我们今天在课堂上学习之后的收获,联系你们的生活,写一篇小作文,发到吴老师的信箱里。好不好? ……(以下略)

师：下课! 同学们再见!

生：老师再见!

(本课例由宜昌市金东方初级中学吴海宁执教,由浙江外国语学院汪潮教授点评)

【总评】

覃卫东老师评课：

宋娜老师内外兼修：睹其人，形象靓丽，气质高雅；观其课，气韵流畅，如诗如画。整堂课以读为主线，以文章的主旨句为切入点，教师轻松巧妙地拨动了学生的情感之弦。吴海宁老师深挖内功：观其形，精神抖擞；听其课，大气磅礴，挥洒自如。整堂课以导引为主，充分发挥学生的主体作用，气氛活跃，轻负高效，充分体现了"自主学习"的教改理念。这两节风格各异的同题语文课，让我感触颇深，收获良多。

既然为"同题异构"，那么，通过比较分析，我发现了两节课的如下差异：

一是学习习惯培养不同。课堂上，宋老师重在培养学生的朗读习惯。整节课上，学生读的方式多样，老师重点对学生朗读的习惯进行了培养和要求，每个学生在朗读时都能做到声音洪亮、吐词清楚、抑扬顿挫、感情充沛，学生回答问题也能做到口齿清晰，不急不缓。吴老师也非常注重对学生习惯的培养，但他重点培养的是学生大胆表现的习惯、提前预习的习惯、查工具书的习惯、学会思考的习惯。两相比较，吴老师更注重培养学生自主学习的习惯。

二是备课重点不同。宋老师在备课的过程中，重在备"怎么教"；吴老师在备课的过程中，重在备"怎么学"。整堂课，宋老师主要考虑怎样把知识传授给学生，让学生在老师的带领下读懂文本；吴老师主要考虑在教师的引领下怎样让学生自己去掌握知识，怎样让学生自己去把文章读懂。

三是教学目标定位不同。宋老师重在对学生情感的熏陶，吴老师重在引导学生进行理性的思考。宋老师的课堂自始至终将学生的情感抓在手中，情感、态度、价值观目标落实很好；吴老师重在引导学生自己分析问题，自己总结规律，着重于学生的思维训练和学习能力的培养。

四是对学生的关注范围不同。宋老师是在学生举手之后不久就请举手的学生发言，因此班上的学习能力较强、比较活跃的学生得到了充分展示，学生的发言也相当精彩，但没给学习能力较弱的学生更多的思考机会，也没给他们展示的舞台；吴老师是在大多数学生举手之后，尽量点没举手的学生发言，因此，照顾到了班上绝大多数同学，教学效果显然要好一些。

五是教学内容的取舍不同。宋老师的教学严格按预设的内容进行，每个环节都充分落实；吴老师的课也有预设，但如果学生已经掌握了，则大胆舍去，专门讲解学生不懂的问题。后者的做法更有利于提高课堂教学效率。

两节课都有一个值得商榷的问题：对文章主旨句中人的"不确定"的理解是否准确。两位老师都将人生中的"不确定"理解为"挫折、磨难、打击、失败"等，本人觉得这样理解与文章的主旨是有出入的。面对"挫折、磨难、打击、失败"，人们培养的只能是"意志"品质，而文章的主旨是要求人们"不要依赖，养成独立自主"的品质。很显然，这里的"不确定"应是指"环境的变化"、"人生中的变数"等。

虽有细小缺漏，但仍瑕不掩瑜，两节课都值得我们在教学中加以借鉴。可以说，宋老师的课是一节传统意义上的优质课，而吴老师的课是一节渗透了"自主学习"精神的改革课，这也正是我们目前所倡导、所呼唤的语文课型。

张春香老师评课：

总的说来，听宋老师的课是幸福的，听吴老师的课是快乐的。

听宋老师的课,老师美丽优雅的姿态、春风化雨般的语言、点石成金般的引领让人如沐春风,倍感温馨幸福。本节课最闪光的一点是以朗读带动全篇,以朗读贯穿始终。带着问题读,读出了感悟;带着思考读,读出了语感;带着理解读,读出了感情。整节课在朗读中让学生的情感得到了熏陶感染。其次是教学过程清晰流畅,过渡自然,语言凝练,牵引得法,指导有方,环环相扣,重点突出,学生学有所得。

听吴老师的课是快乐的。课堂上吴老师煽情的游戏、风趣的语言、激情的讲解、夸张的动作无不带给学生快乐。几次听吴老师的课,感觉吴老师的激情幽默已自成风格,形成特色,课堂动感高效,学生紧张并快乐着。其次,吴老师注重培养学生的学习习惯,注重夯实语文基础,注重学习方法的指导。例如:随文识字,让学生在对比中发现,寻找规律;自主阅读,让学生圈点勾画,准确表达;预设问题,提纲挈领,引导学生思考,让学生有效地和文本对话等等。吴老师的这些教学设计增强了课堂实效,提高了学生的语文能力,值得我们学习借鉴。

总之,两节课虽风格迥异,但都给听者留下了深刻印象,都让学生得到了最大实惠。比较而言,宋老师的课更注重情感的内化感染,吴老师的课则更突出理性思考。

值得探讨的是,这二者能否在初中和小学语文课堂的教学中互相渗透,让小学的课堂多一些理性思考,多一些学生自己的发现? 能否让中学的语文课堂多一些情感熏陶,多一点诗意? 其次,怎样让汉字教学在初中和小学教学中很好衔接,高效地习得汉字?

教研员吕国凤老师评课:

今天研讨"中小学语文衔接"。两位老师以同课异构的方式开展了教学研讨,她们站在各自的角度,对同一教学内容的教学目标的确立,对知识点、能力点的训练,采取的教学策略都不尽相同。这个课题很有意义。通过教学展示,对中小学各自教学都有了初步的了解。这对今后的教学有很好的借鉴和指导作用,甚至是警示作用。

首先,我们要本着研究的态度,找准中小学衔接不顺的症结,为课题研究提供科学、确凿的依据,为实验的有效性研究做好必要准备。

其次,我们要通过课题研究,不断完善中小学学段的衔接。要研究课标,研究教材,比较一下中小学教学目标、要求、内容等方面的不同,明确两个学段的差异和联系,使研究的针对性更强。

第三,我们要特别注意中小学学生学习习惯及学习方法的衔接。好习惯的养成特别重要,它将影响人的一生。小学阶段的养成,中学阶段内化成自觉的行为,持久的动力,都要我们教育者做更细致、更扎实的耕耘工作。

最后希望宜昌市金东方初级中学和宜昌市外国语小学两校,加强交流,多开展一些教研活动,专题研讨,增进彼此了解、理解,就困惑的问题,开展一些实实在在的研究,让这个课题真正体现它的价值和魅力。

三、资源链接

(一)小学阶段加强中小学语文教学衔接的策略

1. 帮助学生养成良好的学习习惯

要求学生制订学习计划,改变学习的无序状态,减少学习的随意性,使学生的学习逐渐由自发转为自觉。养成课前预习、课后复习的习惯。养成上课主动作笔记的习惯。记笔记要求学生记重点、记难点,根据自己情况记要点,而不是照搬板书。养成读课外书的习惯。课外阅读量决定着学生知识的广度和浓度,阅读量大的学生在进入高一级的学校学习时往往接受能力和适应能力都较强,教师应对学生的课外阅读给予指导和检查,使之形成习惯。

2. 重视学生自主意识与自学能力的培养

小学高年级阶段,教师应有意识、有步骤地教给学生行之有效的语文学习方法。如怎样抓好"预习—听课—复习—作业—单元小结"五个环节;怎样掌握好基础知识;怎样进行文段阅读;怎样做好知识整理与归纳;怎样运用科学记忆法提高学习效率等。教师要让学生充分动脑、动口、动手,鼓励学生质疑问难。教师要尽力使学生消除依赖心理,真正成为学习的主人。

3. 改进课堂教学的教学方式

语文不仅是一种技能,同时也是一种文化。在教学方法上,要重视学生主体意识的培养,注重学生的学习过程,将能力训练和学生语言实践感悟有机结合。六年级教师应在夯实字、词、句的基本功的前提下,引导学生重视语言实践,在生动活泼的阅读教学中体会语言,感受语言。在课堂教学中,教师要起到主导作用,引导学生抓住重点进行精细阅读,要有选择地把某些问题留给学生自己思考,不要因害怕学生掌握不好知识而把全部问题讲透讲尽,要相信学生有能力自己去找寻答案。六年级教师在教学过程中应充分利用小组讨论的形式,积极引导学生在各种场合发表自己的观点,注重学生情感态度价值观的教学,激发学生的学习兴趣。同时要注重人文性的培养。小学语文教师在关注教材内容、传授知识点的同时要突出对学生语文学习兴趣的培养,加强学生情感态度价值观的教学,引导学生热爱祖国优秀的文化,让学生从中领略到语文的魅力,热爱语文,让他们爱学、乐学,进而积极主动地学习语文,学习其他学科知识。

4. 重视学生对生活的感受和积累能力的培养

积累是语文学习的重要手段之一,重视文化积累也是语文学科的特点之一,在教学中应培养学生重视积累的习惯。应该让每一个学生拥有一本自己的积累本。五年级的学生主要积累字、词、句。一开始教师可以帮助学生寻找课文中出现的有积累价值的好词、好句,进行整理摘抄,逐步过渡到学生自主摘抄。进一步对文章中自己感兴趣的语段进行摘抄。进入中学后,可继续使用积累本并且扩大积累范围,做到对好的文章读一读,想一想,记一记。逐步培养随时写随笔的习惯。

5. 做好毕业前的过渡工作

五六年级的语文教学,尤其是六年级下册的语文教学内容不多,多数语文教师会进行反复的训练,把各知识点进行强化巩固。但六年级的语文教师除了进行必要的复习迎考工作外,还有必要了解七年级语文,了解初中语文教学的内容、教材特点、教学方式等,可以适当地按中学语文的教学要求试教学生,让他们在毕业前能够面对难度较大的语文天地,了解一些中学语文的学习方法,明白中小学语文的差别。六年级语文较之前几册,难度、广度等都有所变化,可能有部分学生会感觉吃力,对语文学习的兴趣有所下降。这时的语文教学任务也就有了更多内容,不仅要完成教学内容,迎接毕业考试,还要进行过渡性的教学,以便学生小学毕业进入初中后能够适应初中的语文教学。

(林智莹)

(二)中学阶段加强中小学语文教学衔接的策略

1. 领会课程标准的思想是做好衔接工作的保证

《义务教育语文课程标准(2011 年版)》指出了中小学语文教学一体化设计,整体考虑,互相衔接。目前各方面的衔接问题已提到议事日程,越来越受到人们的重视。就背诵篇目而言,新课标对小学、初中各阶段的背诵篇目都作了调整。这些无不说明,从小学到初中,乃至高中的连贯性和层次性已尤为突出了。对此,可以采用每天一诗,先诵再背再懂的方式,虽然有些诗词一开始理解起来可能有困难,但随着孩子年龄的增长会逐渐理解诗歌的内涵。或在起始年段不提,在初二、初三年级再继续训练也不迟。这既能体现训练的层次性与序列性,也符合人的认识与发展规律。

2. 理解教材之间的衔接是提高课堂教学的一项必不可少的工作

种种迹象表明,小学生升入初中后,往往觉得小学学过,初中还在学,甚至于以后还要学,教材内容存在重复性,因而会产生厌学畏惧心理,这说明小学与初中在教材的衔接上出现了不应有的"软"的问题。这就严重影响了语文教学质量和效率的提高。这往往也会造成一种怪异现象的出现:大学厌高中,高中厌初中,初中厌小学;小学厌初中,初中厌高中,高中厌大学的恶性循环现象。其实,问题就在于"衔接"上,一个人的语文素养正如飞驰的火车,小学、初中、高中、大学就像一节节车厢,如何使之能与火车头一块儿向前奔,这每一节车厢的交接处就显得尤为重要。否则,后果就难以设想了。新课程标准在这一点上很明显地给予了一定的考虑:小学低年级课文贴近儿童生活,充分考虑与儿童经验及想象的关系,课文类型以童话、寓言、诗歌、故事为主;中高年级课文题材、体裁、风格多样,并有一定数量的科普作品;初中课文中古代诗词和文言文,精读课文和略读课文都占有相当分量的比重;加强了文学教育的分量。在整套教材的选文中,加大了古今中外的文学作品的比例,使学生在对文学作品的阅读、欣赏、研读中培养健康的审美情趣,提高审美能力,丰富精神世界。这就使四个学段的教学侧重有所分清,再也不会出现那种高中的内容有可能在初中学,初中的内容有可能在小学学,小学的内容有可能在初中学,初中的内容有可能在高中学的不大正常的现象。

3. 研究学生是做好衔接的必要工作,也是实施有效教学、构建高效课堂的重要因素

学生素质参差不齐,这就给如何做好衔接工作带来了很大的不便。只有正视这一点,才能做好教学过程中的每一个环节。教师应考虑这些环节的衔接。教育没有小事,因为事事都有可能在今后给学生产生这样那样或好或坏的影响。

作为语文教师,应该了解学生各个阶段的语文学习水平,帮助他们做好思想、感情、知识等的衔接,中下生应侧重于基础的再现与反复,优生可着重从拓展、加深方面考虑。

四、推荐阅读资料

1. 朱碧波. 中小学语文教学衔接问题及对策[J]. 湖南教育,1998(13).

2. 高文霞,殷桂东. 中小学语文教学衔接对策研究[J]. 河北教育(综合版),2007(3).

3. 刘燕芬. 中学教师在中小学语文教学衔接中的教学策略研究[D]. 苏州:苏州大学,2010.

4. 殷桂东. 中小学语文教学衔接对策的研究[D]. 石家庄:河北师范大学,2006.

5. 范玲华. 中小学语文教学衔接思考[J]. 才智,2011(6).

6. 黄海森. 中小学语文教学衔接问题初探[J]. 福建基础教育研究,2012(9).

7. 郭瑞群. 中小学语文教学衔接的有效策略[J]. 现代中小学教育,2012(11).

8. 李颖. 人在"囧"途柳暗花明——中小学语文教学衔接现状及策略分析[J]. 语文教学通讯,2013(8).

9. 张喜君.中小学语文教学衔接研究的理论基础[J].文理导航·教育研究与实践,2015(8).

五、后续练习

下面是七年级语文老师的教学经验。请你仔细阅读,并写出自己对七年级上半学期的教学建议。

在七年级上半学期这个"过渡期"内,应适当降低学习难度,帮助学生打好基础,增强学习的自信。七年级新生面对新的环境、新的教材、新的老师,需要一段时间去适应。教师应该放慢教学脚步,适当降低要求,让学生跳一跳摘到桃子,在不断的成功体验中增强信心,从而产生持久的学习动力。

例如:在初中语文第一册第一单元的教学中,不要急于对课文开展较深层次的分析理解,而应侧重让学生养成良好的学习习惯,让学生了解初中语文教材的特点以及语文学习的一般规律、方法。又如:在初一上学期的每次测验或考试前,教师可与学生一起回顾、整理、归纳知识要点,列出详细的复习提纲;测验考试后再共同分析失误原因,总结教训;到初一下学期就可放手让学生自己进行上述工作。

第十八章 整本书阅读课

一、背景描述

早在 1941 年,叶圣陶先生在《论中学国文课程的改订》中就提到:"国文教材似乎该用整本的书,而不该用单篇短章……退一步说,也该把整本书作主体,把单篇短章作辅佐。"后《中学语文科课程标准草稿》作了明确表述:"中学语文教材除单篇的文字外,兼采书本的一章一节,高中阶段兼采现代语的整本的书。"但或许出于种种原因,"读整本书"的思想并没有得到足够的重视。《义务教育语文课程标准(2011 年版)》在阅读教学建议中明确指出:"要重视培养学生广泛的阅读兴趣,扩大阅读面,增加阅读量,提高阅读品位。提倡少做题,多读书,好读书,读好书,读整本的书。"时至今日,"读整本书"已不再只是作为一种理念在倡导,而是教师付诸教学实践、提升学生语文素养的一种有效教学手段。

特级教师来凤华在"2016 春季教育年会"上指出:"真正的语文教育必须扩大阅读面,增加阅读量,去引导学生'读整本的书',把世界当作课本,而不是把课本当作世界。"同时,她认为,让孩子读整本书,有助于让他们构成共同的话语体系,丰富其语言结构;阅读可以将孩子的学习经历和生活经验发展链接起来;从阅读到兴趣,让孩子经历丰满自我的历程;在文学性和科学性的跨越中,让孩子形成他独有的学习方式;阅读可以明显呈现出一个人精神成长的轨迹。这些有识之士的见解让我们看到了阅读整本书的意义。

然而当前,"碎片化阅读"、"快餐式阅读"盛行,多数学生为图轻松,弃经典名著于不顾,难以真正提升语文的综合素养。加上学生课业负担重,阅读时间少,使得读整本书的可能性又大大降低。同时,教师对整本书阅读的指导也少之又少。如名著阅读,多数教师只是将书目列给学生,然后规定其在寒暑假看完,但对具体如何阅读一部经典名著却不加以有效指导。最后,鉴于考试的压力,多数学生为应付考试,狠抓书中的典型人物、典型情节来记背。久而久之,不仅不能有效地提高学生的文学鉴赏与审美能力,而且也会极大地减弱其对经典作品的阅读兴趣。

二、课堂例析
《格列佛游记》阅读指导实录及点评

(一) 材料背景
《格列佛游记》是 18 世纪前期英国最优秀的讽刺作家和政论家乔纳森·斯威夫特的一部长篇讽刺小说,作品讲述的是英国船医格列佛流落到小人国、大人国、飞岛国和慧骃国等地的经历。

作品以清新的文字将读者带进了一个奇异荒诞的幻想世界,借此深刻地揭露了当时英国议会中毫无意义的党派斗争、统治集团的昏庸腐朽以及殖民战争的残酷等。在这辛辣的讽刺背后,隐藏着的斯威夫特一种苦涩而热切的忧世情怀。

(二) 教学过程

1. 作者简介

师:同学们好,今天我们要一起分享的是英国最优秀的讽刺作家和政论家乔纳森·斯威夫特的代表作——《格列佛游记》。

(多媒体展示)

> 《格列佛游记》是英国文学史上最优秀的讽刺小说,也是最早被介绍到中国的西方名著之一,在世界文学史上有着深远的影响力。

师:学好语文,阅读是关键,要会阅读、爱上阅读,这主要是看我们的同学能否沉浸在世界名著里面,然后读出自我和个性,读出其中的味道。在这之前,我和同学们都已经做了三个步骤的阅读。

(多媒体展示)

> 第一,有任务的自主阅读;
> 第二,凭兴趣的自发阅读;
> 第三,创造性的自觉阅读。

师:在这个阅读过程当中,我们同学可谓是层层深入。那么今天,我们就一起来分享同学们的阅读成果。今天这节课的关键词是呈现和分享。我将会请四个小组的同学,分别是"时代镜像组"、"人物群像组"、"比较阅读组"、"二次创作组"的同学上台来跟我们一起分享,一起进行思维碰撞,让我们在这样的一次阅读中,提升阅读水平,然后再选四位同学上来点评。首先,我们有请"时代镜像组"。

【点评 1】教师引导学生养成"好读书、读好书"的良好的阅读习惯,并且课前已经指导过学生如何由浅入深地从走近名著到走进名著,教师将三个步骤的阅读呈现出来,让学生更加清楚地知道了自己是如何从任务型阅读走向自发创造性阅读的深层转变。

2. 第一小组——"时代镜像组"展示阅读成果

生:阅读名著时,如果能结合名著的时代背景以及作者的写作手法,可以帮助我们来更好地了解作品的深层含义以及作者的创作意图。初次阅读,我们只认为这是一部简单的童话,然而在与老师交流之后,我们通过了解作者生活的时代背景了解到了作者高超的讽刺手法。接下来,请我们的组员来分享他们的阅读成果。

生：大家好，现在由我来为大家介绍一下故事中的小人国以及当时英国背景。对于小人国，作者采用的是比较直接的方式来讽刺，其中有一个非常鲜明的例子是小人国党派是根据穿高跟和穿低跟来进行划分的，分为高跟党和低跟党。这两个党派经常尔虞我诈，争权夺利，这也映射了当时英国的两个党派——托利党和辉格党。1714年，乔治一世继位后，内阁逐渐被议会多数党控制，辉格党和托利党也轮流执政，互相争斗不休，所以斯威夫特在《格列佛游记》一书中以小人国里的高跟党和低跟党来讽刺这两个争权夺势、尔虞我诈的政党。（组内其他学生分别按当时的时代背景来介绍自己阅读大人国、慧骃国等的感受。发言略。）

师：好，谢谢第一小组同学们的分享，我们从刚才第一小组的分享当中可以发现，阅读名著，必须要在特定背景下关注它的时代性，其次也要关注跨越时代的永恒性。比如说，《格列佛游记》这部小说写作的时代背景是工业革命刚刚起步时期，而我们现在处在一个信息大爆炸的时代，这两个时代相差甚远。但是，我们还是可以从中找到一些共性，就像《格列佛游记》中作者所讽刺、批评、褒扬的内容都是可以穿越历史来震撼人心的。所以，我觉得在这点上，是我们要非常关注的。其次，我认为，文字永远是活在当下的，常读常新。也只有在这样的一个前提下，文字背后的东西才能够常常地震撼我们的内心。谢谢第一组同学的分享，下面我们有请第二组的同学。

【点评2】引导学生在特定背景下去理解作品，这是探究作品深意的不二法门。同时，也要引导学生不仅要在作者想象的世界中身临其境地去理解作品，更要关注作品跨越时代的永恒性，要常读常新，找出它与当下的关联，赋予作品现实意义。

3. 第二小组——"人物群像组"展示阅读成果

生：我们是"人物群像组"，我们小组的工作是分析这部作品中的所有人物。我们都知道，人物在一部小说中是一个必不可少的要素。我们今天主要介绍的是小说中出现的四个人物。首先介绍一下这部小说的主人公——格列佛，我给他的第一个关键词是：冒险精神。这个冒险精神，主要体现在格列佛在游历的过程中屡战屡败，屡败屡战，一直没有放弃。当小人国国王说要格列佛帮他毁灭邻国的时候，格列佛毅然拒绝，既可以看出他是个刚毅真诚的人，也可以看出他是个和平爱好者。同时，格列佛又是勇于反思的，斯威夫特在描写格列佛游历到了慧骃国这一路的历程中，把其人性一步步展现了出来。格列佛对人性的阴暗面的批判在慧骃国可谓是达到了巅峰。总体来说，格列佛这个人物的形象是一个进步的资产阶级的代表，是一个积极向上的形象，他渴望财富，所以才这么多次出海不放弃；他也渴望出人头地，所以敢于与命运搏击。

生：我介绍的是疯狂科学家，正如其名，他的行为也可以用"疯狂荒诞"这四个字来形容，主要表现在他八年来一直"专攻"从花中提取阳光这一荒诞的科学实验。同时他还把阳光储存起来，遇到阴暗潮湿的天气，就把阳光释放出来，温暖空气。但是，我觉得这疯狂的行为中，的确包含着一丝浪漫，虽然这是一种无法实现的浪漫。科学家的行为还很可悲,主要是他的想法无一例外从没有真正实现过,而且根据我们所学过的知识,这几乎也是无法实现的。但是他也从未放弃过,一直在努力,让我觉得有点可悲可笑。

生:接下来将由我为大家来介绍慧骃。慧骃是慧骃国的统治者,是充满理性的生物。在慧骃国中没有欺骗,也没有骗局,慧骃有许多的美德。作品中,我们可以体会到它非同一般的爱,这体现在对子女的教导上,它们对自己的孩子没有溺爱,对待自己家中孩子和别人家的孩子是一样的。还有一点就是它们的友谊也非同一般。比如第四章中讲道:在对待格列佛的问题上慧骃国开了一个全国大会,大家提出了要让格列佛回到自己的地方,这才让格列佛离开。从这段描述中,我们可以看到慧骃的很多美德,这些美德不仅是作者希望在现实社会中存在的,而且也值得我们学习。

师:谢谢刚才第二小组同学们的一个分享,他们刚才的分享让我想到,读小说离不开情节,但是,有时候,当情节最终被淡忘了的时候,故事中的人物也许就活在了你的心中。比如说,我现在提到《西游记》,你们首先会想到什么?会想到人还是情节?更多的是会想到孙悟空、猪八戒等等,很少有人会首先想到"孙悟空三打白骨精"。所以,当人物留在你心里的时候,这个名著就"活"了。还有一点,很多时候,故事中的人物可以不依赖情节活在我们心里,所有的这一切都告诉我们名著的魅力在于:它们将很多人物写活了,将它们留在了你的心底。好,下面我们有请我们的"比较阅读组"上来分享。

【点评3】人物是小说的核心要素,情节和环境是为塑造人物服务的。引导学生去熟知每个事件与人物的细节,不仅有助于多角度、多侧面地分析人物形象,更有利于让学生对故事人物的经历感同身受。因为如果对人物不熟悉,就无法对事件感同身受,也就无法真正把握故事的精髓。

4. 第三小组——"比较阅读组"展示阅读成果

生:大家好,我们是"比较阅读组",在阅读《格列佛游记》中,我们发现它和《鲁滨逊漂流记》有许多相似之处。下面,我们组将从情节经历、人物形象、作者背景这三个方面进行比较。首先,我们从情节经历来比较。

《鲁滨逊漂流记》主要讲了鲁滨逊孤身一人漂流到了一座荒岛上的故事,在那里,鲁滨逊用个人的智慧和勤劳与大自然作斗争,他在荒岛上造屋、造船、种树、喂羊。后来,鲁滨逊又救下一个野人俘虏,取名为"星期五"。最后,他通过一艘乡船,回到了他的祖国——英国。关于《格列佛游记》,首先,这个故事是虚构的,而《鲁滨逊漂流记》是根据一个真实的事情改编而来的。另外,《鲁滨逊漂流记》处处体现出一个"险"字,让人读起来就有一种惊心动魄的感觉。《格列佛游记》在这方面给人的感觉就没有那么强烈。

生:就像刚刚老师所说的,情节终将被人淡忘,但故事中的人物却会深深印刻在我们心中。接下来,我们将对人物进行比较阅读。

生:小说主人公格列佛肯接受外界新事物及新社会的秩序。不管是在小人国以一个庞然大物出现、在大人国作为一个小小的玩偶出现还是在慧骃国作为"野胡"出现,他都很快地适应了自己的角色。同时,在慧骃国的时候,格列佛努力摆脱自己"野胡"的本性,努力向慧骃学习。格列佛还非常具有质疑精神,一直在追求真理。一开始他非常热爱自己的祖国,在大人国的时候还向国王"炫耀"自己的国家。但当他来到慧骃国,看到这个没有欺骗、没有假话的国家时,他也开始对自己的国家进行反思。我们再来看鲁滨逊,鲁滨逊生活在荒岛上,一直怀念着自己的祖国,祖国是他生活下去的动力。同时鲁滨逊勇敢无畏、意志坚定,他一个人在孤岛上生活二十多年,这种孤独甚至超越了格列佛。鲁滨逊还是个具有创造精神和开拓精神的人,这与他当时的时代精神是一致的。当时,资本主义正在不断地扩张。鲁滨逊一个人在孤岛上,一开始一无所有,但是后来,他自己造房子、打猎、种谷子,就这样与自然进行斗争,改变了自己的处境。

生:下面,再由我们组的同学为大家分享作者及其所处的背景。

生:关于作品背景,前面"时代镜像组"同学已经提到了《格列佛游记》的时代背景是在两党分争的阶段,那么,在我开始介绍之前,我想请问一下大家,为什么《鲁滨逊漂流记》和《格列佛游记》两本游记,同为游记,他们的主旨和手法却有那么大的不一样呢?

生:接下来,我会从作者、写作背景以及创作艺术三个方面来分析。首先,我们来看《格列佛游记》,他的作者乔纳森·斯威夫特1667年出生于爱尔兰都柏林,英国作家、政论家、讽刺文学大师,以著名的《格列佛游记》等作品闻名于世。《格列佛游记》是18世纪讽刺艺术的一座高峰。而《鲁滨逊漂流记》的作者丹尼尔·笛福1660年出生在英国伦敦,是英国著名的小说家,也是英国启蒙时期现实主义小说的奠基人,他写作《鲁滨逊漂流记》的时间要比《格列佛游记》晚七到八年的时间。这段时间虽然很短,但是,在这段时间,英国的社会风气以及社会现状发生了巨大的变化。

生:(总结)刚才我已经把前三位同学介绍的内容做了一个大致内容的概括,我们可以看到《鲁滨逊漂流记》像是一本积极向上,告诉我们只要坚持不懈、努力拼搏就一定会取得成功的精神读物。而《格列佛游记》更像是一部连环画,把我们带入了一个奇妙的世界,这个奇妙的世界让我们看到了当时英国的现实社会及作者的理想与希望。

【点评4】比较阅读,是一种比较实用的阅读策略。教师引导学生从"情节、人物、创作背景"等角度去比较两本名著的差异,然后追溯原因,最后通过研究情节、人物、创作背景、创作手法等达到深度理解作品的目的。

师:刚才我一直沉浸在我们第三小组的一个分享阅读中,但是同时,我也在深深地思考:为什么他们选择的是《鲁滨逊漂流记》这样一部小说作为比较阅读的对象,而不是其他小说。当一本书的阅读边界和另一本书的阅读边界在我们头脑中发生强烈的冲撞时,这个时候,我们的脑海中就会有一个巨大的引力不自觉地让我们把这两部作品连接在一起。比如《百年孤独》,我们很多时候不约而同地会想到中国的经典名著《红楼梦》,那么,怎么样才能找到两本书比较阅读的着力点呢？我们一起来看大屏幕。

（多媒体展示）

> 找到比较阅读的着力点的方法：
> 第一，有一定的阅读量；
> 第二，有目的的研究性专项阅读；
> 第三，有融会贯通的能力。

这样我们才能找到有价值的、我们自己所熟悉的支撑点。下面，有请最后一个小组，"二次创作组"来分享。

【点评5】教师不仅借助实例让学生学会比较阅读法，并提炼出如何找寻比较阅读的方法，真正让学生学以致用，引导他们今后在阅读其他作品时有效地进行比较阅读。

5. 第四小组——"二次创作组"展示阅读成果

生：在读了这部作品之后，我们产生了一些思考，并且更多的是一种发散性的思考，所以，我们在一起创作了一个课本剧——《格列佛游记之穿越到现代》，剧中一共有五个人物，分别是主人公格列佛、富二代、与富二代相遇的贫穷的女孩及两位想法奇怪的科学家。

（学生主要根据现在的空气质量、贫富差距、人性的弱点等设计了四幕情景剧，剧情略）

生：王鼎钧在《古文观止演义》中评价李白的一首诗时说，这一篇是离心力与向心力保持平衡的一个非常好的例子。而阅读就是需要你有一股离心力，有一股向心力。以我们的表演为例，从离心力的角度来看，大胆的发散思维，把格列佛穿越到了现代，让他在现代遭遇种种社会问题，这就是发散的思维。但是，最核心的问题仍然没有改变，就是讽刺人性的丑恶，这就是我们组对离心力与向心力的解释。我认为，名著之所以是名著，是因为它能够给读者无限的想象，能够洞穿时空，在每一个维度散发着它的光芒。

【点评6】读书就是要联系生活，关注当下。将小说与现实生活相联结，学生根据自己曾经的经历和见闻，从这个故事中的主人公联想到生活中见到的相似的人，从这个故事联想到社会上的一些问题，由问题引发更深层次的思考，这就是名著跨越时代的永恒性。

师：刚才我们那位同学，总结得非常棒。阅读本身就是一次再创作的过程，同时阅读是吸收、消化。创作是输出，甚至是一种冲动。当我们吸收、消化完了后，我们的输出就是一次再创作，但是无论如何，我们的创作要基于原作。比如之前非常火的动画片《大圣归来》，风靡中国，看完以后我发现，它还是忠于原著、源于原著的。所以，无论我们如何进行第二次创作，蕴含在其中的永恒的主题应该是不变的。最后，请四位专家（学生），也就是点评人员对四个小组的分享进行点评。

【点评7】 学生进行深度阅读之后，可以进行二次创作，但创作的前提是基于原作。这一点忠告不仅是对自己再创作的一个温馨提醒，更是学会尊重原作者的一种鞭策。

---

6. 四位专家的点评

生1：首先我对"时代镜像组"的分享做一个点评，这个组是时代镜像，那么就分为时代和镜像两个部分，首先，他们从时代的角度出发，将书中的情节与18世纪末的英国的背景相联系，把书中的情节与当时的时代结合在了一起，这一点我觉得非常好。

生2：老师说，情节终将被淡忘，但故事中的人物却活在心中。我觉得"人物群像组"他们真的帮助我们做到了这一点，他们对四个人物的性格特征的概括简明扼要，表达生动有力，我的脑海里好像真的浮现出了热爱和平、真诚的格列佛，荒诞的科学家和善良、正直的大人国国王的形象。

生3：我首先来回顾一下"比较阅读组"，他们的一个大致的结构是：首先对两本书的情节进行了比较，然后再比较了不同人物的不同点以及其所在的时代背景，最后做了一个总结。我针对这些提一点建议，情节的对比还可以更充分一点。然后人物方面，他们比较得非常好，不仅比较了人物的不同点，同时也进行了很充分的分析。至于写作的时代背景，他们先后从年代、政权、党派等方面进行了比较，有一个建议是：分析的时候，可以先对这两个党派进行一个介绍，这样对听众来说会更直观一些。

生4：首先，二次创作组非常有创意，让格列佛穿越到了21世纪，符合原著它大胆的想象这一特点。不过有一个问题，二次创作组在最后提出一个问题：难道慧骃国这样的国家在现代社会真的存在吗？慧骃国应该是理性和智慧的化身，但是，在这个表演中，富二代还有两个比较奇怪的科学家，他们暴露出来的问题并不是理性的对立面——感性，以及智慧的对立面——愚蠢的特点，所以说，把这两个作为对比没有充足的依据。

【点评8】 这个环节的设置太重要了，如果没有四位同学的最后总结性的点评，这堂课在"生生对话"上效果就没有那么好了。从肯定到提出不足之处，无不反映出了学生的批判性思维。尤其是对于先前不知如何消化吸收各个小组的分享成果的同学，这一环节无疑起到了"健胃消食"的功用。

---

7. 总结

师：四位同学的点评都有自己独到、深度的见解，还有非常尖锐的批评，我很高兴看到这些。而且在这一节课当中，我们同学所表现的阅读水平也是我所期待的。最后，我想再给我们同学两个建议。

（多媒体展示）

> （1）名著阅读是自由开放的过程，勇敢地去发现、挖掘，这才是名著对于我们的价值。（2）名著经过时间、岁月的沉淀，依然存有价值、意义，这才是名著魅力永存的原因。

师：我也希望我们同学们，能够拿出自己手中的笔去写、去记、去描述，或许若干年后，你的文字也能经得起时间和岁月的洗涤。就像阅读名著给我们的感受：有一天，你在某一个地方或特定的场景里，你会产生怦然一动的感觉，好像这就是我曾经来过的小人国、大人国、慧骃国。那我想，这就是我们阅读名著的价值所在。

【点评9】引导学生关注名著的价值，让学生明白读通经典的文学作品，我们能做的便是去感受和体验、去写、去记、去描述……

【总评】

1. 激发阅读兴趣是学生保有阅读热情、进行积极主动阅读的原动力

阅读兴趣是阅读活动中最积极、活跃的心理因素。利用这种积极心理的渗透，打开学生的阅读期待，会使阅读事半功倍。饶老师通过小组合作，给每一小组分配任务，循序渐进地引导学生从走近名著到走进名著，充分发挥了每个学生的主观能动性，这些有主题、有任务的活动有助于培养学生的阅读兴趣。

2. 合理利用阅读策略，帮助学生更好地消化理解整本书

针对不同的阅读材料，采用适当的阅读方法有助于帮助学生加深对作品的理解。饶老师引导学生结合时代背景理解故事，可以帮助学生读懂整本书的大意，了解这是一本什么样的书，整本书在谈论什么，作者借这样的故事想表达什么样的思想；引导学生结合事件，多角度、多侧面地探究人物形象，可以帮助学生更深层面地理解作品；引导学生比较阅读，发现异处，探究原因，可以将学生的思维引向深度。分析、比较阅读策略的使用，有助于增强学生对整本书的理解力，提高学生的文学品味。

3. 在多元经验交流中重新建构书籍的意义，获得对书籍的理解与欣赏

一本书读完，教师提供一个分享读书心得的交流平台，让学生聊天式地表达自己的思想和感情。通过学生与书籍、学生与学生、学生与教师之间的多元对话，帮助学生拓展知识与思维的深度和广度。教师作为分享、讨论的组织者与推动者，其主要作用便是促进学生之间的相互激发、相互学习。饶老师让学生以小组的形式分别呈现阅读成果，并让四位同学最后做总评，这就是很好的交流。而交流是整本书阅读必不可少的环节。让学生充分发表自己的见解，分享同伴的阅读感受，不仅可以增添其阅读的兴趣，同时也可以让学生深化对作品的认识，促进自身的发展。

4. 不同读物讲求不同的阅读方法

艾德勒在《如何阅读一本书》中提到，想象文学会尽量使用文字潜藏的多重含义，好让这些文字特有的多元性增加文章的丰富性与渲染力。同时书中还提到，小说中的要素有插曲、事件、角色及他们的思想、言语、感受及行动等。这些都是作者创造出来的小说世界中的要素，作者借助它们来说故事。读者要能熟知小说中每个事件与人物的细节，如果读者对角色并不熟悉，也就无法对事件感同身受，不能掌握到故事的精髓。了解故事中一切事件的进行，身临其境，运用同情心与洞察力参与事件的发生，读者便会找出其间的关联性，给小说中的要素赋予真正的活力。通过有任务的自主阅读、凭兴趣的自发阅读、创造性的自觉阅读，饶老师已经帮助学生完成了阅读的质的飞越。在交流分享中，时代镜像组的同学们重点探究了小说的讽喻意义，深入了解了作品主旨。同时，饶老师又引导学生进行比较阅读，将阅读的思维层次提升，最后通过学生的二次创

作完成了对作品的"自我"建构，让学生将作品与现实、与自己熟悉的生活产生更加积极地联结，真正读出自己，读出作品的现实意义。每一个小组展示后饶老师都对作品由浅入深地进行了指导，这为学生以后的阅读打下了基础。

（本课例由杭州建兰中学饶美红设计并执教，由杭州长河中学袁璐整理和评析）

三、资源链接

（一）"整本书阅读课程"的设计

从书目的筛选到课程的设计，从整体的规划到效果的评估，整个课程的实施过程让我们看到了整本书阅读课付诸实践的可能。

1. 前期准备的三阶段

（1）确定阅读书目。以中考推荐书目、教师推荐、问卷调查——孩子最喜欢的书、家长认可的书四个方面为依据，选择一些具有经典性、趣味性和开放性的书籍。

（2）规划课时来阅读。初一、初二两个学年，四个学期，四个模块，学生正好完成一个阅读闭合。每周五节课，三节基础语文，两节阅读，即 3＋2 模式。阅读也有时间的限制。如 800 页以上，六周时间，即 12 课时；300—799 页，五周时间，即 10 课时；300 页以下，两周时间，即 4 课时。合理规划，有序进行。

（3）阅读方法的践行。在推动孩子深度阅读时，围绕读、思、议、写、拓五个方面。在"读"的过程中思考、品味、揣摩，把自己阅读过程中生发的问题梳理出来；"议"是消除疑难，分享思想成果；"写"是将思考成果固化下来；"拓"是用广阔的视野观照作者。

2. 课程推进工作

设置不同的课型贯彻实施整本书阅读计划。自主课完成"读"和"思"，讨论课和引导课完成"议"，写作课完成"写"，拓展和延伸课完成"拓"。

3. "五课"的具体实施过程

（1）思读课。鼓励学生用不同的方式做读书笔记，梳理自己在阅读过程中的问题。

（2）讨论课。对学生提出的问题进行分类整理，课堂讨论。

（3）引导课。在学生与书籍、学生与学生交流之后，适时加入教师的指导，提升阅读的品质。如教师对书籍的理解，对人物、情节等细节的品味等都可以与学生分享，引起思想争鸣。

（4）写作课。在学生与书籍、学生与学生、学生与教师等几个维度的思想碰撞后，学生心中定然会有很多想法，借助写作课，让其用自己的语言写下来，完善自我认知，形成感悟笔记。

（5）拓展延伸课。教师为学生链接资源，如作者的生平、有关的书评、访谈录或其他专业性的文章等，让有兴趣和探究能力的学生选择使用，大大拓展和深化其对作品的认识，培养其阅读和探究能力。拓展之后，为学生搭建一个展示平台，如学校的公共网络平台，让学生将自己的书评或感悟"晒"出来。

（二）韩兴娥的整本书阅读经验

山东潍坊市高新区北海学校语文教师、齐鲁名师韩兴娥也进行了自己的课堂改革，将语文课变成读书课。她让学生把教材作为读物来读，没有一篇一篇地教，而是一节课学习 2—4 课，这样，基本上用三个星期的时间就可以将一册课本学完。四年级把小学阶段教材都读完。课内读《论语》《上下五千年》等，以自主阅读为主，不求甚解，不做具体要求。几年下来，学生的阅读量是普通班学生的 10 倍以上，学生也同样取得了好成绩。她的这一举措，引发了"语文课能否从教材突围"这一大讨论，同时，她被评为 2010 年全国推动读书十大人物。她的《让孩子踏上阅读快车道》，总结了十五年"课内海量阅读"的教学实例，也一度成为一线教师的实操手册。

（三）整本书阅读课的有关问题

1. "闲书"与"经典"的问题

经典的书籍学生不一定爱读，学生爱读的书籍不一定经典。如何处理"闲书"与"经典"书籍的关系，是摆在师生面前的一大难题。考纲的名篇、名著对学生的强制性，一定程度上禁锢了学生阅读的自由。而我们也知道，"闲书"对激发一个孩子的阅读兴趣起着巨大的作用。所以，阅读上"尊重天性"，给予学生一些选择阅读材料的权利，会有助于激发和培养学生的阅读兴趣。如借鉴北京十一校的成功经验，在选书上，将中考推荐书目、教师推荐、问卷调查中学生喜欢及家长认可的书等四个方面综合考量进去，选择一些集经典、趣味、开放于一体的书籍，有效解决"读什么"的问题。

2. 教学实践的可行性问题

整本书阅读课纳入语文课程体系，必定要有效变革传统语文课堂。首先，做好教材的有效整合。处理好单元之间的教学衔接，单元内的精读、略读篇章等。结合学生实际，利用备课组的力量完成教材的整合问题。其次，时间安排问题。利用现有课时，参考北京十一校的改革模式，即三节基础语文课加两节阅读课。基础语文课可以采用精读与略读并重的形式，辅之以听记课等课型来完善、落实课内文章的阅读教学及字词、文学常识、古诗文等语文基础知识的记背。而阅读课则可参照北京十一校所规定的课时。阅读量的大小与课时的多少成正比。思读、讨论、引导、写作、拓展延伸等多种课型有序进行，有效提高课堂效率，很好地解决"怎么读"的问题。

3. 如何让阅读更高效的问题

科学的阅读方法和策略是保证高效阅读的有利法宝。王乐芬老师在《玩转阅读有策略》一课中为我们提供了六条可行的策略：第一、二条是"发现线索"和"推论"策略。即利用文中隐藏的线索对情节、主旨、角色等进行探究，做出合理判断。第三，"预测求证"策略。根据书名、封面插图、章节目录、书的前几页或者自己相关的先备知识等对故事进行预测，在阅读过程中不断找到相关证据，证实或者修正自己的预测，同时不断形成新的预测。第四，"视觉化"策略。根据文本讲述的角色、情节、人物、场景、动作等讯息描摹出形象可感的画面，加深对文本的理解。第五，"启动先备"策略。任何阅读都不是零起点的。在阅读前，利用预习、补充背景知识等方式来启动学生的先备知识，能有效地增进学生对文本的阅读投入和理解程度。第六，"连结"策略。把文本中的新讯息与自己已知的事物连结在一起。另外，郭初阳老师在指导学生《如何精读一本书》中也为我们提供了一种精读的思路。他要求孩子们在精读一本书时，做到七件事：第一，买来读，使书成为自己的。养成买书的习惯。第二，要有一颗受教的心。对书不卑躬屈膝，也不被动顺从。第三，一口气读完。在这一点上，要做到两个方面，一是速度，二是投入，废寝忘食地读。第四，批注。学会一些批注的方法。第五，提问。学会在阅读过程中产生疑问。第六，写。不写读后感，而是写书评。第七，贴。在"豆瓣"上找到你所看的书籍名称，贴上自己的评论，并且查看其他读者的评论，丰富自己的阅读感悟。阅读的方法很多，并不尽然受用于每一个人、每一本书，但阅读需要方法、策略，这是毋庸置疑的。

四、推荐阅读资料

（一）推荐初中生阅读的书目

1. 鲁迅. 朝花夕拾[M]. 北京：人民文学出版社，2012.

2. 吴承恩. 西游记[M]. 北京：人民文学出版社，2010.

3. 老舍. 骆驼祥子[M]. 北京：人民文学出版社，2016.

4. 傅雷，朱梅馥，傅聪. 傅雷家书[M]. 北京：译林出版社，2016.

5. 施耐庵. 水浒传[M]. 北京：人民文学出版社，2004.

6. 罗银胜. 杨绛传[M]. 北京：北京联合出版公司，2015.

7. 林语堂著，张振玉译. 苏东坡传[M]. 长沙：湖南人民出版社，2013.

8. 北岛. 给孩子的诗[M]. 北京：中信出版社，2014.

9. 路遥. 平凡的世界[M]. 北京：北京十月文艺出版社，2013.

10. 沈从文. 沈从文集[M]. 北京：北京十月文艺出版社，2008.

11. ［英］乔纳森·斯威夫特著，李渊译. 格列佛游记[M]. 南昌：百花洲文艺出版社，2013.

12. ［英］夏洛蒂·勃朗特著，黄源深译. 简·爱[M]. 北京：译林出版社，2016.

13. ［美］J. D. 塞林格著，孙仲旭译. 麦田里的守望者[M]. 北京：译林出版社，2014.

14. ［马拉维］威廉·坎宽巴，［美］布赖恩·米勒著，陈杰译. 驭风少年[M]. 海口：南海出版社，2012.

15. ［美］欧内斯特·海明威著，李文俊译. 老人与海[M]. 杭州：文艺出版社，2012.

16. ［古罗马］玛克斯·奥勒留著，梁实秋译. 沉思录[M]. 北京：译林出版社，2012.

17. ［捷克］米兰·昆德拉，［土］奥尔罕·帕慕克著，喻之晓译. 月亮的光是借来的[M]. 北京：新星出版社，2015.

18. ［印］泰戈尔著，郑振铎译. 生如夏花[M]. 南京：江苏凤凰文艺出版社，2011.

19. ［苏］尼·奥斯特洛夫斯基著，梅益译. 钢铁是怎样炼成的[M]. 北京：人民文学出版社，2008.

20. ［美］亨利·梭罗著，王燕珍译. 瓦尔登湖（自然文学三部曲）[M]. 北京：北京理工大学出版社，2015.

21. ［美］加布瑞埃拉著，孙仲旭译. 岛上书店[M]. 南京：江苏凤凰文艺出版社，2016.

22. ［印］泰戈尔著，冰心等译. 泰戈尔诗选[M]. 北京：人民文学出版社，2002.

23. ［美］利奥波德著，舒新译. 沙乡年鉴[M]. 北京：北京理工大学出版社，2015.

24. ［法］儒勒·凡尔纳著，赵克非译. 海底两万里[M]. 北京：人民文学出版社，2004.

25. ［美］卡勒德·胡赛尼著，李继宏译. 追风筝的人[M]. 上海：上海人民出版社，2006.

26. ［美］托马斯·福斯特著，王爱燕译. 如何阅读一本文学书[M]. 海口：南海出版社，2016.

27. ［美］埃德加·斯诺著，董乐山译. 红星照耀中国[M]. 北京：作家出版社，2008.

28. ［法］法布尔著，陈筱卿译. 昆虫记[M]. 北京：人民文学出版社，2013.

29. ［澳］约翰·赫斯特著，席玉苹译. 你一定爱读的极简欧洲史[M]. 桂林：广西师范大学出版社，2011.

（以上书目是根据人教版教材（新）指定的阅读书目、杭州市推行"品味书香、诵读经典"活动指定的书目以及学生的阅读兴趣而选择的部分书籍所做的推荐）

（二）推荐文献

1. 李怀源. 由叶圣陶"读整本书"思想谈小学整本书阅读[J]. 课程·教材·教法,2009(4).

2. 刘思思. 读整本的书、长篇小说节选与中学语文阅读教学研究——以沪教版中学语文教材为例[D]. 上海:上海师范大学,2013.

3. 高子阳. 整本书阅读教学实验及其推进——谈谈我的主张与求索[J]. 教育研究与评论(小学教育教学),2015(3).

4. 朱建华. 探寻深度阅读的路径——例谈整本书阅读推进"四步走"[J]. 小学语文教学,2015(21).

5. 杨志敏. 共读整本的书,提升语文素养[J]. 课程教学研究,2015(8).

6. 徐艳. 让学生在读整本书中厚植阅读素养[J]. 语文教学通讯,2016(3).

7. 吕珈臻,蔡宏敏. 整本书阅读的四个导学点[J]. 语文教学通讯,2016(9).

8. 刘宁霞. 整本书阅读的交流策略[J]. 小学语文教学,2016(7).

9. 张媛. 和学生共读"整本书":流程设计与策略使用[J]. 语文教学通讯,2016(17).

五、后续练习

《〈简·爱〉不简单》教学设计

请你根据本章内容的学习,对以下设计进行评析。

（一）教学目的

1. 通过阅读教学,让学生学会选择适合的"译本"来阅读,并选取简易的英文原著片段,激发学生阅读原著的兴趣。

2. 多元解读,关注学生的阅读初体验,让学生从自己解读的视角呈现对作品的认识,表达自己的个性化理解。

3. 结合自己的生活体验,走进人物,让学生领会作品中简·爱追求独立、平等、自由、爱情的精神品质。

（二）教学准备

教学课件;学生每人一本《简·爱》;六周的时间阅读全书,并指导学生从人物心理、神态、语言等方面批注人物性格;摘抄经典语录;在打动自己的细节之处做笔记。

（三）教学过程

1. 聊读

大家各自选择的译本,作者的简介、目录、序言等,从中获取的信息。出示黄源深(《简·爱》翻译者)对作品的评价:"像《简·爱》这样的名著,要充分传达它的内涵和风格是不可能一蹴而就的,需要通过人们一次一次的努力。《简·爱》确确实实是一部魅力无限的小说。"激发学生的阅读兴趣。

2. 自由聊读——读完此书的感受以及最打动你的细节

让学生简单回顾自己的阅读初体验,概述角色与事件的细节,走进故事。

3. 演读——揣摩人物

(1)小说通过语言很好地塑造了人物,老师节选片段,让学生来演读,通过揣摩人物的心理、语气,来贴近人物形象。师指定片段让生演读与生自选片段演读相结合。

（2）将演读推向高潮

观看影片，通过影像完成学生的角色自觉，出示文中与影片内容相对应的地方，并留下心理描写的空白，让学生通过观察角色的神态、动作等精湛的演技来揣摩人物的心理。如：

地点：盖茨黑德府

人物：简·爱、里德太太

"……而你强加于我的这种惩罚，完全是因为你那可恶的孩子打了我，无缘无故把我打倒在地。我要把事情的经过原原本本地告诉每个问我的人，人们满以为你是个好女人，其实你很坏，心肠很狠。你自己才骗人呢！"

_____（看电影片段，补充心理描写文字）

4. 深切领会简·爱骨子里的"平等、自由"观念

出示选文：

"我告诉你我非走不可！"我回驳着，感情有些冲动……

与英文版原著对比阅读"I tell you I must go!"……

活动要求：让不同学生来读一读中、英文版本的内容，并且进行朗读指导，读出作品中人物的语气。让学生畅谈中英文著作带给他们的不同感受。

5. 论说"简式爱情"

你认为简·爱式的爱情会幸福吗？谈谈你的感受。将学生的阅读认知与自己的生活认知相连接，架构一座文本与生活的桥梁。

6. 总结

愿大家一生与好书相伴，让阅读成为生活中的常态。请大家记住：

《简·爱》不简单，这是一首追求自主、平等的灵魂之歌；

《简·爱》不简单，这是一个坚守自己心灵之光的美丽精灵。

附：板书设计

悦读——遇见更好的自己

聊读：初读体会

演读：话说人物

朗读：走进心灵

第十九章　非连续性文本阅读课

一、背景描述

所谓"非连续性文本"是相对于叙事性强的"连续性文本"而言的阅读材料,更多地指向"文本中心意思"的非连续性或"文本呈现形式"的非连续性,即从一个话题过渡到另一个话题,或者是将一种文本呈现形式改变为另一种文本呈现形式。它基本是由数据表格、图表和曲线图、图解文字、凭证单、使用说明书、广告、地图、清单、时刻表、目录、索引等组成。学会从非连续文本中获取我们所需要的信息,得出有意义的结论,是现代公民应具有的重要阅读能力之一。

一般来讲,非连续性文本主要有以下特点:

(1)文本的实用性。非连续性文本一般是为了某种实用目的而设计的。

(2)应用的广泛性。在生活中广泛应用,涉及各个领域。

(3)内容的跳跃性。非连续性文本的"非连续性"突出了文本内容或者文本呈现形式的跳跃性。

(4)要求的专业性。非连续性文本有很强的专业要求。一些科学性、专业性很强的内容,如果用文字表述,需要很大的篇幅才能解释清楚,而用简单明了的语言、图表或画面,更容易让人理解。

(5)传播的时效性。自媒体的时代推特、微博、QQ说说、群聊等微文本形式的非连续性文本具有鲜明的时效性。

(6)个性的鲜明性。相对于连续性文本,非连续性文本具有鲜明的个性。药品说明书语言简洁精准,菜谱图文并茂,表单条分缕析,时刻表简明扼要。

(7)视听的冲击性。有些非连续性文本不但以文、图、表的形式呈现,还讲求传播时的视听冲击性。

(8)信息的碎片性,非连续性文本表意的不连续性和文本呈现形式的不连续性,会让文本在传播过程中产生许多不同结构的信息碎片。

非连续性文本阅读早就广泛地存在于人们的日常生活中,但其概念的正式引入是源于PISA测试。PISA是"国际学生评估项目"的缩写。该测试是"联合国经济合作与发展组织"(OECD)实施的一项国际性学生学业成就的比较调查项目。这个项目主要针对15岁左右的青少年,用纸笔测试的方式测试该年龄段学生对现实生活的阅读素养。2009年,上海学生首次参加PISA国际阅读测试,成绩排名全球第一。测试结果表明,上海市学生阅读连续性文本的能力远远高于其他参加测试的国家和地区,而非连续性文本的阅读能力却明显处于落后地位。分析后发现,上海学生在文本阅读中反映出学生比较善于阅读小说、散文等连续性文本,但在阅读图表、表格、清单等整合的非连续文本上表现相对薄弱。上海学生测试成绩中的非连续文本分量表和连续文本分量表成绩差异高达25分,是参与国家和地区中差异最大的。这反映了我国语文阅读教学比较偏重于文学性较强的小说、散文,而对于相对比较理性、运用性强的非连续性文本,则不但缺乏训练,甚至陌生。社会实践则更是少之又少。这显然与现今高度重视信息整合和运用的社会发展不相适应。

在当前的语文教学中,"连续性文本"教学一统天下,"非连续性文本"教学处于被忽略、被漠视的状态,我国中小学生非连续性文本阅读能力不容乐观。基于学生非连续性文本阅读能力的现状,《义务教育语文课程标准(2011年版)》首次提出"非连续性文本"阅读要求,增加了相关的教学目标与内容。这不但是为了适应社会发展的需要,更重要的是在语文课程性质上,更加鲜明地彰显"语言文字运用"这一主张,进一步明确语文课程的核心任务,强调课程的目标和内容聚焦"语言文字运用",突出"实践性"、"综合性"特点。

加强非连续性文本阅读的教学已成为语文阅读教学的一项重要内容,学生要将学到的语文知识运用到现实生活中去。现代学生不仅应该学会通过传统媒介阅读和表达,还应该能够运用新媒体、新技术多样化获取信息和交流沟通。

二、课堂例析

非连续性文本群读写互动
——《致地球新生儿》课堂实录及评析

(一)材料背景

这里所呈现的是一组非连续性文本,资讯丰富且简单。如:学生课前准备的关于地球现状的文摘卡,一组罗列了关于保护环境特殊日期的清单,德国科普作家撰写的《我们的地球》一书中的插图,主题为"爱护环境"的一首小诗,世界人口增长统计图,法国导演吕克·贝松拍摄的电影纪录片《家园》中触目惊心的数据和惨不忍睹的画面,以及阿西莫夫撰写的《给地球新生儿的一封信》的章节等等。这些内容看似孤立,彼此之间并不以统一的形式、时间存在,但它们都有一个共同的主题——地球现状。非连续性文本的呈现,让学生整堂课都沉浸于读与写"水乳交融"的和谐状态,得到了视听感官的丰富体验、精神世界的醇厚滋养及语文素养的全面提高。

(二)教学过程

师:同学们,有一个主持人,他的脸特别长,喜欢搞怪,经常会给出一些提示,让嘉宾猜一猜,他是谁啊?

生(大声):李咏。

师:现在张老师要模仿李咏,陆续出示一些图片,你们要大胆猜一猜,图片中画的可能是什么。要大胆联想哦,猜错了不罚款。(教师分五次出示下图,让学生猜测图画可能画的是什么,现场气氛活跃)

无题

师：同学们，看完整幅图，我们才明白，这幅图画的是什么，对吗？这么有意思的漫画，我想它应该有一个不错的题目！你想给它取一个什么题目？

生：最后一株幼苗。

师：有一点点伤感。

生：最后一个生命。

师：有了一点希望。

生：最后一丝挣扎。

生：最后一抹绿色。

师：大家的题目都出得很好。但是，漫画家原来的题目是什么呢？无题。他觉得只有这个题目，才能表达他当时的想法，所以用了《无题》。但以后同学们在写作文的时候，想不出题目，千万别用"无题"两个字，那会让老师无语的。上课！

【点评1】漫画入课感知地球之殇。《无题》一画对学生产生了极大的视觉冲击力，看似简单的画面背后隐藏着沉重的社会话题，激发学生已有的生活体验，深入思考，发表自己的见解。在拟题活动中，有从画面内容入手的，有从表达主题入手的，有从情感体验入手的，角度丰富。帮助学生找到了一个表达感悟的媒介。

板块一　图片引路　诱发阅读期待

师：请继续看图片（依次出示美国《时代周刊》封面年度人物：邓小平、奥巴马、爱因斯坦），说说这些人能登上《时代周刊》的理由。

（生答）

师小结：邓小平两次入选，奥马巴两次入选，爱因斯坦一次入选。同学们，接下来再看一个人物（出示《时代周刊》濒危的地球封面照），它是谁？

生：地球。

师：这个地球跟我们平时看到的地球图片有什么不一样？来，你说。

生：这个地球表面都裂开了，干涸了。

生：那上面有一些土黄色的斑纹，而不是富有生命力的绿色。

师：斑斑驳驳，垂死挣扎的地球。《时代周刊》在 1988 年,将"年度风云人物"授予濒危的地球。你有什么疑问吗？

生：为什么地球会变成这样？

生：人类对地球到底做了什么？

生：前面三个是人，而地球本身不是一个人，它为什么会被评为"风云人物"？

师：是的，同学们,《时代周刊》一般"年度风云人物"都是为人类做出杰出贡献的人，而现在却把地球评为"年度风云人物"，究竟是为什么？我们到另一张图片上去找原因。

【点评2】读图激趣设疑。《时代周刊》的"年度风云人物"，怎么地球也上榜了？这一环节的读图活动在语言训练中既激发了学生的兴趣，同时又引导学生进入到深层次的思考环节中。

板块二　合作探究　寻找"地球杀手"

师：德国一位科普作家写了一本书，书名是《我们的地球》。这本书最后一章的最后一页是这样的——（出示图片）

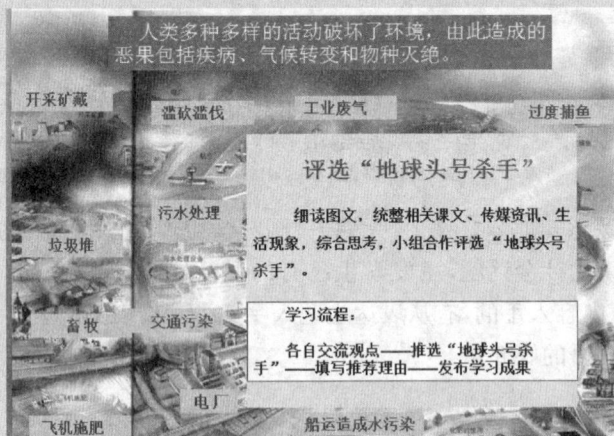

师：请你静静地阅读图片和文字，想一想,《时代周刊》组委会为什么要把地球评为"年度风云人物"？

【点评3】借助多种文本形式指导阅读。由图片过渡到文字，甚至是书本，文本形式越来越多样化，凭借多种文本形式，在同一主题的统领下指导阅读，这打破了传统阅读的常态。

生：地球是人类的母亲，无私地为我们提供矿产资源和自然资源，但是现在人类过度开采，导致她已经千疮百孔。将地球评为风云人物，是为了呼吁人们赶快觉悟，不要把我们唯一的家园毁了。

　　师：把你说的浓缩成一句话，就是"地球遭受伤害，呼吁人们保护它"。还有其他理由吗？

　　生：地球就是人类的母亲，为人类做出这么多贡献，但是人类却这样掠夺地球上所有的东西，让自己的母亲千疮百孔，流落到这种地步。

　　师：不是流落，是"沦落"到这种地步。同学们，《时代周刊》的组委会用这样极端的方式，试图唤醒人们。那么我们不禁要问，究竟是什么让这个可爱的地球，变得如此憔悴，如此千疮百孔？地球的头号杀手，究竟是谁呢？细读图文，统整我们以前学过的《只有一个地球》、《这片土地是神圣的》以及同学们收集到的相关传媒资讯和生活中观察到的现象，综合思考，小组合作，评选地球头号杀手。

　　（出示下图，学生看图、思考，做记录）

【点评4】此处进行了阅读方法的指导。要知道这节课的文本阅读不同于往日，如何让学生更有效地完成阅读，方法指导必不可少。

评选"地球头号杀手"

　　方法提示：统整学过的课文、传媒资讯、生活现象，综合思考，小组合作评选"地球头号杀手"。

　　学习流程：各自交流观点——推选"地球头号杀手"（填入椭圆内）——将理由写充分（填入方框内）——派代表发布学习成果。

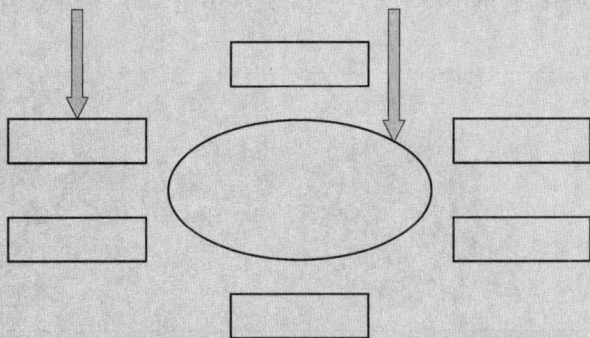

　　师：接下来，我们小组合作推选"地球头号杀手"。看学习流程：第一步，各自交流自己的观点，说清理由。第二，理由最充分的，或多个同学推荐的，就作为你们组的观点。第三，派一个动笔速度快的同学，记关键词，把理由填在这些地方（指着图中的方框）。这个椭圆填人们伤害地球的行为，这些方框里，填一个关键词，比如有的同学在椭圆里填工业污染，他认为工业污染会导致酸雨，这个方框内就填"酸雨"两个字。最后将请各组派代表来发布学习成果。学习时间五分钟。

(五分钟后,请一小组上台发布)

师:其他同学听好了,他们组在发布自己的研究成果的时候,你们要注意倾听,他们讲了哪些方面的理由,等他们讲完之后,如果有补充可以举手,有不明白的,可以质疑。清楚了吗?

生:我们组认为,地球头号杀手是工业废气。工业废气能导致酸雨,破坏臭氧层。

师:我希望你汇报成果的时候,不是只把提纲读一遍,请把酸雨会导致地球哪些伤害说具体。其他组员做好准备,当他有困难的时候,你们要挺身而出,明白吗?开始!你挑自己最有把握的先讲。

生:工业废气能导致温室效应。温室效应就是地球上的一些温室气体,能吸收太阳散发出来的能量,再把它转热,然后,使得地球成了一个像是蔬菜大棚的东西。

师:这个像蔬菜大棚的东西有什么危害?

生:这个东西会导致冰川融化,冰川里有很多原始致命的病毒,这些病毒能导致疾病流传,现在人类没有抵抗这种病毒的能力。

师:也就是说在恐龙时代,远古时代患的病有可能会传染给我们现代人,是不是?(生点头)太可怕了!冰川融化,仅仅带来远古时代的疾病吗?更为严重的是什么?

生:冰川融化会导致大量的冰化成水,导致海平面上升,沿海的城市就会被海水淹没,会导致酸雨,酸雨里面有些有毒物质,能使一些农作物死亡,还会导致臭氧层被破坏。

师:臭氧层破坏还会带来紫外线辐射的增强,人类容易得皮肤癌,是不是?(生点头)好,谢谢这位同学精彩的讲解!掌声!

生:我还有补充。工业废气可以形成雾霾,雾霾会使我们身边的空气质量急剧下降,如果雾霾越来越多的话,可能会使我们窒息而死……嗯,看刚才那张图片。

(师协助播放)

全球320万人　　　　　　　　全球7 600万年

120万人
中国因室外空气
污染早死人数

超2 500万年
中国健康生
命年损失

生:中国因空气污染而死亡的人数是全球的三分之一还多一点。

师:右边这个图呢?

生:全球所有人的年龄加起来有7600万年,但是中国人健康生命年损失加起来超过2500万年。

师:张老师帮你稍稍更正一下,健康生命年损失,就是本来可以活到88岁,现在因为空气质量差,只活到77岁。所有人损失的这些生命总和叫健康生命年总的损失。也就是,中国的损失接近全球的三分之一。谢谢!(一生举手)你还有什么新的观点?

生：工业废气可能会使得生物变异，地球上的物种有些会灭绝，有些会变异。

师：生物会变异，我们人类也可能会变异，这太可怕了！

师：在同学的合作学习下，我们看到了工业废气带给地球的伤害，有各种各样的原因和可怕的后果。有没有一个小组，选的不是工业废气的？

生：我们小组评定的地球头号杀手是交通污染。交通污染危害很大。汽车尾气会导致空气被污染，人们吸多了被污染的空气以后，就会引发疾病。过度开车会导致过度使用石油，石油如果全部被提取完的话，到那时地球就会面临着一些生态灾难。交通污染还会导致心情急躁……

师（打断）：为什么交通污染会导致心情急躁？心情急躁跟地球有什么关系？

生：交通污染是要开非常多的车才导致的，所有车都上路的话，会导致堵车，堵车心情肯定会急躁。堵车就会一直停在一个地方，造成人力资源损失。

师：会思考、多角度创意的思维！掌声感谢这位同学！同学们，也许有的同学会觉得，地球的头号杀手不仅仅只是这些，还会有很多很多。比如森林滥砍滥伐、畜牧、水污染等等。那么究竟谁应该被评为地球的头号杀手呢？你觉得是谁？（生小声说：人类）大声说！

生（齐）：人类。

师：是的，就是我们人类自己伤害了自己生存的环境。（板书：人）

【点评6】围绕主题发表研究成果，让非连续的文本变得连续起来。在图画引导的基础上，带领学生走入文本的阅读，需要做好大量的资源整合。学生在阅读时头脑中已经对本次研究的主题有了很深刻的定位，自然会紧扣主题，筛选文字，寻找有用信息。小组合作讨论后的自由表达，让学生的阅读体验得以充分展现。教师的适时点评，让研讨更加深入。

板块三　资讯统整　致地球新生儿

师：同学们，随着工业文明的发展，这个资源有限的地球，人口在猛增。请看这幅统计图，你发现人口增长的规律了吗？谁发现了？你说。

（多媒体展示）

世界人口增长统计图

公元930年　20亿
1974年　40亿
1987年　50亿
1999年　60亿
2013年　70亿

——郭凤《世界人口发展》

生：我发现人口增长的速度越来越快。

师：速度越来越快。在 1974 年以前的 1 000 多年的时间里，人类只增长了 20 亿，而此后每十年到十三年，增长了 10 亿。到了 2013 年，人类更是超过了 70 亿大关。人，才是地球真正的头号杀手。于是，很多有识之士坐不住了，他们呼吁，他们倡议，他们行动，于是，有了这样一个又一个跟保护地球相关的节日。请看——

3 月 21 日：世界森林日；

3 月 23 日：世界气象日；

4 月 22 日：世界地球日；

6 月 5 日：世界环境日；

6 月 17 日：世界防止荒漠化和干旱日；

7 月 11 日：世界人口日；

9 月 16 日：国际保护臭氧层日；

10 月 16 日：世界粮食日；

12 月 29 日：国际生物多样性日；

……

师：有一个科普作家，叫艾萨克·阿西莫夫，他居然异想天开地给地球上刚刚诞生的一名新生儿写了一封信——《给地球新生儿的一封信》。张老师有一天读到了这封信，觉得真有意思。（短暂的停顿）你觉得地球新生儿读得懂这封信吗？（生摇头）那么谁可以读得懂？（生说：新生儿母亲）对！你觉得，如果我们也来写这封信的话，把哪一些内容写进去，或者怎么写，地球新生儿的父母，他们的心会被刺痛？来，这位同学！

【点评 7】由环境的恶化引到人口数量的增长，顺势启发学生给地球上的新生儿写一封信。由阅读图文到反思感悟，再要求学生"我手写我心"，以"信"的方式，把对"保护地球"这一主题的解读和认识用文字表达出来。教师适时进行写法指导，恰到好处。

生：开头先要写得亲切一点。

师：也就是说，先写一些小的事情，慢慢地拉家常开始，然后再引入到大话题当中，不然，孩子看不懂，大人也看不懂，是不是？好。还有谁有什么建议？

生：我觉得可以从刚刚上课的那幅图写起，如果再这样滥用资源的话，世界会变得十分可怕，让人类自己去醒悟。

师：你的意思是写的时候要触及心灵，是不是？这个同学讲得很好，从现状入手，再写后果，充分展开，触及人的内心，让人类自己醒悟。

生：先从人类自己写起，如果再这样下去，会受到什么伤害，心里有刺痛，才会觉悟，然后再写还会危害到别人。

师：好，从自己写起，再写到别人，是不是？当然，我们还可以给他写一写今后生活的建议，行动的建议。刚才这位同学说，开头我们要招呼一下，大家看，在信的开头，我们要先介绍一下自己是谁,我们欢迎这位新生儿的诞生;然后,重点把现状与后果这一块展开——我们的地球正在遭受怎样的伤害,伤害地球的后果是什么;最后写一写行动建议。这样,这封信,就变得有条有理了。是不是?(生点头)

师:那么,关键是怎么样让地球新生儿父母内心受到触动。我们刚才学习的,其实都是有用的。我们要学会整合信息。把在这堂课中学到的,以前学到的课文的信息——《只有一个地球》《一个小村庄的故事》《这片土地是神圣的》等可以用的信息整合进去。还可以将报纸上,电视上,视频当中,读到的,看到的,整合进去。不要面面俱到,选取其中的一两个点,开始。

【点评8】"整合信息"既是一种阅读方法,也是一种写作方法。在非连续性文本的阅读中,学会整合是一种非常重要的能力。它可以帮助学生快速有效地抓住主要信息,提炼主题。

给地球新生儿的一封信

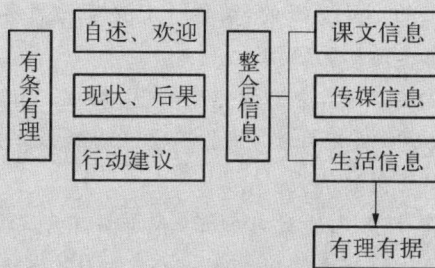

```
            ┌── 自述、欢迎           ┌── 课文信息
 有条 ──────┼── 现状、后果 ── 整合 ──┼── 传媒信息
 有理       └── 行动建议     信息    └── 生活信息
                                         │
                                      有理有据
```

(学生开始写信,师提醒)

师:注意啊,你写信的对象是地球上刚刚诞生的婴儿。不要太专业化了,不要出现太多术语。注意,动笔的速度快一点,时间掐得很严格的啊!

(继续巡视,并适当提醒)

师:自己课外摘录的资料可以用的,把它用进来,同学们黑板上讨论的要点把它用进来。这份统计图表很重要,从图表中读出的信息,你把它用进来更好。要时时记着,借助有价值的课外信息,让自己的信写得更有力量。

【点评9】在图表的阅读基础上进行信件书写。阅读图表是生活中很重要的一项能力,人们往往通过图表中的数字、标注,或者图表间的比较,获得大量的信息。建立在图表阅读基础上的信件书写,巧妙地过渡到了语文教学本身要落实的相关目标,阅读的删选整合信息的能力,以写作的形式体现出来。

(12分钟后)

师:如果有同学写好了,请你对照这个(1. 信的片段整合了哪些有价值的信息? 2. 哪些地方能触动新生儿父母的心?),自己检查,认真修改。

板块四　分享交流　砥砺言语智慧

师：同学们，请放下笔，我们来听一听其他同学是怎么写的，对自己有什么启发。（请一生上台）请同学们把自己的信反扣过来，抬起头来，看着台上的同学，认真倾听，边听边思考两个问题。（出示）

1. 信的片段整合了哪些有价值的信息？

2. 哪些地方能触动新生儿父母的心？

生：刚刚降临在世界上的新生儿：你好！我是中国杭州的一名学生，首先欢迎你来到这个世界。可是你知道吗？地球在你的眼里可能很庞大，但是，她的资源是有限的，这里的资源是来之不易的。

师：她这句话是从哪里来的？借用了哪个形式？你说。

生：《只有一个地球》。

师：化用了《只有一个地球》的开头一段，很好。接着。

生：请你记住：地球上的水是有限的，请你一定要节约用水。某家报社说，珍惜水资源，不要让地球上最后一滴水是你的眼泪。

师：这是一则曾经的公益广告，这里请你改一下。再往下读。

生：请你记住，地球上的树是有限的，请你不要浪费纸张。你知道吗？世界上每一个小时，就有一片足球场大小的树林消失。

师：停。如果我是世界新生儿的父母的话，我也许不明白，为什么世界上每一个小时，就有一片足球场大小的树林消失了。加哪一句就把这个意思表达清楚了？

生：你知道吗？因为人类随意砍伐树木，浪费纸张，现在世界上每一小时，便有一片足球场大小的树林消失。

师：我明白了。如果你加上"请你不要浪费纸张，因为纸是用树木做的，你知道吗？"这句就更清楚了，对不对，好，往下。

生：请你记住，地球上纯净的空气也是有限的，现在的废气污染十分严重，中国因空气污染早死的人数达到了120万，占世界早死人数的三分之一，如果你每天呼吸的空气就是这样低质量，那么就太可怕了。

师：如果我写的话，那么……你们觉得哪句会更好？

生：那么……就可以知道还有很多种对地球造成破坏的原因以及地球上有限的资源，一是不会啰嗦，二是让人感觉意味深长。

师：写完了是不是？好，来评价一下，你觉得这位同学的文章的最大亮点在哪里？对照这两条标准。来！

生：她把很多传媒信息整合进自己的文章，使文章更加准确，打动人心。

师：尤其是空气质量污染，导致早死的这个资讯，她为什么没有把这个表格全部搬上去呢？表格搬上去也许不太清晰，转换成自己的文字。每天都有一片足球场大小的树林消失，这个资讯你是从哪里看来的？

生：这是从同学那里看来的。

师：从同学那里获取资讯，这也是一种很重要的学习途径。好，现在张老师要跟同学们分享的是，这个同学抓住"有限"两个字，先总写"地球资源有限"，再写水资源、树资源、空气资源的有限，真好。而且她学习了《这片土地是神圣的》中的演讲词的方式，一唱三叹，把自己的意思表达得非常棒。掌声，感谢这位同学。

（第二位学生分享与交流略）

【点评10】让学生朗读自己写的信，既是课堂教学成果的展示，又给学生提供了表达自己观点的舞台。其余学生不是盲目地听，而是带着问题在听。两个问题的设计，前者关注的是学生阅读的能力，后者关注的是学生思辨的能力，非常精彩的一个环节！

板块五 多方连结 彰显现实意义

师：我巡视了几圈，发现还有很多同学写得很棒，但是我们时间资源也是有限的，珍惜资源，当从珍惜时间资源开始。同学们，运用有价值的信息来增强我们文章的表现力，运用一些能够表达情感的语言，触动我们细腻的心，这样你的信就会写得更棒。但是，我们每天接收到的信息都在不断地变化，当我们有一天忽然看到一个更棒的信息时，我们的心可能会为之一震：呀！如果把这个内容写进去的话，我的信就写得更棒了！接下来，张老师要与大家分享一个震撼人心的视频，请拿起笔，在空白纸上快速记录视频中的关键词、数据、事实，以不影响自己观看为唯一的原则，当你来不及记就滑过去。好不好？

（播放电影纪录片《家园》片段，全长约4分钟。视频呈现了一幕幕人类破坏地球的惨不忍睹的画面：大气污染，死鱼漂浮，水源匮乏，粮食浪费，冰川融化，难民迁徙……每幅画面下方，都有相应的触目惊心的数据。学生在观看的过程中，不断记录，表情凝重。看后，教师让学生把视频中最能触动心灵的一些句子，加到刚才写的信中。）

师：来，把刚才视频中触目惊心的画面或事实，加到你的信中。你最想加哪一句？

生：在这些年冰层厚度比40亿年前减少了40%。

生：在未来会有10亿人喝不到干净的水。

生：预计到2050年将会有2亿人沦为气候难民。

……

师：同学们，这一个又一个触目惊心的数据，一幅又一幅惨不忍睹的画面，让我们的心为之颤动。我们把这些画面、这些事实、这些数据写到你的信里去的话，地球新生儿父母的心将会更加刺痛。40年前，科幻作家艾萨克·阿西莫夫正是带着这种沉痛的心情，写下了这样一封信：（师深情诵读艾萨克·阿西莫夫《给地球新生儿的一封信》）

"嗨，欢迎你，孩子！你成为这个世界的第40亿个人。在这颗星球上，这意味着有多少个我们呢？40亿个！

地球现在存在能源危机,气候正在变坏,我们的工业文明制造了各种各样促使环境破坏的污染,它们毒坏土壤和海洋,从而一点点地毁灭我们赖以生存的生活。我希望,通过聪明的操作,我们能够使用一项更为先进的技术来预防和消除污染,发展无污染工业,保持大自然的美丽,保持空气、水、土壤的清洁和纯净。我们能够学会保护世界上的有限资源,更为合理地分配我们拥有的资源,从而使更多的人享受舒适和安宁。在一个更加快乐的世界里,核战争威胁可能消失,新的能源将得到开发。如果真的会如此,那么,我欢迎你来到我们这个世界。"

师:请同学拿起笔,在这封信的末尾写一句表达你此时的心情,或者向全人类呼吁的话。在这封信的末尾写一句到两句。写好的同学请举手示意。先在心里轻轻读读:你这句话有力量吗?你这句话引人深思吗?它足以表达你此刻的情感吗?来,请把你此刻最想说的话读出来。

生:我们一生只有一个地球母亲,没了她,我们何去何从?

师:只有一个母亲!

生:只有一个地球,孩子,时刻保护她。

生:此时我的心是沉痛的。人类呀,希望几十年后饥饿、走投无路、衣衫褴褛的不是你们,也不是地球。

师:多好的劝告,多好的警示呀!

生:我们要精心地保护地球,保护地球的生态环境。我深知大地不属于人类,而人类是属于大地的。

师:借用《这片土地是神圣的》中的话,来表达此刻的心情。

生:让我们还地球一片葱郁的森林,还地球一片纯洁的蓝天。

师:加一个"吧"会更好。

生:只有一个地球,当我们破坏地球时,就是在毁灭地球。

师:毁灭地球就是毁灭自己。

生:地球污染日益恶化,人类该何去何从?我们这个地球再也受不起磨难了。

师:伤不起啊!

生:地球是我们的母亲,降临在地球身上的事情终有一天会降临在我们身上。保护地球,就是保护人类自己。

师:你把这句话再大声读一遍。

生:地球是我们的母亲,降临在地球身上的事情终有一天会降临在我们身上。

师:把这句话写在黑板的右面,写得大一点。再请两位同学。

生:地球,这个人类的母亲,因为她的孩子——人类不断破坏她的环境,打击她,她已经不堪重负了。

师:不肖子孙啊!同学们,此时此刻,也许你忧心,你焦虑,你伤感,你难过,你悲痛,但是,但是请不要绝望,因为很多人已经觉醒了,至少在场的我们已经觉醒了,很多有识之士他们也觉醒了。最后,我们再来看一个视频,也许你可以从中找到希望,你的心也许不再如此沉重。

（播放电影纪录片《家园》片段，约 2 分钟，字幕如下：

我在冰岛见到过利用地热资源的发电厂，我见到过躺在海中的"海鳗"利用海浪的能量来发电；我在丹麦海岸见过风力发电站，它可以生产该国 20% 的电力；美国、中国、印度、德国和西班牙是再生能源的最大投资者，他们已经提供了二百五十万个工作岗位。地球上哪里会没有风？

我见过太阳下烤炙的广阔沙漠，地球上的一切都互相关联，而地球又跟它的能量源头——太阳有关系。人类可否像植物一样捕捉太阳的能量？每小时，太阳投向地球的能量相当全人类一年的消耗。只要地球存在，太阳的能量就会取之不尽，我们要做的是停钻地球把目光移到天空，我们要学会栽培太阳。

这些实验只是例子，但表明了新的认知，它们以节制、智慧、分享为本，为新的人类冒险奠下基石。

是该团结一心的时候了，重要的不是消失了什么，而是我们现在拥有的，我们仍然拥有半个世界的树林，数以千计的河流、湖泊和冰川及数以千计的生物物种。我们知道有什么解决方法，我们都有力量去改变世界，那我们还在等什么呢？）

师：同学们，是到了该行动起来的时候了，拯救人类家园的只有人类自己呀！除了我们，没有人可以拯救我们。让我们再读这句话，起。（指黑板板书）

生：地球是我们的母亲，降临在地球身上的事情终有一天会降临在我们身上。

师：（及时修改学生的错别字：临）一起再读。地球是我们的母亲……预备起——

生：地球是我们的母亲，降临在地球身上的事情终有一天会降临在我们身上。

师：回去之后，好好地去读一读阿西莫夫《写给地球新生儿的信》，把我们的信补充完整。阅读书籍、电影，整合有价值的资讯，让这封信做到有条理，有理有据，触动人心。

师：信写了之后，我们把它寄出去。寄给谁呢？

写好后，请工整地抄写在信纸上，精心设计一个信封，把这封信寄出去……

师：找附近的妇产科医院。让妇产科的护士，把这封信，连同新生儿，一起交到他的父母手里。新生儿的父母一定会很认真地阅读。我们的力量是微小的，但当更多的人加入到队伍当中来的时候，微小的力量就可以改变这个世界。我期待着！下课！

【点评11】电影《家园》的引入扩大了文本的外延。文本不仅仅可以用文字表达,它还可以借助更多的媒介。影像资料的引入更加深了文本对人的冲击力。老师用自己的语言展示阿西莫夫的信,在此基础上,要求学生对自己写的信进行修改,无疑是有张有弛,对学生的心灵是一次碰撞和敲击。

【总评】

1. 非连续性文本教学充满革新的力量

张老师在课堂教学中打开了一条新的思路,课上围绕"地球现状"所出示、罗列的丰富且精当的资讯,看似孤立的存在却拥有一个共同的主题——地球现状。非连续性的文本的呈现,让学生整堂课沉浸于读与写"水乳交融"的和谐状态,让学生在"头脑风暴"式的资讯碰撞中获得了大量的写作资源,让学生以更广阔的视野,走向更丰富的阅读生活,从而提升语文素养,为写作提供充足的素材和情感基础,让学生"有话可说"。当学生阅读非连续性文本,获取了大量地球现状的信息后,张老师巧妙地借科普作家艾萨克·阿西莫夫给地球新生儿写了一封信,来激发学生的表达欲望,进行写作激发,让学生从"学会阅读,获取信息"到"情动辞发,有话要说"。我们也可以尝试着在习作教学中将传统的"讲+写"变为"读+写",让阅读的收获感悟转变为写作的"源头活水"。

2. 非连续性文本教学关注学生学习过程

回顾张老师的课堂,对学生学习过程的关注,对学生学习方法的指导,比比皆是。印象最深的是张老师指导学生写信时所列出的提纲,完全是从学生的回答中提炼而来的。写信的提纲是学生和教师共同探讨出来的,教师没有越俎代庖,有的是因势利导。另外,张老师在指导学生如何将非连续性文本所罗列的信息巧妙地运用到作文中去时,并没有在学生作文之前,列举运用资料的注意点,而是在几位学生范读作文时,让学生边听边思考总结,相机板书。这是一个极具张力的课堂,让我们感受到了其教学设计的深度、文本选择的广度、学生思维的力度。

(本课例由杭州市下城区教育学院张祖庆执教,由杭州市江南实验学校陈洁点评和总评)

三、资源链接

(一)非连续性文本阅读的目标

《义务教育语文课程标准(2011年版)》对于"非连续性文本"提出的教学目标针对的是第三学段。这是根据我国语文教育现状提出的。和以往比较忽略非连续性文本相比,这已经是历史的进步。至少在小学的高年级及初中年级,学生必须掌握这一简单的信息整合能力。对此,第三学段的目标是"阅读简单的非连续性文本,能从图文等组合材料中找出有价值的信息"。显然,"简单"两字的表述,指向的是基础,是一般性的非连续性文本。一般来说,其能力要求是在类别比较、图文结合理解等比较浅显的认知层面。这是我们在教学中要把握的前提。对过于抽象、意义复杂的非连续性文本,是第四学段的要求:"阅读由多种材料组合、较为复杂的非连续性文本,能领会文本的意思,得出有意义的结论。"这和第三学段只要求"找出有价值的信息"是两个不同的目标。因此,我们的教学更多限制在信息整合层面,而不需要进行过于复杂的计算和推理。诸如,"从地球仪上找到南极洲的位置","你想去南极洲吗?根据提供的两段内容,说说你想去和不想去的理由"。这样的指向,是基本信息提取,同时兼顾自主运用表达,倾向于应用、查找、标注、参照、简单对比等。把握好学段的阅读目标特征,准确定位好教学的认知基础,是接下来有效选择教学方法的前提。

（二）非连续性文本阅读能力

所谓"非连续性文本阅读能力"特指阅读简单或由多种材料组合成的较为复杂的非连续性文本，能从中找出有价值的信息，能领会文本的意思，得出有意义的结论。因此，培养学生的实践和综合运用能力应该是培养的核心。

1. 用好教材中的各种资源

如从课文插图中发现课文内容的重要信息，并得出自己阅读插图的信息或结论，再阅读课文，从而验证自己的语言文字信息。从目录入手提前了解全册课文内容，进行分类、复习。从封面、封底等了解出版情况等。

2. 关注课外，关注生活中的各种资源

在我们的生活中，处处是非连续性文本资源。有各种即时新闻报道，有广告类的如药品、产品的说明书、商业图标，有各种理财类图表如标注电费、水费、电话费的存折、表格、单据等，还有各种调查表、各种调查问卷、各种调查报告等等。针对这些非连续性文本，我们可以指导学生关注并搜集，安排在课堂中阅读并讨论。

3. 整合学校各种资源

首先是加强与其他学科的合作与渗透。科学、数学、品德与生活、品德与社会等科目中也会遇到图表等多种材料组合、较为复杂的非连续性文本，在语文教学中，可适当选取这些图表来让学生阅读，重点培养学生从图表中获取信息，分析解释信息，并作出评价的能力。农村小学中语文老师也常常兼任其他学科教学，多种材料组合、较为复杂的非连续性文本要坚持渗透，进行非连续性文本阅读，培养学生获取信息、处理信息、评价信息的能力，增强其对阅读过程的掌握、阅读技能的运用以及在不同情境中灵活运用阅读策略解决实际问题的能力。

（三）非连续性文本阅读的样例

"非连续文本"的阅读材料，包括数据表格、图表和曲线图、图解文字、凭证单、使用说明书、广告、地图等，要求学生进行说明、解释和讨论等。这种划分的目的，主要是考虑到学生在今后步入社会生活，需要经常从这种类型的文本中获取信息，与人交流、合作等。

（1）"非连续文本"测试材料的类型和来源是从学生将来的成人生活的角度来考虑的，具有很强的现实生活模拟性。如，2003 年 PISA 阅读测试题《莫兰图书馆时间表》，给出的阅读材料是某地区五个图书馆从周日至周六每天的开放时间安排表，要求学生阅读后回答其中的佛克尔图书馆星期三什么时候关闭、哪个图书馆星期五晚上还开放，以考查学生在阅读中获取信息的能力。

（2）"非连续性文本"在测量学生将阅读知识和阅读技能迁移到生活中解决实际问题的能力上，具有独特的优势。如《保修单》中的材料内容为"莎拉在购买了新照相机后取得了收据和保修单"，请考生根据文本回答（完成）问题：运用收据给出的详细资料，完成保修卡的填写；莎拉应该在多长时间内寄回这个保修卡；莎拉在这家商店还购买了其他什么东西；打印在收据底部的"谢谢您购买我们的商品"，其原因可能纯属礼貌用语，也可能有其他原因，请指出其他的原因。

（3）"非连续性文本"注重提高学生的思考和判断能力，鼓励他们提出自己的观点（包括对文本的形式和内容两方面的反思与评价）。上文提及的样题《保修单》中的最后一题便属于反思文本形式方面的问题。样题《国际计划》的素材为 1996 财政年度的国际援助组织发表的国际计划部分报告。报告提供一个援助区域（东非和南非）的国际计划工作资料，涉及健康成长、学习、居住环境等方面的国际计划。请参考表格回答问题——"在1996年,伊索比亚是世界上的贫穷国家之一。参考这一点和图表所提供的资料,与其他国家的活动相比,你认为可能是什么原因可以解释国际计划在伊索比亚的活动状况?"这一题的问题设计就属于反思文本内容的类型,要求阅读者运用知识和经验作假设,并要与文章提供的资料印证。

(四)非连续性文本阅读策略

1. 拓展非连续性文本阅读资源

非连续性文本虽然出现于语文教材与试题,但还没有独立的体系,在具体教学中,教师对阅读的策略知之不多。例如,对如何读图、如何实现图文转换、如何让学生自主建构从一个文本的阅读到一类文本的阅读策略等不是很清楚,教学实施中自然难以有大的突破,学生对非连续性文本阅读也没有形成全面的理解,造成阅读方法的缺失。基于阅读教材与生活实际情况,指导学生进行非连续性文本阅读,就必须挖掘各种类型的非连续性文本的阅读材料,让非连续性文本与连续性文本的阅读互为补充,拓宽学生的认知角度与视野。在进行连续性文本的教学时,可以引入非连续性文本,将两种文本有机整合,发挥非连续性文本简洁、直观性强的优势,帮助学生建构阅读图式,提高连续性文本的阅读效率。很多课文可以利用鱼骨图梳理文章框架,利用结构示意图梳理文中主要信息,帮助学生理清层次,把握主要内容。同时,对目前教材中综合性学习、交流平台等板块的非连续性文本阅读材料,也要积极关注,充分理解编者意图进行阅读教学,转换选取阅读材料的视角,以多元化的阅读材料类型满足不同层次、不同水平的学生需求。此外,还可在口语交际、研究性学习中提高学生阅读非连续性文本的能力。从研究性学习活动来看,我们有很多传统的做法,比如重视报刊资源的阅读、尝试开展媒体热点话题的讨论等都很值得提倡。口语交际具有很强的实践性,语文教师应利用这一活动方式培养学生阅读非连续性文本的能力。

2. 注重阅读方法和策略的指导

阅读非连续性文本,要注重对阅读方法和阅读策略的指导。教学中要着重指导学生学会从多元材料中提取信息、分析信息和组合信息的方法。根据阅读非连续性文本的任务要求,其策略关键当抓住三点。第一,寻找所需信息。发现文本关键信息是非连续性材料的核心。信息有虚实、隐显之分,明显的信息容易获取,而分辨隐含信息较为困难,要引导学生善于抓住文中负载关键信息的词句,剔除与阅读目的无关的多余信息,从字面看出表达的言外之意,以快速锁定要寻找的目标。第二,整合得出结论。对于非连续性文本的阅读,在没有详细且明确的陈述言语的情况下,需要将文本中有关联的信息通过比较、归纳、综合等进行加工处理,判断出编者的真实意图,从而整合得出有效的结论。第三,建构文本意义。对于多种材料组合的较为复杂的非连续性文本,要注意识别文本材料的主题,联系实际需求,找出文本写作目的,为材料信息内容排序,联系文本中的不同资料,结合自己的知识、想法和经验,提出独特见解,自主建构文本的意义。

四、推荐阅读资料

1. 王达群.浅谈书序、条目和非连续文本的阅读[J].中学生学习报·苏教版,2008(50).

2. 朱钰.建构非连续性文本阅读教学的新理念[J].新教师,2012(9).

3. 傅登顺."非连续性文本"的缺失与教学对策[J].中小学教师培训,2012(11).

4. 吴积兴.非连续性文本试题[J].语文教学通讯,2012(14).

5. 曾扬明.非连续性文本,阅读教学的另一扇窗[J].江苏教育,2012(16).

6. 张小琴.非连续性文本阅读应"里应外合"[J].语文教学通讯,2013(3).

7. 张倩,荣维东.非连续性文本的学理阐释、目标定位和课型设计——2013年度教育论著评析之十[J].中学语文,2014(28).

8. 王珏.非连续性文本教学之创新——品味张祖庆老师《致地球新生儿》一课教学[J].教育研究与评论,2014(10).

9. 龙金金.语文教材中非连续性文本的整体性综合处理[J].亚太教育,2015(19).

五、后续练习

非连续性文本是相对于叙事性强的"连续性文本"提出来的,其多以图解文字、统计图表、协议公告、数据等形式出现,如说明书、地图、站牌等。非连续性文本较为直观简明,概括性强,与人们的学习、生活密不可分。而我们的语文综合性学习则注重学生的自主探索、合作交流,在广阔的空间中搜集整合资料、进行调查访问,获取有价值的文字、图表、数据、照片等学习成果,能写出简单的研究报告等。非连续性文本与语文综合性学习具有相关性,它们的核心都是要发挥培养学生语文素养的功能。那么,如何将两者进行有效整合,为我们的语文教学另辟蹊径呢? 大家可以从教材本身、学科资源、生活体验等方面做一些思考,设计一个可操作的案例。

第二十章 微 课

一、背景描述

由于信息技术的普及，每一个学生通过信息设备来上课终将变成现实。"微课"，或者称为"微课程"，就是近年来随着翻转课堂和可汗学院在全球迅速走红而备受关注的一种新的课程形式。

国外，微课程（Micro-lecture）的雏形最早见于美国北爱荷华大学 LeRoy A. McGrew 教授所提出的 60 秒课程（60-Second Course）以及英国纳皮尔大学 T. P. Kee 提出的一分钟演讲（The One Minute Lecture，简称 OML）。国内，微课的最早的雏形是微型教学视频（课例片段）。2012 年下半年以来，随着翻转课堂和可汗学院的传播，这种录制教师上课的"微视频"和"学生课前自主预习、课中教师辅导疑难"教学组织流程相结合的"微课程"开始在国内流行起来。

对于"微课"的界定，国内研究者持不同的观点。南京师范大学张一春教授认为，"微课"是指为使学习者自主学习获得最佳效果，经过精心的信息化教学设计，以流媒体形式展示的围绕某个知识点或教学环节开展的简短、完整的教学活动。它的形式是自主学习，目的是最佳效果，设计是精心的信息化教学设计，形式是流媒体，内容是某个知识点或教学环节，时间是简短的，本质是完整的教学活动。因此，对于老师而言，最关键的是要从学生的角度去制作微课，而不是从教师的角度去制作，要体现以学生为本的教学思想。国内著名的微课实践研究者——佛山市教育信息中心教师胡铁生认为，"微课"是按照新课程标准及教学实践要求，以教学视频为主要载体，反映教师在课堂教学过程中针对某个知识点或教学环节而开展教与学活动的各种教学资源有机组合。

微课通常多采用以下几种方法录制：录屏软件 camtasia studio、Microsoft Office PowerPoint 2010 或 Microsoft Office PowerPoint 2013、视频展台录制、DV 录像机或手机拍摄微课、可汗模式（手写板录制微课）。微课改变了传统知识的呈现模式，进而可以改变学生的学习方式。老师将上课讲授的关键内容，比如教材的重点、难点、易错点制作成微视频让学生自主学习，学生通过移动终端也可以随时随地、可重复地进行某一知识的学习。这种模式既是对传统教学资源的延续和发展，又更富于情景化，搭建出了一个开放的、交互性良好的、富于个性化的教与学的应用生态环境。新西兰专家约翰·哈蒂在其著作《可见的学习：800 多个与成绩有关的整合分析汇总》中揭示出与计算机的有效使用相关的几大因素，分别为：当学生使用计算机学习的方式与其通过教师授课学习的方式不同时、当教师接受了有关如何将技术作为一种教育工具的培训时、当技术提供了多种学习机会时、当学生能够掌控其学习时、当技术可以改善同伴学习效果时。

在这种标准的衡量下,微课程作为一种新型教育资源、学习方式和教学模式的创新,将有效地促进学生的自由学习和深度学习,将对现代语文课堂的变革产生很大的影响。

二、课堂例析

(一)教材概述

应用于语文教学的微课,可以有千变万化的形式。这里分别以《说"说"》、《爱莲说》课堂实录片段和《古诗中"秋"意象的内涵》三课为例,对应用于课前的新知识引介、课中的重难点突破和课后知识拓展能力提升的微课教学片段加以评析。

(二)教学过程

课前:应用新知识引介的微课

1. 设计思路

"说"是一种常见的古代文体。初高中课文先后选入了《马说》、《爱莲说》、《捕蛇者说》等文章。学生第一次接触偏向议论性的古代文体,理解起来难度较大。鉴于此,老师设计并制作了一节《说"说"》的微课,作为课前新知识的引介呈现给学生,帮助学生了解并积累相关文体知识。

以下为微课《说"说"》的文字部分:

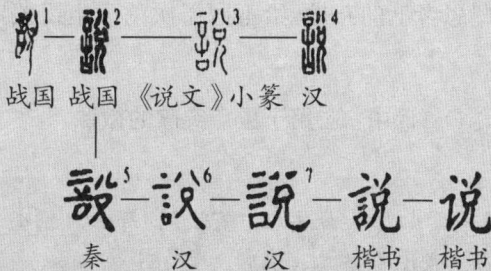

战国 战国 《说文》小篆 汉

敱 — 说 — 說 — 说 — 说
秦 汉 汉 楷书 楷书

2. 导入语

说,释也。从言兑。一曰谈说。

说,形声。从言,兑(duì)声。本义:用言语解说,开导,说明。

我们先来看几个例子吧:

说,所以明也。——《墨子·经上》

子墨子起,再拜曰:"请说之。吾在北方闻子为梯,将以攻宋。宋何罪之有?"——《墨子·公输》

那么,从什么时候起"说"演变成一种文体了呢?《典论·论文》是中国文学批评史上第一部文学专论。作者魏文帝曹丕在书中对不同文体及其风格进行了有意义的区分,注意到文章思想感情与文章具体形态之间的关系。原文是这样讲的:

"夫文本同而末异,盖议奏宜雅,书论宜理,铭诔尚实,诗赋欲丽,此四科不同,故能之者偏也,唯通才能备其体。"

"说"这种文体有什么特点呢？古代文学体裁中的"说"，从内容上来看，多以记叙、议论、说明等方式来阐述事理，陈述作者对某个问题的见解，有点类似于现代的杂文。语言方面，常常简洁明了，寓意深刻。写法上多借寓言故事、状写事物来说明事理，以小见大，托物言志。

　　到了明代，文人吴讷又编写了《文章辨体》一书，他认为，"说"是古代议论说明一类文章的总称，它与"论"比较相近，因此，后来说理辨析的文章便统称为论说文。"说者，释也，解释义理而以己意述之也。""说"作为文体这一意义再次被确定下来。

　　在今后的语文学习中，我们将会学到许多这种体裁的文章：《马说》《师说》《捕蛇者说》《黄生借书说》《少年中国说》。比如《马说》一文，"说"就是"谈谈"的意思，"马说"从字面上就可以理解成"说说千里马"或"说说千里马的问题"。

　　同学们，这里老师有个问题想问问大家：比较《爱莲说》和前面几篇"说"的题目，你有什么发现吗？《莲说》与《爱莲说》又有什么不同呢？

【点评1】以微课形式介绍"说"这一文体，简洁清晰，导入明确。新知识的第一次碰面，旧知识的巩固复习，都非常适合采用微课的形式来落实。陈老师很注重与学生的对话，即使是课前预学环节布置的微课，也依旧设置了学生思考题。巧妙的是，这一思考题正好又折射出《爱莲说》一文的教学重难点，与她课堂上的教学相辅相成。这是值得老师们思考的地方。知识介绍和巩固型的微课，是否也应当设置一些思考上的互动，给不同层次的学生以关照，从而使他们带着自己的最初思考进入课堂。

课中：应用于重点突破的微课

　　师：老师发现，很多同学都对后面这几句有疑问，那么我们全班一起齐读后面这几句的内容，再次去体会它的情感态度是怎样的？

　　（生齐读课文最后三句）

　　师：这三句所表达的情感是否一样？如果不一样的话，这三句所表达的情感到底有什么差别？

　　（预学案中学生比较集中的问题：

　　为什么全文有这么多"爱"字？

　　为什么作者要说"莲之爱，同予者何人"？

　　为什么要写菊花、牡丹这些植物？

　　作者为什么要谈古人？

　　作者为什么要写其他古人爱花的内容，用意为何？

　　为什么作者要向别人阐述自己爱莲？

　　陶渊明爱菊，周敦颐爱莲，为何都是"独爱"，有区别吗？）

【点评2】学生疑问的落脚点，就是微课设计的起点。从老师课前对学生预学疑问的整理可以看出，《爱莲说》第二段最后三句话，是学生课前疑惑的集中地。一方面，老师以学生学习兴趣、学习能力为依据设计微课，致力于帮助学生解决思考的盲点。另一方面，学生对后三句含混、朦胧的理解，也使得微课的介入变得必要和及时。尊重学生最初的阅读感受，平等倾听学生真实的疑问，给予学生展开思考并尝试回答的平台，是这节课的可贵之处。

生：这三句写了菊、牡丹、莲。菊是一身傲骨，不慕繁华的，陶渊明喜欢菊，就是对朝廷的纷乱，有一点逃避的倾向。莲代表的是君子，既不会过于逃避，也不会与朝廷同流合污。牡丹的话，因为世人根据统治者的爱好才会去喜欢。

师：也就是说，在这里，花已经不仅仅是花本身了，可能借着这个花，托这个物，已经在表达作者的想法了。这里老师为大家准备了一个微课，让我们一起走进《莲花的前世今生》。

（生观看微课，了解中国古代文人笔下莲花的丰富意蕴）

附：微课《莲花的前世今生》部分文字内容

同学们，今天我们学习了周敦颐的《爱莲说》，感受到了莲花高洁的君子品格。莲花，为什么如此深得中国古代文人的喜爱呢？就让我们一起来寻访莲花的前世今生吧。

莲花又叫芙蓉、荷花、芙蕖等，最早描写莲花的文学作品恐怕要追溯到诗歌的源头——《诗经》。在《诗经》的描写中，莲花常常是美的化身。这之后，诗人屈原要以荷叶为衣，以荷花为裳，做一个志行高洁的君子。他在《离骚》中这样说道："制芰荷以为衣兮，集芙蓉以为裳。"从此，莲花有了花中君子的美誉。这之后，曹植的《芙蓉赋》对荷花的高洁赞扬备至，周敦颐的《爱莲说》虽惜墨如金，却把莲花的品德风韵展现得淋漓尽致，再加上明代叶受的那篇可以称得上古代魔幻现实主义作品的《君子传》，再一次书写了莲花"翠盖佳人"与"花中君子"的美名。

每到夏日，江南水乡便开始了一项古老而重要的农事活动——采莲。如今，在映日荷花别样红的夏天，无论你走到哪一处的荷塘之畔，如果有心倾听，总会有"江南可采莲，莲叶何田田"的歌声，从遥远的汉代传来。

荷叶罗裙一色裁，芙蓉向脸两边开。乱入池中看不见，闻歌始觉有人来。

王昌龄的这首《采莲曲》，分不清哪里是荷叶，哪里是罗裙，哪里是芙蓉，哪里是面容。人如荷，荷如人。以荷喻人，以荷衬人，以荷像人，像荷一样清新自然，可以说是古代采莲曲中的上品。

时至南宋，出了一位特别钟爱荷花的诗人杨万里，他咏荷作品之多，为历代诗人之冠。咏荷作品之好，也可以和唐代大诗人们一较高下。

莲花，不仅在古代文学作品中嫣然绽放，它还是佛教的象征之一。据传后成为佛陀的释迦牟尼，刚一出生就能行走，走出七步，一步开出一朵莲花，因此有莲即佛，佛即莲之说。同学们可以回忆一下《西游记》里的菩萨形象，右手持莲花，形象宁静安详，内心澄明无碍，这也体现出佛的精神。

今天的寻访只是一个开始,莲花,这一意象有着非常丰富的内涵,有兴趣的同学可以通过课外阅读、查找资料,发现更多与莲花有关的故事,感悟莲花的心语,品味莲花的前世今生。

最后,老师有一个疑问,希望能够得到大家的解答:莲花并不是中国独有的事物,你是否能够搜集资料,加以整理,录制一个小微课,给大家介绍一下西方世界中的莲花形象呢?

【点评3】在学生兴趣与疑惑的结合点出现时给予微课的助力。老师没有急于抛出微课,而是耐心地等待契机,在学生思维向纵深方向发展时,才呈现微课以辅助学生突破教学重难点。《莲花的前世今生》选取本课最突出的意象——莲,将其还原到烟波浩渺的文化世界中,寻访莲花的古今渊源,探究莲花深得中国古代文人喜爱的原因。微课从《诗经》《离骚》中关于莲花的诗句讲起,沿着"花中君子"与"翠盖佳人"两条主线展开,除了与莲相关的文学作品,莲花在佛教、农事等其他活动中的内涵与象征也予以引介。老师巧妙利用微课的优势,梳理莲花意象的流变,使学生不仅了解到作者钟情于莲的内在成因,而且感受到中国独特的莲文化。在微课最后,老师还留给学生一个思考题:莲花不是中国独有的事物,你是否能够搜集资料,加以整理,录制一个小微课,给大家介绍一下西方世界中的莲花形象呢?给学生以一定的知识拓展,突破学生理解的疑难点,打开学生深层思考和探究的空间,这便是本课微课的价值所在。

师:好,欣赏完莲花的前世今生,哪位同学有了一些新的感悟?

为什么第二段最后将"菊——牡丹——莲"的顺序改变成"菊——莲——牡丹"呢?

生:我觉得包括莲花、菊花,还有后面的牡丹,都有一种隐隐的惋惜和作者的叹息在里面。比如说这个"噫"字,相当于我们现实生活中的"唉",表达了周敦颐对于当时社会风气是比较不认可的,也可以说是比较担心的,他也算是一个有志者,但是一直没有得到重用。而且当时他周边的人都同流合污,想尽一切办法往上攀爬,去获得金钱、权力。所以他这个"噫"字不仅表达了他对社会的担心,还有他的志向没有实现的惋惜。然后"菊之爱,陶后鲜有闻"其实是跟后面的"莲之爱,同予者何人"有一点联系的,就是说陶渊明喜爱菊花的内在和外表,而作者周敦颐是和陶渊明差不多的,也是喜爱莲花的外在和那种高尚的品质,欣赏莲花内在的气质。最后一句话"牡丹之爱,宜乎众矣"有叹息在里面,因为我们都知道牡丹是百花之王,是一种高贵的花。当时,所有人都喜欢牡丹,花大量金钱去买它,去得到它的种子。这种拥戴富贵的风气,并不像陶渊明喜欢菊花、周敦颐喜欢莲花那种高尚的情操,因此也就形成了一种对比。

【点评4】微课给予学生启迪。结合微课,细读文本,一个"噫"字学生读出了作者的担忧、惋惜之情。在菊、莲、牡丹的比较中,学生逐渐触摸到作者的写作本意。

师：她讲得非常细致，老师觉得这三句话，每一个字、每一个词，甚至语气都被她进行了揣摩和分析。其他小组还有质疑或补充吗？

生：牡丹和菊花作对比，不一定完全是叹息。我觉得牡丹，虽然象征着富贵和荣华，但这确实是大多数人一生，甚至现在的人也在追求的东西。他自己喜欢莲花，不需要去强求世人都去喜欢莲花。所以我觉得他不一定完全就是叹息和对这个世道的无奈。可能只是他希望把莲这种风气和向上的品质传递给众人，通过自己能让别人改变一些。

师：这位同学已经讲到了究竟作者为什么要写这样一篇文章，他仅仅是在表达一种惋惜、叹息，还是有其他的内涵和深意？

生：我来补充刘洋的观点，我觉得对于菊花，他是持一种比较惋惜的态度。他是想通过这篇文章，把当今社会上非常有才能的人召集回来，和作者一起拯救这个社会，拯救这个社会的风气。

师：如果按照你的观点，周敦颐对于喜欢菊花的人，比如陶渊明，态度又是怎样的呢？要把他召集回来吗？

生：陶渊明就是这些喜欢菊花的人里面的代表。我感觉宋朝喜欢菊花的，有才能又隐居避世的人其实也挺多的。

师：有同学想要质疑，来，你来回应他。

生：在宋朝的时候，皇帝还是比较重视文学的，他们不太会把文人拒之门外。而且那时的科举制度还是比较完善的，应该不至于说有些人不愿意当官。宋朝文官的待遇也是比较高的。

【点评5】学生从微课中获得新的思考维度，思维的品质得到提升。如果说，微课介入之前，学生对问题的思考与回答还仅仅是概念化的、定义式的界定和评价，如"一身傲骨"、"不慕繁华"、"不同流合污"等。微课介入后，学生视角则变得开阔发散起来，发言不再是无数条平行线，互不交叉，而是精彩纷呈，有理有据地质疑不当之处，补充不尽完善之处，生生对话充分、到位。应用于重难点突破的微课，老师首先要非常清楚学生的难点在哪里，从而有针对性地补充呈现材料，层层分解问题，借助微课这种调动视觉、听觉的综合课程形式推进学生对于文章主旨和蕴含情思的理解与感悟。

【总评】

何滨老师评课：

《爱莲说》是初中语文教材里的一篇老课文。在正式交流陈老师的课之前，我们不妨先回顾一下，自己以往在教学中是如何设计课堂问题的。我想很多老师都会从以下几个问题切入：文章从哪几方面来描写莲花？本文借莲花写了君子的哪些品质？学习托物言志的写作方法。这样的问题设置层次清晰，也有梯度，但是由花及人，再到写作手法的分析并没能超越学生以往的阅读经验和本课的阅读感受，因此我们在上课时会发现：不论是概括"莲的特点"，还是归纳"君子的品质"，学生都很容易陷入自动化、程式化的答案，而不是源自字里行间的，发自内心的真品读。

那么，我们再来看看陈老师的课堂主问题设置：（1）利用百度图片现场搜索一张最能体现周敦颐笔下的莲之特点的图片,结合文本阐释理由。(2)周敦颐的《爱莲说》与这些图片相比,多了些什么?(3)请用诗意的语言,在自己所选的莲花图片旁补写一段文字,分享自己的阅读感受。

陈老师设计的课堂,以图带文,以文促读,以写悟文。学生是课堂的创造者,学生选择怎样的图片素材,就会有怎样的特点呈现。不同的留白,不同的填补,不同的再创作。老师只是课堂的观察者和引导者,配合微课对学生现有能力无法解决的疑难处进行点拨。

更为关键的是,陈老师的微课切入与主问题设置息息相关。微课进入课堂,可以有很多不同的形式,比如某个新知识点的介绍,比如某一类词语用法的讲解,再比如某一主题的写作训练等,陈老师将微课的介入定位在学生疑惑处的突破上,也就是说希望借力打力,在最有效的时间内,通过最直观的形式给予学生最需要的帮助,学生在学习完微课之后,对中国古代文学世界中的莲的形象有了一个整体的把握,也就更能理解作者周敦颐的言外之意了。

姚红晓老师评课:

陈老师的课,其实是一次不小的挑战。微课只是这节课的一个外在的借力,陈老师更多是希望借助微课这一形式改变以往课堂固定不变的模式,打开一个生本对话的新世界,这才是"微课"对于课堂的本质改变。我在听课的时候重点关注了这节课的生本对话情况。

向内而言,以学生个人为单位,整个课堂开展了三次学生与文本之间的对话,这里我重点讲两个环节。环节一,学生依据自己对原文莲花形象的理解,寻找并筛选一幅最能体现周敦颐笔下莲花特点的图片。这是学生对文本初步解读的过程。陈老师的要求不止于传统课堂的圈划和概括,还要求学生尝试把所选特点还原到莲花这一物象本身,细察纹理,捕捉关键点,做到一生一图,有图有据。置身广阔的互联网,老师没有预设答案,完全听凭学生的选择来推进教学,学生的思维也变得前所未有的发散。他们寻找"亭亭净植"的枝干、"濯清涟而不妖"的花形,莲花的生长环境——"淤泥",更有学生从蜂蝶的角度表现莲花的"香远益清"。难能可贵的是,有的学生在观照细节的同时,还能注意到整体画风与文风的协调贯通,或者选择淡雅的水墨风格,或者选择清雅脱俗的白莲,抑或通过明暗光影、色彩反差来映衬莲的高洁。

如果说环节1是借助网络由文字走向画面的话,环节二即是由各具特色的画面回归作者笔下唯一不变的文字。由于上一环节陈老师到位的铺垫,再次比照图文的时候,学生很快发现文字的言外之意,纷纷发言,陈老师迅速标记出隐藏在文字背后的众多关键词,作者寄托在文字中的情感和态度呼之欲出,学生学习的重难点迅速被攻克。陈老师又在这个节点播放微课,再一次唤起学生和文本、作者对话的兴趣,非常扎实地落实了本课的教学预设,使学生有一些实实在在的收获。

赵海建老师评课:

陈老师一直是一个很有想法的年轻老师。她的涉猎面广,对文本的解读能力很强,以往的许多设计都给我们带来新鲜又深刻的感受。

作为听课老师,整堂课听下来既轻松,又有触动。老师与学生之间的师生对话非常自然、融洽,陈老师时常会对学生的回答进行幽默智慧的点评。课程结束后,学生们还围着陈老师问她什么时候能再上这样的课。可见,微课的适当引入、适度使用对于课堂是非常有益的。听完课后,我自己也在思考一个问题,就《爱莲说》而言,除了陈老师设计的三个微课切入点,是否还有其他更多的知识点或者能力点可以介入？也许以后有机会,可以继续尝试同一个课程设计不同的微课,根据学生的实际情况选择性地学习,这样应该更能因材施教,使更多学生在语文学习中成长。

（以上两个课例由杭州市"一师一优课"一等奖获得者杭州市翠苑中学陈姗执教,由杭州市翠苑中学何滨、姚红晓、赵海建点评和总评）

课后：应用于知识拓展的微课

（一）教材概述

本微课的内容是在学习了部编版七年级语文（上册）元曲《天净沙·秋思》之后,作为课外拓展内容,提供给学生的自学材料。以下是微课《古诗词中"秋"意象的内涵》文字实录：

（二）教学过程

师：各位同学大家好,前面我们学习了《天净沙·秋思》,其实"秋"作为一个意象,一直是诗人吟诵的对象,长久以来,它的内涵不断地被丰满加深。今天我们进一步来学习了解古诗词中"秋"这一意象的内涵。

首先,何为"意象"？所谓"意象"就是客观物像经过创作主体独特的情感活动而创造出来的一种艺术形象。对于这个概念需要理解两点：一是"客观物象","客观物象"说得简单点就是客观存在的物体,比如说大树、玫瑰、雪、雨等等,它们都有可能成为意象；二是"创作主体独特的情感活动",就是指诗人在创作的过程中人为地赋予了物体特别的情感,比如说诗人赋予春雨"润物无声的奉献精神",当春雨的这个附加情感被很多人使用了之后,它的内涵就慢慢地被凝固下来,春雨也就成了具有特殊意义的事物。

下面,我以"月"为例再加以说明。

（多媒体展示）

露从今夜白,月是故乡明。	——杜甫《月夜忆舍弟》
举头望明月,低头思故乡。	——李白《静夜思》
我寄愁心与明月,随风直到夜郎西。	——李商隐《夜雨寄北》

诗句中的"月是故乡明"、"低头思故乡"、"我寄愁心与明月",就是将诗人主观的思念之情与月亮人为地绑在一起,让月亮成为具有思乡怀人之意的艺术形象,久而久之,月亮就寄寓了相思怀人之情。

所谓意象,说得直白简单一点就是下面这个等式（多媒体展示）：

意象＝物象＋主观情感

搞清楚了什么是"意象"之后,我们再来分析"秋"这一意象的内涵。

【点评6】明确意象概念,奠定讲解基础。学生对于"意象"这个专业术语的理解往往是一知半解的,事先补充意象的相关概念知识,将其概念厘清,对学生理解"秋"在古诗词中的内涵尤为重要,也符合知识螺旋式上升的一般规律。

1. 悲秋

师：在中国古典诗词中，自《宋玉》在《九辩》中慨叹"悲哉秋之为气也！萧瑟兮草木摇落而变衰"，便开凿了悲秋之先河，此后，"悲秋"被历代文人广泛接受和普遍传唱，成为一个"类"的概念，凝聚着丰厚的民族文化内涵。从此，"悲"与"秋"有着不解之缘。悲秋的内涵可以分为以下三类：

（1）伤别：

"天下没有不散的筵席"，离愁别恨自古就是诗人辞别时难以割舍的情怀，因而"离别"也是他们常用来创作的题材。例如：

（多媒体展示）

> 多情自古伤离别，更那堪，冷落清秋节！今宵酒醒何处？杨柳岸、晓风残月。
> ——（柳永《雨霖铃》）
>
> 浔阳江头夜送客，枫叶荻花秋瑟瑟。　　——（白居易《琵琶行》）

师："冷落清秋节"和"秋瑟瑟"表明离别时的气温是清冷的，氛围是萧瑟的，而这"冷"与"瑟瑟"其实是诗人在此时此地，面对此人此景时独特的感受，冷落的秋天景象这一客观物象，经过诗人的艺术加工，渲染和衬托诗人的离情别绪，给我们勾画出了两幅秋江离别图，抒发出浓浓的伤别之情。

（2）叹时：

师：多愁善感似乎是诗人的本性，秋天落叶纷飞是万物凋敝的时节，在这样的季节里，最易勾起人的情思，触发诗人的写作欲望。例如：

（多媒体展示）

> 常恐秋节至，昆黄华叶衰。　　　　　　——（汉乐府《长歌行》）
> 晚雨未摧宫树，可怜闲叶，犹抱凉蝉。短景归秋，吟思又接愁边。
> ——（史达祖《玉蝴蝶》）

师：面对飘落的枯叶，心思细腻的诗人发出时光易逝的感叹。在秋叶飘零的客观物象中熔铸了对时光易逝的感叹，让秋有了"叹时"之意。

（3）离别怀人、羁旅思乡：

师：漂泊异乡的游子，家是他们永远的牵挂。关于"秋"的这个内涵，最经典的作品就是我们所学的马致远的《天净沙·秋思》：

（多媒体展示）

> 枯藤老树昏鸦，小桥流水人家，古道西风瘦马。夕阳西下，断肠人在天涯。

师：马致远借旅途秋天傍晚的景象，烘托出一种萧瑟苍茫的意境，并以小桥流水人家的幽静气氛反衬出沦落天涯游子的彷徨之感，道出多少游子的酸楚。这里借助外在的秋景,抒发出了离别怀人、羁旅思乡之情。

2. 喜秋

师:刚才我们所讲的三类皆为"悲秋"之作,但其实"秋"与"悲"并没有必然的联系,只因诗人的主观情感才带上了不同的内涵。事实上,"悲"、"喜"就好似一个硬币的两面。因此,秋天意象的另一大类内涵就是"喜秋"。

(多媒体展示)

> 树木丛生,百草丰茂。秋风萧瑟,洪波涌起。
>
> ——(曹操《观沧海》)
>
> 采菊东篱下,悠然见南山。
>
> ——(陶渊明《饮酒(其五)》)
>
> 自古逢秋悲寂寥,我言秋日胜春朝。
>
> ——(刘禹锡《秋词》)
>
> 树树皆秋色,山山唯落晖。
>
> ——(王绩《野望》)
>
> 空山新雨后,天气晚来秋。
>
> ——(王维《山居秋暝》)

师:"喜秋"的内涵其实也是很丰富的,它是一个大的概念,具体内涵也会随着诗人所言志的不同而改变。比如,曹操在《观沧海》中抒发的是豪情壮志,因而"秋"的意味也就变得气势磅礴,壮阔庞大;陶渊明在《饮酒(其五)》营造的是一种恬静、闲适的氛围,因而"秋"的意味也就变得怡然自得,清新雅致;刘禹锡的《秋词》则描绘了晴空鹤飞冲天的动人情景,表达诗人坦荡的心胸,"秋"的意味也就变得奋发进取、豁达乐观。

一方面是"悲秋",另一方面是"喜秋",为何一"秋"千"义",反差如此之大呢?并非"秋"在作祟,乃人心使然,"秋"不过是一个触媒而已。古语有云:"一切景语皆情语。"这就告诫我们,在欣赏文学作品中的景物时,应努力揣想主人公的心境,如此方不致产生误解。这也是欣赏古代诗词的一种技巧。

【点评7】利用微课拓展可以满足不同层次学生的学习需求。"悲秋"、"喜秋"的详细解说丰满了"秋"的意象,不同的学生在多样的素材前对"秋"的意蕴有了独特的深入了解及品味。

【总评】

从课内走向课外,由有限的课内诗篇到浩如烟海的诗的海洋,我们每一个语文老师都会追求这样的教学宽度和效果,希望学生能够从课本拓展出去,走向更广阔的学习天地。这个愿望是美好的,也是我们致力追求的,但是这样的拓展延伸不可能是学生自然学习的产物,特别是古代诗歌的学习,尤其需要老师的指引和点拨。本微课课例以小切口为学生打开诗歌大门。古代诗歌学什么,如何学习诗歌,意象毫无疑问成为一把有效的钥匙。但是意象不是一种定向解读,随着时代的不同,随着作者的不同,意象会呈现其丰富性。本课例聚焦"秋天"这个意象,让学生走进诗歌中的秋天的世界。

课后微课的补充最大的价值就是让学生拓宽了思维的空间,提升自主学习的能力。学生既可以在这个微课课例中了解"秋"这一意象,更可以举一反三,通过这样的方式来进一步学习和了解其他意象。古代诗歌浩如烟海,把学生扔进诗歌海洋自由吟咏,当然可以有所收获,但是最大的弊端就是过于纷杂而少了精致，这样的微课课例不仅仅是对课内知识的补充，更是帮助学生自主学习又免于杂乱无章。课后微课的使用使课外学习拓展有章法而不致迷茫不知所措。课后拓展性微课至少解决了以下问题：

1. 克服古诗知识点太过抽象的困难

因古诗词语言的凝练、内容的庞大，其在中小学阅读教学中始终是重难点，特别是对古诗词中一些专业术语，比如意境、意象、托物言志、情景交融等的理解，由于其过于抽象，课堂的讲解学生很难理解。又因为《义务教育语文课程标准（2011 年版）》提到"随文学习基本的词汇、语法知识，用来帮助理解课文中的语言难点"，教师们对于这类专业术语的讲解就越来越少。然而，要完整、准确地理解古诗词，并传承中国古代优秀的文化，这又是非常重要的。这一微课对于克服部分古诗知识点太过抽象的困难是很好的尝试。

魏老师将"古诗中'秋天'的内涵"这个小的知识点通过一个 7 分钟左右的短片进行讲解，其实已经解决了两个问题：其一，界定什么是"意象"；其二，分析古诗中"秋"这一意象的内涵。这一微课是在课堂教授《天净沙·秋思》之后播放的，通过传统课堂教学和微课的相互结合，这样的微课能够更加高效地完成知识的传输，让教学活动循序渐进，帮助学生形成一个完整的关于古诗部分的知识体系。

2. 满足学生对古诗歌个性化、自主性学习的需求

每个学生之间的差异比较大，他们的学习方法、学习习惯、注意力集中时间、对不同事物的感知各不相同。在传统教学中，要求每个学生在相同的时间节点集中理解某一个问题，这其实是比较困难的，这就是"群体学习"的最大弊端——无法兼顾。那么，将古诗歌部分内容"微课"化，是否就可以满足学生们对个性化学习的需要呢？答案是肯定的。微课的内容一旦被确定了之后，就可以被反复利用，成为日常教育教学的电子资源。

"微课"化后的初中语文课程作为新型学习资源，可以用在上课前的自主学习，可以用在课堂教学实践中，也可以用在课后对知识点的巩固和加深。这一微课正是课后自主补充学习的平台，在《天净沙·秋思》的课堂教学中，未必所有的学生都掌握了"秋天"在这首元曲中的内涵，把这个微课引入课程资源中，可以对学生的自主性学习起到引导和促进的作用。学习能力好的，课堂已经掌握的学生可以不用再学，而学习能力不理想的，可以利用微课课后再学。

（本课例由杭州市西湖区优质课一等奖获得者杭州市保俶塔实验学校魏炜峰执教，由杭州市保俶塔实验学校杨曙点评和总评）

三、资源链接

（一）微课的类型

（1）讲授类。适用于教师运用口头语言向学生传授知识。这是最常见、最主要的一种微课类型。

（2）问答类。适用于教师按一定的教学要求向学生提出问题，要求学生回答，并通过问答的形式来引导学生获取或巩固检查知识。

（3）启发类。适用于教师在教学过程中根据教学任务和学习的客观规律，从学生的实际出发，采用多种方式，以启发学生的思维为核心，调动学生的学习主动性和积极性，促使他们生动活泼地学习。

（4）讨论类。适用于在教师指导下,由全班或小组围绕某一中心问题通过发表各自意见和看法,共同研讨,相互启发,集思广益地进行学习。

（5）演示类。适用于教师在课堂教学时,把实物或直观教具展示给学生看,或者作示范性的实验,或通过现代教学手段,通过实际观察获得感性知识以说明和印证所传授知识。

（6）练习类。适用于学生在教师的指导下,依靠自觉的控制和校正,反复地完成一定动作或活动方式,借以形成技能、技巧或行为习惯。

（7）实验类。学生在教师的指导下,使用一定的设备和材料,通过控制条件的操作过程,引起实验对象的某些变化,从观察这些现象的变化中获取新知识或验证知识。

（8）表演类。适用于在教师的引导下,组织学生对教学内容进行戏剧化的模仿表演和再现,以达到学习交流和娱乐的目的,促进审美感受和提高学习兴趣。

（9）自主学习类。适用于以学生作为学习的主体,通过学生独立分析、探索、实践、质疑、创造等方法来实现学习目标。

（10）合作学习类。合作学习是通过小组或团队的形式组织学生进行学习的一种策略。

（11）探究学习类。适用于学生在主动参与的前提下,根据自己的猜想或假设,运用科学的方法对问题进行研究,在研究过程中获得创新实践能力,获得思维发展,自主构建知识体系的一种学习方式。

（二）微课的设计

良好的教学设计有助于更好地指导微课程教学资源的开发。微课程的设计关键是要从教学目标制定、学习者分析、内容需求分析、教学媒体选择等方面进行设计,这样才能产生符合"让教师在较短的时间内运用最恰当的教学方法和策略讲清讲透一个知识点,让学生在最短的时间内按自己的学习完全掌握和理解一个有价值的知识点"的微课设计制作理念,确保微课程能够满足学习者的实用、易用和想用的直接需求。下面以著名童话故事《灰姑娘》为例,谈谈微课教学设计的主要环节和注意事项。

1. 内容设计——知识点的微型化处理

第一,教学内容的选择。微课的设计,教学内容的选择是第一步,也是最关键的一步。它反映了微课是要集中表现或传递给学习对象什么样的内容(并不是什么内容都适合制作成微课)。教学内容应该尽量选取那些有学生通过自学理解不了、具有较大教育教学价值且相对简短又完整的知识内容。必要时教师可对教学内容进行适当的加工、修改和重组,使其教学内容精简又完整、教学目标聚集又单一、教学形式策略多元、表现方式多样化,使其更适合以微课的方式来表达。我们以著名的童话故事《灰姑娘》为例,探讨由于中西文化的差异性,看看美国教师在该童话故事的讲解中所运用的独特的教学理念和教学风格。

第二,教学内容的微处理。在选定教学内容的基础上,继而要对其进行微处理。根据微课时长短、知识粒度小的特点,在内容分割上,把课程分割为不同的教学过程。分别是:(1)揭题设问,激趣导入;(2)切入主题,逐步推进,引发思考。美国教师给学生看了《灰姑娘》的故事后,并不是关注故事情节的惊险与复杂,而是依次提出了五个问题(假设性问题及故事中出现的事实性问题),然后引导孩子们回味故事情节、展开讨论(合理想象、发散思维)、启发引导、概括提升;并多次向学习者提问"这样讲故事,老师又在关注什么","这个故事,老师还能怎么讲",让学习者在观看微课时既能身临其境又能触动身心,引发同步思考。笔者简要设计了微课的录制脚本,如下表所示。

微课的录制脚本设计

微课结构	教学环节	设 计 思 路
一、片头 (5—10秒)	呈现微课信息	展示微课主题；主讲讲师姓名、单位、职称等信息，提供舒缓的背景音乐，营造轻松愉快的学习氛围。
二、导入 (10—20秒)	揭题设问 激趣导入	您一定给孩子讲过故事吧？"从前有个女孩……后来她和王子幸福地生活在一起。"这个故事还能怎么讲？（产生认知冲突，引发思考）
三、正文讲解 (4分钟)	围绕目标 提出问题 逐步引导 引发思考 概括提升	问题1：如果辛黛瑞拉在午夜12点前没有来得及跳上她的南瓜马车，可能会出现什么情况？引导：要做守时的人。
		问题2：如果你是辛黛瑞拉的后妈，你会不会阻止辛黛瑞拉去参加王子的舞会？引导：后妈不是坏人，只是不能像爱自己的孩子一样去爱其他人的孩子。
		问题3：辛黛瑞拉为什么能够参加王子的舞会，而且成为舞会上最美丽的姑娘呢？引导：无论走到哪里，我们都需要朋友（的帮助）。
		问题4：如果辛黛瑞拉因为后妈不愿意她参加舞会就放弃了机会，她可能成为王子的新娘吗？引导：要更加爱自己，为自己找到自己所需要的东西。
		问题5：这个故事有什么不合理的地方？引导：善于观察，伟大作家也会有出错的时候，你将来会成为更伟大的作家。
四、小结 (1分钟)	教学回顾与小结，提出新的问题，引发新思考和行动	1. 表格小结：五次提问，五次引导。 2. 设问：讲故事仅仅是照本宣科，老师又在关注什么？ 3. 行动：不是结束，仅是开始。这个故事还能怎么讲？请老师换个新角度为自己的学生和孩子再讲一遍这个故事。

2. 媒体设计——合理运用视听媒体技术

媒体设计决定了微课最终的表现形式，其优劣性直接决定了微课的质量。目前微课视频的媒体呈现形式多样，分别有摄制型微课、录屏型微课、软件合成式微课以及混合式微课。笔者认为，该微课更倾向于视听演示，择优选用了软件合成式，即"屏幕录制软件（Camtasia Studio）＋PPT"的制作组合。用屏幕录制软件可以完整地录制PPT课件的内容（包括教师的同步讲解、操作过程、背景音乐等），在做好设计PPT课件、设置音频和摄像头、调整屏幕像素、设计灯光、调适环境、熟悉讲稿、理清思路等准备工作后，教师只需要按一下录制键就可以开始微课视频的自动录制。对部分细节，如间隔太长、时间太短、字幕标题、声音处理、画面镜头变化等问题，可以在该软件中编辑修改，最后合成输出教学视频。

3. 可用性设计——加强艺术表现力和情境感染力

可用性设计源于设计学领域的研究成果，本指企业为客户提供 Web 及 Web-based 产品情绪情感体验设计的流程和方法。在国内，顾小清等人也提出了微型移动学习的可用性设计研究，他们认为，"对于微型移动学习的设计，除了考虑内容、媒体的设计之外，还需要从用户的角度，对其可用性进行设计"。

微课作为在线教学视频,也需要满足在线学习者为达到学习目标、完成学习任务的积极情感体验。尤其是现今信息时代,数字化教育资源已颇为丰富,要提高微课的应用程度,必然要从学习者的角度出发,提高重视可用性设计的意识。一是巧妙设计情景性的教学活动,为学习者创设良好的学习情境。如在本微课开始时,精心选用了几幅美国电影动画片《灰姑娘》里的经典彩色插图,加上一段轻松的背景音乐,构建了一个给学习者的视听觉带来唯美效果的童话情境,引人入胜,并为下文提问与讲解作铺垫。二是注重PPT的排版,提高微课的视觉效果。如注重动静结合、图文并茂、字体和字号搭配、颜色搭配以及字行、段距错落有致等PPT制作的原则与要求。值得说明的是,图片的排版率在50%—90%之间,不宜过于花哨;继而,充分利用PPT的动作效果,对所添加的图片设置不同的动作,增强动态感;在字幕的文字方面,主要采用微软雅黑和宋体的字体搭配,颜色要协调搭配。三是注重教师讲解的专业性和艺术性,结合教学需要,选择适当的讲解节奏,语速流利,尽量避免口头禅的出现等。

(胡铁生)

(三)好微课的标准

(1)有吸引力的标题。标题是点睛之笔,开篇之点,选题必须恰当,字数合适,表达准确,容易记住。

(2)良好的内容结构。要有恰当的内容组织和排序,突出重点,解决问题,符合认知习惯。

(3)新的教学设计。体现信息化教学思路,符合学生学习特点,充分体现教学环境、教学目标、教学特点。

(4)有感染力的语言。有较好的语音、语调、语速,详略得当,口齿清晰,表达清楚,意义准确。

(5)恰当丰富的技术。充分体现多媒体技术特点,恰当地支持教学理念与知识表征,制作技术与效果较好。

(6)基于问题的解决。有明确的问题,有清楚的解决思路,有有效的解决结果。

(四)微课大赛评选标准

教育部教育管理信息中心提出中小学微课大赛的评选标准,具体如下:

一级指标	二级指标	指 标 说 明
选题设计(10分)	选题简明(5)	主要针对知识点、例题/习题、实验活动等环节进行讲授、演算、分析、推理、答疑等教学选题。尽量"小(微)而精",建议围绕某个具体的点,而不是抽象、宽泛的面。
	设计合理(5)	应围绕教学或学习中的常见、典型、有代表的问题或内容进行针对性设计,要能够有效解决教与学过程中的重点、难点、疑点、考点等问题。
教学内容(20分)	科学正确(10)	教学内容严谨,不出现任何科学性错误。
	逻辑清晰(10)	教学内容的组织与编排,要符合学生的认知逻辑规律,过程主线清晰、重点突出,逻辑性强,明了易懂。
作品规范(15分)	结构完整(5)	具有一定的独立性和完整性,作品必须包含微课视频,还应该包括在微课录制过程中使用到的辅助扩展资料(可选):微教案、微习题、微课件、微反思等,以便于其他用户借鉴与使用。

一级指标	二级指标	指　标　说　明
作品规范(15分)	技术规范(5)	微课视频时长一般不超过10分钟,视频画质清晰、图像稳定、声音清楚(无杂音)、声音与画面同步; 微教案要围绕所选主题进行设计,要突出重点,注重实效; 微习题设计要有针对性与层次性,设计合理难度等级的主观、客观习题; 微课件设计要形象直观、层次分明;简单明了,教学辅助效果好; 微反思应在微课拍摄制作完毕后进行观摩和分析,力求客观真实、有理有据、富有启发性。
	语言规范(5)	语言标注,声音洪亮、有节奏感,语言富有感染力。
教学效果(40分)	形式新颖(10)	构思新颖,教学方法富有创意,不拘泥于传统的课堂教学模式,类型包括但不限于:教授类、解题类、答疑类、实验类、活动类、其他类;录制方法与工具可以自由组合,如用手写板、电子白板、黑板、白纸、PPT、Pad、录屏软件、手机、DV摄像机、数码相机等制作。
	趣味性强(10)	教学过程深入浅出、形象生动、精彩有趣,启发引导性强,有利于提升学生的学习积极主动性。
	目标达成(20)	完成设定的教学目标,有效解决实际教学问题,促进学生思维的提升、能力的提高。
网络评价(15分)	网上评审(15)	参赛作品发布后受到欢迎,点击率高、人气旺,用户评价好,作者能积极与用户互动。根据线上的点击量、投票数量、收藏数量、分享数量、讨论热度等综合评价。
总　计	100	

(五) 常用的微课网站

中国微课网(中小学微课大赛):http://dasai.cnweike.cn/

全国高校微课教学比赛官网:http://weike.enetedu.com/

江苏省中小学微课教学官网:http://wk.jse.edu.cn/

浙江微课网:http://wk.zjer.cn/

凤凰微课:http://www.fengvk.com/

微课网:http://www.vko.cn/

第九课堂:http://dijiuke.com/

微学习:http://www.wxx99.com/

传课:http://www.chuanke.com/

好知:http://www.howzhi.com/

几分钟网:http://jifenzhong.com/

九龙微课:http://wkc.cqjljy.com.cn/

四、推荐阅读资料

1. 赵国栋.微课与慕课设计初级教程[M].北京：北京大学出版社,2014.

2. 李玉成.初中文言文阅读教学微课艺术探微[J].现代语文(教学研究版),2014(4).

3. 张桂芬.微课在高中语文教学中的应用探索[J].现代语文(教学研究版),2014(12).

4. 李月霞.翻转课堂：一朵带刺的玫瑰——一节微课的多重叙事[J].中小学信息技术教育,2014(12).

5. 赵国忠,傅一岑.微课：课堂新革命[M].南京：南京大学出版社,2015.

6. 张润柳,晏宇.微课视角下的语文阅读分析概括题教学研究——以中小衔接叙事作品解题为例[J].现代教育科学,2015(2).

7. 胡铁生.碎片化学习的误区与对策[J].中国信息技术教育,2016(8).

8. 蔡元梅.当"微课"遇到板块式教学[J].中学语文教学参考,2015(27).

9. 陈杰.翻转课堂与微课(初中卷)[M].北京：中国轻工业出版社,2016.

五、后续练习

《爱莲说》一课,陈老师分别选取了三个角度设计微课。现在,请你也参与设计：阅读资源链接中的相关材料,选定一个新的主题,确定一种微课类型,为《爱莲说》设计、录制一节微课,并简单阐述设计的理由和预设的教学效果。

后　记

当我们编完这本书的时候，心里充满了喜悦之情。但想起本书的一个显著特点是以课例的形式呈现的，所以想补充说明一下对课例及课例研究的认识。

1. 课例的基本特征

课例研究是以课堂教学中出现的问题为研究对象，通过确立主题、设计教案、上课和观课、评价与反思以及分享成果等促进教师专业发展的循环过程，其本质是一种行动研究。

"课例"是一个实际的课堂教学的完整例子，是对一个教学问题和教学全过程的再现和描述，即"讲述教学背后的故事"。它有比较严格的规范要求。

（1）课例与教案的区别。教案是预案，借用英语中的说法是"将来时"；课例是已经发生过的，是"过去时"。

（2）课例与课堂实录的区别。课堂实录是对实际发生的课堂进行客观地、逐字逐句地文本记录，是真实的课堂再现。课例不仅仅是最后的课堂教学实录，还要交代之所以这样教学的思路、想法、理由和认识，有研究的成分在其中。

（3）课例与案例的区别。课例仅是教育案例的一种。课例和案例有一个相同点，均有一个研究的"主题"。课例是以学科教学的内容为载体、具有某个研究主题的教学实例，而非一般性的教育问题。

（4）课例与教学片段的区别。课堂实录片段配以点评类型的文章不是课例。对同一节课的不同片段做出点评时，往往对每个片段从不同的角度加以评析，如果从教学整体看，则发现这类文章分析课堂的视野比较宽泛、点评比较发散，不足以充分体现课的整体状态。

（5）课例与教学漫谈的区别。围绕一节或几节课的教学漫谈类文章也不是课例。这是作者观课之后有感而发的，这种漫谈比较生动、情感化、吸引人，但缺乏围绕一个主题的深入提炼、缺乏理论角度的诠释。

由此，我们可以看出课例的根本特征：以课堂教学的学科内容为载体，以某个小的研究问题为主题，讲述的是一个实际发生的课堂教学实例背后的故事。而且，教学实例的整体思路相对完整，可以看出一节课或几节课的授课过程或如何改进的过程，可以看出这样上课或者改进课堂的理由和原因，并有理性的提升和概括。

2. 课例研究的步骤

课例研究的实施包括至少5个基本步骤：确立主题、设计教案、上课和观课、评价与反思、修改教案(可选)、重新执教和观课(可选)、再次评价和反思(可选)、分享成果。

(1) 确定主题。研究主题来源于客观现实问题，只有从现实问题中确定的主题才具有研究的价值，才是课例研究真正的起点。教师确定的问题必须是围绕着学生的，是学生目前遇到的问题或将来可能会遇到的问题，而不是教师主观臆想出来的问题，同时通过解决该问题能够促进学生的学习和发展。

(2) 教案设计。课例研究教案设计和传统教案是不一致的：首先，研究课设计是由课例研究共同体内所有成员共同参与完成的，强调教师集体合作。其次，研究课设计基于传统教案根据研究主题进行设计而产生，两者既有共性又有特性。再次，研究课设计需要在查阅资料的基础上进行，对于如何解决确定的问题要有较为清晰的认识。最后，研究课设计还应该包括"预期的学生反应"和"应对策略"等部分。

(3) 课堂实施。包括上课与观课。上课是对研究课设计的检验，观课则是为了从课堂实践中发现问题和不足从而进一步修改研究课设计。这两部分是缺一不可的，因为正在上课的教师必须对学生的反应立即作出判断，没有充裕的时间去思考这么做是否合适或者能否做得更好，而观课教师则正好可以弥补这一缺陷。一方面，使得上课的教师能够更加客观地了解自己的教学；另一方面，集思广益为下一轮研究课设计提供丰富的资源。

(4) 教学改进。包括别人的评价与自我的反思。这时的焦点应集中在授课中的优点和缺陷、学生的反应、通过该实施课例是否达到了预期的目标以及如何进一步完善等方面，其目的是为了进一步修改教学设计以更好地解决学生在学习和发展中的问题。

(5) 成果交流。在一个课例研究结束后(并非一轮)，教师通过课例研究一方面解决了学生遇到的问题，另一方面也促进了自身的专业发展。通过与他人分享和展示自己的成果，不仅可以对其他教师产生积极的借鉴作用，还可以激励自己进一步开展课例研究以获得更深层次的发展。

3. 课例研究的模式

一般来说，初中语文课例研究的基本模式有以下几种：

(1) 一课多教。对同一篇课文可安排多次课例研究。如：第一次为"独立课"研究，第二次为"诊断课"研究，第三次为"提高课"研究。这种课例研究具有明显的提升意义。

(2) 同课循环。本校语文教研组的教师同上一节课。关键在于教师的互动和问题的跟进。

(3) 同课异构。同一课，不同教师不同构想，不同上法。大家在比较中互相学习，扬长避短，共同提高。

(4) 多课一题。围绕同一个问题，不同的教师上不同的课。先确立语文教师都关注的教学问题，然后组织所有语文教师学习相关的理论和经验，在此基础上进行课例研究。

(5) 一课多型。人教版教材有三种课文类型：精读课文、略读课文和选读课文。可以把某一篇课文根据不同课文类型进行创新性设计，以研究不同课文类型的不同教学策略。

可以采用本人反思式观课、同事互助式观课和专家邀请式观课等研究方式。

本书由汪潮主编，郑萍为副主编。本书由汪潮教授进行选题立意的确定、总体框架的设计，由郑萍老师进行整本书的定稿修改。由胡光辉（第 1—5 章）、冯丽萍（第 6—10 章）、傅霞洁（第 11—15 章）、郑萍（第 16、18、19、20 章）、汪潮（第 17 章）等人共同完成编写工作。本书多次研讨，几易其稿，来之不易。在本书出版之际，要感谢本书所收录课例的设计者、执教者和评价者。由于记述和追溯的不方便，有些未载明出处，在此对各作者和转达者诚表感谢。

编著者

2017 年 9 月 24 日

图书在版编目（CIP）数据

初中语文课例：基于"语文学理"的解读/汪潮主编. —上海：华东师范大学出版社，2017
（中小学教师课例库）
ISBN 978-7-5675-6152-6

Ⅰ.①初… Ⅱ.①汪… Ⅲ.①中学语文课—教学研究—初中 Ⅳ.①G633.302

中国版本图书馆 CIP 数据核字（2017）第 029743 号

初中语文课例：基于"语文学理"的解读

主　　编　汪　潮
项目编辑　师　文
特约审读　黄　山
责任校对　陈晓红
装帧设计　俞　越

出版发行　华东师范大学出版社
社　　址　上海市中山北路 3663 号　邮编 200062
网　　址　www. ecnupress. com. cn
电　　话　021-60821666　行政传真 021-62572105
客服电话　021-62865537　门市（邮购）电话 021-62869887
地　　址　上海市中山北路 3663 号华东师范大学校内先锋路口
网　　店　http://hdsdcbs. tmall. com/

印　刷　者　常熟高专印刷有限公司
开　　本　787×1092　16 开
印　　张　21
字　　数　507 千字
版　　次　2017 年 10 月第 1 版
印　　次　2017 年 10 月第 1 次
书　　号　ISBN 978-7-5675-6152-6/G·10125
定　　价　52.00 元

出 版 人　王　焰

（如发现本版图书有印订质量问题，请寄回本社客服中心调换或电话 021-62865537 联系）